De Zara al cielo

Jesús Salgado

DE ZARA AL CIELO

Marta Ortega y el futuro de Inditex

la esfera de los libros

Primera edición: febrero de 2023

Cualquier forma de reproducción, distribución, comunicación pública o transformación de esta obra solo puede ser realizada con la autorización de sus titulares, salvo excepción prevista por la ley. Diríjase a CEDRO (Centro Español de Derechos Reprográficos) si necesita fotocopiar o escanear algún fragmento de esta obra (*www.conlicencia.com*; 91 702 19 70 / 93 272 04 47).

© Jesús Salgado Álvarez, 2023
© La Esfera de los Libros, S.L., 2023
Avenida San Luis, 25
28033 Madrid
Tel.: 91 443 50 00
www.esferalibros.com

ISBN: 978-84-1384-523-4
Depósito legal: M. 415-2023
Fotocomposición: J. A. Diseño Editorial, S.L.
Impresión y encuadernación: Anzos
Impreso en España-*Printed in Spain*

Índice

Agradecimientos 15
Prólogo. De Zara al cielo 17

1. AMANCIO CAMBIA EL ESCAPARATE 21
   Adiós a Isla, hola a Marta 28
   Los matrimonios de Marta 31
   El desembarco de Flora y los hermanos 32
   Maceiras se queda en casa 38

2. EL HIJO DEL FERROVIARIO ROJO 41
   De Cholo a Amancio 44
   La Coruña que recibió a Amancio 47
   Un recluta llamado Amancio 50

3. INDITEX, LA OBRA MAESTRA 55
   Las entretelas legales de Inditex 57

Capital social y accionistas de referencia	60
Gobierno, administración y representación de la sociedad	63
Junta general	64
Consejo de administración	66
Retribuciones de los miembros del consejo de administración	69
Política de selección de consejeros	71
Pero ¿quién quita y pone realmente consejeros?	72
Indemnizaciones	74
Comisiones del consejo de administración	75
Remuneración de alta dirección	82
Nueva estructura orgánica de Inditex	84
El núcleo duro de Marta Ortega	85
Las cuentas	87
Cuenta de pérdidas y ganancias	88
La trama financiera y empresarial	93
Flirteo con la banca	96
JP Morgan también echó una mano	100
En la bolsa	101
El «efecto pintalabios»	104
Evolución de la acción de Inditex	107
Principales sociedades del grupo	109
Subcontratas y prescriptores	118
Sociedades de control conjunto	127
Clúster de proveedores por países	128
Contribución tributaria	131

4. **LAS CADENAS** 139
   Las tiendas 139
   Menos tiendas, pero más grandes 146

    Los formatos 152
        Zara 153
        Pull&Bear 156
        Massimo Dutti 158
        Bershka 159
        Stradivarius 161
        Oysho 162
        Uterqüe 164
        Zara Home 165
    Perfil del cliente Inditex 166
    Principales instalaciones 167
    Cierre de tiendas 171

5. **LOS TALONES DE AQUILES DE INDITEX** 175
    Los riesgos reconocidos por Inditex 175
    Litigios 183
    Batalla por la marca Zara 184
    Por encima de todos 186

6. **PERSONAL** 191
    El trabajo en Inditex. Los orígenes 192
    El padre de casi todas las cooperativistas 199
    Pragmatismo sindical 204
    El personal de Inditex hoy 210
    La jornada laboral en Inditex 212
    La plantilla 212
    Conflictos laborales 217
    El efecto *online* sobre los trabajadores 222
    Comité de empresa europeo 225
    Comité Sindical Global 229

7. DE ORTEGA A ORTEGA 233
    La bicefalia. Primeras decisiones 239
    Quiero ser presidente 244
    La ascensión a la presidencia 245
    Directivos de quita y pon 247
    Los que se fueron 248
    Los nuevos fichajes 254
    En los mismos puestos 258
    Reubicación de directivos 261
    Isla: la soledad de la presidencia 262
    El desembarco de Marta Ortega 264
    Marta Ortega: la larga travesía hacia la presidencia 266
    Entronización como presidenta 271

8. EL TRAGO DE LA HERENCIA. LOS HEREDEROS E INDITEX 275
    Heredar en Galicia 276
    La familia 279
    La dinastía de los Ortega-Mera-Pérez 279
    Situación hereditaria de los Ortega-Mera-Pérez 287
    Inditex: grupo de inversión familiar 289
    Primer reparto de la propiedad 292
    La masa patrimonial de Amancio Ortega 296
    Situación patrimonial de los tres herederos directos 319
    Conflictos de familia 337
    El reparto del inmenso patrimonio de Ortega 338
    Pago del impuesto de sucesiones 341

Anexos 345
Cronología del imperio Inditex 345
Inditex según Inditex 351

Quién es quién en la familia Ortega-Mera-Pérez 357
Quién es quién en Inditex 371
Composición del Grupo Inditex 395
Distribución mundial de las cadenas de Inditex por países 407

Bibliografía y fuentes consultadas 411

*A todos los que, directa o indirectamente,
han hecho posible este libro.*

Agradecimientos

Un trabajo de investigación es siempre el resultado de aunar ideas, proyectos y esfuerzos previos que han sido realizados por otras personas. Esta tarea no hubiera podido abordarla sin la participación de todos aquellos que hicieron posible Inditex. Desde las costureras gallegas a domicilio y los trabajadores repartidos en cinco continentes hasta su cúpula fundadora y directiva.

Esta faena de investigación tampoco sería viable sin el apoyo desinteresado de las personas que nos valoran, sin el cual difícilmente tendríamos la fuerza y la energía que nos animan a llevar a cabo y materializar todo ello en un estudio. Mi agradecimiento más sincero a la editorial La Esfera de los Libros, que confió en la edición material del proyecto.

También quiero dar las gracias a todas las personas que me ayudaron, directa o indirectamente, a componer este libro. A los amigos que sabían de este anhelo y que muchas veces confiaron en su consecución más que yo mismo: Lina (Fornelos), Albino, Dosindo (Sindo), Indalecio (Lexo), Antonio (Cuqui), Lalo, Manolo (Solbera), Miguel (Quintela), Paulino (Córgomo) y a los que, quizás sin saberlo, fueron un importante apoyo documental. No hace falta citarlos. Ellos saben quién es cada cual.

Gracias por la paciencia de mi familia esparcida por tres continentes.

Pero sobre todo gracias a ti, querido lector, porque sin tu participación esta investigación estaría inacabada.

A todos, muchas gracias.

Prólogo
DE ZARA AL CIELO

Nadie auguraba en 1963, cuando empezaba a germinar el efecto Inditex en el mundo de la moda, que este acabaría convirtiéndose en un tsunami global. Partiendo de la nada, desde cero, Amancio Ortega removió todos los cimientos de la costura, que hasta entonces se daban por fraguados, para acabar abrazando el cielo con su buque insignia Zara.

«Las cosas podían haber sucedido de cualquier otra manera y, sin embargo, sucedieron así». Tomo prestada la frase con la que Miguel Delibes comienza su novela *El camino*, para intentar entender el recorrido personal y empresarial de Amancio Ortega, que nació a las puertas de la Guerra Civil en un pueblo de León, dio los primeros pasos en Guipúzcoa y sacó cabeza en La Coruña, en un momento en el que sus vecinos buscaban sobrevivir en los difíciles años de la posguerra, marcados por la falta de trabajo, las cartillas de racionamiento y sin apenas más alternativas profesionales que la emigración. A ello hay que sumar que su familia estaba señalada por el franquismo, pues su padre padeció durante algunos años el proceso de una depuración por «rojo».

Pero ¿por qué eligió Amancio Ortega Galicia, un recóndito lugar en la geografía europea? Pues como se lee en *El mundo de Sofía, el jardín del Edén*, de Jostein Gaarder: «Y todo pasó porque… al fin y al cabo, algo tuvo que surgir en algún momento de donde no había nada de nada antes». Desde nada empezó nuestro protagonista, despegó con Zara y ha conseguido abrazar el cielo en vida.

Desde esa nada, algo que parecía imposible, Amancio Ortega logró personal y profesionalmente «tocar el cielo con las manos», una conquista vital reservada a muy pocos, y que en este caso deriva además en la hazaña de haber completado un sueño. Quizás ahora Amancio esté pensando lo que la banda de rock *barrial* argentino Salta La Banca (SLB) dice en una de sus canciones: «Pensar que todo ser humano/ quiere tocar el cielo con las manos/ y yo lo estoy abrazando».

Podría haber sido más drástico en sus objetivos, tomando como hoja de ruta la expresión «asalto al cielo», que ya utilizó Karl Marx en su carta al doctor Ludwig Kugelmann para explicarle el fracaso de la iniciativa revolucionaria de la Comuna de París de 1871.

Con su discreción, entrega al trabajo y mente calculadora, optó por la primera posibilidad, el abrazo, al considerarlo más que suficiente, pues posiblemente pensó que el asalto podría acabar con los pobladores y, entonces, ¿a quién iba a vender el resultado de su proyecto?

Encarrilado el sueño en sus comienzos con la inestimable ayuda de las mujeres costureras gallegas a domicilio, la impagable colaboración de las cooperativistas y luego el armazón empresarial, por obra y gracia de Inditex hoy la moda se ha hecho universal y asequible para las clases medias de todo el mundo, y así en el territorio Inditex, cuando una tienda cierra por la noche, otra está abriendo de mañana y posiblemente en estaciones meteorológicas y temporadas de moda distintas.

Y llega la hora de una decisión inaplazable, el momento de la sucesión, de distribuir la herencia, repartir lo alcanzado. Si no hubiese un testamento redactado, sería para ponerse a temblar, pero, cuando llegue el momento, ese no será el problema de Amancio, porque a buen seguro que a estas alturas ya habrá firmado —aunque pueda cambiarlo en cualquier momento— un testamento en el que habrá establecido los bienes que corresponderán a cada uno de sus tres hijos, herederos directos, y las condiciones que tienen que cumplir para acceder a ellos. Todo, con el ojo puesto en la continuidad del grupo y siempre dentro de los límites legales.

Dado el primer paso al situar a su hija Marta Ortega Pérez como timonel y cara visible de la actividad del grupo, la gran incógnita es cómo será el reparto de una cuantiosa herencia que no solo no ponga en riesgo el futuro de Inditex, sino que a la vez satisfaga a los tres herederos directos y al resto de la familia.

Un dicho español reza «el abuelo empezó el carro, los hijos acabarán el carro y es posible que los nietos acaben con el carro», y ha resultado cierto, históricamente, salvo contadas excepciones, en la mayor parte de las grandes empresas familiares españolas.

Esa es la preocupación que baila en la cabeza de Amancio Ortega.

1
AMANCIO CAMBIA EL ESCAPARATE

Una filtración periodística parcial precipitó la salida de Pablo Isla y consumó el ascenso de Marta Ortega a la presidencia de Inditex. Por ese hecho el cese de Isla se engendró en diferido. Desde su anuncio el 30 noviembre de 2021, no se materializó oficial y legalmente hasta el 31 de marzo de 2022. Hoy, por voluntad de Amancio Ortega, en el nuevo escaparate de Inditex reinan Marta Ortega, presidenta, José Arnau Sierra, vicepresidente, y Óscar García Maceiras, consejero delegado.

La filtración informativa registrada en la tarde del 29 de noviembre de 2021 no hacía referencia al cambio de presidente. La noticia publicada por *Economía Digital Galicia* recogía textualmente: «Cambios de calado en Arteixo. Inditex prepara el relevo de su consejero delegado, que podría ser inminente. Junto a la salida de Carlos Crespo, en el cargo desde hace poco más de dos años, también se llevarían a cabo otra serie de movimientos que afectarían a un segundo nivel del cuadro directivo del gigante textil, según coinciden en apuntar varias fuentes».

Esta píldora informativa fue suficiente para que saltasen las alarmas en el cuartel general de Inditex. En esta situación la cúpula directiva optó por afrontar la realidad y adelantar el calendario de la sucesión antes de que se pusiese en marcha la rumorología que podría ocasionar daños al negocio y a la imagen del grupo.

Pero ¿cómo se llegó a este momento? ¿Cuándo arrancó realmente el proceso de relevo en la cúpula directiva? Desde Inditex, una de las personas que vivió, durante más de dos décadas, en primera línea la evolución orgánica del grupo y el desarrollo los hechos asegura:

—Mira, yo sé que lo que voy a decir rompe una historia muy bonita como podía ser la de contar líos y peleas, pero la realidad es que lo que sucedió en el mes de noviembre, y no en marzo como estaba más o menos previsto, no fue el resultado de ningún tipo de disputa ni nada por el estilo, fue el broche final de una historia que venía escribiéndose desde hacía muchísimo tiempo.

—Hasta ahí llega la previsión de Amancio Ortega…

—Quienes le conocemos bien sabemos que Ortega es un hombre de largo plazo y de visión hacia el futuro. Luego, también es cierto que a él le gusta resolver las cosas sobre la marcha y tomar decisiones rápidas. Pero siempre está pensando en el largo plazo. Cuando hace más de veinte años sacó la compañía a bolsa ya estaba pensando en el largo plazo, en lo que podría pasar cuando él no estuviera, y estaba convencido de que esa empresa tan grande tenía que tener garantizada su continuidad en el tiempo.

—¿Había problemas?

—No. La continuidad en el tiempo tenía que ver con solventar dos situaciones. Una, la de la propia empresa, cómo estuviera organizada y gestionada, y eso pasaba por avanzar en la profesionalización dándole las formas y las maneras de una gran multinacional, como era ya, y estaba llamada a serlo mucho más en el futuro. Una de las vías mejores con que se contaba para eso era la salida a bolsa. Ello permitía la entrada de inversores ajenos, a la vez que servía de herramienta al contar con un buen termómetro para calibrar la calidad de lo que se venía haciendo. En definitiva, ponías a la empresa en un escaparate que le permitía atraer talento de muchísimo más nivel y la entronizabas en ese mundo de las grandes compañías internacionales en el que ahora se mueve con éxito Inditex.

—Dijo que había una segunda cosa…

—Sí. La segunda cuestión, para que Ortega se sintiese tranquilo, era el papel que iba a desempeñar su propia familia, que inevitablemente tenía que acabar haciéndose cargo de la compañía. De hecho, desde el punto de vista patrimonial eso no ha sucedido aún, él sigue estando ahí, él sigue siendo el accionista de referencia, pero muchas de las cosas que se han ido haciendo tienen que ver con ese pensar en cómo hago para que no solo mi empresa esté preparada para el futuro, sino también para que mi relación, la de mi familia con la empresa, esté preparada para el futuro.

—¿Quiénes intervinieron en el diseño de este encaje de bolillos?

—Es un proceso en el que Pablo Isla juega un papel capital. Tengo que recordar que pasó los últimos diecisiete años en la cúpula, cuando realmente se acelera el proceso. Pero junto a él hubo y hay otras personas que asumen responsabilidades al frente de la gestión de la oficina familiar. Son aquellas que llevan a cabo la reinversión de los dividendos generados por Inditex para dar tranquilidad patrimonial a Amancio, no generar tensiones. Y también están las personas que gestionan la propia compañía interiormente. En estos últimos veinte años ha habido un enorme proceso de promoción interna dentro de Inditex que ha llevado a puestos de muchísima responsabilidad en el grupo a mucha gente que no había cumplido treinta años cuando la compañía salió a bolsa y hoy esas personas son miembros del comité de dirección u ocupan puestos de mucha responsabilidad en la estructura orgánica del grupo.

—Parece, según lo que cuenta, que todo estaba y está escrito…

—Todo eso ha sido un proceso que no ha surgido de un día para otro, sino que lo ha sido largo, muy gradual. No te voy a decir que fuese un plan de hierro, escrito, que se va cumpliendo paso a paso, pero sí había una orientación, una mirada puesta en una dirección: el relevo familiar tranquilo. En todo ese entramado de cosas el cómo en algún momento alguien de la familia debía asumir su parte en la gestión de la compañía como, digamos, futura propietaria, tenía que estar escrito en algún sitio. Todos sabíamos que era muy improbable que a la hija menor, que era la única de la familia, la única de sus herederos vinculada profesionalmente a la empresa, de repente Ortega la designara como consejera delegada o algo así en la empresa, con una función ejecutiva. Era muy improbable. ¿Por qué? Pues porque en esta empresa siempre ha habido unos repartos de funciones que han puesto en el lado de la propiedad, pero no por el hecho de serlo, sino porque era el terreno en el que les ha gustado jugar siempre, el diseño, el ámbito comercial, el de la imagen, en definitiva, el de la parte más vinculada al negocio último, que es el de vender moda. Ahí es donde más cómodo se ha sentido Ortega y donde más cómoda se siente su hija. Mientras que en la parte de la gestión empresarial, digamos ejecutiva, Ortega tuvo, entre otros, a Fernando Martínez, a José María González, a José María Castellano y a Pablo Isla durante muchos años. Porque él siempre iba y preguntaba, «oye, ¿tú sabes de esto? Ten el cargo, delego en ti, hay cosas de las que no sé o sé poco, aunque las grandes decisiones siempre las voy a tomar yo, que soy el dueño, he creado esto».

—Con Pablo Isla parece que iba a ser distinto.

—Lo explico, quizás, de una manera un poco burda. Pablo Isla no llega a Inditex para ser el mejor CEO en no sé qué. No. Pablo Isla llega a Inditex a cumplir con un trabajo profesional, se le encomienda una tarea y la hace fantásticamente bien, la hace tan bien que pasado un tiempo Ortega considera que se puede dar otra vuelta de tuerca en ese proceso de sucesión y le dice «oye, mira, presidente, por primera vez vas a reunir en una sola persona todo el poder ejecutivo en la compañía». Bueno, ¿qué ocurre? Que eso es así, pero también es verdad que Ortega nunca dimite de su capacidad de influir sobre todo en determinados ámbitos de la compañía, porque claro, en el año 2011, cuando Ortega decide que Pablo Isla asuma la presidencia, él podría haberse ido a su casa, pero qué casualidad, todos sabíamos que él no se iba y que iba a seguir trabajando todos los días. ¿Qué hacía Ortega? ¿Qué ha hecho Ortega todos estos años? Pues Ortega ha confiado en la persona a la que le había entregado las riendas de la empresa y, al mismo tiempo, como la empresa es suya, ha seguido influyendo, orientando y aconsejando en determinadas áreas en las que él se siente más fuerte y más capaz para tomar decisiones adecuadas, para que sucedieran cosas en la dirección que a él le parecía que era la adecuada.

—La relación Ortega con Isla, ¿era fluida?

—Que se pusieran de acuerdo él e Isla en todas esas cosas era muy fácil. Ponte por un momento en la piel de Isla, un gran gestor, un tío superinteligente, además con mucha capacidad ejecutiva, acostumbrado a tomar decisiones bajo presión, que se ha metido la empresa en el cerebro, que se sienta a discutir, a debatir, a comentar con un señor que tiene cincuenta años de experiencia en el sector, pero no una experiencia normal, sino que la tiene por haber creado de la nada la empresa más exitosa del sector a nivel mundial, eso por un lado. Por otro, es el señor que te ha puesto a ti ahí, que te ha escogido y que te ha dicho, ¡eh, tú! Lleva esto. Y en tercer lugar, es el dueño de la empresa. Entonces si tú conjugas todo eso, dices, hombre; realmente cuando tú tienes el privilegio de poder discutir acerca de la estrategia de la compañía con un señor que es su dueño, que te ha escogido a ti para que lleves la empresa y que, además, atesora un conocimiento sobre el negocio brutal, que probablemente no tiene nadie más en el mundo, así es facilísimo convertir eso en un enorme beneficio para ti. No sé si me estoy explicando. Entonces, esa relación ha sido absolutamente, digamos, provechosa para todas las partes y, sin duda, la prueba está en los resultados. Muy provechosa para la empresa y para Isla, pero lógicamente los planes tienen fases, y esta fue una más.

—Se avanza en el proceso e Isla se va.

—Efectivamente, había que llegar a la fase en la que se produjera la sucesión, ese cambio generacional en la parte más alta de la gestión de la compañía que Amancio tenía diseñado. Y ese cambio inevitablemente conducía a que Marta asumiera la presidencia. Era algo que sabíamos todos, dentro y fuera de la compañía. Que eso se iba a producir en algún momento era evidente, la única duda era exactamente cuándo se iba a producir. Yo creo que las dudas, las incertidumbres, han durado dos semanas, pero la mala pata fue que se produjo un pequeño desajuste por el tema del nombramiento del anterior consejero delegado, al que se le cambia en un plazo de tiempo relativamente corto, pero yo creo que ese es el único factor. Que Isla haya considerado que, después de diecisiete años, había cumplido con una etapa en la compañía y que se podía ir con todos los honores, a mí me parece la cosa más natural del mundo... Esto no quiere decir que no existieran cosas, opiniones y diversidad en algunas cuestiones. Al final, quien manda es el dueño.

—¿Isla se va contento?

—Habría que preguntárselo a él. Las situaciones personales de cada uno siempre influyen en todo. De la misma manera que en ese momento de decir vamos a dar este paso ahora, influye el hecho de que probablemente Pablo Isla, después de tantos años, también piensa que quizás debería echar el cierre a su paso por la compañía, que no es que no tenga nada más que hacer, hubiera podido seguir haciendo muchas cosas, pero a todos acaban superándonos un poco las situaciones profesionales. Él no tiene ninguna estrechez económica ni nada por el estilo, no tiene ninguna exigencia en ese sentido, pero sobre todo es esa sensación de que todo lo que voy a tener a partir de ahora es reconocimiento hacia todo lo que yo he hecho. Y ahora ponte en una hipótesis atrevida. ¿Debería haber esperado a que hubiera problemas para irse?

—Retomemos la tarde de aquel día 29 de noviembre, el día D.

—Pablo Isla me manifestó, en alguna ocasión, que él pensaba hacer el anuncio del relevo en enero, que había varias fechas que estaba valorando. Pero a raíz de la publicación de *Economía Digital*, me dijo algo así como «me crucé con Amancio y le dije: me alegro de que haya salido porque era imposible mantener el secreto más tiempo».

—Las cosas se precipitan...

—Ciertamente, la gran dificultad, el peligro al que nos enfrentábamos era que, llegado un determinado momento, un punto en el que los plazos empezaban a correr rápido, se produjera una filtración. Era muy difícil. Entonces el calendario original era elástico porque al final no había ninguna obligación de anunciar nada en ninguna fecha concreta. Pero sí que todo parecía indicar que lo suyo era aprovechar un momento como la presentación de resultados o coincidir con el cierre del ejercicio al 31 de enero. Retrasarlo a la presentación de resultados de marzo, pensamos que quizás fuera una cosa demasiado abrupta. Entonces se optó por un calendario que permitiera llegar a ese momento con el objetivo de que estuviese claro ante todo el mundo que ya hay una nueva presidenta y un nuevo consejero delegado que van a tomar esa posición de carácter ejecutivo de una forma definitiva. Solo quedaba decidir si se hacía público a final de 2021 o durante el mes de enero. La filtración periodística acabó con las dudas y se materializó, como no podía ser de otra manera, repentinamente.

—¿Se perdió la iniciativa?

—Hasta el momento de la filtración teníamos la iniciativa, lo que quedaba era saber si lo decides por la mañana y esa tarde lo haces público, si mañana no, y no pasa nada, porque al final era una voluntad que muy pocas personas conocían, pero esas pocas personas sí sabían que se podía producir una filtración y convertir el momento en incómodo, y de hecho se produjo. Además, se registra la filtración de una serie de cosas y hay una piececita pequeña que es la que aparece, el relevo del consejero delegado, que es verdad, y esa pieza nos obliga a contarlo todo, porque no podías dejar circulando el asunto. No se podía negar lo que era cierto, aunque no era todo lo que iba a pasar. En realidad, todo pasa un día, el 29 de noviembre, a las cuatro y media de la tarde, y a las siete de la mañana del día siguiente estamos anunciando que se va Pablo Isla. Tras esa filtración, aquella información que no se llegó a confirmar ni a desmentir de que la compañía había decidido prescindir del consejero delegado, lo que sucede al día siguiente es que la noticia de verdad es tan grande, es tan impactante, que lo que se había filtrado el día anterior pierde cualquier relevancia que pudiera tener. Además, no solo se anuncia eso, se anuncia el nuevo consejero delegado y además que Carlos

Crespo, el consejero saliente, no se va de la compañía, sino que se queda prácticamente con las mismas funciones que tenía antes.

—¿Y el consejo de administración?

—Esa misma tarde del 29 se convoca telemáticamente. Tomaron la decisión, levantaron la mano, pero todos y cada uno de sus miembros ya estaban prevenidos de los cambios. La pregunta, no fue ni pregunta, fue sencilla, lo hacemos público mañana en vez de en enero. Creo que nunca lo han tenido tan fácil.

ADIÓS A ISLA, HOLA A MARTA

—A Isla le abren la puerta y entra Marta. ¿Por qué es la hora de Marta?

—Hay un factor que influye de forma definitiva. Es el grado de madurez alcanzado, en todos los sentidos, por Marta. Pero no solo influye su elevado nivel de madurez, que sin duda hoy es mucho mayor que el que podía tener hace quince años, hay otros muchos factores con los que ha ido consolidando experiencias en su recorrido de aprendizaje. En otro tipo de compañía y con otro tipo de personaje que no fuese Amancio Ortega, se hubiera podido decidir que cuando su hija salió de la Universidad viniera para Inditex y la nombrara directora general de algo. ¿Quién lo iba a discutir? Nadie hubiera podido discutir eso. Sin embargo, Ortega hace pasar a su hija por un entrenamiento durísimo fuera de la sede en Arteixo. Luego la trae al corazón de la compañía, la pone a trabajar, le dice «cargo no tienes ninguno, estás aprendiendo», y así llega a ese grado de madurez profesional que interviene en su nombramiento final. El otro factor a tener en cuenta en su ascenso a la presidencia es que hacía falta que Marta asintiera; no solo que quisiera asumir esa responsabilidad, sino que ella se sintiera también, digamos, vitalmente en el punto en el que puedes asumir una responsabilidad así. Ese no era el momento hace quince años, ni hace diez ni hace cinco. El momento era ahora. Y te aseguro que internamente en la compañía se ha entendido perfectamente todo este proceso. No hemos tenido que explicar nada.

—¿Y las negativas de Marta?

—Marta nunca rechazó dar el paso antes porque no estaba previsto. Cuando Amancio Ortega nombró a Pablo Isla presidente no estaba en la balanza nombrar a Marta. Ni en ese momento ni después, nunca. Fue en los últimos años cuando empezó el proceso de maduración de ese cambio, en ese momento concreto, y entonces es cuando sí, lógicamente, se produce esa conversación. Podemos imaginarnos la escena: padre-hija, padre-madre-hija: «Oye, me parece que este puede ser el momento adecuado para hacer esto, ¿tú cómo lo ves?». «Pues sí. Tú quieres que lo hagamos y yo me veo con fuerza para hacerlo. Adelante». No hay más especulaciones.

—La entrevista publicada por *The Wall Street Journal* (31 de agosto de 2021) parece que fue una muesca más en el proceso de la sucesión y un aviso para navegantes.

—Es posible que Marta, Flora y Amancio ya hubieran hablado en más de una ocasión, antes y después de dicha publicación, para dar el paso. Posiblemente, pero son dos historias que no están relacionadas de manera directa. Fue una coincidencia por proximidad en el tiempo. En los últimos años Zara ha ganado una tremenda relevancia en Estados Unidos. Después de muchos años de estar allí y ser prácticamente desconocida, con la eclosión del comercio electrónico Zara se ha convertido en una marca muy popular allí. Hay que tener en cuenta que a los americanos la historia de Zara les encanta. A los periodistas, la gente del mundo de la economía, del mundo de la moda, a todos les encanta la historia de una empresa que es una marca que está en un sitio remoto y que además tiene tras de sí una historia sorprendente, de un señor que de la nada montó una empresa que inunda el planeta y finalmente ha llegado a Estados Unidos. Por cierto, un mercado donde era tan difícil que triunfase una marca que no es un producto de lujo, porque si eres una marca de lujo y tienes tus raíces en Francia o Italia, es lo normal y más fácil.

Pero estamos hablando de una empresa española y en la franja central del mercado, con una propuesta muy llamativa para ellos y dicen ¡qué descubrimiento!

—¿Quién toma la decisión?

—Es colegiada. Se decide que esta historia hay que contarla y hay que contarla bien, pero para contarla bien necesitamos una cara, pensamos. Al mismo tiempo es cuando empiezan a tener conocimiento del asunto algunas personas de ese mundo, sobre todo del periodismo, de moda-empresa o moda como negocio, y descubren a Marta porque va a Estados Unidos, participa en actividades de la compañía, va a algún desfile, se empieza a hacer popular, la ven en muchos sitios. Hay alguna presentación de productos de Zara en Nueva York en la que ella participa y empieza a ser una persona conocida en determinados círculos: fotografías de moda, de galeristas, de gente que ahora organiza desfiles… Es entonces cuando llega la petición: «Nos gustaría publicar algo sobre vosotros». En la casa la solicitud se recibe bien. ¡Qué oportuno! En ese momento esta especie de reconocimiento a la marca en Estados Unidos nos viene fenomenal. Nos va a dar todavía más tracción allí y, oye, a todo el mundo le gusta que hablen bien de uno en la portada de una gran publicación en América. Por muy discreto que seas, a todo el mundo le gusta, pero cuando nos explican que esto hay que hacerlo así, hay que hacerlo con Marta, cuando nos dicen que tiene que ser ella la que «explique lo que sucede con vosotros», se abre una cierta reflexión interna y se decide que, como tantas otras cosas, algo que ha surgido de una manera casual encaja bien porque vamos a conseguir ese objetivo comercial en Estados Unidos y le vamos a poner a nuestra marca una cara que es una cara atractiva, en el sentido de la historia que hay detrás, y que es la hija del que fundó la empresa.

—Y está preparada.

—Además, resulta que ella sabe de moda, conoce la empresa como si la hubiera parido y siempre está ahí, y cuando le preguntan qué va a ser de mayor dice que lo que le pidan. A veces las cosas pasan así. No hubo un plan maquiavélico orquestado. La entrevista realmente se hizo en el mes de junio del 2021. Te diría que, en ese momento, no se había producido ninguna conversación seria sobre el relevo. Estaba ahí… estaba ahí, a lo mejor ya había habido otras conversaciones de otras personas en otros ámbitos, pero la fecha del relevo no estaba cerrada.

LOS MATRIMONIOS DE MARTA

—En este viaje hacia la presidencia, Marta contrajo matrimonio en dos ocasiones. Coincide en esto con su padre. ¿Hasta qué punto pudieron condicionar su futuro?

—Son dos matrimonios distintos, que se producen en circunstancias distintas. Creo que, es una apreciación personal, el primer matrimonio no se encajó del todo bien. Me pongo en el papel del padre y me imagino que, en el momento del matrimonio con Sergio, que no venía del mundo de la moda, para las lógicas aspiraciones de una madre y de un padre… era decir, «¡joder! me la están alejando de todo lo que había pensado yo para mi hija». En cambio, la boda con Torretta la acerca, porque viene de la moda y entiende el negocio. Pero, insisto, a veces, las cosas pasan de manera casual, pero acaban encajando. Yo creo que cuando Marta conoció a Sergio y decidió casarse con él, o decidieron casarse, la familia lo recibió perfectamente, porque al final lo importante era que su hija fuera feliz y era feliz con él. Es un buen individuo. Yo no le conozco personalmente, no he tenido trato, pero me lo contaron. Luego las cosas fueron mal, como podrían haber ido mal en cualquier pareja. Finalmente, el matrimonio se rompió.

Pasado un tiempo, cuando Marta aparece con Carlos, al final el juicio de la familia, creo, es exactamente el mismo: mi hija es feliz y a mí me da igual todo lo demás; pero cuando además resulta que ha dado con un chico que no solo es una buena persona, que le cae bien a todo el mundo, sino que le interesa el negocio, que proviene de ese mundo, que sabe de eso, que quiere trabajar, que quiere hacer cosas, que quiere estar ahí, encaja todo y además ves cómo tu hija, después de haber pasado una ruptura matrimonial, que siempre es difícil, está centrada en sus temas, en su trabajo, y las piezas encajan y dices «¡qué suerte tenemos!».

—La boda con Sergio fue, dentro de lo que cabe, más discreta que con Torretta…

—No, simplemente es verdad que no es lo mismo la boda de Marta con veinticinco años, que la boda casi diez años después, cuando su círculo de amistades y social se ha abierto enormemente a otros ámbitos. Que es bueno para la empresa también, efectivamente, pero sobre todo porque ella por su propia carrera profesional, por su propio devenir, ha conocido a un montón de gente, ha ampliado su mundo social muchísimo. Por ello fue un evento diferente.

EL DESEMBARCO DE FLORA Y LOS HERMANOS

—La sombra de la familia Pérez Marcote en Inditex es ahora más alargada. La situación no sería la misma sin la concurrencia de Flora Pérez Marcote, segunda mujer de Ortega y madre de Marta.

—Sin duda sería distinta sin esta concurrencia. La primera de la familia en llegar al entonces embrión de Inditex fue Flora. Con dieciséis años empezó en el taller de la calle Noia de La Coruña. Una vecina le dice que está trabajando en un taller que ha montado un señor (Amancio Ortega) y que hay trabajo, muy buen ambiente y que por qué no prueba a entrar. Es muy joven, no ha trabajado en nada y dice bueno, pues voy a probar, y empieza a trabajar allí. Flora, que nació en 1952, fue al taller en 1968; que es el año en el que nació Sandra, la primogénita, fruto del primer matrimonio de Amancio. En esta época Rosalía Mera, primera mujer de Amancio Ortega, empezó a apartarse del negocio y en 1971 lo abandonó totalmente. Flora empieza a hacer un poco de todo en el taller. La empresa va creciendo, en 1968 estamos en los pasos previos a la creación de Zara, son los años en los que la actividad de fabricación crece exponencialmente, y en muy poco tiempo pasan de ese taller a la fábrica de La Grela. Cuando abren la primera tienda Zara son ya una compañía grande, y ese periodo de crecimiento fulgurante es el que vive Flora en su arranque profesional. Flora emprende una serie de viajes para visitar a fabricantes en Cataluña, después se desplaza fuera de España a ver ferias, a ver tiendas y moda, porque a ella empieza a interesarle ese mundo y todos descubren que tiene una veta muy buena para todo lo relacionado con la moda.

—Años después de iniciada la relación entre Amancio y Flora, la trasladan a Vigo…

—Empieza a trabajar en la tienda Zara de Vigo poco antes del nacimiento de Marta, en 1984, durante un par de años. La ruptura de Amancio con Rosalía de alguna manera empieza a cocerse en el año 1971, pero ya desde finales de los años sesenta prácticamente no hay relación; de hecho, van a seguir casados hasta el año 1986, pero relación real personal no existía. En este tiempo Flora regresa a La Coruña.

—En este escenario Marta siempre contó con la protección familiar. Tuvo a su disposición una institutriz, y Flora llegó a reconocer a sus amigos «que la institutriz también me ayudó a formarme a mí». ¿Cómo vive Marta estos años?

—Junto a la familia, José María Castellano fue durante muchos años ese amigo de infancia de Marta, que digamos que ejerció como padrino, junto con otros, porque en esa tutela también participaron Antonio Abril, secretario general, el notario de cabecera y otras personas más; pero Castellano sí que ejerció durante muchos años de ese influjo en su infancia. Cumplida la edad requerida, ingresó en el colegio Santa María del Mar, donde dicen que era muy buena chavala, pero tímida, muy retraída. Como realmente es ahora.

—Las relaciones familiares son…

—Tengo que puntualizar que siempre contó con el apoyo de ambas familias, los Ortega Gaona y los Pérez Marcote. Sucede que la familia

Pérez Marcote es como una piña. Son de estar siempre juntos, de reunirse, tienen una relación estupenda entre todos los hermanos y todos los sobrinos. Los Ortega son una familia más pequeña, y además el hermano mayor murió joven, lo que solo deja una hija, y queda una familia más reducida, pero siempre ha habido relación entre ellos, de reuniones alrededor del tema que fuera. El único factor de distanciamiento era Rosalía Mera... Durante su infancia, Marta y Sandra, hermanas por parte de padre, se veían con frecuencia, no eran unas desconocidas, para nada, entre otras cosas porque su padre propiciaba, como es lógico, que sus hijas se relacionaran. Además, en medio de todo está Marcos, que ha sido un elemento que ha hecho que alrededor de él se articularan unas relaciones familiares bastante densas. Otra cosa es que, llegadas a la edad adulta y por sus vidas, cada una —Sandra y Marta— vaya por su lado, y no tengan una relación familiar, que no la tienen. Pero entre ellas no ha habido nunca, digamos, ningún choque ni nada por el estilo. Se conocen porque muchos años compartieron el hecho de ser niñas, hijas del mismo señor.

—En este ambiente, Marta es enviada al extranjero a estudiar, no muy convencida.

—La decisión de llevar a Marta a un internado en Suiza creo que obedece a un deseo familiar. Si fue o no fue de su agrado no lo sé. Ella es una persona tímida y seguro que se le hizo cuesta arriba, como a cualquier niña de catorce años, que creo que eran los que tenía en aquel momento. Lo que pasa es que Marta, si algo tiene, es un sentido de la responsabilidad brutal. No tengo ni idea de lo que pasó, pero, por elucubrar, yo me imagino a sus padres diciéndole: «Marta, lo que debes hacer es esto, porque tienes que formarte, tienes que hablar idiomas, tienes que conocer el mundo, tienes que prepararte para un futuro que, oye, a lo mejor no lo quieres, pero si quieres asumir responsabilidades tienes que estar formada para ello, no te vale con ser nuestra hija». Ahí Marta demuestra, una vez más, su gran sentido de la responsabilidad, como ahora.

—Y después de Suiza, Inglaterra.

—Creo que en esa decisión de ir a completar estudios a Inglaterra ella interviene mucho más.

—Tras los éxitos estudiantiles, el regalo… Una de las mejores hípicas de Europa, que se llenó de apellidos lustrosos, muchos del internado británico.

—De regalo, es verdad, pero… Ortega lo construye pensando en que a su hija le gusta, pero lo cierto es que a él también le encantan los caballos.

—Con su padre todo era misterio, y, ahora, prenda que se pone Marta, prenda que sale. Tenéis publicidad gratis por todos los lados.

—Sí. Yo creo que eso puede que no lo viéramos en aquel momento, sin duda no lo vimos entonces. Aquí lo que ha ocurrido es que todo ha ido pasando de manera gradual y todo ha parecido muy natural. Al salir a bolsa en el año 2001, cuando se celebró la primera junta, Ortega decidió no ir a hacerse la foto, y en aquel momento nadie dijo nada. Pero no voy a ocultar que dentro estábamos un poco acongojados, porque decíamos: «¿Y qué va a decir la gente?». Pero la gente no dijo nada, la prensa no dijo nada, nadie hizo ni un solo comentario, y ya han pasado más de veinte años.

—Marta llega a la presidencia y podría haber decidido no ir a la junta, pero ella sí asistió.

—Es una decisión que se toma porque sabes que estás en el mundo, en un momento concreto, en un lugar concreto y en unas circunstancias determinadas y que lo que hace veinte años tenía sentido hoy no lo tendría, desde ningún punto de vista. Además, no es una cuestión de sentirse más cómodo así o asá. Es una persona con un gran sentido de la responsabilidad y tan solo imaginar que una actitud suya pudiera parecer prepotente… No, nunca se lo habría permitido. Ni llevaba pinganillo ni había *pronter* (apuntador electrónico), no había nada. Lo único que había eran los papeles encima de la mesa. Echó una ojeada, hizo una pausa, lo memorizó y lo expuso de forma impecable. Hay terrenos en los que ella se siente cómoda y trabaja con mucha libertad, con mucho desparpajo y con cierta seguridad.

—Pero habrá terrenos en los que ella no se encuentre tan cómoda.

—Con ocasión de la junta general de accionistas era la primera vez que se dirigía a un público genérico, con unas cámaras apuntándola. Había quinientas personas en un auditorio, con miles más viéndola en *streaming*. Simplemente pensar en los miles de empleados de tu empresa que te están mirando en ese momento es normal que haga que te tiemblen las piernas. Te está viendo la prensa, te está viendo mucha gente y tú no te dedicas a eso, y ella es perfeccionista como su padre y si hay que repetirlo mil veces, lo hace mil veces.

—¿Ensayó mucho?

—Bueno, lo necesario para que le saliera como le salió: lo que estaba diciendo lo decía ella, eran sus palabras, su pensamiento, no era nada impostado.

—Las primeras palabras parecen una enmienda a Pablo Isla, al decir sobre el personal «no son números, son personas».

—Son datos reales. Dirigiéndose a los trabajadores primero dice que son personas, y lo siguiente, más vacaciones. ¡Ah! ¿Que tuvimos tantos problemas con las tardes de los viernes? Pues nada, solucionado.

—Marta de fiesta. Leyenda o realidad. Fiestas a bordo del yate *Valoria* en Sanxenxo o cogiendo el avión para darse una vuelta con los colegas.

—Es cierto que Marta en vacaciones, en ocasiones, viaja con amigos, sí, porque tiene ese punto también como de buena anfitriona, el mismo que tiene su padre, de reunir a unos amigos y llevárselos a un sitio, sí... pero el parrandeo no le pega nada. Es verdad que a veces han aparecido fotografías de ella con los niños en la playa con unos amigos y te puedes imaginar que, en esas ocasiones, cuando tú eres hipermillonaria, los gastos de ir o de volver no causan un gran quebranto.

—¿Cómo se tomó Amancio las fotos de Marta que salieron en el *Daily Mail*?

—Fue inapropiado. Yo si abro el baño y veo a un señor lavándose las manos digo perdón, perdón, y cierro. Es inapropiado, pero bueno, cosas que pasan. Una vez lo fotografiaron durmiendo la siesta, tumbado en el barco, y dices ¿es inapropiado? Lo que es inapropiado es sacar fotos a un señor que está durmiendo la siesta.

—En el cambio de estrategia de cara al público estuvo también el ochenta cumpleaños de Amancio, como una manera de darse a conocer…

—Sucedió, era algo que se hizo como una cosa privada, en el sentido de que Ortega no tenía ni idea, y se llevó la sorpresa de su vida. Lo que ocurre es que se hizo de tal manera que el asunto no trascendió por ninguna parte. El asunto se conoció cuando, tres semanas después, se les envía a los empleados —muchos de ellos habían participado de ese evento, porque incluso gente de todo el mundo había participado de la preparación y de la celebración de ese día…—ese vídeo y sospechábamos que ese vídeo se iba a filtrar. Pero digamos que se toma la decisión porque a Ortega le apetecía enviarlo como un detalle a todos los empleados. Como me habéis hecho un regalo, qué menos que enviaros un recuerdo de esto para daros las gracias, y si luego esto aparece por ahí pues tampoco pasa nada.

—La foto con Pedro Sánchez, en la que él aparece aplaudiendo, se entendió como un momento cumbre para Flora.

—Fue con ocasión de la donación de los aparatos de protonterapia. Lo que hay en esa foto es el resultado del empeño de Ortega en ayudar en algo que él cree que es absolutamente necesario. Primero se ponen 300 millones para renovar todo el parque de aceleradores y luego, cuando se ve que no hay manera de que llegue esta tecnología, que llega a España, pero a dos clínicas privadas, él sigue empujando hasta que se consigue el acuerdo y se van a instalar las máquinas en España. Al final la foto esa es el resultado del empeño de este señor por hacer algo que él considera que debe hacer porque tiene el dinero para hacerlo.

Ahora, cumplido el sueño de ver a su hija en la presidencia de Inditex, Flora, sus dos hermanos y cuñado tienen ante sí la tarea de mantener el rumbo de la empresa como séquito de la reina de Inditex, Marta Ortega.

MACEIRAS SE QUEDA EN CASA

—Desde la trastienda, otro que da el salto al nuevo escaparate de Inditex como consejero delegado es Óscar García Maceiras, nacido en La Coruña en 1975. Es de los últimos en llegar...

—Es una persona que desde el arranque de su carrera profesional estudia en La Coruña, saca la oposición de abogado del Estado y consigue una plaza con una nota muy alta; eso le permite escoger dónde ir a ejercer, y decide quedarse en La Coruña. Tiene la suerte o la desgracia de que el primer asunto de relevancia que le ponen encima de la mesa es el caso del *Prestige*.

—Del Banco Popular a Inditex...

—Su intervención en el caso *Prestige* lo convierte en un personaje muy conocido en ciertos ambientes, y en esos círculos lo que empiezan a decir es «qué tipo más brillante, la que le ha caído, lo está haciendo bien, este tío tiene una carrera por delante», y, muy poco tiempo después, se va a trabajar al desaparecido Banco Pastor. Lo hace todo de forma brillante, entonces siendo muy joven ya es secretario del consejo, pasa al Banco Popular y desde allí lo ficha la Sareb, está unos años en el banco público, pasa por el Santander y luego acaba en Inditex.

—Estaba predestinado para consejero delegado.

—Toda su trayectoria profesional le lleva a estar en las *shortlists* de muchas empresas. Cuando le llaman para la Sareb no le llaman por casualidad, por orden alfabético, y cuando el Santander se lo lleva como vicesecretario del consejo, como responsable de toda el área jurídica del banco, no es por casualidad. Y hay una cosa que se repite en todas las conversaciones que tienes con gente que ha trabajado con él. Da igual que sean subordinados, iguales o su jefe, todo el mundo te dice que es un tío excelente y un profesional como la copa de un pino. Todos sabíamos que se iba a ir a un sitio mejor y nos alegramos; en todas partes el comentario es siempre el mismo, ya sabíamos que se iba a ir, es que era normal, se iba a ir a un sitio mejor y nos alegró a todos su siguiente fichaje. Entonces, cuando llega a Inditex, yo creo que pasa lo mismo. Llega como secretario del consejo y todo el mundo piensa que no va a estar de secretario del consejo toda la vida. Su gran valedor es José Arnau Sierra, vicepresidente de Inditex y *alter ego* de Amancio, quien le conoció en su condición de consejero del Banco Pastor.

—Estaba predestinado, pues.

—Creo que ni se imaginaba que iba a acabar siendo CEO de Inditex. Por circunstancias del destino es Pablo Isla quien le ficha, porque tiene que sustituir a Antonio Abril y dice «a ver, un tío bueno para este puesto que ha ocupado alguien que estaba prácticamente desde los orígenes del grupo, ¿quién podríamos traer aquí? Ya está, a este hombre». Y le ficha Pablo Isla, que dijo de él públicamente que veía que Óscar tenía madera y que podía llegar alto. Y lo dice porque es verdad, lo dice porque lo piensa. Así fue.

En el nuevo escaparate de Inditex no podemos dejar de lado los integrantes del nuevo comité de dirección, el verdadero núcleo duro encargado de asumir los retos de la empresa en su parte textil; la patrimonial, como se verá más adelante, tiene su propia personalidad. Junto con Marta Ortega y Óscar García Maceiras, se sientan en la mesa Carlos Crespo González, como director general de operaciones, transformación sostenible y digital; Pablo del Bado Rivas, director general de Pull&Bear; Miguel Díaz Miranda, director financiero y de operaciones de Zara; Ignacio Fernández Fernández, director general de finanzas de Inditex; Javier García Torralbo, director general de *e-commerce* de Zara; Begoña López-Cano Ibarreche, directora general de personas de Inditex; Beatriz Padín Santos, directora de mujer de Zara; Jorge Pérez Marcote, director general de Massimo Dutti, y Óscar Pérez Marcote, director general de Zara. Unos meses después, en noviembre de 2022, se anunció la salida de Inditex de Carlos Crespo González al término del ejercicio «para iniciar una nueva etapa en su carrera profesional». Su puesto en este comité fue ocupado por Javier Losada Montero, director de sostenibilidad de Inditex.

Pero, por encima de todos ellos, los encargados de iluminar el escaparate durante el tiempo que sea preciso seguirán siendo Amancio Ortega y José Arnau Sierra.

2
EL HIJO DEL FERROVIARIO ROJO

Era uno de los datos más desconocidos de la biografía de Amancio Ortega. La familia Ortega tampoco fue ajena a las depuraciones producidas durante y al final de la Guerra Civil y en la posguerra. Amancio Ortega Rodríguez, padre del fundador de Inditex, posiblemente afiliado a la UGT, fue uno de los 82.831 ferroviarios que el franquismo reprimió. Todos ellos eran empleados de las distintas compañías ferroviarias de la época —Compañía de los Caminos de Hierro del Norte de España; Compañía de los Ferrocarriles de Madrid a Zaragoza y Alicante; Compañía de los Ferrocarriles Andaluces y Compañía de los Ferrocarriles del Oeste de España—. Fueron expedientados y represaliados a distintos niveles de diferentes maneras, según figura en los archivos de la Fundación de los Ferrocarriles Españoles en su apartado «Memoria Histórica Ferroviaria».

Algunos fueron simplemente apartados definitivamente del servicio; otros sufrieron consecuencias en una escala mayor, y acabaron en algunos casos con penas de cárcel, con alguna condena a muerte. Los más afortunados fueron reincorporados al servicio por necesidad de la naciente Renfe. Amancio Ortega Rodríguez fue uno de estos últimos. Los trabajadores del tren fueron un sector temido por el franquismo y los

golpistas de 1936. En palabras del historiador Francisco Polo, se trataba de «uno de los grupos más movilizados políticamente, la mayoría tenía militancia social y resultaban claves a la hora de mantener la logística de la guerra».

En reconocimiento a estos represaliados y depurados, Renfe ha elaborado un documental histórico sobre la represión franquista en el ferrocarril denominado *Los hijos del hierro*, en el que se recogen testimonios de algunas víctimas que sufrieron las represalias, de historiadores y familiares.

La depuración en el sector del ferrocarril afectó inicialmente a 82.831 ferroviarios, un 88 por ciento de las plantillas totales de las diferentes empresas ferroviarias existentes en esos momentos. El 26 por ciento, un total de 21.536 trabajadores, resultó afectado por sanciones de diversa índole, unos, la mayoría, fueron separados del servicio y despedidos y a otros se les sancionó con el traslado de residencia y/o servicio.

A los tres días de iniciada la Guerra Civil española, los Ortega Gaona descendieron del tren en Tolosa (Guipúzcoa). La estación, a la que fue destinado el padre de Amancio, se encuentra en el punto kilométrico 596,907 de la línea férrea que une Madrid con Hendaya. Fue inaugurada el 1 de septiembre de 1863 con la puesta en marcha del tramo Beasain-San Sebastián de la línea radial Madrid-Hendaya. Su explotación inicial quedó a cargo de la Compañía de los Caminos de Hierro del Norte de España, empresa en la que trabajó Amancio Ortega Rodríguez hasta su integración en Renfe.

Hay que recordar que Amancio Ortega Rodríguez había solicitado el traslado voluntario desde Busdongo de Arbás a Tolosa a comienzos de la Guerra Civil, por cuestiones climáticas. Tolosa fue una de las primeras localidades en caer en manos de los nacionales y sufrió las consecuencias antes de su reincorporación al servicio en La Coruña en 1944.

Lo cierto es que Amancio Ortega Rodríguez estuvo años expedientado, como tantos otros, hasta que se le rehabilitó con su nuevo destino en La Coruña. Algunos informantes apuntan a que durante el tiempo en que se le aplicó la depuración, parte de la familia se fue a vivir a Barcelona. Es por ello por lo que hoy Amancio Ortega Gaona perfectamente podría hablar de su familia en los mismos términos en que habló José Luis Rodríguez Zapatero de su abuelo o Pablo Iglesias de su padre o de su abuelo. Tanto el padre como el abuelo de Pablo Iglesias eran activistas políticos, el uno un funcionario, el otro un profesor de Universidad, y el padre de Amancio era un operario, un trabajador manual.

Amancio Ortega Rodríguez, ferroviario de profesión, había sido destinado a Busdongo en enero de 1935 para ocupar el puesto de montador y controlador de enclavamientos, tarea que llevaba desempeñando desde su ingreso en la compañía en su Valladolid natal el 21 de febrero de 1921. Su trabajo consistía en velar por el estado de las agujas y la vía, para la Compañía de los Caminos de Hierro del Norte de España (CCHNE), conocida popularmente como «Norte», que había sido creada por escritura pública el 29 de diciembre de 1858. Su red llegó a ser una de las más extensas de España, hasta que fue nacionalizada en 1941, quedando integrada en la Red Nacional de los Ferrocarriles Españoles (RENFE).

El padre fue ascendido en 1965 a jefe de brigada de enclavamientos, un año más tarde recibió un premio a la efectividad, en 1971 lo nombraron jefe de equipo y en enero de 1972 decidió jubilarse para contemplar tranquilamente el rumbo venturoso que había tomado la vida de sus hijos.

DE CHOLO A AMANCIO

Por todas las circunstancias descritas, recomponer la trayectoria vital de Amancio Ortega Gaona es completar un puzle en el que las piezas se atascan y cuesta encajarlas. Lo cierto es que vino al mundo 28 de marzo de 1936 en Busdongo de Arbás, provincia de León, en las rampas de la vertiente sur del puerto de Pajares, donde está ubicada la estación de ferrocarril en la que llegaron a trabajar más de 700 personas antes de la Guerra Civil Española, entre ellos el padre de Amancio Ortega.

Para despejar las dudas sobre su lugar de llegada al mundo, se hace preciso confirmar documentalmente el nacimiento de Amancio Ortega. La iglesia de Santa María de Arbás solo guarda los libros del bautismo a partir de 1941 —lo que podría acrecentar las dudas sobre sus raíces—, gracias a que «los maquis, durante la Guerra Civil, utilizaron los libros para avivar el fuego. La mayoría de los nacimientos se reconstruyeron a partir de 1941 y él pudo hacerlo en otro sitio», indicaba en 2003 el párroco, Primo Rubio. Muestra como ejemplo una partida en la que reza: «Según declaran los familiares, tal persona nació en tal día y en tal lugar».

El azar se ha encargado de que la administración divina salvaguarde el lugar de nacimiento de Amancio Ortega, solo de oídas, pero la terrenal lo desvela al que se acerque a comprobarlo. El Registro Civil del Ayuntamiento de Villamanín, al que pertenece Busdongo, conserva, caligrafiada con tinta azul, la partida de nacimiento de Amancio Ortega, hijo de Amancio Ortega Rodríguez y de Josefa Gaona Hernández, que vino al mundo el 28 de marzo de 1936, el mismo día que fue alumbrado el escritor peruano Mario Vargas Llosa, un día antes de que las urnas legitimasen en Alemania el partido nazi con un 98,80 por ciento de los sufragios y en una España en la que estaban muy crecidos los brotes de una guerra entre hermanos.

En Tolosa vivió Amancio Ortega sus primeros ocho años de vida, de ellos, prácticamente tres de Guerra Civil, aunque en Tolosa pronto supieron cómo se las gastaban los «nacionales», ya que estuvo pocos días bajo el mando republicano una vez iniciada la guerra. Enseguida empezaron las depuraciones, como se ha reflejado anteriormente. Este es el ambiente en el que Amancio cumplió sus primeros seis meses de vida. Si la patria de un hombre es la infancia, Tolosa podría ser considerada la patria chica de Amancio Ortega, publicaba *El Diario Vasco* en enero de 2013. Según el mismo diario, «Amancio nació en León, en 1936, pero vino a Tolosa con tres meses. Vivió aquí hasta los ocho años. Estudiaba con Antonio, su hermano mayor, en el colegio de los franceses, el Sagrado Corazón, y vivieron en la Plaza de Justicia, en el corazón de la villa».

Aunque su familia dejó la localidad guipuzcoana en 1944, volvería años más tarde. Lo hizo como vendedor de camisas y telas recorriendo los pueblos del interior de Guipúzcoa. Aún, sostiene el citado diario, hay veteranos comerciantes que lo recuerdan como a «un viajante más».

«Quienes conocen a Amancio —añade el diario— saben que siempre ha mantenido abierta una línea sentimental con la villa». Gracias a ese punto emocional los responsables del Centro Internacional del Títere de Tolosa (TOPIC) lograron en su momento que Inditex aportara dinero para su creación. El TOPIC es hoy es un museo dedicado íntegramente al teatro de muñecos u oficio titiritero.

La familia Ortega dejó Tolosa rumbo a Galicia, nuevo destino del padre, y allí empezaría a tejerse el imperio Inditex. Pero su lugar en el mundo, el que Amancio evoca cuando se habla de la niñez, al que ahora siempre vuelve cuando puede, es Valoria la Buena (Valladolid), la localidad natal de su madre, donde los Gaona ya aparecen establecidos en 1795. En Valoria, nombre con el que Amancio ha bautizado a su primer y a su segundo yate, disfruta de las vacaciones de verano y nunca falta en Semana Santa, cuenta Paulino Fernández Tomé, amigo de *Cholo*, apodo por el que es conocido Amancio.

De casta le vienen al galgo sus genes empresariales. El abuelo materno, Antonio Gaona Zamora (1842-1902), fue también lo que se conoce por «un hombre hecho a sí mismo». No sabía leer ni escribir y construyó desde el oficio de albañil un pequeño imperio. «Amancio será muy vivo, pero el abuelo era como un lagarto», afirma un vecino. «El abuelo empezó de albañil, se hizo promotor, montó un café, un salón de baile y un molino de yeso, además de construir toda una manzana», enumera Paulino Fernández para demostrar el pedigrí del galgo que nos ocupa. «Desde pequeños los dos hermanos eran listos, pero Amancio pensaba cosas por todo lo alto. Ya cuando empezaban con el negocio, era Antonio el que le paraba los pies, porque Amancio en vez de comprar 3.000 metros de tela quería 50.000». Con materia prima chica, negocio chico, reconoce.

El hermano, Antonio, enraizó más en Valoria. Se casó con una chica del pueblo, Primitiva Renedo, que dio con Rosalía Mera, la primera mujer de Amancio, las primeras puntadas de un proyecto que concluyó en lo que hoy se conoce como Industria de Diseño Textil (Inditex).

Primitiva y Rosalía fueron las que cosieron los cucos para abr[igar] bebés y las batas de boatiné rosas bajo la dirección de ese muchacho qu[e] ya desde muy joven «soñaba con cosas por todo lo alto», pese a los continuos intentos del hermano mayor de que volase más bajo.

LA CORUÑA QUE RECIBIÓ A AMANCIO

El 1 de agosto de 1944, el padre se reincorporó al servicio ferroviario para deshacerse, definitivamente en La Coruña, de la maleta de los traslados y quedarse a orillas del Atlántico. La Coruña vivía unos años convulsos. A las consecuencias derivadas de la Guerra Civil española había que añadir la Segunda Guerra Mundial, que avanzaba hacia su fin.

En la posguerra, en La Coruña no solo no se permitían muchas expresiones de libertad, sino que encima la que daba cornadas, casi tan duras o más que la represión, era el hambre, por falta de salidas laborales y los duros años de racionamiento. La única válvula de escape para dialogar entre vecinos era el fútbol. Y ahí estaba el Deportivo.

Este mismo año, en octubre, nacía en Chantada (Lugo) uno de los banqueros preferidos de Amancio Ortega: Francisco González Rodríguez, más conocido entre sus paisanos como Paquito el Argentino, que fue presidente del banco Argentaria entre 1996 y 1998 y del BBVA desde 2000 hasta 2018.

Gran parte de la infancia de Amancio Ortega en La Coruña transcurrió en una época en la que apenas había para comer y era preciso comprar con una cartilla o al fiado en las tiendas, por lo que su madre tenía que hacer milagros para dar de comer a toda la prole. Su padre, que era un hombre callado, tan solo pensaba en el trabajo y en dar el poco dinero que ganaba a su esposa. Aun así, no les daba a los seis para llegar a fin de mes. El propio Amancio explicaba a Covadonga O'Shea, autora del libro *Así es Amancio Ortega: el hombre que creó Zara* (La Esfera de los Libros, 2008), la pobreza de la familia: «Mi padre solo podía ganar 300 pesetas y ese dinero no daba para vivir a una familia. Éramos cuatro hermanos: Antonio, el mayor, Pilar, Pepita, y yo, que era el benjamín; y con este sueldo no llegábamos nunca a final de mes».

Josefa, su madre, era la que llevaba la casa. Era, según sus vecinas, una mujer muy extrovertida que enseguida congeniaba con todos. Fue estando a su lado cuando Amancio se dio realmente cuenta de las dificultades económicas de la familia. Tenía poco más de trece años. Un día en una tienda de ultramarinos las palabras del dependiente cayeron como una losa sobre Ortega: «Señora Josefa, lo siento mucho pero ya no le puedo fiar más dinero».

Esa frase le marcó y tan solo un año después decidió ponerse a trabajar como recadero en Gala, una camisería que tenía gran prestigio. Siendo aún un adolescente prometió a su familia que haría todo lo posible en la vida para que nunca tuvieran que pedir prestado.

Fueron unos años muy difíciles, en los que casi todas las familias coruñesas lo pasaron mal. Había que hacer colas con la cartilla de racionamiento para poder llevar un poco de comida a casa. Su madre, con el escaso sueldo de su padre y seis bocas que alimentar día tras día, tenía que hacer verdaderos milagros, ya que los huevos, la leche, el pan y el aceite eran un lujo, por lo que había que recurrir al fiado en las tiendas. Los viernes se aprovechaban todas las sobras de las comidas para hacer «ropavieja» (menú a base restos del puchero) o croquetas. No se desperdiciaba nada, y hasta el pan duro se aprovechaba para hacer sopas.

Pero volvamos a 1944. Los Ortega-Gaona se instalan en la casilla número siete para personal de Renfe, a poca distancia de la estación La Coruña-San Cristóbal. Viendo la difícil situación familiar, a los catorce años Amancio abandonó el enredo de las letras para emplearse en la lustrosa camisería Gala, una vez que la familia decidió que Josefa (Pepita) cursase estudios de comercio. Eran tiempos en los que solo estudiaban los hijos de las clases pudientes y en las familias con menos posibles solo lo hacía uno. El primer empleo en la camisería Gala, fundada en 1931 por José Martínez Porto, anuló la última posibilidad de que alguno de los hijos del ferroviario siguiese los pasos del padre.

El encuentro del mundo de la moda con Amancio Ortega o de Amancio Ortega con el mundo de la moda fue porque alguien recomendó al dueño de la camisería «a un chico muy trabajador que estaría dispuesto a echar una mano». José Martínez Varela, el hijo del dueño, tenía catorce años en 1950, los mismos que Amancio, cuando este comenzó a trabajar en la empresa familiar. «Como era normal, empezó de chico de los recados. Limpiaba los escaparates, llevaba los paquetes y atendía el mostrador cuando había mucha urgencia», cuenta José Martínez.

Gala era por aquel entonces una camisería con mucha reputación en la ciudad portuaria. «La diferencia de clases era muy grande en estos momentos en la urbe coruñesa. Se encargaban camisas a medida con las iniciales bordadas y había que llevárselas al cliente a su casa. Yo de vez en cuando le echaba una mano», dice Martínez. Para el reparto se utilizaba una bicicleta Orbea, aunque la mayoría de las veces se hacía a pie. Pese a que corre de boca en boca la anécdota de que Amancio Ortega llevó alguna camisa con las iniciales F. F., (de Francisco Franco) hasta el Pazo de Meirás, José Martínez lo desmiente: «Es de las cosas que se dicen, pero a Franco nunca le hicimos camisas. Al conde de Fenosa (Pedro Barrié de la Maza), pero no a Franco».

La jornada laboral comprendía de 09.00 a 13.00 y de 15.30 a 19.30, sábados incluidos, aunque muchas veces el reparto se prolongaba hasta las 22.00 horas. En total cuarenta y ocho horas a la semana, sin contar con las que se regalaban a la empresa. Las vacaciones no superaban los diez días, pero casi todo el mundo trabajaba para cobrar más, porque hacía falta dinero en aquellos tiempos de estrecheces. Amancio también lo hacía, quizás con la vista puesta en esa primera Vespa que ronroneó por las calles de La Coruña por primera vez en 1953. Él trabajó duro para comprarse una.

Aquel adolescente que en Valoria llamaban Cholo dejó en buen lugar a la persona que lo recomendó. Muy pronto demostró que era «un chaval espabilado y empezó a echar una mano de dependiente», afirma Martínez.

Permaneció tres años en su primer empleo y, paradójicamente, fue uno de los pocos asalariados que abandonó la camisería, ya que hubo dependientes de su época que alcanzaron los cuarenta y seis años tras el mismo mostrador. «No se despidió por nada malo. En La Maja trabajaban ya sus hermanos Antonio y Josefa y se marchó con la idea de montar algún negocio con ellos», asegura Martínez, que celebra los éxitos «de un hombre decente y muy trabajador».

UN RECLUTA LLAMADO AMANCIO

Con veintiún años, en 1957, llegó la hora de la mili. Amancio Ortega vio cómo se interrumpían sus sueños empresariales al tener que incorporarse al servicio militar. Fue reclutado para cumplirlo en Barbastro (Huesca). Según publicó el diario *El Mundo* el 5 de abril de 2022, en un artículo firmado por Javier Ortega, «el empresario hizo el servicio militar en el cuartel General Ricardos, en el Batallón de Cazadores Motorizado Barbastro número XVI, en labores de escribiente de la compañía, donde le recuerdan sencillo, cordial y buen jugador de fútbol». Cumplió su compromiso con el Ejército durante casi veinticuatro meses. Allí se sinceraba con sus compañeros de filas: «Tengo una pequeña tienda de confección en La Coruña», según publicó *El Heraldo de Aragón*.

La foto en la que Ortega posa con otros tres soldados, publicada por varios diarios, procede de una exposición que, sobre la historia del cuartel —de 1923, año en que se inauguró, a 2009, fecha de su derribo—, organizó la Universidad de Educación a Distancia en su sede de Barbastro, siendo su comisario el general Alfredo Ezquerro, con la aportación de documentos y material fotográfico de los vecinos de la localidad oscense. Su paso por el Ejército hay que insertarlo en el contexto histó-

El soldado Amancio Ortega (primero por la izquierda), junto a los barbastrenses Antonio Latorre, Rafael Fierro y Antonio Olivera.

rico del conflicto bélico librado entre 1957 y 1958 en Ifni (Marruecos) por España, en el que estuvo a punto de participar de forma directa.

A propósito de aquellos tiempos de mili, Antonio Latorre, entonces incipiente cantante y hoy residente en Madrid, compañero de mili de Amancio Ortega, según publicó *El Mundo,* escribió en las redes sociales: «La convivencia entre los jefes y soldados, guardando los debidos respetos, era de un gran compañerismo, y siempre he conservado con algunos de ellos una excelente amistad que perdura al cabo de los años. De nuestro grupo más íntimo formaba parte un gallego llamado Amancio Ortega, quien ayudaba en la administración de la compañía, una excelente persona muy sencilla y cordial». Y añadía: «El amigo Amancio siempre ha sido un buen jugador de fútbol, compañero de chabola en el Campamento, de bocadillos en la cantina y cantares con la guitarra antes de la retreta».

El teniente coronel Bernardo Álvarez de Manzano, entonces al mando del regimiento, le recordó como «muy leal, sencillo y sincero. Uno más entre todos, abierto, alegre, cordial, siempre dispuesto a colaborar, muy inquieto, inteligente».

Tras su regreso a La Coruña, la vida de Amancio Ortega giró en torno a Inditex. ¿Cómo es Amancio Ortega? Dicen en su círculo más próximo que es una persona «con una gran intuición, con una capacidad de trabajo enorme, que lo hace un personaje único, pero al mismo tiempo es todavía más único porque no es el hijo de un premio Nobel, ni de un artista, no proviene de un entorno cultural sobresaliente, no es hijo de Federico García Lorca ni de Dalí ni de ninguno de los políticos de aquellos años. Es el hijo de un ama de casa —dice nuestro interlocutor de Inditex— que procedía de un entorno rural, Valoria la Buena (Valladolid), en la España ya entonces vacía, y de un señor de Valladolid, operario del ferrocarril. Su manera de pensar es la que se corresponde con esos orígenes y con lo que él ha vivido, que fueron originalmente con la situación familiar, económica y tal muy compleja, como la de tantísimos españoles en la guerra y en la posguerra, y luego la de una persona que tiene que ponerse a trabajar con trece años, para intentar ganarse mejor la vida, poniendo a la vez en marcha un negocio propio, como hizo tantísima gente de esa generación. Como él muchas veces ha explicado a amigos, a contertulios o a personas con las que se encuentra, seguramente si hubiera tenido un entorno de trabajo que le hubiera permitido asumir mayores responsabilidades, él nunca hubiera montado su propia empresa, lo que ocurre es que él era una persona muy inquieta y la empresa en la que trabajaba digamos no le dejaba desarrollarse. Como no era el hijo del dueño, en un momento determinado, esa inquietud le lleva a decir "voy a tener que hacer algo por mi cuenta porque aquí ya no puedo crecer más" y pone en marcha algo que ya no se detuvo. Ni había un plan, ni había un horizonte determinado, ni había una ambición desmedida, ni había nada de nada, era inquietud por hacer cosas y ese afán de perfeccionismo que ha tenido toda la vida, que es lo que realmente se ha convertido en la palanca del éxito. Alguien que nunca está contento del todo con el resultado de su trabajo es imparable».

En su lanzamiento empresarial, previo a la salida a bolsa, Amancio Ortega va recibiendo a personajes de la vida pública. Por Arteixo pasan entre otros Manuel Fraga (PP), José Manuel Beiras (BNG), Emilio Pérez Touriño (PSdeG), José Luis Rodríguez Zapatero (PSOE) y un largo etcétera. Pero el hecho más significativo se registra durante la visita del presidente de Uruguay, Jorge Batlle, en febrero de 2004, cuando se escucha por primera vez la voz de Amancio Ortega, recogida por Localia Televisión, cadena ya desaparecida, que asevera: «Cada día sé menos de moda, esta falda se vende muchísimo en Italia y a mí no me gusta nada».

¿Por qué se producen esos contactos y además con la presencia de las cámaras? Nuestro interlocutor lo vio así: «Todo tiene que ver con el momento que está viviendo la compañía. Es trabajo y el orden en el que se suceden esas visitas es absolutamente el que toca en ese momento. Las cosas pasan así, las cosas suceden así, no hay una mente perversa que formula que primero reciba a uno u otro, porque así se darán cuenta de que no, hoy esto sale así, porque es así».

No todas estas visitas fueron satisfactorias. Días, horas antes de dimitir (2022) Pablo Casado como presidente del PP, se vieron Ortega y él, y no resultó gratificante el encuentro. Ahora con Alberto Núñez Feijóo la relación es inmejorable. Eva Cárdenas, exdirectora de una de las cadenas, está casada con el presidente del Partido Popular y ello, sin duda, facilita las cosas.

«Lo cierto —sostiene nuestro interlocutor— es que se ha visto y se seguirá viendo mientras él tenga ganas y ánimo para hacerlo, con personalidades. Lógicamente, ese tipo de obligaciones cada vez le pesan más, pero mientras él esté activo se seguirá viendo con gente porque es una persona muy educada, muy cortés. Se dice:"Si alguien que tiene un cargo de responsabilidad empresarial o política relevante quiere hablar conmigo pues mi obligación es hablar, es sentarme y recibirle y enseñarle mi empresa y contarle lo que sea y responder a las preguntas que me quiera hacer"». Él conoce a muchísima gente pero eso no sale en ningún lado, porque es muy discreto y, en general, sus interlocutores respetan profundamente ese deseo suyo, porque si no estaríamos todo el día haciendo interpretaciones acerca de con quién se ve, con quién no se ve y tal, además, sería en términos polémicos, sobre de qué pie cojea, que si le gusta más esto o lo otro».

«De lo que no cabe duda —concluye un directivo de Inditex— es de que Amancio Ortega es un perfecto reflejo de un español de una época, con su historia y con su experiencia, que ha conseguido, como otros, el éxito en vida».

3
INDITEX, LA OBRA MAESTRA

Si nos ciñéramos exclusivamente a la moda, habría que decir que Amancio Ortega legará una colección envidiable. Pero Inditex es mucho más que moda: es una máquina de generación de riqueza laboral y económica, así como un modelo empresarial que vale tanto para defensores como detractores. Los comienzos no fueron fáciles, hasta el punto de que en algún momento llegaron, no a desistir, pero sí a ralentizar la expansión del grupo, ciñéndose al ámbito de la Península Ibérica.

De forma esquemática, en el siguiente organigrama se sintetizan los primeros pasos que dieron lugar a Inditex hasta llegar al momento de su consolidación con la salida a bolsa:

Desde la salida a bolsa, el capital mayoritario de la empresa (casi el 70 por ciento) siguió estando bajo el control familiar, pero en la toma de algunas decisiones empezaron a influir, casi desde sus orígenes, personas a las que solo se les exigía y exige, aparte de su entrega al proyecto, un requisito: ser los mejores en su especialidad. Y aunque, por experiencia propia, Amancio siempre promocionó a los trabajadores que habían empezado desde abajo en la empresa, no dudó en efectuar contrataciones selectivas externas cuando la situación lo requería. Ahí está uno de los éxitos en la gestión delegada, pero liderada por Amancio Ortega.

ORGANIGRAMA EMBRIONARIO DE INDITEX

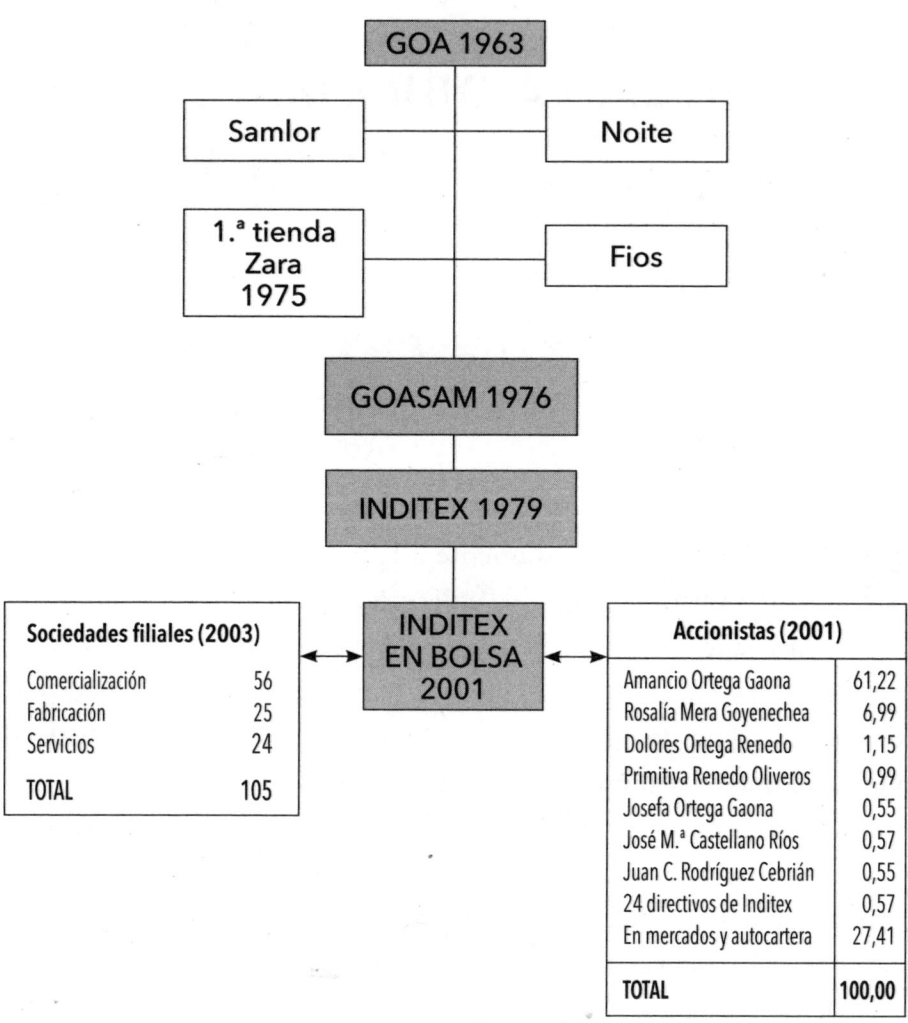

De esta forma la universidad entraba en Inditex o, como sostienen algunos profesores, para el bien de todos, la empresa primero llamó a la puerta y después entró en las aulas. Procedentes de ella, empezaron a desembarcar algunos de los más significados economistas, de la mano, claro está, de José María Castellano, que se unió al equipo de Ortega en 1985, convirtiéndose desde entonces, poco a poco, en el número dos del grupo, aunque de cara a la opinión pública apareciese como el verdadero número uno por renuncia expresa de Amancio Ortega.

Más tarde, en 1989, se incorporaría otro de los imprescindibles en Inditex hasta 2021: Antonio Abril, vocal y secretario del consejo —hoy fuera del grupo—, llegó para hacerse cargo de todo lo relacionado con los aspectos legales. A medida que el grupo crecía también lo hacían las demandas y las normativas que debían ser aplicadas. En cualquier caso, en el anexo «Quién es quién en Inditex (a 31 de enero de 2022)», se detalla la aportación personal de cada uno de los que marcaron o marcan a diario los latidos de Inditex.

Si, como parece, todo el desarrollo conceptual del grupo gira en torno al clan familiar liderado por Amancio Ortega, el salto financiero hubiera sido impensable sin la presencia e insistencia del equipo liderado por José María Castellano.

Casi sesenta años después el futuro no está escrito, pero según Amancio Ortega pasa por seguir siendo «fieles al compromiso de esfuerzo y superación que inspira a nuestra empresa, la creación de nuevas cadenas y la ampliación de las líneas de producto son nuestras respuestas a las nuevas oportunidades del entorno». En suma, debe prevalecer, sentencia Ortega en su primera carta (testamento empresarial) a los accionistas, «la idea de innovación y superación permanente, que deberá seguir siendo el propósito motriz del grupo a lo largo del siglo xxi». Sentadas las bases ideológicas del fundador, que están en constante evolución, la continuidad del imperio sigue siendo cuestión de los especialistas, si los herederos lo permiten respetando la voluntad del fundador.

LAS ENTRETELAS LEGALES DE INDITEX

La actividad legal de Inditex, con la incorporación como presidenta de Marta Ortega Pérez, no va a suponer cambios de relieve. Esta ha recibido un armazón legal, laboral, comercial e industrial muy consolidado, que solo requerirá, como se ha hecho hasta ahora, afinarlo periódicamente o cuando las circunstancias lo aconsejen.

A efectos legales, la sociedad matriz de todo el imperio se denomina Industria de Diseño Textil S.A., abreviadamente Inditex S.A. Tiene carácter mercantil, forma anónima y nacionalidad española. Se rige por unos estatutos sociales y, en cuanto no le sean aplicables disposiciones específicas, por la normativa general en vigor para todas las sociedades anónimas cotizadas.

Si bien se gestó unos años antes, Inditex aparece registrada como sociedad mercantil el 12 de junio de 1985, mediante escritura pública otorgada ante el notario de La Coruña José Jordi de Carricarte, con el número 1301 de su protocolo, y se halla inscrita en el Registro Mercantil de la ciudad en el Tomo 428, Libro 227, de la Sección 3ª de Sociedades, Folio 38, Hoja 2416. Tiene su domicilio en Avenida de la Diputación, Edificio Inditex, Arteixo (La Coruña). La duración de la sociedad es indefinida.

Por lo tanto, Inditex tiene forma jurídica de sociedad anónima. En lo que se refiere al régimen contable, está sujeta a lo establecido en el Plan General de Contabilidad de España, con adaptaciones, si la situación lo requiere, a los países en los que opera. Su ejercicio social no coincide con el año natural: comienza el 1 de febrero de cada año y termina el 31 de enero del año siguiente, para incluir el periodo fuerte de rebajas de comienzos de año. El objeto social de esta compañía, según los registros oficiales, es prácticamente universal y abarca, entre otras, las siguientes actividades:

1. La fabricación, comercialización en cualquiera de sus fases, importación, exportación y venta al por mayor y al detalle de toda clase de materias primas textiles, hilados, telas, tejidos y productos acabados de vestir y del hogar, así como de cualesquiera otros productos complementarios de los anteriores, incluidos los de cosmética y marroquinería.

2. La participación en el capital de otras sociedades o entidades, civiles o mercantiles, ya sea adquiriendo por cualquier título, oneroso o gratuito, acciones de cualesquiera otras sociedades anónimas o participaciones de sociedades de responsabilidad limitada, ya sea haciéndose por cualquier negocio jurídico con la titularidad de cuotas de participación en el capital de otras entidades, bien sean de nacionalidad española o extranjera.
3. La administración, gestión y explotación de dichas acciones, participaciones sociales o cuotas de participación en el capital, así como la enajenación, venta, permuta o realización de cualquier otro negocio jurídico que implique el ejercicio de los derechos incorporados a dichas partes o cuotas sociales.
4. La prestación de toda clase de servicios relacionados con la administración, gestión y explotación de empresas, tales como la llevanza de contabilidad, la formación de listados de clientes, la elaboración de nóminas, la confección de recibos de todas clases, la facturación y demás asuntos análogos a los mencionados, para lo cual podrá utilizar todo tipo de procedimiento, ya sea manual, mecánico, electrónico o informático, o cualquier otro de la más variada naturaleza.
5. La redacción, elaboración y ejecución de toda clase de estudios y proyectos y la creación de diseños industriales y comerciales; la dirección, asistencia técnica, transferencia tecnológica y de comercialización, inspección, control y administración en tales proyectos y actividades.
6. La titularidad, explotación o cesión de diseños y de la propiedad industrial e intelectual en todas sus modalidades y clases.
7. La adquisición y enajenación por cualquier título de toda clase de bienes muebles e inmuebles, derechos, títulos, valores, participaciones, acciones o cuotas de participación en el capital de otras sociedades, incluso interviniendo en la constitución de estas, en cuanto tales bienes y derechos sirvan al tráfico que constituye su objeto.

Además de todo ello las actividades integrantes del objeto social podrán ser desarrolladas por la sociedad, directa o indirectamente, mediante la titularidad de acciones o de participaciones en sociedades con objeto idéntico o análogo o mediante cualesquiera otras formas admitidas en Derecho.

CAPITAL SOCIAL Y ACCIONISTAS DE REFERENCIA

El 31 de enero de 2022, el capital social estaba fijado en 93.499.560 euros, íntegramente suscrito y desembolsado, dividido, representado e incorporado a 3.116.652.000 acciones, indivisibles, de 0,03 euros de valor nominal cada una, pertenecientes a una única clase y serie. Su CIF es A15075062 y el número DUNS (Data Universal Numbering System o Sistema Universal de Numeración de Datos), 461237810, pertenece a un sistema desarrollado y regulado por Dun&Bradstreet (D&B), que asigna un identificador numérico único para cada entidad de negocio, sociedad, consorcio, etc.

Inditex cotiza en las cuatro bolsas españolas desde el día 23 de mayo del año 2001 y forma parte del índice selectivo Ibex 35 desde julio de 2001. También forma parte del Eurostoxx 600 desde septiembre de 2001, del índice selectivo Morgan Stanley Capital International desde noviembre de 2001, del Dow Jones Sustainability Index desde septiembre de 2002, del FTSE4Good desde octubre de 2002 y del índice bursátil FTSE ISS Corporate Governance desde su creación en diciembre de 2004.

La sociedad es emisora de acciones representadas mediante anotaciones en cuenta. No obstante lo anterior, al amparo de lo previsto en el artículo 497 de la Ley de Sociedades de Capital, Inditex tiene contratado con la Sociedad de Gestión de Sistemas de Registro, Compensación y Liquidación de Valores, S.A. (Iberclear) el servicio de comunicación diaria de titularidades.

Según el Libro Registro de Accionistas de la Sociedad y la información pública registrada en la Comisión Nacional de Mercado de Valores (CNMV), la única titular de participaciones significativas de la Sociedad, a 31 de enero de 2021, excluidos los consejeros, era Sandra Ortega Mera, con un 5,053 por ciento a través de Rosp Corunna Participaciones Empresariales, S.L., heredadas de su madre. Las acciones de Inditex están sobre todo en manos de Amancio Ortega y su familia. A 31 de enero de 2022, los miembros del consejo de administración que tenían participación, directa o indirecta, en el capital de la sociedad eran los siguientes:

Pablo Isla Álvarez de Tejera	0,073
Amancio Ortega Partler, 2006 S.L.[1]	9,294
Carlos Crespo González[2]	0,007
José Arnau Sierra	0,001
Pontegadea Inversiones, S.L.[1]	50,010
Denise Patricia Kingsmill	–
Anne Lange	–
Pilar López Álvarez	0,0001
José Luis Durán Schulz	0,001
Rodrigo Echenique Gordillo	–
Emilio Saracho Rodríguez de Torres	–
	59,375%

[1] Amancio Ortega cuenta con dos participaciones indirectas, una a través de Pontegadea Inversiones, S.L., con un 50,010 por ciento, y Partler 2006, S.L. con un 9,294 por ciento. El total de ambas, 59,304, es lo que computa como derechos de voto.
[2] Tras el relevo de Pablo Isla y Carlos Crespo, Marta Ortega Pérez, presidenta, ostenta el 0,0014 por ciento y Óscar García Maceiras, consejero delegado, tiene una participación del 0,0023 por ciento.

Pese a los claros vínculos familiares, Inditex sostiene en sus informes de gobierno corporativo que la sociedad no ha recibido comunicación alguna en relación con la existencia de relaciones de índole familiar, comercial, contractual o societaria entre los titulares de participaciones significativas que tengan carácter relevante o que no se deriven del giro o tráfico comercial ordinario.

En la reorganización patrimonial llevada a cabo por Amancio Ortega en fecha 3 de julio de 2020 tuvo lugar la aportación por Partler 2006 S.L. de 289.362.325 acciones de la sociedad a favor de la sociedad de nueva creación Partler Participaciones S.L.U. Así, Partler Participaciones S.L.U. ha pasado a ser el titular directo de las referidas acciones. Amancio Ortega es titular directo del 99,99 por ciento de los derechos de voto de Pontegadea Inversiones, S.L. y del 99,99 por ciento de los derechos de voto de Partler 2006 S.L., que es a su vez titular directo del cien por cien de los derechos de voto de Partler Participaciones S.L.U.

En consecuencia, Amancio Ortega, a través de sus sociedades, ejerce el control total sobre la sociedad al controlar el 59,294 por ciento del capital.

Por otro lado, Rosp Corunna Participaciones Empresariales, S.L., también accionista significativo de la sociedad, es propiedad de Sandra y Marcos Ortega Mera (con una participación de poco más del 5 por ciento), que son los hijos nacidos en el primer matrimonio de Amancio Ortega Gaona.

El 31 de enero de 2022 Inditex contaba con una autocartera de 2.125.384, representativas del 0,09 por ciento del capital social. El capital flotante estimado ascendía a 35,517 por ciento. La estructura accionarial de Inditex a 31 de enero de 2022 era la siguiente:

Accionista	N.º acciones	%
Pontegadea Inversiones, S.L.	1.558.637.990	50,01 %
Partler 2006, S.L.	289.362.325	9,28 %
Rosp Corunna Participaciones Empresariales, S.L.	157.474.030	5,05 %
Institucional	1.055.732.995	33,87 %
Minorista	53.321.668	1,7 %
Autocartera	2.125.384	0,09 %
TOTAL	3.116.654.392	100,00 %

GOBIERNO, ADMINISTRACIÓN Y REPRESENTACIÓN DE LA SOCIEDAD

Según los estatutos de la sociedad, sin perjuicio de las facultades legalmente atribuidas a la junta general de accionistas, la dirección, administración, gestión y representación de la sociedad corresponden al consejo de administración y, en su caso, de conformidad con lo que se establece en estos estatutos sociales, a los órganos y las personas en quienes delegue facultades el consejo de administración.

La política del consejo de administración es delegar la gestión de los negocios ordinarios de la sociedad en los órganos ejecutivos y el equipo de dirección, y concentrar su actividad en la función general de supervisión, que comprende orientar la política de la sociedad; controlar las instancias de gestión; evaluar la gestión de los directivos; adoptar las decisiones más relevantes para la sociedad y servir de enlace con los accionistas. La estructura operativa de Inditex se recoge en el siguiente gráfico:

ESTRUCTURA ORGANIZATIVA DE INDITEX

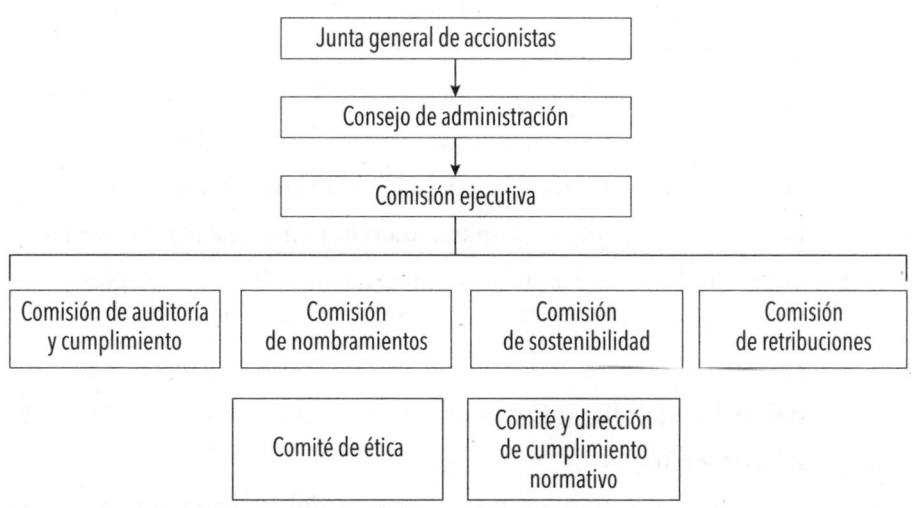

JUNTA GENERAL

La junta general de accionistas, convocada y constituida con las formalidades legales, estatutarias y las previstas en su propio reglamento, es el órgano supremo y soberano de expresión de la voluntad social. Sus acuerdos son obligatorios para todos los accionistas, incluso para los ausentes y disidentes, sin perjuicio de las acciones que a estos pudieran corresponder con arreglo a la ley.

De conformidad con los estatutos sociales y el reglamento de la junta general, la junta general de accionistas se halla facultada para adoptar toda clase de acuerdos referentes a la sociedad, estándole reservadas, en particular y sin perjuicio de cualesquiera otras que le asigne la normativa, las atribuciones siguientes:

- Resolver sobre las cuentas anuales individuales de la sociedad y, en su caso, consolidadas de la sociedad y su grupo, y sobre la aplicación del resultado.
- Nombrar, reelegir y separar a los administradores, así como ratificar o revocar los nombramientos provisionales de tales administradores efectuados por el propio consejo de administración, y censurar su gestión.
- Aprobar el establecimiento de sistemas de retribución consistentes en la entrega de acciones o de derechos sobre ellas, así como de cualquier otro sistema de retribución que esté referenciado al valor de las acciones, que se establezcan en beneficio de los consejeros.
- Aprobar la política de remuneraciones de los consejeros en los términos establecidos por la ley.
- Pronunciarse, en votación consultiva como punto separado del orden del día, sobre el informe anual de remuneraciones de los consejeros.
- Autorizar la dispensa a los consejeros del deber de evitar situaciones de conflictos de interés y de las prohibiciones derivadas

del deber de lealtad, cuando la autorización corresponda legalmente a la junta general de accionistas, así como de la obligación de no competir con la sociedad.
- Autorizar al consejo de administración para aumentar el capital social, o proceder a la emisión de obligaciones convertibles en acciones de la sociedad.
- Acordar la emisión de obligaciones convertibles en acciones de la sociedad o que atribuyan a los obligacionistas una participación en las ganancias sociales, el aumento o la reducción de capital, la supresión o limitación del derecho de suscripción preferente de nuevas acciones, la transformación, fusión, escisión o disolución de la sociedad, la cesión global del activo y pasivo, la aprobación del balance final de liquidación, el traslado de domicilio al extranjero y, en general, cualquier modificación de los estatutos sociales.
- Autorizar la adquisición derivativa de acciones propias.
- Aprobar las operaciones que entrañen una modificación estructural de la sociedad y, en particular, las siguientes:

    1. La transformación de sociedades cotizadas en compañías *holding*, mediante la «filialización» o transferencia a entidades dependientes de actividades esenciales desarrolladas hasta ese momento por la propia sociedad, incluso aunque esta mantenga el pleno dominio de aquellas.
    2. La adquisición, enajenación o aportación a otra sociedad de activos esenciales.
    3. Las operaciones que entrañen una modificación efectiva del objeto social y aquellas cuyo efecto sea equivalente al de la liquidación de la sociedad.

- Nombrar, reelegir y separar a los auditores de cuentas.
- Nombrar y separar, en su caso, a los liquidadores de la sociedad.

- Aprobar el reglamento de la junta general de accionistas y sus modificaciones posteriores.
- Decidir sobre los asuntos que le sean sometidos por acuerdo del consejo de administración.
- Impartir instrucciones al consejo de administración o someter a su autorización la adopción por dicho órgano de decisiones o acuerdos sobre determinados asuntos de gestión.
- Otorgar al consejo de administración las facultades que para casos no previstos estime oportunas.

El consejo de administración es el responsable de convocar la junta general ordinaria para su reunión necesariamente una vez al año, dentro de los seis meses siguientes al cierre de cada ejercicio económico, para, al menos, censurar la gestión social, aprobar, en su caso, las cuentas del ejercicio anterior y resolver sobre la aplicación del resultado.

De conformidad con los artículos 168 y 495.2.a) de la Ley de Sociedades de Capital, la junta general extraordinaria se reunirá cuando lo acuerde el consejo de administración o lo solicite un número de accionistas que represente al menos un 3 por ciento del capital social, expresando en la solicitud los asuntos a tratar. En este último caso, la junta general de accionistas deberá ser convocada para celebrarse dentro del plazo previsto por la normativa aplicable y en el orden del día se incluirán necesariamente los asuntos que hubiesen sido objeto de la solicitud.

CONSEJO DE ADMINISTRACIÓN

Salvo en las materias reservadas a la competencia de la junta general de accionistas, el consejo de administración está configurado como el máximo órgano de decisión, supervisión y control de la sociedad al tener encomendadas la dirección, administración, gestión y representación de la misma, delegando con carácter general la gestión de los negocios ordinarios de Inditex a favor de los órganos ejecutivos y del equipo de dirección y concentrando su actividad en la función general de supervisión, que comprende orientar la política de Inditex, controlar las instancias de gestión, evaluar la gestión de los directivos, adoptar las decisiones más relevantes para la sociedad y servir de enlace con los accionistas.

Igualmente, corresponde al consejo de administración velar por el cumplimiento por la sociedad de sus deberes sociales y éticos y de su deber de actuar de buena fe en sus relaciones con sus empleados y con terceros, así como velar para que ninguna persona o grupo reducido de personas ostente un poder de decisión dentro de la sociedad no sometido a contrapesos y controles y para que ningún accionista reciba un trato de privilegio en relación con los demás.

El consejo de administración desarrolla sus funciones de conformidad con el interés social, entendido como la viabilidad y la maximización del valor de la empresa a largo plazo en interés común de todos los accionistas, lo que no deberá impedir la consideración de los demás intereses legítimos, públicos o privados, que confluyen en el desarrollo de toda actividad empresarial, y especialmente los de los otros «grupos de interés» de la sociedad (empleados, clientes, proveedores y la sociedad civil en general), determinando y revisando sus estrategias empresariales y financieras según dicho criterio, procurando establecer un equilibrio razonable entre las propuestas elegidas y los riesgos asumidos.

El número máximo de consejeros es de doce y el mínimo de cinco. A 31 de enero de 2022 Inditex tenía once consejeros. La composición del Consejo era la siguiente:

COMPOSICIÓN DEL CONSEJO DE ADMINISTRACIÓN
(a 31 de enero de 2022)

Nombre o denominación social del consejero	Representante	Categoría del consejero	Cargo en el consejo	Fecha primer nombramiento	Fecha último nombramiento	Procedimiento de elección	Fecha de nacimiento
D. Pablo Isla Álvarez de Tejera		Ejecutivo	Presidente ejecutivo	09/06/2005	16/07/2019	Junta general de accionistas	22/01/1964
D. Óscar García Maceiras		Ejecutivo	Consejero delegado	29/11/2022	29/11/2022	Cooptación	30/10/1975
D. Amancio Ortega Gaona		Dominical	Vocal	12/06/1985	16/07/2019	Junta general de accionistas	28/03/1936
D. José Arnau Sierra		Dominical	Vicepresidente	12/06/2012	18/07/2017	Junta general de accionistas	16/09/1956
Pontegadea inversiones, S.L.	Dña. Flora Pérez Marcote	Dominical	Vocal	09/12/2015	19/07/2016	Consejo de administración	14/10/1954
Ba. Denise Patricia Kingsmill		Independiente	Vocal	19/07/2016	19/07/2016	Junta general de accionistas	24/04/1947
Dña. Anne Lange		Independiente	Vocal	10/12/2019	10/12/2019	Consejo de administración	22/05/1968
Dña. Pilar López Álvarez		Independiente	Vocal	17/07/2018	17/07/2018	Junta general de accionistas	13/06/1970
D. José Luis Durán Schulz		Independiente	Vocal	14/07/2015	16/07/2019	Junta general de accionistas	08/11/1964
D. Rodrigo Echenique Gordillo		Independiente	Consejero independiente coordinador	15/07/2014	17/07/2018	Junta general de accionistas	17/11/1946
D. Emilio Saracho Rodríguez de Torres		Independiente	Vocal	13/07/2010	16/07/2019	Junta general de accionistas	17/08/1995

El consejo de administración está conformado por un 54,55 por ciento de consejeros independientes, un 27,27 por ciento de consejeros externos dominicales y un 18,18 por ciento de consejeros ejecutivos.

Los consejeros que son miembros de consejos de administración de otras entidades cotizadas en mercados oficiales de valores distintos a las de Inditex son:

Nombre	Entidad	Cargo
Pablo Isla Álvarez de Tejera	Nestlé, S.A.	Consejero independiente
Anne Lange	Permod-Ricard, S.A. FFP Orange, S.A.	Consejera independiente
Rodrigo Echenique Gordillo	Banco Santander Chile	Consejero independiente
Emilio Saracho Rodríguez T.	IAG	Consejero independiente

RETRIBUCIONES DE LOS MIEMBROS DEL CONSEJO DE ADMINISTRACIÓN (31 DE ENERO DE 2021/31 DE ENERO DE 2022, EN MILES DE EUROS)

Durante el ejercicio social 2021 la retribución global del consejo de administración ascendió a 30.654.000 euros. De dicho importe, 21.232.000 euros corresponden a la remuneración devengada en el ejercicio a favor del consejo de administración y 9.422.000 a los derechos acumulados. En el siguiente cuadro se recoge la distribución de la remuneración:

Nombre o denominación social del consejero	Tipología	Retribución Consejo de Administración	Retribución Vicepresidencia Consejo de Administración	Retribución por pertenencia a Comisiones del Consejo de Administración	Retribución Presidencia Comisiones del Consejo	Retribución fija o salario	Retribución variable anual 2021	Retribución variable plurianual (acciones y metálico) 2021	Total 2021
D. Pablo Isla Álvarez de Tejera	Ejecutivo	100	-	-	-	3.250	4.875	4.218	12.443
D. José Arnau Sierra	Dominical	100	80	200	-	-	-	-	380
D. Óscar García Maceiras (1)	Ejecutivo	17	-	-	-	277	382	70	746
D. Carlos Crespo González (2)	Ejecutivo	83	-	-	-	1.179	1.868	2.633	5.763
D. Amancio Ortega Gaona	Dominical	100	-	-	-	-	-	-	100
PONTEGADEA INVERSIONES, S.L. (3)	Dominical	100	-	-	-	-	-	-	100
Ba. Denise Patricia Kingsmill	Independiente	100	-	150	50	-	-	-	300
Dña. Anne Lange	Independiente	100	-	150	-	-	-	-	250
Dña. Pilar López Álvarez	Independiente	100	-	150	50	-	-	-	300
D. José Luis Durán Schulz	Independiente	100	-	150	-	-	-	-	250
D. Rodrigo Echenique Gordillo	Independiente	100	-	150	50	-	-	-	300
D. Emilio Saracho Rodríguez de Torres	Independiente	100	-	150	50	-	-	-	300
TOTAL		1.100	80	1.100	200	4.706	7.125	6.921	21.232

1. La retribución relativa al ejercicio 2021 se corresponde con la parte devengada en el periodo que comprende desde el 1 de diciembre de 2021, fecha de efectos económicos de su nombramiento como nuevo consejero delegado, hasta el 31 de enero de 2022.
2. La retribución relativa al ejercicio 2021 se corresponde con la parte devengada en el periodo que comprende desde el 1 de febrero hasta el 30 de noviembre de 2021, fecha de efectos económicos de su renuncia como consejero delegado.
3. Representada por Dña. Flora Pérez Macote.

Tras el nombramiento de Marta Ortega como presidenta, el consejo de administración ha quedado configurado de la siguiente forma:

Nombre	Cargo	Naturaleza	Fecha primer nombramiento	Fecha último nombramiento
Marta Ortega Pérez	Presidenta	Dominical	01/04/2022	-
José Arnau Sierra	Vicepresidente	Dominical	12/06/2012	13/07/2021
Amancio Ortega Gaona	Vocal	Dominical	12/06/1985	16/07/2019
Óscar García Maceiras	Consejero delegado	Ejecutivo	29/11/2021	-
Pontegadea Inversiones, S.L.	Vocal	Dominical	09/12/2015	14/07/2020
Ba. Denise Patricia Kingsmill	Vocal	Independiente	19/07/2016	14/07/2020
Anne Lange	Vocal	Independiente	14/07/2020	-
Pilar López Álvarez	Vocal	Independiente	17/07/2018	12/07/2022
José Luis Durán Schulz	Vocal	Independiente	14/07/2015	16/07/2019
Rodrigo Echenique Gordillo	Vocal	Independiente	15/07/2014	12/07/2022
Emilio Saracho Rodríguez de Torres	Vocal	Otro/externo	13/07/2010	16/07/2019

Nota: Javier Monteoliva Díaz, secretario general y del consejo, actúa como secretario no miembro.

POLÍTICA DE SELECCIÓN DE CONSEJEROS

El sistema de selección, designación y reelección de miembros del consejo de administración constituye un procedimiento formal y transparente, regulado expresamente en los estatutos sociales, en el reglamento del consejo de administración y en el reglamento de la comisión de nombramientos.

En la sesión del consejo de administración de 9 de diciembre de 2015 se aprobó la «política de selección de consejeros». En la misma, se establece que los procesos de selección de candidatos a consejero estarán basados en un análisis previo de las necesidades de la sociedad y del propio consejo de administración, que deberá llevar a cabo el consejo de administración con el asesoramiento de la comisión de nombramientos.

El resultado de este análisis previo se recogerá en un informe justificativo de la comisión de nombramientos, que podrá publicarse en la página web corporativa al convocar la junta general de accionistas a la que se someta el nombramiento, la ratificación o la reelección de cada consejero. En todo caso los candidatos a consejero de la sociedad deberán reunir, entre otros, los siguientes requisitos:

- Ser personas honorables, idóneas y de reconocida solvencia, competencia, experiencia y méritos.
- Ser profesionales íntegros, cuya conducta y trayectoria profesional esté alineada con los principios recogidos en el código de conducta y prácticas responsables y con la visión y los valores del Grupo Inditex.

El límite de edad para el cargo de presidente y consejero son los sesenta y ocho años, y en el caso del consejero delegado, los sesenta y cinco.

Las cuentas anuales individuales y consolidadas de la sociedad, que se presentan para su formulación por el consejo, estarán previamente certificadas por el presidente ejecutivo y por el director general de finanzas.

PERO ¿QUIÉN QUITA Y PONE REALMENTE CONSEJEROS?

No es que sea lo habitual, porque los afectados hacen el petate y se van sin rechistar, pero ha trascendido cómo Amancio Ortega cesa o invita a los reticentes a irse.

Francisco Luzón, fallecido en febrero de 2021, fue consejero de Inditex entre 1997 y 2012. En su libro *El viaje es la recompensa: mi lucha por la vida* (La Esfera de los Libros, 2017), el que fuera presidente de Argentaria y número dos de Emilio Botín en el Banco Santander repasa gran parte de su trayectoria en el mundo de las finanzas y la empresa.

«Cuando fui convocado al consejo de administración para celebrar en junio de 2012 en Arteixo, ocurrió una situación imprevista», relata Luzón. «Al acercarme al ascensor, la empleada responsable de las relaciones entre la presidencia y los consejeros me advirtió de que don Amancio me esperaba en el segundo piso. Me sorprendió, era la primera vez que ocurría».

Y esto fue, según Luzón, lo que le anunció Amancio Ortega: «Hola, Paco. He de decirte algo que sé te será difícil entender. Mañana en el consejo de administración vamos a nombrar a José Arnau vicepresidente de la compañía. Y Carlos Espinosa de los Monteros dejará de ser vicepresidente, aunque seguirá de consejero de Inditex. Por eso he decidido que dejes el puesto de consejero».

La reacción de Luzón no se hizo esperar, aunque en las memorias viene precedida de una crítica reflexión. «En esos dos minutos mi cerebro repasó a gran velocidad nuestros quince años de amistad común, siempre leal, siempre desde la honestidad. No entendía lo que estaba pasando, lo mismo que con Emilio Botín. ¿Cómo podía tomar una decisión semejante? —se pregunta Luzón—. Era tan fácil como ampliar el número de consejeros. ¿Por qué era yo el excluido?».

Luzón respondió finalmente a Amancio Ortega. Según relata en sus memorias, le dijo: «No puedo entender lo que haces. Y menos aún de esta forma. Creo que no merezco este comportamiento por tu parte. Pero presentaré la dimisión esta tarde en el comité de nombramientos y retribuciones y mañana en el consejo de administración».

«Así sucedió», dice Luzón, y prosigue su relato: «Presenté mi dimisión con una intervención corta y directa, sin ambages, sin anestesia. Abandoné el consejo tras la comunicación al resto de consejeros de mi renuncia y Amancio salió detrás para acompañarme hasta el ascensor, me dio un abrazo y se despidió con un adiós».

Todo aquello sucedió, según Luzón, en junio de 2012. Amancio Ortega había comunicado en enero a la plantilla de Inditex su decisión de dejar la presidencia y el elegido era Pablo Isla, que tomó posesión como presidente en la junta del 11 de julio de ese año. Inditex aprobó la remodelación de su consejo en julio de 2012, cuando se aceptó la renuncia de Francisco Luzón en la junta general.

Inditex transmitió a los mercados, según publicó *Economía Digital*, que «con fecha 12 de junio de 2012, Francisco Luzón López remitió una carta por la que comunicaba a la sociedad que, tras más de quince años en el cargo, consideraba que había llegado el momento de cesar en el mismo de manera voluntaria». Así consta en la memoria anual de 2012 de Inditex. ¿Un cese voluntario?

Según la comunicación de Inditex a la CNMV, la salida de Luzón fue una dimisión voluntaria del consejero. La memoria prosigue: «La dimisión del señor Luzón como vocal del consejo de administración, de la comisión ejecutiva, del comité de auditoría y control y de la comisión de nombramientos y retribuciones de la sociedad fue aceptada por el consejo en su reunión de 12 de junio de 2012, de conformidad con el hecho relevante remitido a la CNMV, con fecha 13 de junio de 2012».

El exbanquero Francisco Luzón, que padeció una esclerosis incurable, narra en sus memorias que su «cese voluntario» en el consejo de Inditex después de quince años fue en realidad una decisión de Amancio Ortega, que le comunicó personalmente.

INDEMNIZACIONES

Los dos consejeros ejecutivos —presidente y consejero delegado— tendrán derecho a percibir una indemnización bruta por importe equivalente a dos anualidades, calculada sobre sus respectivas retribuciones fijas establecidas para el año en curso en los supuestos de que sus contratos se extingan por voluntad unilateral de la sociedad, así como por la dimisión del presidente ejecutivo o del consejero delegado, motivada en determinadas causas.

Entre dichas causas justificadas están la sucesión de empresa o cambio de titularidad de la sociedad que afecte a más de un 50 por ciento del capital social o de los derechos de voto, siempre que, a la vez, tenga lugar una renovación significativa de los órganos rectores o un cambio en el contenido y planteamiento de su actividad principal, si la solicitud de extinción se plantea dentro de los seis meses siguientes a la producción de tal sucesión o cambio.

A estos efectos, no se entenderá que existe sucesión ni cambio de titularidad en el caso de una sucesión familiar directa o indirecta de la propiedad de la sociedad. Ello quiere decir que para el día después de Amancio Ortega, estatutariamente tanto el presidente como el consejero delegado podrían seguir en sus cargos, o no. Así es de previsor Amancio Ortega y así se hizo con Pablo Isla, presidente, y Carlos Crespo, consejero delegado.

COMISIONES DEL CONSEJO DE ADMINISTRACIÓN

Para agilizar y delegar competencias, el consejo de administración cuenta con las siguientes comisiones: ejecutiva, de auditoría, de nombramientos, de retribuciones y comisión de sostenibilidad.

Comisión ejecutiva. De conformidad con lo dispuesto en el artículo 14 del reglamento del consejo de administración, la comisión ejecutiva está compuesta por un número de consejeros no inferior a tres ni superior a ocho. El consejo de administración procurará que la composición de la comisión ejecutiva tenga una estructura, en cuanto a la participación de cada una de las clases de consejeros, similar a la del propio consejo de administración. Actuará como presidente de la comisión ejecutiva el presidente del consejo de administración y desempeñará su secretaría el secretario del consejo, que podrá ser asistido por el vicesecretario.

Al amparo de lo previsto en el artículo 27 de los estatutos sociales, el consejo de administración constituyó, el 28 de febrero de 1997, una comisión ejecutiva que tiene delegadas la totalidad de las facultades del consejo, salvo aquellas legal o estatutariamente indelegables y aquellas otras necesarias para un responsable ejercicio de la función general de supervisión que compete al consejo de administración.

A 31 de enero de 2022, la comisión ejecutiva la integraban Pablo Isla Álvarez de Tejera, presidente; José Arnau Sierra, vicepresidente; y los vocales Amancio Ortega Gaona, Óscar García Maceiras, Pilar López Álvarez, José Luis Durán Schulz, Rodrigo Echenique Gordillo y Emilio Saracho Rodríguez de Torres. Actuaba como secretario no miembro de la comisión ejecutiva Javier Monteoliva Díaz, secretario general y del consejo.

Comisión de auditoría y cumplimento. Está regulada en los artículos 28 de los estatutos sociales y 15 del reglamento del consejo de administración, así como en el reglamento de la comisión de auditoría y cumplimiento. A 31 de enero de 2022 la integraban Pilar López Álvarez, presidenta, Denise Patricia Kingsmill, Anne Lange, José Arnau Sierra, José Luis Durán Schulz, Rodrigo Echenique Gordillo y Emilio Saracho Rodríguez de Torres, como vocales. Actuaba como secretario no miembro de la comisión de auditoría y cumplimiento Javier Monteoliva Díaz, secretario general y del consejo.

Según el artículo 28 de los estatutos sociales, la comisión de auditoría y cumplimiento estará integrada por un mínimo de tres y un máximo de siete consejeros externos nombrados por el consejo de administración, que deberán ser en su mayoría consejeros independientes, y serán designados, en especial su presidente, teniendo en cuenta sus conocimientos, aptitudes y experiencia en materia de contabilidad, auditoría y gestión de riesgos. El presidente de la comisión de auditoría y cumplimiento, que será un consejero independiente, será elegido por el consejo de administración por un plazo que no excederá de cuatro años, debiendo ser sustituido al vencimiento del citado plazo, y pudiendo ser reelegido una vez transcurrido un plazo de un año desde la fecha de su cese. El consejo de administración designará un secretario de la comisión de auditoría y cumplimiento, que no necesitará ser miembro de ella.

En su conjunto, los miembros de la comisión de auditoría y cumplimiento deberán tener los conocimientos técnicos pertinentes en relación con el sector de actividad al que pertenece la sociedad. Asimismo, conforme a lo establecido en el artículo 14 del reglamento de la comisión de auditoría y cumplimiento, entre los miembros de la comisión deberá haberse designado al menos uno con conocimientos, aptitudes y experiencia en materia de contabilidad, auditoría, control interno o gestión de riesgos, y al menos otro —aunque puede ser el mismo que el anterior si cumple los requisitos expuestos— con conocimientos, aptitudes y experiencia en materia de tecnologías de la información.

En la configuración de la composición de la comisión, el consejo de administración promoverá la diversidad en cuestiones como la experiencia profesional, las competencias, las capacidades personales, los conocimientos sectoriales y el género, teniendo en cuenta las limitaciones derivadas de la menor dimensión de la comisión.

La misión y las competencias de la comisión de auditoría y cumplimiento se encuentran recogidas en el artículo 28 de los estatutos sociales, el artículo 15 del reglamento del consejo de administración y los artículos 5 a 13 del reglamento de la comisión de auditoría y cumplimiento.

Con carácter adicional a las competencias expresamente atribuidas por la ley y las recomendaciones contenidas en el código de buen gobierno, corresponde a la comisión de auditoría y cumplimiento el ejercicio de, entre otras, las siguientes funciones: las relativas al Gobierno Corporativo, las relativas al cumplimiento normativo (*compliance*), las relativas a los asuntos fiscales y las relativas a la supervisión y evaluación de los procesos de relación con los distintos grupos de interés de la sociedad, en todas aquellas materias que sean de su competencia.

Comisión de nombramientos. Está regulada en los artículos 29 de los estatutos sociales y 16 del reglamento del consejo de administración, así como en el reglamento de la comisión de nombramientos.

A 31 de enero de 2022 la integraban Emilio Saracho Rodríguez de Torres, presidente; Anne Lange, Pilar López Álvarez, José Arnau Sierra y Rodrigo Echenique Gordillo como vocales. Actuaba como secretario no miembro de la comisión de nombramientos Javier Monteoliva Díaz, secretario general y del consejo.

Según el artículo 29 de los estatutos sociales, la comisión de nombramientos estará integrada por un mínimo de tres y un máximo de siete consejeros externos nombrados por el consejo de administración, que deberán ser en su mayoría consejeros independientes, y se designarán procurando que tengan los conocimientos, las aptitudes y la experiencia adecuados a las funciones que están llamados a desempeñar. El presidente de la comisión de nombramientos será nombrado por el consejo de administración de entre los miembros de la comisión que sean independientes.

En este sentido y, conforme a lo dispuesto en el artículo 10 del reglamento de la comisión de nombramientos, el consejo de administración procurará que los miembros de la comisión y, de forma especial, su presidente, tengan los conocimientos, las aptitudes y la experiencia en materias de gobierno corporativo, análisis y evaluación estratégica de recursos humanos, selección de consejeros y directivos y evaluación de los requisitos de idoneidad legalmente exigibles, así como de desempeño de funciones de alta dirección.

En la configuración de la composición de la Comisión, el consejo de administración pretenderá promover la diversidad en cuestiones como la experiencia profesional, las competencias, las capacidades personales, los conocimientos sectoriales y el género, teniendo en cuenta las limitaciones derivadas de la menor dimensión de la comisión.

La misión y las competencias de la comisión de nombramientos se encuentran recogidas en los artículos 29.3 de los estatutos sociales, 16 del reglamento del consejo de administración y 5 a 9 del reglamento de la comisión de nombramientos.

Con carácter adicional a las competencias expresamente atribuidas por la ley y las recomendaciones contenidas en el código de buen gobierno, corresponde a la comisión de nombramientos el ejercicio de, entre otras, las siguientes funciones: proponer una política de diversidad de consejeros y altos directivos, establecer y supervisar un programa anual de evaluación del desempeño del presidente ejecutivo, del consejero delegado y de las comisiones del consejo de administración; informar anualmente al consejo de administración sobre el desempeño del presidente ejecutivo, del consejero delegado y de los otros consejeros ejecutivos; proponer un plan de acción o recomendaciones para corregir las posibles deficiencias detectadas o mejorar el funcionamiento del consejo, sus órganos delegados y sus comisiones; y valorar la conveniencia de discutir con los consejeros los resultados de sus evaluaciones personales y, en su caso, las medidas a adoptar para mejorar el desempeño.

En relación con los planes de sucesión, la comisión tiene atribuida expresamente la facultad de ser informada periódicamente sobre los planes de sucesión y carrera de la alta dirección, y diseñar y organizar periódicamente los programas de bienvenida y actualización de conocimientos para los consejeros.

Comisión de retribuciones. Está regulada en los artículos 30 de los estatutos sociales y 17 del reglamento del consejo de administración, así como el reglamento de la comisión de retribuciones. A 31 de enero de 2022 la conformaban: Rodrigo Echenique Gordillo, presidente; Denise Patricia Kingsmill, José Arnau Sierra, José Luis Durán Schulz y Emilio Saracho Rodríguez de Torres como vocales. Actuaba como secretario no miembro de la comisión ejecutiva Javier Monteoliva Díaz, secretario general y del consejo. Según el artículo 30 de los estatutos sociales, la comisión de retribuciones estará integrada por un mínimo de tres y un máximo de siete consejeros externos nombrados por el consejo de administración, que deberán ser en su mayoría consejeros independientes y se designarán procurando que tengan los conocimientos, las aptitudes y la experiencia adecuados a las funciones que están llamados a desempeñar. El presidente de la comisión de retribuciones será nombrado por el consejo de administración de entre los miembros de la comisión que sean independientes.

En este sentido, y conforme a lo dispuesto en el artículo 7 de la comisión de retribuciones, el consejo de administración procurará que los miembros de la comisión y, de forma especial, su presidente, tengan conocimientos, aptitudes y experiencia en el análisis y la evaluación estratégica de recursos humanos y el diseño de políticas y planes retributivos de consejeros y altos directivos.

En la configuración de la composición de la comisión, el consejo de administración pretenderá promover la diversidad en cuestiones como la experiencia profesional, las competencias, las capacidades personales, los conocimientos sectoriales y el género, teniendo en cuenta las limitaciones derivadas de la menor dimensión de la comisión.

La misión y las competencias de la comisión de retribuciones se encuentran recogidas en los artículos 30 de los estatutos sociales, 17 del reglamento del consejo de administración y 5 y 6 del reglamento de la comisión de retribuciones.

La comisión de retribuciones no tiene atribuidas otras competencias más allá de las expresamente atribuidas por la ley y las recomendaciones contenidas en el código de buen gobierno.

Comisión de sostenibilidad. Está regulada en los artículos 30 bis de los estatutos sociales y 17 bis del reglamento del consejo de administración, así como en el reglamento de la comisión de sostenibilidad. La composición de la comisión de sostenibilidad a 31 de enero de 2022 era la siguiente: Denise Patria Kingsmill, presidenta; Anne Lange, Pilar López Álvarez, José Arnau Sierra y José Luis Durán como vocales. Actuaba como secretario no miembro de la comisión de sostenibilidad Javier Monteoliva Díaz, secretario general y del consejo.

El consejo de administración, en línea con la estrategia corporativa del grupo y el compromiso asumido con la sostenibilidad, acordó, en su sesión de fecha 11 de junio de 2019, la constitución de la comisión de sostenibilidad, quedando pendiente la aprobación de su composición y de su reglamento de desarrollo.

El consejo de administración, en su sesión de fecha 16 de julio de 2019 aprobó, previo informe favorable de la comisión de auditoría y cumplimiento, el reglamento de la comisión de sostenibilidad.

Para finalizar el proceso de constitución de la referida comisión, el consejo de administración aprobó, en su sesión de fecha 10 de diciembre de 2019, previa propuesta de la comisión de nombramientos, el nombramiento de sus miembros y la subsiguiente designación del presidente y del secretario de la comisión.

Según el artículo 30 bis de los estatutos sociales, la comisión de sostenibilidad estará integrada por un mínimo de tres y un máximo de siete consejeros externos nombrados por el consejo de administración, que deberán ser en su mayoría consejeros independientes y se designarán procurando que tengan los conocimientos, las aptitudes y la experiencia adecuados a las funciones que están llamados a desempeñar. El presidente de la comisión de sostenibilidad será nombrado por el consejo de administración de entre los miembros de la comisión que sean independientes.

Conforme a lo dispuesto en el artículo 9 del Reglamento de la comisión de sostenibilidad, el consejo de administración procurará que los miembros de la comisión y, de forma especial, su presidente, tengan los conocimientos, las aptitudes y la experiencia en materias de sostenibilidad, iniciativas de acción social, gestión sostenible de recursos y diseño de políticas de comunicación con grupos de interés.

En la configuración de la composición de la comisión, el consejo de administración pretenderá promover la diversidad en cuestiones como la experiencia profesional, las competencias, las capacidades personales, los conocimientos sectoriales y el género, teniendo en cuenta las limitaciones derivadas de la menor dimensión de la comisión.

De conformidad con los artículos 30.3 de los estatutos sociales, 17 bis del reglamento del consejo de administración y los artículos 5 a 8 del reglamento de la comisión de sostenibilidad, corresponden a la comisión de sostenibilidad, entre otras, las siguientes competencias: realizar el seguimiento de la estrategia y de las políticas de sostenibilidad de la sociedad; supervisar la monitorización de toda la cadena de suministro y su cumplimiento con el código de conducta de fabricantes y proveedores de Inditex; verificar el cumplimiento de los estándares de salud y seguridad de los productos comercializados por la sociedad; verificar el cumplimiento de los estándares medioambientales más exigentes, favoreciendo la conservación de la biodiversidad y la gestión sostenible de los recursos naturales, en el uso de materias primas, procesos productivos, producto y tienda y verificar el cumplimiento de la Política de Derechos Humanos de la sociedad a lo largo de toda la cadena de valor.

REMUNERACIÓN DE ALTA DIRECCIÓN

La retribución agregada de los miembros que han formado parte de la alta dirección durante el ejercicio 2021 ascendió a 79.287.000 euros. Por lo que se refiere a la remuneración media en el ejercicio 2021, esta ha ascendido a 3.294.158 euros (1.323.636, 1.434.163 y 1.944.018 euros en 2020, 2019 y 2018, respectivamente). La remuneración media de las altas directivas ha sido de 2.800.975 euros y la de los altos directivos de 3.455.140 euros (993.144 euros y 1.426.915 euros en 2020, 1.033.309 euros y 1.555.634 euros en 2019 y 1.725.866 y 2.008.180 euros en 2018, respectivamente). Dichos importes incluyen la retribución fija, la retribución variable a corto plazo y la retribución variable a largo plazo devengada por la alta dirección.

Los miembros de la alta dirección de Inditex, que no son a su vez consejeros ejecutivos, que devengaron una remuneración a su favor durante el ejercicio de 2021 fueron:

Nombre o denominación social	Cargo/s
Javier Monteoliva Díaz	Secretario general y del consejo
Lorena Alba Castro	Directora general de logística
José Pablo del Bado Rivas	Director de Pull&Bear
Jesús Echevarría Hernández	Director general de comunicación y relaciones institucionales
Ignacio Fernández	Director general de finanzas
Antonio Flórez de la Fuente	Director de Bershka
Begoña López-Cano Ibarreche	Directora de recursos humanos
Abel López Cernadas	Director de importación, exportación y transporte
Marcos López García	Director de mercado de capitales
Juan José López Romero	Director de infraestructuras
Javier Losada Montero	Director de sostenibilidad
Gabriel Moneo Marina	Director de sistemas
Carlos Crespo González	Director general de operaciones, transformación sostenible y digital
María Lorena Mosquera Martín	Directora de Zara Home
Paula Mouzo Lestón	Directora de auditoría interna
Jorge Pérez Marcote	Director de Massimo Dutti
Óscar Pérez Marcote	Director de Zara
José Luis Rodríguez Moreno	Director de Uterqüe
Carmen Sevillano Chaves	Directora de Oysho
Jordi Triquell Valls	Director de Stradivarius
Beatriz Padín Santos	Directora de mujer de Zara
Miguel Díaz Miranda	Director financiero y de operaciones de Zara
Javier García Torralbo	Director general de *e-commerce* de Zara

Al margen del presidente ejecutivo y el consejero delegado, los altos directivos y directivos cuentan con cláusula de garantía, en los supuestos en los que su relación laboral común o de alta dirección se extinga por desistimiento de Inditex, por despido improcedente o nulo o por dimisión motivada en determinadas causas de acuerdo con sus contratos.

En tales supuestos, el alto directivo o directivo tendrá derecho a una indemnización bruta equivalente a dos anualidades, calculada sobre la retribución fija y variable establecida para el año en curso.

NUEVA ESTRUCTURA ORGÁNICA DE INDITEX

La estructura orgánica del Grupo Inditex está cimentada sobre el concepto de que «muy pocas personas» pueden reaccionar con más rapidez a la hora de tomar decisiones. El organigrama a 1 de abril de 2022, tras el desembarco de Marta Ortega en la presidencia, era el siguiente:

ESTRUCTURA ORGÁNICA DE INDITEX

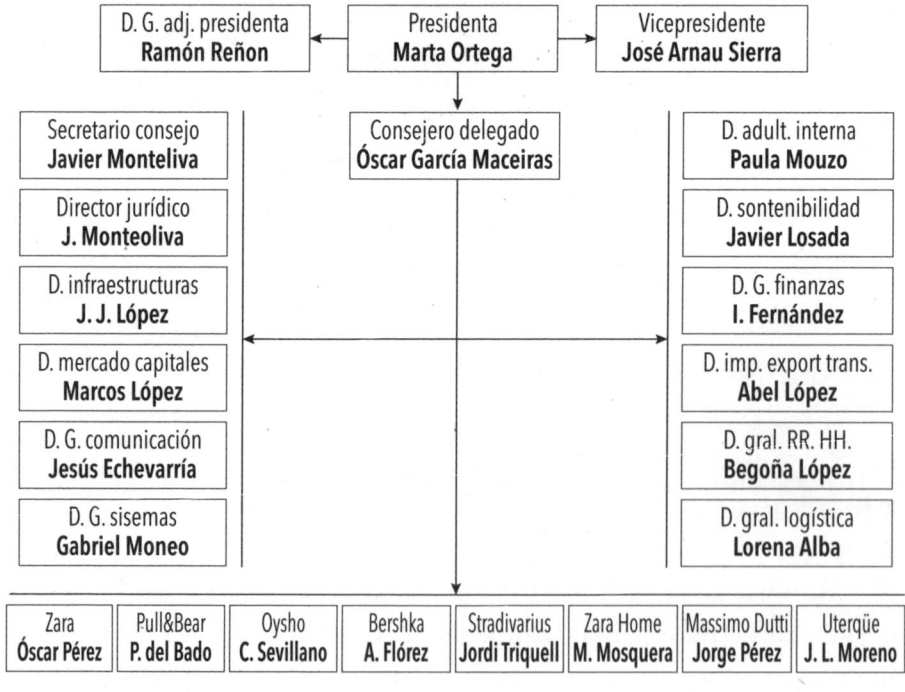

EL NÚCLEO DURO DE MARTA ORTEGA

En todo caso Marta no va a estar sola en la gestión, porque lo suyo es otra cosa. Para cubrir esa laguna, Amancio Ortega, que nunca ha dado puntada sin hilo, ha seleccionado a un equipo de confianza que será el responsable de la trastienda del grupo. Estos son los que oficialmente integrarán esa tripulación, pero no se puede dejar pasar por alto el papel a desempeñar por su madre Flora y su marido Carlos Torretta.

El nuevo comité de dirección está integrado por las siguientes personas, todas ellas —según Inditex— con una larga trayectoria y experiencia en el grupo, tanto en tiendas como en la gestión financiera. A continuación, la trayectoria profesional de cada uno:

Pablo del Bado Rivas. Director general, Pull&Bear. Es de los veteranos en el grupo, en el que lleva desde 1979. Ya en 1982 se responsabilizó de la dirección comercial de Zara Hombre. Desde el nacimiento de Pull&Bear en 1991 es su director general. Creció de la mano de Amancio, para el que es como un hijo. Lleva más de cuarenta años en Inditex.

Miguel Díaz Miranda. Director financiero y de operaciones de Zara. Se incorporó a Zara en 1990 desempeñando diversas responsabilidades en el área de control de gestión, en la dirección internacional y otros ámbitos del negocio. Es el responsable de la gestión económico-financiera, de operaciones y de sostenibilidad en Zara.

Ignacio Fernández. Director general de finanzas. Se incorporó a Inditex en 2001 como responsable del departamento fiscal. Desde 2009, de Inditex. Es miembro del Cuerpo Superior de Inspectores de Hacienda del Estado, doctor en Economía y profesor en la Universidade da Coruña.

Javier García Torralbo. Director general de *e-commerce*, Zara. Se incorporó a Zara en 1994. Después de una dilatada vida profesional en la gestión de tiendas, fue nombrado director de distribución de Zara, cargo que desempeñó hasta 2010, fecha en la que fue nombrado director general de Zara.com.

Begoña López-Cano Ibarreche. Directora general de personas de Inditex desde 2008. Se incorporó al grupo en 2003 tras una larga trayectoria en el área de recursos humanos en grandes compañías de distribución. En 2003 fue nombrada responsable de recursos humanos del área logística de Zara y en 2005 asumió esta misma responsabilidad para todo el Grupo Inditex. Desde 2008 es la directora general de personas de Inditex.

Javier Losada Montero. Director de sostenibilidad. Nombrado nuevo miembro del comité de dirección, en sustitución de Carlos Crespo, en noviembre de 2022. Losada se unió al Grupo Inditex en 1993. Director de sostenibilidad desde 2019, con anterioridad dirigió los departamentos de gestión de riesgos y de planificación y control de gestión.

Beatriz Padín Santos. Directora de mujer de Zara desde 2001. En 1985 se incorporó a Zara, donde siempre ha estado vinculada a posiciones ejecutivas en el área de producto, y con especialidad sobre diseño, compras, producción, distribución y *merchandising*. Hasta la fecha siempre ha trabajado mano a mano con la nueva presidenta, Marta Ortega.

Jorge Pérez Marcote. Director general de Massimo Dutti desde 1991. Se incorporó a Zara en 1981, donde asumió distintas responsabilidades en Zara Hombre en las áreas de diseño y compras durante 10 años. Es tío materno de Marta.

Óscar Pérez Marcote. Director general Zara. Se incorporó a Zara en 1988, donde desarrolla múltiples responsabilidades en distintas áreas de negocio, con especial énfasis en la gestión de tiendas, producto y operaciones. En 2005 es nombrado director general de Bershka y en 2011 asume su actual cargo de director general de Zara. Es tío materno de Marta.

LAS CUENTAS

Toda la estructura legal anterior precisa unos resultados. Son las cuentas, que anualmente se someten a valoración de la junta general de accionistas y son publicadas en la CNMV. Por ello el análisis de su evolución resulta imprescindible para entender cómo se ha llegado hasta aquí, y el porqué de la herencia que recibe Marta. Como se verá, a ello hay que sumar la entrega y sacrificio del personal a todos sus niveles.

No todo ha sido un camino de rosas en los resultados exitosos de Inditex. La penúltima piedra en el camino fueron los efectos de la pandemia Covid-19, que se hicieron notar en los resultados del grupo. Inditex tuvo en el ejercicio 2020 unas ventas de 20.402 millones de euros (-28 por ciento con respecto a 2019) y un beneficio neto de 1.104 millones de euros (-70 por ciento con respecto a 2019). La última piedra está por llegar, tras la invasión de Ucrania por el ejército ruso en 2022.

Los resultados al cierre del ejercicio de 2021 (31 de enero de 2022) arrojan unas ventas de 27.716 millones de euros, con un beneficio neto de 3.250 millones de euros, que se acercan, pero no superan, los resultados del ejercicio de 2019.

Aun así, Inditex prosiguió durante 2021con la expansión global de su modelo integrado de tiendas físicas y apostando por la venta *online*, lo que en cierta medida ha atenuado los efectos de la pandemia sobre la cuenta de resultados. El lanzamiento de la venta *online* global está en línea con la estrategia marcada desde el cuartel general de Inditex. Solo en 2021, Zara lanzó la venta *online* en la práctica totalidad de los mercados en los que opera.

La venta *online* creció hasta los 7.069 millones de euros. A tipo de cambio constante la venta *online* creció un 77 por ciento. El 95 por ciento del crecimiento *online* en el año fue orgánico. La vinculación con los clientes sigue siendo muy fuerte. Las aplicaciones activas han alcanzado los 132 millones. Las visitas *online* en el ejercicio 2021 han crecido un 50 por ciento, hasta los 5.300 millones. El grupo tiene más de 200 millones de seguidores en redes sociales.

Los programas RFID y SINT se han implantado ya en todos los formatos. SINT contribuyó con 1.156 millones de euros a las ventas *online* en el año. Inditex continúa su transformación en una empresa más receptiva, adaptable y ágil, según se informó a la Comisión Nacional del Mercado de Valores (CNMV).

La implantación de la nueva plataforma digital Inditex Open Platform (IOP) se encontraba en 2021 ya al 80 por ciento, y según Inditex quedó totalmente implantada en los primeros meses de 2022.

CUENTA DE PÉRDIDAS Y GANANCIAS

En el siguiente gráfico se recoge la cuenta de pérdidas y ganancias de los tres últimos ejercicios. Como puede observarse, los resultados, aunque se aproximan, no superan los efectos del Covid-19.

INDUSTRIA DE DISEÑO TEXTIL S.A. Y SOCIEDADES FILIALES
Cuenta de pérdidas y ganancias consolidadas
(cifras en millones de euros)

	2021	2020	2019
Ventas	27.716	20.402	28.286
Coste de la mercancía	(11.902)	(9.013)	(12.479)
Margen bruto	15.814	11.390	15.806
Margen bruto porcentual	57,01 %	55,8 %	55,9 %
Gastos de explotación	(8.596)	(6.807)	(8.176)
Otras pérdidas y ganancias netas	(35)	(31)	(33)
Resultado operativo (EBITDA)	7.183	4.552	7.598
Margen EBITDA	25,92	22,3 %	26,9 %
Amortizaciones y depreciaciones	(2.901)	(3.045)	(2.826)
Resultados de explotación (EBIT)	4.282	1.507	4.772
Margen EBIT	15,5 %	7,4 %	16,9 %
Resultados financieros	(142)	(139)	(152)
Resultados por puesta en equivalencia	(17)	33	61
Resultados antes de impuestos	4.199	1.401	4.681
Margen antes de impuestos	15,15 %	6,9 %	16,5 %
Impuesto sobre beneficios	(949)	(297)	(1.034)
Resultado neto del ejercicio	3.250	1.401	3.647
R. atribuido acción. minoritarios	7	(2)	8
R. neto atribuido a la dominante	3.243	1.106	3.639
Margen neto	11,70 %	5,4 %	12,9 %
Beneficio por acción, euros (*)	1,042	0,355	1,168

Ventas. La cifra de ventas de la cuenta de pérdidas y ganancias consolidada incluye cantidades recibidas por la venta de mercancías, ingresos por alquileres, ingresos por *royalties* y otros servicios prestados en el curso de las actividades ordinarias del grupo, netas de IVA y otros impuestos relacionados con las ventas. El detalle en los ejercicios 2021, 2020 y 2019 es el siguiente:

	2021	2020	2019
Ventas netas en tiendas propias y *online*	25.302	18.816	25.933
Ventas netas a franquicias	2.150	1.397	2.088
Otras ventas y servicios prestados	264	189	264
Total	**27.716**	**20.402**	**28.286**

Coste de la mercancía. Los aprovisionamientos incluyen esencialmente los importes correspondientes a la compra o fabricación por terceros de productos destinados a la venta o a su transformación, así como otros gastos directos relacionados con la adquisición de mercancías.

El detalle de este epígrafe en los tres últimos ejercicios es el siguiente:

	2021	2020	2019
Aprovisionamientos	12.623	9.066	12.033
Variación de existencias	(773)	20	202
Variación de provisiones	52	(257)	245
Total	**11.902**	**9.013**	**12.479**

Gastos de explotación.

	2021	2020	2019
Gastos de personal	4.179	3.376	4.430
Arrendamientos operativos	519	181	695
Otros gastos operativos	3.898	3.250	3.051
Total	**8.596**	**6.807**	**8.176**

Otros gastos operativos.

	2021	2020	2019
Gastos indirectos de venta	2.514	1.918	1.553
Gastos administrativos	516	504	632
Mantenimiento, repar. y suministros	619	577	498
Otros	259	250	368
Total	**3.898**	**3.250**	**3.051**

El EBITDA resultante en 2021 fue de 7.183 millones de euros frente a los 4.552 millones de 2020 y a los 7.598 de 2019. Unas cifras que tras el Covid-19 se aproximan a la situación de prepandemia.

Impuesto sobre beneficios. Las sociedades cuya información se integra en las cuentas anuales consolidadas del grupo tributan individualmente por el impuesto sobre sociedades, salvo en determinadas jurisdicciones (como España, Portugal u Holanda) donde tributan bajo el régimen de consolidación fiscal.

En el caso de España, el Grupo Fiscal Consolidado incluye a Industria de Diseño Textil, S.A. como sociedad dominante, y como sociedades dependientes, aquellas sociedades españolas que cumplen los requisitos exigidos al efecto por la normativa reguladora de la tributación sobre el beneficio consolidado de los grupos de sociedades. En este sentido, las sociedades dependientes del mencionado Grupo Fiscal son las 57 que se relacionan a continuación:

Bershka BSK España, S.A.	Hampton, S.A.	Oysho España, S.A.	Tordera Logística, S.L.
Bershka Diseño, S.L.	Indipunt, S.L.	Oysho Logística, S.A.	Trisko, S.A.
Bershka Logística, S.A.	Inditex, S.A.	Plataforma Cabanillas, S.A.	Uterqüe Diseño, S.L.
Born, S.A. Inditex	Logística, S.A.	Plataforma Europa, S.A.	Uterqüe España, S.A.
Choolet, S.A.	Invercarpro, S.A.	Plataforma Logística León, S.A.	Uterqüe Logística, S.A.
Comditel, S.A.	Kiddy's Class España, S.A.	Plataforma Logística Meco, S.A.	Uterqüe, S.A.
Confecciones Fios, S.A.	Lefties España, S.A.	Pull& Bear Diseño, S.L.	Zara Diseño, S.L.
Confecciones Goa, S.A.	Lefties Logística, S.A.	Pull& Bear España, S.A.	Zara España, S.A.
Denllo, S.A.	Massimo Dutti Diseño, S.L.	Pull& Bear Logística, S.A.	Zara Home Dise, S.L.
Fashion Logistics Forwarders, S.A.	Massimo Dutti Logistica, S.A.	Samlor, S.A.	Zara Home España, S.A.
FashionRetail, S.A.	Massimo Dutti, S.A.	Stear, S.A.	Zara H. Logística, S.A.
Fibracolor, S.A.	Nikole, S.A.	Stradivarius Diseño, S.L.	Zara Logística, S.A.
Glencare, S.A.	Nikole Diseño, S.L.	Stradivarius España, S.A.	Zara, S.A.
Goa Invest, S.A.	Oysho Diseño, S.L.	Stradivarius Logística, S.A.	Zintura, S.A.
Grupo Massimo Dutti, S.A.			

RESULTADO ANTES DE IMPUESTOS POR MERCADO DURANTE LOS ÚLTIMOS CUATRO EJERCICIOS
(en millones de euros):

Mercados	2021	2020	2019	2018
América	**645**	**(129)**	**359**	**294**
Brasil	61	(30)	63	74
Canadá	33	(9)	27	17
Estados Unidos	253	(48)	84	50
México	213	(43)	146	116
Otros	85	1	39	37
Asia y Resto	**393**	**60**	**657**	**561**
Australia	14	(2)	13	11
China	198	1	375	364
Corea del Sur	34	6	57	24

Japón	44	17	83	56
Kazajistán	23	14	22	15
Otros	80	24	107	91
España	**1.083**	**640**	**1.805**	**1.650**
Europa	**1.785**	**388**	**1.720**	**1.417**
Alemania	44	1	51	14
Bélgica	36	(2)	26	83
Francia	127	28	101	139
Grecia	30	15	41	31
Países Bajos	202	9	328	274
Hungría	7	(2)	11	12
Italia	121	(48)	93	83
Polonia	25	3	44	38
Portugal	62	(1)	77	63
Reino Unido	98	30	78	34
Rumanía	66	31	67	67
Rusia	240	86	229	154
Suiza	409	145	307	257
Ucrania	58	39	54	28
Otros	260	54	213	140
Resultado antes de impuestos	**3.906**	**959**	**4.541**	**3.922**
Consolidación	293	442	140	506
Resultado antes de impuestos cons.	**4.199**	**1.401**	**4.681**	**4.428**

LA TRAMA FINANCIERA Y EMPRESARIAL

Si Amancio Ortega Gaona es el timonel de la nave Inditex S.A., no cabe la menor duda de que los encargados de marcar el rumbo y el ritmo económico durante los primeros años del grupo fueron Amador de Castro y José María Castellano. Sin su participación, el recorrido de Inditex hubiera sido distinto. De mantener el pulso empresarial del grupo se encargaban en esta época, en la parte operativa, Juan Carlos Rodríguez Cebrián y Antonio Abril, un experto en todo tipo de leyes al que no asustan los tribunales.

Pero mucho antes, en 1978, desembarca uno de los hombres de confianza de Amancio, clave en la configuración del negocio. Se trata de Amador de Castro, antecesor de José María Castellano en el cargo de director general, quien puso en orden las cuentas.

En diciembre de 1976 había ocupado el puesto de subdirector financiero de Astilleros y Talleres del Noroeste (Astano). Allí estuvo dos años hasta que comenzó su aventura con Amancio Ortega. Alguien, según publicó *La Voz de Galicia*, le dijo que «un tal Amancio» quería hablar con él porque le iba a hacer una oferta de trabajo en el textil. Amador de Castro entendió que el tal Amancio era el jugador de fútbol (Amancio Amaro Varela), al que conocía del barrio e iba dispuesto a decirle con todo respeto que no aceptaba el empleo, porque desconocía el sector.

Empezaron a hablar —recoge *La Voz de Galicia*— a las tres de la tarde y les dieron las dos de la madrugada. Aceptó su propuesta. «Ortega es un encantador de serpientes que tiene claras las cosas elementales... Nos enzarzamos en una conversación de horas». Le dijo que sí, pero bien es verdad que influyó que el sueldo era «un pelín más alto». Ahí comenzaron a mantener una relación profesional y personal que aún sigue hoy.

También en estos años se incorpora otro de los personajes clave en el desarrollo de Inditex: Juan Carlos Rodríguez Cebrián, casado con la hija de Antonio Ortega, por lo tanto sobrino político de Amancio Ortega. Rodríguez Cebrián fue director general de Inditex y brazo derecho del presidente de 2000 a 2005. Desde entonces, quizás porque su salida del grupo fue un tanto abrupta, no ha vuelto a tener relaciones empresariales con Ortega. Su fuerte carácter y sus modos le hicieron válido para cualquier cometido. Inicialmente, conjugó labores comerciales de venta directa con el aspecto más duro, como es el control de los trabajadores directos de Goasam.

Mientras Zara sigue abriendo tiendas para absorber la producción que día a día sale de Arteixo, las cuentas van cuadrando. El ciclo soñado por el clan de los Ortega, quizá basado en la intuición de Amancio, quedaba cerrado. Pero era preciso un paso más. La solución mercantil vino en 1979 con la creación de Industria de Diseño Textil, S.A. (Inditex), la actual sociedad matriz de todas las empresas que configuran el grupo. Ya no había marcha atrás, y ese salto requería algo más de lo que el clan familiar podía seguir aportando, aunque ninguno de ellos había dejado de trabajar por y para el negocio, y lo siguieron haciendo hasta que las nuevas generaciones se fueron incorporando, o la edad les apartó.

La solución la encontró Ortega en la misma ciudad de La Coruña: José María Castellano, catedrático de Economía en la universidad local, fue el brazo ejecutor de la consolidación económica del grupo, primero como director general y posteriormente en calidad de consejero delegado del *holding*. Si Ortega presume de ser el que diseña la mayor parte de los modelos que luego vestirán los clientes del grupo, Castellano era el que cartografiaba sobre papel los derroteros económicos de Inditex. Por si algo se les escapaba a ambos, allí estaba Juan Carlos Rodríguez Cebrián, «director de todo», sobrino político de Amancio y su sucesor en potencia, hasta que cayó en desgracia.

A Castellano y su reducido equipo se deben las estrategias de diversidad contable aplicadas a Inditex, pero sobre todo la ingeniería financiera practicada en los años previos a la salida a bolsa, acciones que, combinadas, han dado lugar a la participación, directa o indirecta, en más de un centenar de sociedades dispersas por todo el mundo. No podía ser de otra manera. En el mundo de la economía empresarial no hay ingeniero que se precie que no incluya en su gestión la pertinente y permanente diversificación empresarial en sociedades paralelas cruzadas entre sí. El catedrático de Economía es un experto en eso.

Así, oportunamente asesorado por Castellano, Amancio Ortega no dudó, en los primeros tiempos de la nueva era de Inditex, en incorporar actividades que nada tenían que ver con el textil, algunas de ellas ya liquidadas o vendidas a terceros. La cartera era muy dispar: inmobiliarias y constructoras a través de las sociedades Fimoga, Goa Invest y A. Conchado; concesionarios de automóviles como Arrojo, representante de Audi-Volkswagen; Motor&Power, concesionario de Saab-Porche, y en motocicletas, Motorgal, distribuidor de Mitsubishi.

Incluso, hicieron sus pinitos en sociedades deportivas como el Real Club Deportivo de La Coruña. Voces próximas a dicho club aseguran que en su día participaron en la compraventa del jugador brasileño Rivaldo, y no es menos cierto que en más de una ocasión Inditex ha sido la mano salvadora del Deportivo al otorgarle créditos de hasta 8.000 millones de pesetas, dicen que por el sabio consejo de Juan Carlos Rodríguez Cebrián. Todo ello con el objetivo de lanzar una marca deportiva propia utilizando la camiseta deportivista, idea que nunca llegó a cuajar.

También participaron en medios de comunicación, aunque fuese con una inversión simbólica, como es el caso de Antena 3 Televisión. No fue por casualidad, igual que no lo fue todo lo anterior, porque este término no figura en la estrategia desarrollada por Inditex. Juan Villalonga, que fuera presidente de Telefónica —empresa que controlaba entonces esa cadena—, formó parte, durante algunos meses, del primer *staff* conocido de Inditex, S.A. Esta diversificación incluyó participaciones en navieras y sociedades de inversión mobiliaria e inmobiliaria. Hoy, más de un centenar de sociedades esparcidas por todo el mundo tienen el marchamo de Inditex o, lo que es lo mismo, de Amancio Ortega. Eso sin contar su cartera personal, que se trata más adelante.

FLIRTEO CON LA BANCA

Hoy la situación que hereda Marta Ortega es muy distinta, pero para entender el efecto Inditex hay que mirar por el retrovisor al pasado. A pesar de las excelentes relaciones iniciales —se complicaron al final— de Amancio Ortega con el fallecido Emilio Botín, entonces presidente del Banco Santander Central-Hispano, con quien solía comer en El Gallo de Oro —un exclusivo y genuino restaurante gallego próximo al polígono de Sabón—, Inditex, financieramente, siempre ha estado más próximo al Banco Bilbao Vizcaya Argentaria, entidad con la que en esta época mantenía el mayor volumen de sus operaciones financieras además de afinidades crediticias.

Dicen que se debió al apoyo recibido en los primeros años por el antiguo Banco de La Coruña, que fue después absorbido por el Banco de Bilbao. Pero también hay quien sostiene que todo obedece a las buenas relaciones de Castellano con los directivos de la entidad, muchos de ellos compañeros de viaje en las más diversas singladuras.

No obstante, como los amigos se ven en las ocasiones, y Amancio ha demostrado que es el mejor amigo de sus amigos y el mayor enemigo de sus enemigos, a la hora de repartir el pastel de la colocación en bolsa de parte del capital de la sociedad no hizo distinciones, ambas entidades se llevaron idéntica parte de la tarta. Con su cartera personal de valores también sucede los mismo y la gestionan a partes iguales ambas entidades. La diferencia está en los resultados, pero eso parece importarle menos al «jefe».

Pero lo cierto es que en el consejo de administración de Inditex siembre ha habido «patas negras» del mundo de las finanzas. Aunque la prácticamente nula deuda financiera de Inditex y su holgadísima posición de caja pudieran invitar a prescindir de cualquier relación directa con ejecutivos de banca, lo cierto es que Amancio Ortega siempre ha contado con banqueros en el consejo de administración de la multinacional textil. Rodrigo Echenique, vicepresidente ejecutivo del Banco Santander, y Emilio Saracho, presidente del Popular, son ahora lo que antes fueron Francisco Luzón (ex Argentaria y Santander) y Juan Manuel Urgoiti López-Ocaña (ex BBVA, Banco 21 y Banco Gallego).

La última incorporación entre la casta financiera al consejo de Inditex se produjo en julio de 2014, con el nombramiento de Rodrigo Echenique, un histórico de Emilio Botín, que sigue fiel a su hija Ana

Patricia. Echenique ha sido consejero delegado del Banco Santander y actualmente es vicepresidente ejecutivo y presidente de Santander España. Junto con los hermanos Rodríguez Inciarte, ha sido uno de los pilares sobre los que los Botín han cimentado su estrategia. Comenzó su ascenso en el primer grupo financiero de España en la década de los noventa.

A Echénique le une con Emilio Saracho una relación que va más allá de las finanzas. Porque Saracho es desde 2010 consejero de Inditex. Ambos se sientan en el máximo órgano de administración de la multinacional textil en calidad de independientes, y ninguno tiene una sola acción de la compañía, al contrario que otros consejeros. De los once miembros del consejo, ambos banqueros comparten singularidad con la baronesa Denise Patricia Kingsmill, que tampoco tiene acciones de la multinacional, según recoge el último informe de gobierno corporativo.

La relación de Saracho con el universo Ortega hunde sus raíces al otro lado del Atlántico. JP Morgan, banco de negocios del que llegó a ser vicepresidente mundial, controla desde 2015 algo más del 2,8 por ciento del gigante textil. Sin embargo, Saracho figura también como independiente en el consejo de Inditex.

El papel de ambos ejecutivos viene a sumarse al que desempeñaron otros históricos de las finanzas en Arteixo. Y el Banco Santander, según publicó *Economía Digital* bajo el título «Los banqueros de Amancio Ortega», siempre emerge entre las relaciones que se tejen desde Inditex. El ejemplo lo aporta Francisco Luzón, el ejecutivo que pilotó la creación de Argentaria desde el sector público bajo uno de los gobiernos de Felipe González y acabó repescado por Emilio Botín para el Santander y su expansión internacional.

Urgoiti, bien relacionado y gran conocedor del mundo del arte, fue uno de los ejecutivos sacrificados en la fusión del Bilbao y el Vizcaya para conformar el BBV. Posteriormente, pondría en marcha el Banco 21, en los noventa, y de ahí viene su relación con Ortega, ya que el grupo textil tenía una participación en dicha entidad, que acabaría controlando el

Banco Gallego, hoy en manos del Sabadell, junto a un grupo de empresarios gallegos entre los que sobresalía Epifanio Campo.

Otro de los banqueros que ha tenido relación con Amancio Ortega es José María Arias, expresidente del Banco Pastor y exvicepresidente del Popular. En este caso, pesa más la amistad, en gran medida propiciada por las mujeres de ambos, que las cuestiones profesionales. Inditex llegó a ser accionista de referencia del Banco Pastor, con un 5 por ciento, antes de la absorción del Banco Popular. Arias y Ortega siguen navegando juntos en sus días de asueto.

Aunque partía de una caja saneada, el crecimiento del *holding* hizo aumentar su nivel de endeudamiento en los primeros años de expansión. Por ello, en los tiempos críticos, Castellano no dudó en telefonear a Juan Manuel Urgoiti, también de la cantera del Banco Bilbao Vizcaya. Inmediatamente Urgoiti prestó los servicios requeridos y a través de su gestión Inditex compró el 7 por ciento de Madrid Inversiones (sociedad de cartera), ardid que le permitió a Amancio Ortega hacerse con la necesaria ficha bancaria para acabar comprando al Banco Central Hispanoamericano el 20 por ciento del Banco Gallego. Superadas las dificultades financieras, Inditex se deshizo del Banco Gallego, conservando un irrelevante 5 por ciento, en clara señal de agradecimiento por los servicios prestados.

En este diseño financiero, Inditex entró en el negocio del crédito al consumo en sociedad con Finanzia, filial especializada, como no podía ser de otra manera, del BBVA. De este matrimonio nació Affinity Card, la tarjeta crediticia de todos los formatos de Inditex que se vio implicada en 2020 en una demanda por cobro de intereses abusivos de hasta el 24 por ciento. La responsabilidad recayó sobre la entidad financiera. Inditex salió indemne.

Pero la relación fue mucho más allá, en incluso establecieron un *ménage à trois*. En 1997, tras rechazar la compañía del mayorista alemán Touristik Unión Internacional (TUI), acabaron unidos con Carlson Wagonlit Travel para vender viajes a los empleados y clientes de Inditex.

No se puede pasar por alto que al frente del departamento de viajes figuraba Josefa Ortega Gaona, hermana de Amancio, que conserva un 0,55 por ciento del capital de Inditex. Finalmente trascendió que la elección de Carlson tampoco fue un mero capricho o una casualidad, pues en ese grupo turístico también tiene depositados intereses y participación directa el BBVA.

JP MORGAN TAMBIÉN ECHÓ UNA MANO

Aun así, el idilio financiero con el BBVA no resultaba suficiente, e implicaba ciertos riesgos, para hacer frente al apabullante crecimiento de las deudas que reflejaba la megalomanía del *holding* en los comienzos de los difíciles años de la década de los noventa. En 1996 Amancio y Castellano tuvieron que llamar a las puertas de JP Morgan para que financiara un crédito de 5.000 millones de pesetas, destinado a sostener la expansión internacional de grupo. Los de JP Morgan cumplieron sobradamente. A cambio, acabarían por colocar a uno de sus hombres en el tercer nivel de decisión de la jerarquía del *holding* gallego.

En marzo de 1998 el consejo de administración del grupo nombraba a Carlos Dexeus, formado en los despachos de JP Morgan en Nueva York, para el cargo de consejero director general de Inditex, con el objetivo de diseñar la operación de salida a bolsa. Para sorpresa del mundo económico y empresarial, Dexeus renunciaba al cargo antes de cumplirse los seis meses de su nombramiento, y fichaba por la empresa de negocios en Internet Netjuice.

A pesar de las amplias y exhaustivas explicaciones domésticas que se ofrecieron entonces, muchos quisieron ver la mano de José María Castellano en la repentina decisión del alto ejecutivo. Pero todo parece indicar que era un obstáculo no solo para Castellano, sino también para Juan Carlos Rodríguez Cebrián, a la hora de tomar decisiones y mantener sus compromisos con el BBVA.

Para sustituir a Dexeus, aunque con menores competencias, Inditex contrató en marzo de 1999 a Marcos López García, un economista coruñés especializado en este tipo de operaciones, y ¡oh casualidad!, procedente de la sociedad de bolsa BBVA Interactivos. Hoy sigue en el grupo como director de mercado de capitales.

En esa huida hacia delante ya no era posible la marcha atrás. La necesidad continuada de financiación obligaba a poner la empresa en el mercado bursátil, con gran disgusto para su fundador, porque se veía obligado a perder su intimidad personal y empresarial y parte del valor del grupo.

EN LA BOLSA

El periódico *El Mundo* del 6 de mayo de 2001 hacía público que Inditex pondría en el mercado de valores el 26,09 por ciento de su capital, representado por 169.200.000 acciones. Este porcentaje se distribuía de la siguiente forma: un 45,12 por ciento se destinaba a inversores minoristas —con un subtramo para empleados de hasta el 3,53 por ciento— y el 51,35 por ciento restante sería para inversores institucionales (nacionales e internacionales). Los empleados tenían derecho a un descuento del 10 por ciento sobre el precio minorista, siempre y cuando se comprometieran a mantener los valores en cartera durante al menos seis meses.

Los 169 millones largos de acciones —el 28 de julio de 2014 Inditex realizó un *split* por el que cada acción, que valía 111 euros, pasó a dividirse en cinco con una cotización cada una de ellas de 22,35 euros—, con las que Inditex debutó en el parque se asignaron por tramos de la siguiente forma:

Minorista	76,35 millones de acciones
Institucional español /internacional:	86,88 millones de acciones
Empleados:	5,97 millones de acciones

Hay que destacar que una parte de las acciones destinadas en principio para los empleados se tuvo que sumar al tramo minorista, ante la falta de demanda entre la plantilla. Nadie ha explicado los motivos, pero se barajan dos hipótesis: que no querían ver a la empresa ni en acciones o que no habían ganado lo suficiente como para comprar ese tanto por ciento relativamente pequeño dado el número elevado de trabajadores, más de 24.000, en el momento de la oferta.

En todo caso, la salida a bolsa tenía un objetivo claro: que la continuidad de Inditex no dependiese del ciclo biológico de su fundador, y así su obra pudiera mantener la aceleración constante, según ese ritmo imparable, inagotable, susceptible de promediar en algunos momentos la inauguración de tres tiendas semanales, se dijo desde la empresa.

El precio de salida se fijó en 14,70 euros, un 1,34 por ciento por debajo del máximo previsto, por acción, lo que suponía valorar el grupo en más de un billón y medio de pesetas.

Con esta decisión Inditex daba otro golpe de efecto. La vieja teoría de los colocadores de capital de supeditar la salida a bolsa al momento que atraviesan los mercados recibió un varapalo práctico de los que hacen historia. Frente al temor de unos y la prudencia de otros, Inditex solo atendió a sus planes y a sus intereses. La respuesta del mercado, pese a la crisis que registraba la mayoría de los valores en sus cotizaciones, no pudo ser más contundente. Las acciones debutaron en el parqué madrileño con una revalorización del 22,45 por ciento —el precio de colocación por acción fue de 14,70 euros y se cerró la jornada con una valoración de 18 euros—. El valor de la empresa se disparó de 1,52 hasta 1,87 billones de pesetas, lo que la convertía en la octava compañía española por capitalización bursátil.

Amancio Ortega, en contra de lo que es habitual en otras sociedades con ocasión de eventos de este tipo, no asistió la mañana del miércoles 23 de mayo de 2001 en Madrid a la puesta de largo del grupo en bolsa. Tampoco se le esperaba. Como de costumbre, no varió un ápice su estilo de vida. Este día no viajó, estuvo en la sede central de

Arteixo. Llegó a primera hora, tras desayunar en el Club Financiero de La Coruña, y trabajó con normalidad hasta las 11.15. Los empleados comenzaron a seguir a través de sus pantallas personales de ordenador lo que ocurría en la Bolsa de Madrid. Ortega también, pero a lo grande. Minutos antes de las 11.30 se instaló en la sala multimedia, acompañado de algunos de sus directivos más próximos. Ante sí, varios monitores reproducían canales nacionales e internacionales de televisión de contenidos económicos, que hacía continuamente referencia al debut en la bolsa de Inditex.

Mientras, en Madrid, la cara oficial de la foto es, una vez más, la de José María Castellano y un reducido grupo de colaboradores, entre los que se encontraba el sobrino del «jefe», Juan Carlos Rodríguez Cebrián. En el parqué madrileño dan el pistoletazo de salida y comienza la compraventa de acciones de Inditex en el mercado de valores. El primer cambio se fija en 18,52 euros. Una llamada por el móvil de Castellano confirma el éxito de la operación. Pasadas las doce de la mañana, Ortega deja la sala y en su habitual recorrido por las instalaciones comienza a recibir las primeras felicitaciones.

Por primera vez se le vio emocionado, dicen algunos empleados. Aquella misma mañana confesó a un banquero amigo que le acompañaba que nunca había pensado que lo que estaba viendo pudiera ocurrirle. Comió en la fábrica el menú reservado a los directivos. Al día siguiente hizo de nuevo lo que para él es una jornada normal desde que empezó de recadero: entre diez y doce horas de trabajo.

Con esta operación, Ortega, por gracia del mercado de capitales, activó oficialmente la mayor fortuna personal de la bolsa española al contabilizar más de un billón de pesetas en acciones.

Los encargados de dirigir la exitosa salida a Bolsa habían sido los bancos BBVA, BSCH, Morgan Stanley Dean Witter y Schroders Salomon Samith Barney. En junio de 2001 entraba en la primera división de la bolsa española, el selectivo Ibex 35, lo que le abría las puertas de los grandes inversores incluidos en este *ranking*.

EL «EFECTO PINTALABIOS»

Pero no todo iba a ser un camino de rosas como sucedió la jornada del debut en el parqué madrileño. La entrada en los mercados bursátiles no es sinónimo de tranquilidad financiera y empresarial, aunque se trate de Inditex. Los vaivenes en bolsa no dependen de la voluntad de los gestores, pero los efectos sí pueden echar por tierra todo el esfuerzo de gestión.

Cuando estaba a punto de cumplirse el segundo aniversario de su espectacular salida a bolsa, la carrera alcista del valor de Inditex experimentó su primer revés. El grupo textil gallego tuvo su primer viernes negro el 21 de marzo de 2003, cuando sus acciones se desplomaron un 19,7 por ciento. En Sabón saltaron todas las alarmas y Diego Copado, entonces responsable de comunicación, tuvo que emplearse a fondo. Comunicados a la CNMV resaltando el exceso de tesorería o un reportaje en el suplemento dominical del diario *El País* fueron algunas de las armas utilizadas para tratar de neutralizar una situación complicada, a las que sucedió, como refuerzo, la inauguración el 9 de mayo de 2003 del que es uno de los centros logísticos claves de Inditex, en Zaragoza.

Según los analistas, habría que buscar las causas en que el mercado no había digerido bien los primeros signos de debilidad mostrados por la compañía gallega, cuyas ventas habían bajado ligeramente en el último trimestre de 2002. Muchos coincidieron entonces en señalar que se acababa así para Inditex el llamado «efecto pintalabios», fenómeno que según los expertos protege a ciertas compañías de moda y lujo durante los procesos de desaceleración e incertidumbre económica. Hasta entonces, el grupo gallego se había caracterizado por su inmunidad a los vaivenes de la bolsa y su invulnerabilidad a los altibajos del consumo. Fortaleza que, además, explica que siempre hubiera cotizado a un PER más alto que el de otras compañías del sector.

Pero esa percepción en los mercados empezó a cambiar ese día. Las acciones caían hasta los 18,4 euros, su nivel más bajo de los últimos seis meses, después de que hiciera público un resultado bueno, pero inferior a lo que esperaban los que controlan el mercado de valores.

Automáticamente el valor sufría también una revisión a la baja en las recomendaciones emitidas por los analistas de Merrill Lynch, Goldman Sachs, UBS Wargurg y Morgan Stanley. Lo cierto es que en su ejercicio fiscal correspondiente a 2002, el grupo textil logró incrementar su beneficio atribuible en un 28,7 por ciento, hasta alcanzar los 438,09 millones de euros, mientras que el mercado bursátil había descontado un resultado de 455 millones, es decir, un crecimiento cercano al 30 por ciento. Pero ¿explica esta pequeña diferencia el castigo tan contundente (casi un 20 por ciento de caída) que decidieron aplicar los inversores al valor?

Según Antonio Castell, analista de Safei, lo que se produjo fue un «ajuste de precio motivado por una pequeña debilidad». En su opinión, «Inditex tenía buenos números, pero es la primera vez que ofrece unos resultados peores de lo esperado». En realidad, lo que había alarmado a los expertos no era tanto el resultado final del ejercicio como la mala evolución económica que parecía mostrar el último trimestre, sobre todo la ralentización de las ventas y del beneficio bruto de explotación (EBITDA).

Realmente, la facturación solo había crecido en ese periodo un 15 por ciento, frente a incrementos en torno al 25 por ciento de trimestres anteriores. Además, la compañía también había frenado las amortizaciones, lo que hizo sospechar a los analistas de un posible frenazo de las inversiones de cara a la nueva apertura de tiendas.

Y este temor se consumó. Por primera vez Inditex ralentizaba la expansión de una de sus cadenas, Oysho, dedicada a lencería, con propósito, se dijo desde la empresa, «de analizar nuevas perspectivas comerciales», si bien como reacción a la situación anunciaba el lanzamiento de una nueva cadena para finales de 2003, Zara Home, destinada a cubrir el sector de ajuar y complementos para el hogar.

Ignacio Chacón, analista de Ibersecurities, firma que venía recomendando la venta de acciones de Inditex desde hacía algún tiempo, explica que el «precio de la acción de Inditex llevaba tiempo sobredescontando las tasas de crecimiento futuras, debido a la combinación de sus buenas cifras frente a los malos resultados de muchas de las compañías del mercado».

Desde Ibersecurities se sostenía que «eran muchos los riesgos que no están incluidos en una valoración razonable de la compañía». Aspectos tales como «la evolución de la pirámide de población en Europa y la posible compresión de unos márgenes operativos que se encuentran cercanos a máximos».

No obstante, diluido o no el «efecto pintalabios», esto no supondría sino un pequeño traspié, y todo apuntaba a que el «milagro Inditex», seguía vivo. De hecho, los expertos también recuerdan que el grupo gallego aún contaba con una fuerte baza a su favor: su innovador modelo de negocio, capaz de reaccionar con celeridad a los gustos cambiantes de la demanda y, además, a precios asequibles. Un concepto que una vez una analista de Goldman Sachs definió como «Armani a precios razonables».

La crisis de Inditex en los mercados de valores volvió a repetirse en septiembre de 2003, con motivo de la presentación de los resultados semestrales del grupo. Pese a que las ventas habían crecido por encima del 20 por ciento, la reducción de márgenes produjo una reducción del beneficio. La reacción en la bolsa fue instantánea y el valor perdía en una jornada más del 15 por ciento.

Esta situación hizo saltar de nuevo las alarmas en el cuartel general de Inditex en La Coruña, ya que el desplome en la bolsa en esa ocasión no solo era una cuestión de resultados. Días antes, Juan Carlos Rodríguez Cebrián, sobrino político de Amancio, había dado la orden de venta de más de medio millón de acciones de su autocartera, lo que causó un gran malestar en los fondos de inversión. Por primera vez, Ortega reprendió severamente a sus directivos de confianza, y desde entonces les ha recomendado que no hagan ningún tipo de operación en bolsa hasta pasados cuarenta y cinco días de la publicación de resultados o de cualquier hecho relevante. Si no cumplen esta cuarentena, dijo, «que se atengan a las consecuencias».

Rosalía Mera, exmujer de Amancio Ortega y entonces la segunda accionista del grupo, no dejó pasar por alto esta situación para expresar en público su preocupación. En unas declaraciones a Onda Cero aseguró que «es increíble ver cómo, independientemente de la historia del potencial de una empresa como la nuestra, el mercado premia, sanciona, pide cuentas y exige resultados en función de las expectativas», para añadir a continuación que en el mundo de la bolsa «hay muchos intereses ajenos a la vida empresarial».

En todo caso, estas arrugas de Inditex tenían una plancha siempre dispuesta a acabar con ellas: la promesa de Amancio Ortega de garantizar un «crecimiento anual razonable». Pero algo ha quedado claro: ni Amancio ni Castellano podían controlar el mercado de capitales por muy bien que hicieran los deberes dentro de Inditex. Muchos dudaban entonces de la evolución de Inditex en los mercados, pero más de veinte años después, la buena marcha de la empresa ha dado la razón a su fundador. Esta es la evolución de la cotización de las acciones de Inditex en la bolsa de Madrid:

EVOLUCIÓN DE LA ACCIÓN DE INDITEX (2010-2021)

La cotización de Inditex finalizó el ejercicio 2021 cerrando a 26,74 euros por acción, acumulando una revalorización del 9 por ciento. El volumen medio negociado ha sido de aproximadamente 4,5 millones de acciones diarias. En el mismo periodo, el Ibex 35 se revalorizó un 11 por ciento y el Dow Jones Stoxx 600 Retail un 9 por ciento.

La capitalización bursátil de Inditex se ha situado en 83.339 millones de euros al cierre del ejercicio, un 810 por ciento superior al de su inicio de cotización el 23 de mayo de 2001, frente a un descenso del 11 por ciento del Ibex 35 en el mismo periodo.

En los meses de mayo y noviembre de 2021 se abonó el dividendo correspondiente al ejercicio 2020, de 0,70 euros por acción. En el ejercicio 2021 se ha pagado a los accionistas en concepto de dividendo 2020 un total de 2.180 millones de euros. El consejo de administración de Inditex propondrá a la junta general de accionistas a celebrar en junio de 2022 un dividendo de 0,93 euros por acción para el ejercicio 2021, compuesto por un dividendo ordinario de 0,63 euros y un dividendo extraordinario de 0,30 euros por acción. El dividendo se componía de dos pagos iguales de 0,465 euros por acción, el primer pago el 2 de mayo de 2022 y el segundo el 2 de noviembre de 2022. Inditex mantiene su política de dividendos, que combina un 60 por ciento de *payout* ordinario y dividendos extraordinarios.

En los meses de mayo y noviembre de 2021 se abonó el dividendo correspondiente al ejercicio 2020 hasta totalizar un importe de 0,70 euros por acción en circulación. Su evolución en los últimos años ha sido la siguiente:

EVOLUCIÓN DE LA ACCIÓN DE INDITEX (2001-2022)

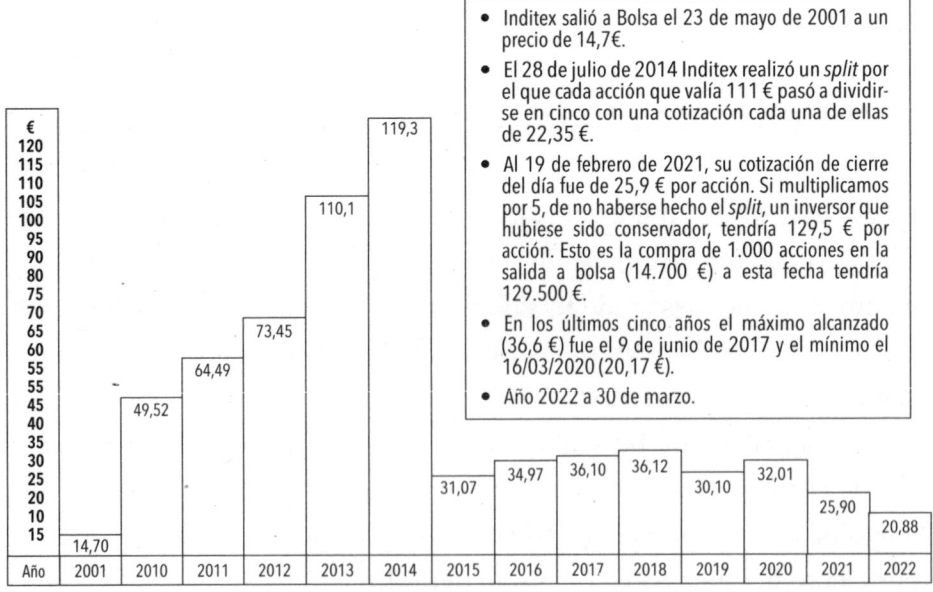

- Inditex salió a Bolsa el 23 de mayo de 2001 a un precio de 14,7€.
- El 28 de julio de 2014 Inditex realizó un *split* por el que cada acción que valía 111 € pasó a dividirse en cinco con una cotización cada una de ellas de 22,35 €.
- Al 19 de febrero de 2021, su cotización de cierre del día fue de 25,9 € por acción. Si multiplicamos por 5, de no haberse hecho el *split*, un inversor que hubiese sido conservador, tendría 129,5 € por acción. Esto es la compra de 1.000 acciones en la salida a bolsa (14.700 €) a esta fecha tendría 129.500 €.
- En los últimos cinco años el máximo alcanzado (36,6 €) fue el 9 de junio de 2017 y el mínimo el 16/03/2020 (20,17 €).
- Año 2022 a 30 de marzo.

PRINCIPALES SOCIEDADES DEL GRUPO

Aunque la cara ante el público la ponen las cadenas o formatos a través de sus respectivas sociedades, como se verá más adelante, su existencia resultaría casi imposible sin la trastienda empresarial de Inditex, un entramado societario para la producción y distribución, para abastecer de prendas a las distintas cadenas. A estas empresas hay que añadir las que producen, indirectamente, en distintos países de cuatro continentes.

Inditex dispone de más de 7.200 plantas en todo el mundo, no exclusivas, las cuales materializan sus diseños. Aunque la realidad es que el 95 por ciento de todo lo que vende es elaborado en solo 12 países: España, Portugal, Marruecos, Turquía, India, Pakistán, Vietnam, Brasil, Argentina, Bangladés, Camboya y, por supuesto, China.

A las 12 fábricas propias y las 506 con las que trabaja Inditex en España se suman las 1.206 plantas de Portugal, las 359 Marruecos y las 1.706 de Turquía, que conforman la red de cercanía del grupo.

Las 26 fábricas propias de Inditex en España, todas situadas en Arteixo y Narón (La Coruña), representan un pequeño porcentaje de las más de 506 fábricas con las que la empresa fundada por Amancio Ortega opera en el mercado español.

Pero, más allá de su volumen, según publicó el diario *Expansión*, importa que son activos estratégicos, pues marcan el estándar de calidad de la compañía para el resto de las plantas con las que interactúa. En este sentido son laboratorios.

En 2021, la cadena de suministro estaba integrada por más de 1.790 proveedores directos situados en 44 mercados, que dieron trabajo a 8.756 fábricas para sus producciones, dando empleo a más de tres millones de personas (1.805 proveedores, 50 mercados y 8.543 fábricas en 2020; 1.985 proveedores, 51 mercados y 8.155 fábricas en 2019).

El aumento del número de fábricas respecto a 2020 está directamente vinculado a los esfuerzos de Inditex por profundizar en la trazabilidad de los procesos relacionados con la transformación de materias primas. De esta forma se han ido incorporando los centros de procesos como hilatura o tejeduría, por ejemplo, en los que hemos incidido de especial manera en los últimos años y que permiten tener una radiografía cada vez más precisa de cada uno de los eslabones en la producción textil. En total, Inditex opera con unas 8.100 fábricas en todo el mundo y cerca de 2.000 proveedores. Por su importancia, las ubicadas en España son las siguientes:

Industria de Diseño Textil, S.A.

Su cuartel general está en la avenida de la Diputación, s/n, Arteixo (La Coruña). Es la cabecera del grupo. Todo pasa por esta sociedad. Su actividad: comercialización, fabricación, importación y exportación de productos textiles calzado y accesorios. Su actividad y funcionamiento ya ha quedado descrita anteriormente. Este es el organigrama de las principales fábricas de Inditex:

INDUSTRIA DE DISEÑO TEXTIL (INDITEX)	
CHOOLET, S.A.	COMDITEL, S.A.
CONFECCIONES FIOS, S.A.	CONFECCIONES GOA, S.A.
DENLLO, SAU	FASHION RETAIL, S.A.
GLENCARE, S.A.	HAMPTON, S.A.
INDIPUNT, S.L.	NIKOLE DISEÑO, S.A.
STEAR, S.A.	SAMLOR, S.A.
ZINTURA, S.A.	TRISKO, S.A.
INDITEX E-COMMERCE, S.A.	LOGÍSTICA, S.A.
PLATAFORMA EUROPA, S.A.	PLATAFORMA LOG. MECO, S.A.
BORN, S.A. Inditex	NICOLE, S.A.
GOA INVEST, S.A.	PLATAFORMA CABANILLAS, S.A.
FASHION LOGIS. FORW., S.A.	PLATAFORMA LOGIS. LEÓN, S.A.
FIBRACOLOR, S.A.	TORDERA LOGÍSTICA, S.A.
IVERCARPRO, S.A.	TEMPE, S.A. (50 %)
CADA FORMATO TIENE SU PROPIA SOCIEDAD.	

A continuación, se describen la actividad y los objetivos de cada una de las distintas sociedades del grupo.

Inditex E-Commerce, S.A.

Constituida el 29 de julio de 2011, tiene su domicilio en la avenida de la Diputación, s/n, Arteixo (La Coruña). Es la responsable de la venta *online* de todo el grupo. Los inicios de la apuesta digital por parte del Grupo Inditex se remontan al año 2007, con el primer *e-commerce, Zarahome.com*. Esta apertura sirvió como prueba para observar el funcionamiento *omnicanal* dentro del grupo.

No fue hasta tres años después, en el año 2010, cuando se empezó a vender *online* en Zara, llegando a expandirse ese mismo año su *e-commerce* en 16 países de Europa. Debido a la rentabilidad evidente, tan solo un año más tarde, todas las marcas del grupo ya ofrecían la posibilidad de comprar *online*. Además, la marca Zara este mismo año ya empezó a expandir su canal *online* internacionalmente por Estados Unidos y Japón.

A raíz de su estrategia de modelo de tienda integrado de canal físico y *online*, desde el año 2011 el negocio *online* del Grupo Inditex forma parte de una pieza vital para el negocio. Durante los años siguientes, el *e-commerce* de Inditex no paró de expandirse internacionalmente en nuevos mercados, hasta incluso en algunos en los que aún no había tienda física. Además, el grupo gallego ha adoptado mejoras estos últimos años para acelerar sus ventas *online*.

Con coronavirus o sin él, Inditex ya había tomado una decisión antes de la pandemia impulsando una redefinición de su logística con el objetivo de multiplicar las ventas del canal *online*.

Para poner en contexto una decisión de este tipo, Inditex se está basando en las cifras de venta del canal *e-commerce*, que experimentó un crecimiento del 50 por ciento entre los meses de febrero y abril del 2020, siendo ese incremento del 95 por ciento solo en ese mes de abril (recordemos que España estaba en pleno confinamiento). Precisamente es el canal *online* el que hizo que las ventas de Inditex bajaran únicamente un 44 por ciento pese a tener que cerrar el 90 por ciento de sus tiendas. Por eso la apuesta por el *e-commerce* ahora es total.

Pero esta redefinición trae consigo otras consecuencias que van a revolucionar el concepto de sus tiendas físicas, que a partir de ahora se convertirán no solo en un punto de encuentro y venta, sino en «tiendas integradas», cuyo objetivo es ofrecer un servicio permanente al cliente, dando igual dónde se encuentre ese cliente, con qué dispositivo esté conectando con Inditex o cuándo lo esté haciendo.

Según datos publicados por la propia Inditex, se invertirán 1.000 millones de euros para reforzar el canal *online* a los que sumarán otros 1.700 millones más para poder integrar tecnológicamente a toda su red de tiendas.

En este concepto de «tienda integrada» los establecimientos pasan a convertirse en pequeñas bases logísticas (de proximidad) y para ello contarán con una superficie media más grande (por ello cerrarán varias tiendas por no adecuarse a las dimensiones necesarias).

Para mantener una trazabilidad absoluta y poder gestionar integralmente todo el *stock*, Inditex también está culminando el proyecto de implantación del sistema RFID en todas sus prendas para tener el control total del *stock* de toda su red de tiendas.

Con los datos recibidos por el sistema RFID, Inditex conocerá la demanda de forma inmediata, sea cual sea el canal (*online*, tiendas, etc.) y podrá gestionar los inventarios con mucha mayor fluidez y eficiencia. Como consecuencia directa de este control, podrá ajustar la producción de los artículos más vendidos o los menos vendidos, por ejemplo.

¿Qué sucede cuando hacemos una compra *online*? Frente a otros, Inditex tiene un mapa logístico doble: los almacenes logísticos típicos destinados a las ventas de *e-commerce*, y por otro sus tiendas, que también interactúan como almacenes logísticos. Cuando se hace un pedido de dos o más prendas distintas, lo habitual es que este pedido sea procesado en un almacén logístico (*picking*, preparación del pedido y expedición del mismo). En el caso de Inditex, mediante ese control de *stock* por medio de RFID detectan en qué tiendas pueden hacer esos pedidos, y luego determinar la más cercana al cliente, que será la encargada de materializar el pedido. Posteriormente el transporte pasará a recoger el envío, que será remitido al cliente.

Con este sistema se quiere conseguir que la tienda que prepare el pedido sea la de la propia ciudad del cliente, con lo que se podría pasar a recoger el pedido en una taquilla inteligente, o en mostrador mediante un código QR. Incluso ellos podrán gestionar la entrega de última milla con medios sostenibles y con control directo.

Pero la revolución no acaba ahí. Inditex tiene en avanzado estado de desarrollo una App para que los usuarios puedan consultar en tiempo real el *stock* de un artículo en su tienda más cercana, reservar una prueba de la prenda en los probadores o localizar en la tienda una prenda en concreto que estemos buscando.

Born, S.A.

Fundada en 1900, con domicilio en San Cayetano, 8, Palma de Mallorca. Como propietario de la sociedad aparece Zara España, S.A. Su objeto social es el alquiler de bienes inmobiliarios por cuenta propia. Su plantilla en 2020 era de 110 empleados, de los cuales 10 eran temporales. Figuran como administradores mancomunados Óscar García Maceiras y Javier Monteoliva Díaz. Como apoderada figura Paula María Menor Vila.

Choolet, S.A.

Se constituyó el 6 de octubre de 1982. Domiciliada en la avenida de la Diputación, s/n, Arteixo (La Coruña), su actividad principal es la confección de prendas de vestir. La empresa desarrolla su actividad en el sector de ropa para caballeros. También está presente en los sectores de *prêt-à-porter*. Cuenta con una plantilla de 34 trabajadores. Su facturación en 2019 ascendió a 12,5 millones, con un beneficio de 300.000 euros. Su presidente es Ignacio Fernández; como consejeros figuran Lorena Lema Carril y Eliseo Jesús Oroza Rodríguez.

Comditel, S.A.

Se constituyó el día 21 de enero de 1987. Domiciliada en la avenida de la Diputación, s/n, Arteixo (La Coruña), su actividad principal es comercio al por mayor de textiles de señora, caballero y niño. Tiene nueve empleados fijos. Durante 2019 tuvo unas ventas de 23,4 millones de euros, con un beneficio de 1,2 millones de euros. Su presidente es Ignacio Fernández; como consejeros están Miguel Badía Rodríguez y Lorena Lema Carril.

Confecciones Fios, S.A.

Su fecha de constitución fue el 20 de septiembre de 1980. Domiciliada en la avenida de la Diputación, s/n, Arteixo (La Coruña), su actividad principal es la confección de camisería de señora y caballero. Tiene un total de 74 empleados, de los que 65 son fijos y nueve, temporales. En 2019 tuvo unas ventas de 96,3 millones de euros y unos beneficios de 493.000 euros. Su presidente es Ignacio Fernández y como consejeros figuran Eliseo Jesús Oroza Rodríguez y Lorena Lema Carril.

Confecciones Goa, S.A.

La fecha de alta de Confecciones Goa, S.A. fue el día 4 de agosto de 1972. Domiciliada en la avenida de la Diputación, s/n, Arteixo (La Coruña), su actividad principal es la confección de prendas de vestir de niño y bebé.

Cuenta con 54 empleados, de los que 48 son fijos. Sus cuentas de 2019 arrojaban unas ventas de 95,92 millones euros y un resultado positivo de 110 millones. Su presidente es Ignacio Fernández y como consejeros figuran Eliseo Jesús Oroza Rodríguez y Lorena Lema Carril.

Denllo, SAU

Su fecha de constitución fie el 22 de febrero de 1991. Domiciliada en la avenida de la Diputación, s/n, Arteixo (La Coruña), su actividad principal es la confección de prendas de vestir. Tiene una plantilla de en torno a 96 trabajadores, de los cuales 93 son fijos. En 2020 facturó 117,5 millones de euros, con un resultado negativo de 2,4 millones de euros. Su presidente es Ignacio Fernández y como consejeros figuran Eliseo Jesús Oroza Rodríguez y Lorena Lema Carril.

Fashion Logistics Forwarders, S.A.

La fecha de inicio de actividades fue el 5 de diciembre de 2008. Su domicilio está en la avenida de la Diputación s/n, Arteixo (La Coruña). La actividad se centra en el transporte de mercancías por carretera. Tiene un único empleado en plantilla. Sus ventas en 2019 ascendieron a 971 millones de euros y tuvo un beneficio próximo al millón de euros. Como presidente figura Abel López Cernadas y como consejeros Eliseo Jesús Oroza Rodríguez y José Fernando Pardo Ramallo.

Fashion Retail, S.A.

Dada de alta el día 29 de julio de 2011. Domiciliada en la avenida de la Diputación, s/n, Arteixo (La Coruña), es la responsable del almacenamiento, el transporte y la distribución de prendas de vestir de todo tipo. Tiene 417 empleados, de los cuales 413 son fijos y 4, temporales. Sus ventas en 2019 ascendieron a 118.855 millones de euros, con un beneficio de 8,4 millones de euros. Su presidente es Ignacio Fernández y como consejeros figuran Eliseo Jesús Oroza Rodríguez y Lorena Lema Carril.

Fibracolor, S.A.

Se trata de una sociedad constituida el 9 de abril de 1951, oficialmente extinguida el 23 de noviembre de 2020, pero técnicamente está dormida. Su domicilio se encontraba en la avenida de la Diputación, Arteixo (La Coruña). Su actividad era el acabado de textiles, ampliada al arrendamiento de instalaciones, maquinaria, mobiliario, propiedad de la compañía, incluyendo la posibilidad de que el arrendamiento se formalizara de forma singular para cada uno de los bienes o de forma íntegra, y figuraba como sociedad anónima unipersonal.

Glencare, S.A.

Constituida el 21 de abril de 1998. Domiciliada en la avenida de la Diputación, s/n, Arteixo (La Coruña), su actividad principal es la comercialización, fabricación, importación, exportación y venta de materias primas, productos textiles en general y especialmente prendas de vestir masculinas, femeninas e infantiles. Cuenta con una plantilla de 63 empleados, 59 fijos y cuatro temporales. Las ventas en 2019 fueron de 94,7 millones de euros, con unos beneficios de 275.000 euros.

Su presidente es Ignacio Fernández y como consejeros figuran Eliseo Jesús Oroza Rodríguez y Lorena Lema Carril.

Goa Invest, S.A.

Fundada en 1987, tiene su domicilio en la avenida de la Diputación, polígono de Sabón, s/n, Arteixo (La Coruña). Su objeto social es la construcción y promoción de inmuebles para el Grupo Inditex. Su presidente desde 2021 es José Queijeiro Pérez, que sustituyó a su padre, que llevaba al frente de la sociedad desde el comienzo. Nunca llueve a gusto de todos. La transición de Inditex hacia el modelo *online* sale cara a su constructora. Goa Invest, cuyo único negocio pasa por las obras que le encargan las cadenas del grupo en su proceso de expansión, cambia el paso al ritmo que se va modificando el modelo de negocio del gigante textil. Y sus números se resienten. En el caso de las últimas cuentas, aprobadas en junta general el 31 de julio de 2020, correspondientes al año anterior, tanto el beneficio de explotación como las ganancias netas de Goa Invest descienden a menos de la mitad.

La caída del negocio de Goa Invest fue abrupta en 2019 si se atiende a la evolución de los últimos años. En concreto, más del 34 por ciento. La constructora firmó unos ingresos de 452 millones de euros, cuando en 2018 su volumen de ventas se había situado en los 691 millones. En cuanto al resultado, la junta general aprobó en junio un beneficio de explotación de 20,6 millones en 2019, cuando un año antes había sido de 44,5 millones. Y es que, en gran medida, el golpe en los números de la constructora es el resultado de la estrategia que desde Arteixo se viene implantando en los últimos años para aumentar la superficie comercial media a través de sus *flagship*, al tiempo que se realizan lo que definen como «absorciones», lo que conlleva cierres de tiendas y concentración de la oferta.

La constructora de Inditex no solo mengua en ingresos y beneficios, también en patrimonio. En concreto, sus fondos propios descendieron en 2019 de forma acusada, pero debido a una decisión interna, la política de dividendos del grupo, en este caso contra reservas. Goa Invest presenta un capital y reservas de 3,5 millones en 2019, muy lejos de los

8,5 millones que tenía un año antes. Si Goa Invest había reportado a Inditex unos dividendos a cuenta de 2018 de nada menos que 30 millones, en el último año se quedaron en 12 millones.

Las cuentas de Goa Invest fueron aprobadas en consejo en plena pandemia, en marzo, y firmadas por sus tres consejeros: Manuel Queijeiro Mosquera, en calidad de presidente, y su hijo José Manuel Queijeiro Pérez y Ramón Reñón, ambos vocales.

Un proceso de sucesión natural entre ejecutivos nada al uso en el entorno empresarial llevó el pasado mes de octubre de 2020 al relevo de Manuel Queijeiro de la presidencia de Goa Invest, siendo sustituido por su hijo José Manuel. El presidente fue cesado en octubre, cuando había sido renovada la confianza en él apenas mes y medio antes. Fernando Rey Figueiras, director de internacional, que lleva el área de Europa en Inditex, se ha incorporado al consejo de Goa Invest en ese proceso de renovación y en un claro intento por profesionalizar la gestión de la constructora en línea con las directrices del grupo textil.

SUBCONTRATAS Y PRESCRIPTORES

Detrás de cada sociedad de Inditex hay toda una recua de empresas que trabajan indirectamente para el grupo. Son los proveedores del proveedor. A título de ejemplo tomamos el caso de Goa Invest, que es la que se encarga de que cada una de las tiendas resulte atractiva ante los ojos de los clientes.

Para la ejecución de las obras que le encargan las distintas cadenas, en su proceso de apertura o mantenimiento de las tiendas, Goa Invest tiene en cartera como proveedoras a una serie de empresas que se encargan de atender sus necesidades. Estas son las 16 más importantes: Grupo Cándido Hermida, Carpintería Ramón García, Incoga Norte, Hydracorte, Metales y Muebles Especiales, Nordes Ancin, Caamaño Sistemas Metálicos, Placas Norte, Metalvedro, Martínez Otero Contract, Malasa,

Neograf Alvedro, Liñagar, Decorga Pintura, Arce Clima Sistemas y Aplicaciones y Tabigal.

La sociedad que más actividad registra es el Grupo Caamaño, que a su vez aglutina a Metales y Muebles Especiales, S.L., Metalvedro, S.L., Neograf Alvedro, S.L. e Hydracorte. Muchas de estas empresas tienen un portfolio de clientes más amplio y diversificado, con menor dependencia de las obras que le encarga Goa Invest.

En el selecto grupo de contratistas de Goa Invest, según informó *Economía Digital Galicia,* se encuentran algunos de los considerados en el seno del gigante textil como prescriptores, aquellos que participan en la puesta en marcha de las tiendas piloto y, además, realizan aportaciones a la constructora. Así sucede en el caso de las empresas Caamaño, Decorga, Tabigal y Placas Norte, estas dos últimas pertenecientes al mismo grupo. Por su parte, Decorga e Incoga Norte pertenecen al conocido como Grupo Coto Rivas.

Hampton, S.A.

Dada de alta el día 5 de septiembre de 1988. Domiciliada en la avenida de la Diputación, s/n, Arteixo (La Coruña), su actividad principal es la confección de prendas de vestir y complementos del vestido tanto para el mercado nacional como para el extranjero. Las ventas durante 2019 ascendieron a 61,9 millones de euros y los beneficios fueron negativos (17.000 euros). Su presidente es Ignacio Fernández y como consejeros figuran Eliseo Jesús Oroza Rodríguez y Lorena Lema Carril.

Indipunt, S.L.

Dada de alta el día 22 de agosto de 1986. Tiene su domicilio en el polígono industrial Río do Pozo, Narón (La Coruña). Su actividad se centra en la fabricación, comercialización, importación, exportación y venta al mayor y detalle de materias primas textiles así como a la realización de operaciones de lavado, tintorería y planchado, y en general todo género de manipulación de géneros. Tiene un total de 51 empleados, 40 fijos y 11 temporales. Las cuentas de 2019 reflejaban unas ventas de 61,8 millones de euros y un resultado negativo de 17.000 euros. Su presidente es Ignacio Fernández y como consejeros figuran Lorena Lema Carril y Eliseo Jesús Oroza Rodríguez.

En 2013, Indipunt absorbió Jema Creaciones Infantiles, participada entonces por la familia Pampín. La familia fundadora se ha desvinculado de la empresa, de su participación en el capital y de su vinculación con la gestión diaria vendiendo a Inditex el 49 por ciento que poseía. Inditex cerró entonces la fábrica de prendas infantiles para concentrar su actividad en las instalaciones de Indipunt.

Según consta en el Registro Mercantil, la sociedad Indipunt ha declarado su unipersonalidad, siendo socio único Inditex.

El empresario gallego Manuel Pampín, que falleció en 2012, puso en marcha la fábrica, especializada en la producción de prendas de punto. Inditex se hizo con una participación mayoritaria en 1997. Durante los últimos años ha sido el hijo del fundador, Iván Pampín, quien ha estado al frente de la gestión de la empresa.

Invercarpro, S.A.

Fue constituida el 24 de abril de 1992. Fue extinguida (disolución voluntaria) con fecha 3 de noviembre de 2011. Tenía su domicilio en el polígono industrial de Sabón, 79, Arteixo (La Coruña). Su actividad era la de alquiler de bienes inmobiliarios por cuenta propia y actuaba como agencia inmobiliaria, administradora de fincas. Como liquidador de la sociedad actuó Antonio Abril Abadín, y en consecuencia cesaron, como presidente, Carlos Mato López y, como consejeros, Ignacio Fernández y Ramón Reñón Túñez.

Nikole, S.A.

Se dio de alta el día 2 de abril de 1982. Su domicilio fiscal es la avenida de la Diputación, Arteixo (La Coruña). Su objetivo social es la fabricación, comercialización en cualquiera de sus fases, importación, exportación, venta al por mayor y al detalle de toda clase de materias primas textiles, hilados, tejidos, telas y productos acabados de vestir. Tiene 120 empleados, de los que 118 son fijos. Las ventas en 2019 ascendieron a 292,7 millones de euros y arrojó un beneficio de 38,9 millones de euros. Su presidente es Ignacio Fernández; como consejeros figuran Javier Monteoliva Díaz y Jesús Oroza Rodríguez.

Nikole Diseño, S.L.

Constituida en 2012, su domicilio fiscal está en la avenida de la Diputación, Edificio Inditex, Arteixo (La Coruña). Su actividad es la prestación de servicios técnicos de ingeniería y otras tareas relacionadas con el asesoramiento técnico. Su plantilla es de 79 empleados, de los cuales 76 son fijos y tres, eventuales. Sus ventas en 2019 reflejaron unos ingresos de 10,1 millones de euros y unos beneficios de 3,9 millones de euros. Su presidente es Ignacio Fernández; como consejeros figuran Javier Monteoliva Díaz y Jesús Oroza Rodríguez.

Samlor, S.A.

La fecha de alta fue el día 1 de agosto de 1974. Domiciliada en la avenida de la Diputación, s/n, Arteixo (La Coruña), su actividad principal es la confección de prendas de vestir exteriores para caballero, señora y niños. Cuenta con 62 empleados, de los que 60 son fijos. Las ventas en 2019 fueron de 116,8 millones de euros, con un resultado positivo de 42.000

euros. Su presidente es Ignacio Fernández; como consejeros figuran Javier Monteoliva Díaz y Jesús Oroza Rodríguez.

Stear, S.A.

Su fecha de constitución fue el 9 de agosto de 1996. Domiciliada en la avenida de la Diputación, s/n, Arteixo (La Coruña), su actividad principal es la confección de prendas de vestir. Su plantilla asciende a 94 empleados, de los que 93 son de plantilla y uno temporal. Las ventas en 2020 fueron de 147,8 millones de euros y el beneficio negativo de 1,4 millones de euros. Su presidente es Ignacio Fernández; como consejeros figuran Lorena Lema Carril y Eliseo Jesús Oroza Rodríguez.

Trisko, S.A.

Fue constituida el 24 de abril de 1998. Domiciliada en la avenida de la Diputación, s/n, Arteixo (La Coruña), su actividad principal es la confección en serie de prendas de vestir y complementos del vestido, tanto para el mercado nacional como internacional. Esta empresa cuenta con un total de 43 trabajadores, de los que 38 son fijos. Las ventas en 2019 fueron de 63,8 millones de euros, con un beneficio de 628.000 euros. Su presidente es Ignacio Fernández Fernández; como consejeros figuran Lorena Lema Carril y Jesús Oroza Rodríguez.

Zintura, S.A.

Data del 6 de mayo de 1987. Domiciliada en la avenida de la Diputación, s/n, Arteixo (La Coruña), su actividad principal es la confección de prendas de vestir (señora y niño). Cuenta con una plantilla de 54 empleados, de los que 50 son fijos. Las ventas en 2019 fueron de 99,9 millones de euros, con un beneficio de 35.000 euros. Su presidente es Ignacio Fernández Fernández; como consejeros figuran Lorena Lema Carril y Jesús OrozaRodríguez.

Zara Logística, S.A.

Tiene su cuartel general en la avenida de la Diputación, s/n, Arteixo (La Coruña). Es la cabecera de toda la logística del grupo. Sin esta sociedad resultaría imposible el negocio de Inditex. La descripción de su actividad lo dice todo: prestación de servicios de logística del Grupo Inditex. Su plantilla es de 1.305 empleados, de los que 1.121 son fijos y 152, temporales. Las ventas en 2019 fueron de 105,6 millones de euros y el beneficio ascendió a 3,8 millones de euros. Su presidenta es Lorena Alba Castro y como consejeros figuran Ignacio Fernández Fernández, Óscar Pérez Marcote y Javier Monteoliva Díaz.

Según Inditex, «Llevamos nuevos productos a todas nuestras tiendas en el mundo dos veces por semana… Tenemos la capacidad de realizar repartos a cualquier parte del mundo en un máximo de 48 horas. Nuestra logística se caracteriza por la flexibilidad, la eficiencia y una alta capacidad de respuesta, en perfecta sintonía con nuestro compromiso con la sostenibilidad».

Inditex cuenta con diez centros logísticos, algunos de los cuales se recogen más detalladamente en páginas posteriores, en España:

Arteixo, La Coruña
Cabanillas del Campo, Guadalajara
Elche, Alicante
Onzonilla, León
Meco, Madrid
Narón, La Coruña

Palafolls, Barcelona
Sallent, Barcelona
Tordera, Barcelona
Zaragoza

En los últimos años, uno de los grandes secretos de Inditex ha sido la eficiencia logística y su capacidad para llevar una prenda a cualquier tienda del mundo en un tiempo récord. El desarrollo del negocio *online* ha obligado ahora, sin embargo, al gigante de la moda gallego a dar un paso más allá.

En los últimos meses Inditex está reforzando su estrategia *omnicanal*. Así, ha instalado en su tienda de Marineda, en La Coruña —un ensayo más—, un punto de entrega automatizado, con capacidad de hasta 700 paquetes, en el que los usuarios pueden recoger sin esperas los pedidos hechos a través de Internet.

Desde diciembre de 2020, según anunció el presidente de Inditex, Pablo Isla, el grupo ha iniciado la entrega en el mismo día en seis ciudades —Madrid, Londres, París, Estambul, Taipei y Shanghái— y al día siguiente en España, Francia, Reino Unido, Polonia, China y Corea del Sur.

Según dijo, se trataba de buscar una gestión «cada vez más integral del negocio *online*», posibilitando así la mejora de los plazos de entrega. Hace tan solo unas semanas, a finales de enero de 2022, Zara, el buque insignia del grupo gallego, presentó igualmente la primera tienda del mundo especializada en realizar y recoger pedidos *online*, además de tramitar cualquier devolución o cambio, en un nuevo local del centro comercial Westfield en Stratford (Londres). «El personal de esta tienda ayuda con tabletas y dispositivos móviles a los clientes, que tienen la opción de recibir el pedido solo unas horas después —si la orden se envía antes de las 14.00 horas—, o al día siguiente —si se realiza por la tarde—. También se facilita el sistema de pago gracias a un innovador sistema de datáfonos *bluetooth*», explican en Inditex.

Plataforma Europa, S.A.

La fecha de alta fue el día 5 de enero de 1995. Domiciliada en la avenida de la Diputación, s/n, Arteixo (La Coruña), su objeto social es el almacenamiento, el transporte y la distribución con todo tipo de vehículos, ya sean propios o ajenos, de toda clase de materias primas o elaboradas, productos, bienes y objetos desde su recepción, descarga, desembalaje, etc. El número de empleados es de 1.900, de los que 1.443 son fijos y 457, temporales. En 2019 facturó por importe de 120,5 millones de euros y obtuvo un beneficio de 4,1 millones de euros. Su presidenta es Lorena Alba Castro y como consejeros figuran Óscar Pérez Marcote y Lorena Lema Carril.

Plataforma Logística Meco, S.A.

Fue fundada el día 13 de enero de 1992. Tiene su domicilio en la avenida de la Diputación, s/n, Edificio Inditex, Arteixo (La Coruña). Resultado de la fusión de la antigua Sircio, S.A. y Promociones Viono, S.A., su objeto social es el almacenamiento, el transporte y la distribución, con todo tipo de vehículos, de toda clase de materias primas o elaboradas, productos, bienes y objetos así como la prestación de todo tipo de servicios logísticos y de gestión de almacenes. La facturación en 2019 ascendió a 100,5 millones de euros con un beneficio de 3,7 millones de euros. El total de empleados es de 1.242, de los cuales 1.138 son fijos y 104, temporales. Su presidenta es Lorena Alba Castro y como consejeros figuran Óscar Pérez Marcote y Lorena Lema Carril.

Plataforma Cabanillas, S.A.

La compañía fue constituida el 5 de noviembre de 2012. Su domicilio está en la avenida de la Diputación, s/n, Arteixo (La Coruña). Su objeto social es el almacenamiento, el transporte y la distribución de todo tipo de mercancías así como la prestación de servicios logísticos y de servicios de comercio exterior, importación, exportación y despacho aduanero, con recepción y distribución de mercancías. Su facturación en 2019 ascendió a 27,8 millones de euros con un beneficio 293.000 euros. Tiene 377 empleados, de los que 248 son fijos. Su presidenta es Lorena Alba Castro y como consejeros figuran Óscar Pérez Marcote y Lorena Lema Carril.

Plataforma Logística León, S.A.

La compañía fue constituida el 23 de noviembre de 2005. Su domicilio está en la avenida de la Diputación, s/n, Arteixo (La Coruña). Su actividad es el almacenamiento, el transporte y la distribución de materias primas o elaboradas y los servicios logísticos. Durante 2019 facturó 31,7 millones de euros con unos beneficios de 2,6 millones de euros. Tiene 262 empleados, 252 fijos y 10 temporales. Su presidenta es Lorena Alba Castro y como consejeros figuran Óscar Pérez Marcote y Lorena Lema Carril.

Tordera Logística, S.L.

Constituida el 5 de abril de 2011. Con fecha 19 de octubre de 2020 se inscribe en el Registro Mercantil el nombramiento de Antonio Abril Abadín como liquidador de la sociedad y el 29 del mismo mes queda extinguida por disolución. Su domicilio social era en la avenida de la Diputación, Arteixo (La Coruña). El objeto social es el de depósitos y almacenes generales, al que se suman la realización, elaboración y ejecución de toda clase de estudios y proyectos, la asistencia y el asesoramiento en la gestión de espacios, estadísticas y consultorías para almacenamiento, organización, reorganización, rentabilidad y estructuración de almacenes y contabilidad de mercancías.

SOCIEDADES DE CONTROL CONJUNTO

Tempe

Conocida como la zapatería de Inditex, esta filial del grupo cuenta con dos accionistas al 50 por ciento, Inditex y el empresario Vicente García Torres, que lo hace a través del grupo alicantino Azarbe. Desde 1989 Tempe es empresa líder en el sector del calzado de la mano de Inditex. Las oficinas centrales, junto con los dos centros logísticos, con una superficie de 180.000 metros cuadrados, se encuentran ubicadas en uno de los principales núcleos de producción de calzado de España, Elche (Alicante). Desde entonces, ha crecido al ritmo que marca la expansión del grupo. Cuenta con 1.900 empleados (1.515 fijos y 391 temporales) y una producción de 103.071.774 unidades.

La facturación en 2021 fue de 1.305 millones, por debajo de la registrada en 2019, arrojando un beneficio de 119 millones de euros.

Tempe diseña, comercializa y distribuye el calzado para los ocho formatos del Grupo Inditex: Zara, Pull&Bear, Massimo Dutti, Bershka, Stradivarius, Oysho, Zara Home y Uterqüe.

La empresa cuenta con oficinas de representación en México, Brasil y Asia. Tempe, S.A. opera como una subsidiaria de Industria de Diseño Textil, S.A.

No se sabe si es cierto o leyenda, pero todo parece indicar que Vicente García Torres y Amancio Ortega se conocieron a finales de los años ochenta. Ortega ya estaba despuntando y pretendía vender zapatos en las mismas tiendas donde también vendía ropa, pero necesitaba un socio que conociera el mercado y Vicente, proveniente de la familia fundadora de la marca de calzado infantil Garvalín, lo conocía. «Lo que empezó siendo un encargo puntual para una de las marcas pasó a ser una relación firme y duradera», publicó el diario *Las Provincias*. La familia dejó solo a Vicente en el proyecto con Amancio, algo que igual hoy lamentan. «Los hermanos de Vicente, según el mismo diario, no vieron clara la propuesta de Ortega y optaron por desearle a Vicente lo mejor, pero sin su participación, según se comenta en el sector con toques casi de leyenda».

Hoy, Vicente y Amancio comparten al 50 por ciento la propiedad de Tempe. «Discreto hasta la obsesión, como el propio Amancio Ortega, el empresario ha dejado la gestión diaria de Tempe en manos de su hijo Antonio García Peralta, aunque sigue al frente de las grandes decisiones estratégicas», reza un perfil publicado por *El Confidencial*.

Esta es la distribución de Tempe, S.A. en el mundo:

Sociedad	Participación	Domicilio	Cadena
Actividad Tempe, S.A.	50 %	Alicante (España)	Comercialización de calzado
Tempe México, S.A. de C.V.	50 %	México DF (México)	Comercialización de calzado
Tempe Logística, S.A.	50 %	Alicante (España)	Logística
Tempe Brasil, Ltda.	50 %	Sao Paulo (Brasil)	Sin actividad
Tempe Diseño, S.L.	50 %	Alicante (España)	Diseño
Tempe Trading	50 %	Friburgo (Suiza)	Sin actividad
Tempe Trading Asia Limited	50 %	Hong Kong SAR	Comercialización de calzado
TMP Trading (Shanghái)	50 %	Shanghái (China)	Comercialización de calzado
Tempe Giyim, Ltd.	50 %	Estambul (Turquía)	Comercialización de calzado

CLÚSTER DE PROVEEDORES POR PAÍSES

Toda la estructura de empresas señaladas anteriormente sería insuficiente para atender la demanda de las cadenas. Para ello Inditex cuenta con un clúster de proveedores en cuatro continentes. Durante el ejercicio de 2021 estos fueron los principales integrantes del clúster de proveedores de Inditex[1] por países, en los que trabajan unos 3.100.000 trabajadores:

---

[1] Incluye la información del país principal de cada uno de los clústeres.

ESPAÑA

Número de proveedores con compra en el ejercicio	162
Número de fábricas de confección asociadas a proveedores con compra	117
Número de fábricas de otros procesos asociadas a proveedores con compra	326
Trabajadores que integran las plantillas de los fabricantes que trabajan en España	19.546

PORTUGAL

Número de proveedores con compra en el ejercicio	151
Número de fábricas de confección asociadas a proveedores con compra	503
Número de fábricas de otros procesos asociadas a proveedores con compra	385
Trabajadores que integran las plantillas de los fabricantes que trabajan en Portugal	49.647

MARRUECOS

Número de proveedores con compra en el ejercicio	173
Número de fábricas de confección asociadas a proveedores con compra	329
Número de fábricas de otros procesos asociadas a proveedores con compra	38
Trabajadores que integran las plantillas de los fabricantes que trabajan en Marruecos	90.363

TURQUÍA

Número de proveedores con compra en el ejercicio	194
Número de fábricas de confección asociadas a proveedores con compra	926
Número de fábricas de otros procesos asociadas a proveedores con compra	864
Trabajadores que integran las plantillas de los fabricantes que trabajan en Turquía	383.032

INDIA

Número de proveedores con compra en el ejercicio	99
Número de fábricas de confección asociadas a proveedores con compra	120
Número de fábricas de otros procesos asociadas a proveedores con compra	310
Trabajadores que integran las plantillas de los fabricantes que trabajan en India	435.469

BANGLADÉS

Número de proveedores con compra en el ejercicio	129
Número de fábricas de confección asociadas a proveedores con compra	251
Número de fábricas de otros procesos asociadas a proveedores con compra	189
Trabajadores que integran las plantillas de los fabricantes que trabajan en Bangladés	845.778

VIETNAM

Número de proveedores con compra en el ejercicio	9
Número de fábricas de confección asociadas a proveedores con compra	105
Número de fábricas de otros procesos asociadas a proveedores con compra	44
Trabajadores que integran las plantillas de los fabricantes que trabajan en Vietnam	134.970

CAMBOYA

Número de proveedores con compra en el ejercicio	3
Número de fábricas de confección asociadas a proveedores con compra	87
Número de fábricas de otros procesos asociadas a proveedores con compra	18
Trabajadores que integran las plantillas de los fabricantes que trabajan en Camboya	92.146

CHINA

Número de proveedores con compra en el ejercicio	415
Número de fábricas de confección asociadas a proveedores con compra	1.530
Número de fábricas de otros procesos asociadas a proveedores con compra	1.505
Trabajadores que integran las plantillas de los fabricantes que trabajan en China	652.808

PAKISTÁN

Número de proveedores con compra en el ejercicio	48
Número de fábricas de confección asociadas a proveedores con compra	69
Número de fábricas de otros procesos asociadas a proveedores con compra	94
Trabajadores que integran las plantillas de los fabricantes que trabajan en Pakistán	381.607

ARGENTINA

Número de proveedores con compra en el ejercicio	14
Número de fábricas de confección asociadas a proveedores con compra	17
Número de fábricas de otros procesos asociadas a proveedores con compra	59
Trabajadores que integran las plantillas de los fabricantes que trabajan en Argentina	8.499

BRASIL

Número de proveedores con compra en el ejercicio	1
Número de fábricas de confección asociadas a proveedores con compra	2
Número de fábricas de otros procesos asociadas a proveedores con compra	5
Trabajadores que integran las plantillas de los fabricantes que trabajan en Brasil	4.989

CONTRIBUCIÓN TRIBUTARIA

La contribución tributaria es uno de los aspectos más polémicos, a nivel social y político, del grupo. Sin embargo, las cuentas anuales nunca han sido cuestionadas ni por los auditores ni por los organismos públicos responsables en esta materia en los distintos países en los que tiene desplegada actividad.

La contribución fiscal de Inditex ha sido notable en los mercados donde opera, muy especialmente en España, donde se encuentra la sede central. En el ejercicio 2021, y en cumplimiento de sus obligaciones en materia fiscal, la contribución tributaria total de Inditex se situó en 6.093 millones de euros, de los que 2.423 millones han sido impuestos directos pagados y 3.670 millones de euros en concepto de impuestos recaudados en nombre de terceros en los territorios y mercados donde opera la compañía. Con el objetivo de estandarizar la información y denominación tributaria de estos territorios, utiliza la metodología Total Tax Contribution de PwC. En ella, los impuestos se dividen en cinco categorías:

1. *Impuestos sobre beneficios.* Incluyen la tributación soportada sobre los beneficios obtenidos por las empresas —como el impuesto sobre sociedades o el impuesto sobre actividades económicas—, así como los impuestos recaudados y algunas retenciones por pagos a terceros.
2. *Impuestos sobre propiedades.* Los que se abonan sobre la titularidad, venta, transferencia u ocupación de la propiedad
3. *Impuestos personales.* Son impuestos asociados al empleo, soportados y recaudados. Se incluyen las retenciones a cuenta del IRPF de los empleados, o los pagos a la Seguridad Social a cargo del empleado o de la compañía.
4. *Impuestos sobre productos y servicios.* Los referidos a impuestos indirectos sobre la producción y consumo de bienes y servicios, como el IVA o los derechos arancelarios, entre otros.

5. *Impuestos medioambientales.* Tributos relacionados con el suministro, uso o consumo de productos y servicios que, de una u otra forma, afectan al medio ambiente.

La contribución tributaria de los seis últimos ejercicios ha sido la siguiente:

CONTRIBUCIÓN TRIBUTARIA (en millones de euros)

	2021	2020	2019	2018	2017	2016
CONTRIBUCIÓN TOTAL INDITEX	**6.093**	**4.689**	**6.749**	**6.166**	**5.959**	**5.647**
Impuestos propios	2.423	1.916	3.040	2.764	2.712	2.515
Impuestos recaudados	3.670	2.773	3.709	3.402	3.247	3.132
CONTRIBUCIÓN TOTAL ESPAÑA	**1.501**	**1.201**	**1.874**	**1.692**	**1.613**	**1.616**
Impuestos propios	780	620	1.049	928	1.010	870
Impuestos recaudados	721	581	825	764	603	746
CONTRIBUCIÓN TOTAL EUROPA (sin España)	**3.217**	**2.562**	**3.398**	**3.168**	**3.043**	**2.781**
Impuestos propios	794	691	1.023	988	878	844
Impuestos recaudados	2.423	1.871	2.375	2.180	2.165	1.937
CONTRIBUCIÓN TOTAL AMÉRICA	**910**	**534**	**943**	**760**	**753**	**729**
Impuestos propios	592	357	623	489	479	481
Impuestos recaudados	318	177	320	271	274	248
CONTRIBUCIÓN TOTAL ASIA Y RESTO MUNDO	**465**	**392**	**534**	**546**	**550**	**521**
Impuestos propios	257	144	189	187	–	
Impuestos recaudados	208	144	189	187	–	

Contribución tributaria por áreas geográficas

Inditex tributa por los beneficios que genera en todos los mercados donde opera y en los que las obligaciones tributarias son diversas. Debido a la heterogeneidad de este marco normativo, Inditex afronta su gestión tributaria tomando como referencia los estándares de buenas prácticas de cada territorio. Al mismo tiempo, la política fiscal de Inditex, aprobada por el consejo de administración en 2015, y, que aplica las directrices de la OCDE para empresas multinacionales, establece una conducta responsable en materia tributaria.

En sus prácticas tributarias, Inditex sigue el estándar internacional del principio de plena competencia según las directrices de la OCDE en materia de precios de transferencia y aplicando la legislación fiscal de los mercados involucrados en sus correspondientes operaciones. Del mismo modo, rechaza expresamente las estructuras societarias de carácter opaco que establecen sociedades instrumentales en paraísos fiscales.

Durante el ejercicio 2021, la presencia de sociedades del Grupo Inditex ubicadas en territorios o países considerados paraísos fiscales por la legislación española se corresponde con la venta realizada en la tienda física ubicada en Mónaco y en los establecimientos físicos de Macao SAR (Special Administrative Region).

IMPUESTOS DIRECTOS	Venta de bienes y número de servicios (miles de euros)	Tiendas
Macao SAR	7.554	5
Mónaco	6.132	1
TOTAL	**13.686**	**6**

La tributación correspondiente al ejercicio de 2021 en el resto de los mercados, por áreas geográficas y países, fue la siguiente:

ESPAÑA	Impuestos propios 2021	Impuestos recaudados 2021
España	780	721
TOTAL	**780**	**721**

→

EUROPA (sin España)	Impuestos propios 2021	Impuestos recaudados 2021
Alemania	26	252
Bélgica	9	101
Francia	84	360
Grecia	16	107
Países Bajos	85	113
Hungría	3	29
Italia	37	385
Polonia	17	85
Portugal	14	165
Reino Unido	120	173
Rumanía	6	73
Rusia	124	204
Suiza	62	19
Ucrania	22	14
Otros	169	342
TOTAL	**794**	**2.423**

AMÉRICA	Impuestos propios 2021	Impuestos recaudados 2021
Brasil	90	47
Canadá	50	36
Estados Unidos	259	166
México	141	48
Otros	52	21
TOTAL	**592**	**318**

ASIA/RESTO MUNDO	Impuestos propios 2021	Impuestos recaudados 2021
Australia	15	19
China	66	108
Corea del Sur	32	12
Japón	51	40
Kazajistán	19	4
Otros	74	25
TOTAL	**257**	**208**

En concreto, el Grupo Inditex pagó el año 2021 un total de 1.501 millones de euros en impuestos en España, un 24,63 por ciento del total de su contribución/recaudación tributaria a nivel global, que alcanzó los 6.093 millones.

Si analizamos el tipo impositivo efectivo del impuesto sobre beneficios global durante el ejercicio, se situó en el 22,6 por ciento, siendo el impuesto sobre beneficios devengado (en millones de euros) por países, durante los cuatro últimos ejercicios, el siguiente:

Mercados	2021	2020	2019	2018
América	**164**	**38**	**120**	**93**
Brasil	17	–	14	18
Canadá	2	6	6	5
Estados Unidos	64	6	41	20
México	49	15	42	38
Otros	32	11	17	12
Asia y resto del mundo	**59**	**62**	**123**	**119**
Australia	1	4	4	3
China	20	20	56	71
Corea del Sur	10	7	14	6
Japón	10	19	28	21

Kazajistán	4	5	5	4
Otros	14	7	16	14
España	**195**	**103**	**372**	**360**
Europa	**383**	**222**	**392**	**383**
Alemania	7	(6)	12	5
Bélgica	7	(1)	6	24
Francia	27	15	30	52
Grecia	7	1	10	12
Países Bajos	106	84	127	101
Hungría	0	1	1	1
Italia	3	6	21	25
Polonia	10	18	14	12
Portugal	14	5	16	14
Reino Unido	18	8	15	7
Rumanía	7	1	9	10
Rusia	48	18	41	34
Suiza	79	48	58	60
Ucrania	10	7	10	5
Otros	40	17	22	21
Consolidación	**80**	**42**	**116**	**110**
Impuesto sobre beneficios	**880**	**467**	**1.123**	**1.065**

Retenciones y Seguridad Social

Además de los impuestos propios, la compañía pagó 1.322 millones de euros en impuestos directos/recaudados, entre los que se encuentran las retenciones a cuenta del Impuesto sobre la Renta de los empleados y accionistas, así como la Seguridad Social a cargo del empleado y los impuestos sobre el consumo.

En el informe remitido a la CNMV, Inditex también informa de que durante el ejercicio 2021 la compañía recibió 8 millones de euros en concepto de subvenciones públicas, que se refieren a lo recibido a través de las herramientas que se han puesto en marcha en algunos países en los que la compañía está presente para hacer frente a ciertos gastos fijos vinculados a la pandemia.

4

LAS CADENAS

LAS TIENDAS

Inditex es uno de los mayores grupos de distribución de moda a escala mundial, y su actividad no podría explicarse sin la cadena de tiendas esparcidas por todo el mundo. Su actividad principal consiste en ofrecer las últimas tendencias de moda (ropa, calzado, complementos y textiles para el hogar) con unos elevados —sostiene la empresa— estándares de calidad y sostenibilidad, a precios atractivos e inspirados en las demandas de los clientes.

Esta actividad se desarrolla a través de los siguientes formatos comerciales: Zara (Zara, Zara Home y Zara Kids), Pull&Bear, Massimo Dutti (Uterqüe), Bershka, Stradivarius y Oysho. Cada uno de los formatos opera con un modelo de tiendas y venta *online*, gestionado de forma directa por sociedades en las que Inditex ejerce el control a través de la propiedad de la totalidad o la mayoría del capital social y de los derechos de voto, salvo en el caso de ciertos países donde, por razones de diversa índole, la actividad se desarrolla a través de franquicias.

A 31 de enero de 2022, los distintos formatos del grupo mantenían 6.447 tiendas abiertas, 382 menos que en 2021, según la siguiente distribución geográfica:

Número de tiendas	Propias	Franquicias	Total
España	1.229	38	1.267
Resto de Europa	3.044	156	3.200
América	601	156	757
Resto del mundo	539	714	1.253
Total	**5.413**	**1.064**	**6.447**

Desde 1963, cuando Amancio Ortega inició su andadura en un taller especializado en fabricar ropa de mujer, el grupo ha cosechado muchos triunfos y algún que otro revés.

La actividad comercial principal, como se ha dicho, se desarrolla a través de cadenas de tiendas gestionadas directamente, pero también existen determinados acuerdos de franquicia suscritos por el grupo que contemplan la existencia de opciones de compra que, en caso de ejercicio, permitirían asegurar el acceso del grupo a los derechos de arrendamiento de los locales en los que se encuentran abiertas las tiendas franquiciadas y de los activos asociados a dichas tiendas. Estas opciones pueden ser ejercitadas a partir de un plazo determinado desde la fecha de suscripción del contrato de franquicia.

El grupo reúne también a sociedades vinculadas —como se ha visto— con las diferentes actividades que conforman el negocio del diseño, la fabricación y la distribución textil. Su modelo de negocio sostenible e integrado de tiendas físicas y *online*, basado en la innovación y la flexibilidad, y su forma de entender la moda —creatividad y diseño de calidad, junto con una respuesta adaptada a las demandas del mercado— le han permitido una rápida expansión internacional y una excelente acogida de sus diferentes conceptos comerciales, tanto en tiendas como *online*.

Con el objetivo de particularizar su acercamiento a diferentes segmentos del mercado, Inditex cuenta con seis cadenas de distribución de moda tras la fusión-desaparición de Zara Home y Uterqüe. Todas ellas comparten un mismo enfoque comercial y de gestión: quieren ser líderes a través de un modelo de negocio integrado y sostenible. Aunque no lo parezca, cada una de las cadenas cuenta con gran autonomía en la gestión de su negocio, lo que ha tensionado las relaciones con la presidencia de turno. No obstante, el hecho de pertenecer a un grupo extendido por 95 países le reporta un gran número de sinergias organizativas y de gestión del conocimiento. Así, cada equipo gestor de cadena puede concentrarse en el desarrollo de su negocio, sabiendo que muchos elementos de soporte del mismo están cubiertos por la experiencia acumulada del grupo.

Inditex, como sociedad matriz, es responsable de los servicios centrales corporativos, es decir, aquellos que comparten las seis cadenas y que facilitan el crecimiento internacional, la administración, el uso de tecnología logística, la política general de recursos humanos, los aspectos jurídicos, la capacidad financiera, etc.

El elemento clave de este modelo son las tiendas, tanto físicas como, recientemente, *online*, espacios de diseño muy cuidado, pensados para hacer confortable para los clientes el descubrimiento de la moda, lugares a través de los que el grupo obtiene la información necesaria para adaptar la oferta de acuerdo con la demanda real. Este modelo integrado de tiendas y *online* es capaz de adaptar la oferta a los deseos de los clientes.

La integración vertical del negocio les permite disponer de una gran flexibilidad, con una reducción al mínimo del inventario, disminuyendo al máximo el riesgo-moda. La tienda, o el *online*, no es el final del proceso productivo, sino que lo recomienza. Cada punto de venta, físico o virtual, es una terminal de recogida de información del mercado real que retroalimenta a los equipos de diseño, alertándoles de las tendencias de los consumidores.

Cada cadena, cada tienda, recibe una atención prioritaria en el diseño de sus espacios, tanto el interior como el exterior. Inditex transfiere su filosofía comercial a la arquitectura de cada tienda, que consiste fundamentalmente en unos diseños originales, la innovación y la adaptación local a los intereses de los clientes, con máximo respeto del entorno. En ella cumplen un papel de gran importancia los escaparates, auténtica publicidad de los distintos formatos del grupo ubicados generalmente en las principales calles comerciales del mundo. En cuanto a su diseño interior, las tiendas responden al objetivo de crear un espacio diáfano en el que la ropa asume el protagonismo, eliminando cualquier barrera entre las prendas y los clientes.

En la última década, la ecoeficiencia es también una prioridad en el diseño de las nuevas tiendas del grupo, y las existentes están siendo renovadas y actualizadas para cumplir con el objetivo de que la mayoría de los establecimientos sean ecoeficientes en 2022/2023. Por otro lado, Internet se ha convertido en un nuevo escaparate global para Inditex. La estrategia seguida para el desarrollo de los formatos comerciales es, preferentemente, la apertura de tiendas de gestión propia, a cargo de una sociedad en la que Inditex ostenta la totalidad o la mayoría del capital social.

En mercados con tamaño reducido o diferencias culturales, el grupo ha extendido la red de tiendas mediante acuerdos de franquicia con compañías locales líderes en el sector del *retail*. A 31 de enero de 2022 existían 1.064 tiendas franquiciadas (29 menos que en el año anterior) sobre un total de 6.447. Desde el punto de vista del negocio, en cuanto al modelo de franquicias, la condición indispensable es la integración total de la gestión de las tiendas franquiciadas en áreas como el escaparatismo, el producto, la formación de los recursos humanos o la logística.

Con ello se garantiza la homogeneidad en la gestión y la imagen global de Inditex ante todos los clientes en cualquier lugar del mundo. Esta plataforma integrada de tiendas y *online* ofrece al cliente la posibilidad de interactuar de acuerdo a sus preferencias con la oferta de moda de los ocho conceptos de Inditex. Así, el cliente tiene múltiples combinaciones de posibilidades, desde visitar la tienda y comprar *online* solicitando la entrega en su domicilio o en la propia tienda, a realizar cambios o devoluciones de pedidos *online* en la tienda de su conveniencia o consultar *online* las novedades que llegan dos veces por semana a las tiendas para posteriormente comprar en ellas.

Diseño

El éxito de las colecciones, según Inditex, reside en la capacidad para reconocer y asimilar los constantes cambios en las tendencias de la moda, diseñando en cada momento nuevos modelos que respondan a los deseos de los clientes. La flexibilidad de su modelo de negocio permite a Inditex adaptarse a los cambios que pueden producirse en cada campaña y reaccionar con prontitud a ellos con nuevos productos en todos sus canales de venta.

Los modelos de cada temporada nacen íntegramente de la concepción de los equipos de creación de las distintas cadenas. Unos 800 diseñadores toman como principales fuentes de inspiración no solo las tendencias de moda que proporcionan los mercados, sino la de los propios clientes, a través de la información que se recibe de las tiendas y de la venta *online*.

Aprovisionamiento

Inditex trabaja con 1.790 proveedores y 8.756 fábricas en todo el mundo. El 54 por ciento de estos fabricantes se encuentra próximo a la sede de la compañía en Arteixo (La Coruña), y después fundamentalmente en el resto de España, Portugal, Marruecos y Turquía. Inditex aplica el principio de abastecerse de manera responsable y sostenible. Todos los proveedores y fabricantes del grupo tienen que cumplir con su código de conducta, que exige los estándares más elevados de responsabilidad social, medioambiental y de salud y seguridad.

Producto

Inditex realiza su producción de forma paulatina y precisa, con tiradas cortas, buscando un número determinado de unidades que evite los excedentes, sin picos de producción y con la mirada puesta siempre en la sostenibilidad. Una parte importante de la producción se realiza en las 11 fábricas que pertenecen al grupo, que son las que se centran en la fabricación de las prendas que incorporan un mayor componente de calidad y moda. Pero, sea cual sea la localización de los fabricantes, Inditex garantiza que cada artículo que pone a la venta es saludable, seguro y medioambientalmente sostenible. Para ello, ha desarrollado un concienzudo sistema de ensayos y control de calidad.

Logística

Con independencia de su origen, toda la producción se entrega en los centros logísticos de cada una de las cadenas en España. Desde estos puntos se redistribuye a la vez a todas las tiendas del mundo. Esta operación se efectúa dos veces por semana. En cada envío siempre figuran nuevos modelos, lo que facilita una constante renovación de la oferta. De la misma forma, desde las plataformas se abastece también a los centros de distribución *online* que el grupo tiene en distintas zonas del mundo.

El ágil sistema logístico, con un potente desarrollo informático, llevado a cabo por los propios equipos de Inditex, permite que desde la recepción del pedido en el centro de distribución hasta la oferta en la tienda pasen unas treinta y seis horas para el mercado europeo y doce horas más para los establecimientos de Asia y América.

El sistema logístico se basa en envíos continuados a las tiendas desde los centros de distribución de cada formato comercial a lo largo de cada temporada. Este sistema cuenta con instalaciones centralizadas para cada cadena, en las que se efectúa el inventario y desde las que se distribuye a todas las tiendas del mundo.

La primera tienda de Zara abrió sus puertas al público en el año 1975 en La Coruña, donde el grupo inició su actividad y donde está su sede central. En la siguiente década continuó con la apertura de nuevos establecimientos en el territorio español.

En 1988 se produjo la apertura en Oporto (Portugal), y en los años inmediatamente posteriores se abrieron las primeras tiendas fuera de la Península Ibérica, en Nueva York (1989) y París (1990). Se iniciaba así un proceso que llevaría hasta la actual presencia en 96 mercados y venta en un total de 202. Hoy, en muchas ciudades de los cinco continentes pueden encontrarse tiendas del Grupo Inditex a la vuelta de la esquina.

El éxito entre personas, culturas y generaciones que, a pesar de sus diferencias, comparten una especial sensibilidad por la moda reside en la convicción de que no existen fronteras que impidan compartir una misma cultura del vestir. El esquema habitual de penetración en un nuevo mercado se basa en la apertura de un número reducido de tiendas físicas, de tal manera que puedan explorarse las posibilidades de un lugar, para después, si se considera viable, ir ganando terreno.

Los nuevos formatos incorporados al grupo desde 1991 comparten el mismo enfoque de Zara. Es una de sus características distintivas. Como consecuencia, todos han crecido simultáneamente en España y en otros países. Zara, con frecuencia, ha sido la primera cadena en llegar a nuevos países, para acumular experiencia, lo que a su vez ha facilitado la implantación posterior del resto de los formatos.

Lo cierto es que la mayor parte de la plantilla trabaja en las tiendas, hasta ahora el elemento central del negocio de Inditex, y son ellos los que están más cerca de los clientes y quienes mejor entienden sus necesidades.

«La figura de director de tienda es muy importante, sobre todo si hablamos de Zara. Es como si fueran los directores generales de una compañía con una plantilla de 100 trabajadores y una facturación de entre 30 y 40 millones de euros», ha explicado en más de una ocasión Pablo Isla.

En muchos países se está poniendo al frente del grupo a mujeres en sustitución de hombres, «no por ser mujeres, sino por ser competentes», ha subrayado. Isla ha contado que en uno de los mercados más difíciles del mundo, en China, el de mayor potencial de crecimiento, actualmente dirige el grupo una mujer española, muy joven y que empezó trabajando en una tienda en Fuengirola (Málaga). No es la única. Varias mujeres ocupan el puesto de director de país en Japón, Canadá, Sudáfrica, Australia y República Checa, entre otros muchos casos, ha dicho Isla, que ha añadido que esta transición se ha producido de «forma natural». Lo cierto es que casi el 80 % de los 7.500 directivos que hay en el grupo son mujeres.

MENOS TIENDAS, PERO MÁS GRANDES

Toda la estructura del grupo sería insostenible si no fuera por la potente red comercial (tiendas) y actividades relacionadas, pero los poderosos también sufrieron los efectos de la crisis Covid-19.

La crisis de 2020 hizo mella en la expansión del imperio Inditex, sobre todo en España, provocando no solo un frenazo en la apertura de locales comerciales, sino que llevó al cierre en algunos de ellos por falta de clientes. Como consecuencia, uno de los giros dados entonces por Isla a la estrategia comercial fue hacia menos tiendas, pero más grandes.

Este giro se había empezado ya a diseñar tras la crisis de 2008. No sabemos si por coincidencia o de forma intencionada, aprovechando el renacer de la naturaleza, en 2014, un día primaveral, Inditex abrió las puertas de su nueva tienda insignia de Zara en el número 23 de la calle Serrano de Madrid, como ejemplo a seguir. Todo un emblema en la capital de España. La tienda ocupa las seis plantas del edificio.

Con independencia de su contenido, el exterior del establecimiento no pasa desapercibido para el viandante. Conserva, como no podía ser de otra manera, la fachada de ladrillo y las ventanas blancas de un edificio de principios del siglo XX. Interiormente se ha levantado una estructura cúbica de cristal y metal, para acoger la tienda. Son 5.000 metros cuadrados construidos en los que se ofrece ropa y complementos de mujer, hombre y niño. En su última planta incorpora un *showroom* para mostrar las colecciones a la prensa especializada en moda, algo con lo que hasta ahora no contaba Zara en España.

Pero estas novedades, que ya habían empezado en Nueva York en 2012, esconden toda una nueva estrategia en el concepto de las tiendas de la cadena. Así, la reestructuración iniciada en su red está suponiendo que tiendas de menor tamaño sean «absorbidas» (cerradas en muchos casos) por otras más grandes y en mejores ubicaciones. El efecto no se hizo esperar; en España las marcas del grupo —Zara, Zara Home, Bershka, Massimo Dutti, Pull&Bear, Stradivarius, Oysho y Uterqüe— sumaban al cierre de enero de 2022 un total de 6.477, frente a las 7.469 al cierre de 2019, es decir 992 menos.

Los argumentos esgrimidos por los responsables de Inditex es que se trata de la introducción de la nueva imagen en las principales tiendas del mundo y la integración de tiendas más pequeñas en otras cercanas de mayor tamaño. Es decir, menos tiendas a cambio de mayor superficie.

Según explicó en 2014 Pablo Isla en un encuentro con los medios de comunicación, esta estrategia solo responde a «razones comerciales». Al agrandar los establecimientos e implantar la nueva imagen se pretende «dar mayor visibilidad, mejorar la experiencia de compra» de los clientes. Eso sí, señaló el presidente, manteniendo la «disciplina financiera» de cualquier decisión.

El modelo de negocio, según Inditex, se caracteriza por la búsqueda de flexibilidad en la adaptación de la producción a la demanda del mercado, mediante el control de la cadena de suministro en sus distintas fases de diseño, fabricación y distribución, lo que proporciona la capacidad de enfocar la producción propia o de proveedores a los cambios de tendencia dentro de cada campaña comercial.

Para ofrecer los productos demandados con precios asequibles y en el momento adecuado, Inditex reúne en una única compañía los elementos esenciales para la creación de moda (diseño, fabricación, logística/distribución y venta en tiendas y *online*) a través de un modelo con tres pilares clave: flexibilidad, integración y sostenibilidad.

El éxito de la primera marca, Zara, permitió emprender la expansión internacional del grupo a finales de la década de los ochenta. A partir de ahí fueron germinando los formatos que conforman la red comercial, hoy complementada con la venta *online*.

La venta *online* alcanzó a 31 de enero de 2022 los 6.929 millones de euros, lo que supone el 25,5 por ciento de la venta total.

VENTAS EN TIENDAS Y *ONLINE* POR ZONA GEOGRÁFICA

Área	2021	2020
Europa (sin España)	48,4 %	48,7 %
Asia y resto del mundo	19,7 %	23,2 %
España	14,4 %	14,6 %
América	17,5 %	13,5 %
Total	**100 %**	**100 %**

En 2021 Inditex ha sido muy activo en lo que el grupo ha calificado como «optimización de espacio comercial durante el ejercicio». Durante 2021 se registraron 226 aperturas y 130 reformas que incluyeron 57 ampliaciones. Tras estas actuaciones la superficie total de venta se ha visto reducida, situándose en 4.742.157 metros cuadrados al cierre del ejercicio, frente a los 4.826.566 del ejercicio anterior.

SUPERFICIE POR FORMATO

	2021	2020	2019
Zara (Zara y Zara Home)	3.140.790	3.209.510	3.345.519
Pull&Bear	399.699	394.170	428.960
Massimo Dutti	256.505	258.310	278.052
Bershka	512.644	513.139	553.853
Stradivarius	321.147	321.419	337.893
Oysho	111.372	115.581	127.294
Uterqüe	14.437	15.152	–
Total (m²)	4.742.157	4.826.566	5.086.732

El número de tiendas por formato, a 31 de enero de 2022, también ha disminuido.

NÚMERO DE TIENDAS POR FORMATO

Formato	31/01/2022	31/01/2021	31/01/2020
Zara	1.939	2.025	2.142
Zara Kids	68	93	128
Zara Home	482	535	596
Pull&Bear	864	873	970
Massimo Dutti	682	677	754
Bershka	971	1.005	1.107
Stradivarius	915	936	1.006
Oysho	556	600	677
Uterqüe	–	85	89
Total	6.477	6.829	7.469

NÚMERO DE TIENDAS PROPIAS Y FRANQUICIADAS (a 31 de enero de 2022)

Formato	Gestión propia	Franquicias	Total
Zara	1.684	255	1.939
Zara Kids	68	–	68
Zara Home	402	80	158
Pull&Bear	706	158	864
Massimo Dutti	560	122	682
Bershka	804	167	971
Stradivarius	717	198	971
Oysho	472	84	556
Uterqüe	–	–	–
Total	5.413	1.064	6.477

VENTAS POR FORMATO DE LOS TRES ÚLTIMOS EJERCICIOS

Formato	2021	2020	2019
Zara (Zara y Zara Home)	19.586	14.129	19.564
Pull&Bear	1.876	1.425	1.970
Massimo Dutti	1.653	1.197	1.900
Bershka	2.177	1.772	2.384
Stradivarius	1.824	1.283	1.750
Oysho	600	522	604
Uterqüe	–	75	115
Total (en millones de euros)	27.716	20.402	28.286

PORCENTAJE DE VENTAS EN TIENDAS PROPIAS Y FRANQUICIADAS (a 31 de enero de 2022)

Formato	Gestión propia	Franquicias
Zara (Zara y Zara Home)	88 %	12 %
Pull&Bear	82 %	18 %
Massimo Dutti	84 %	16 %
Bershka	82 %	18 %
Stradivarius	77 %	23 %
Oysho	84 %	16 %
Uterqüe	–	–
Total	**86 %**	**14 %**

BENEFICIO ANTES DE IMPUESTOS POR FORMATO, (a 31 de enero de 2022)

BAI por formato (mm €)	2021	2020	2019
Zara (Zara y Zara Home)	2.890	971	3.370
Pull&Bear	317	95	301
Massimo Dutti	250	62	282
Bershka	321	113	349
Stradivarius	332	117	300
Oysho	89	43	70
Uterqüe	–	1	9
Total BAI	**4.199**	**1.401**	**4.681**

En el Anexo se incluye la ubicación de las tiendas por mercado y formato al cierre del ejercicio 2021.

DETALLE DE LAS VENTAS POR FORMATO EN LOS TRES ÚLTIMOS EJERCICIOS

Formato	2021	2020	2019
Zara (Zara y Zara Home)	19.586	14.129	19.564
Pull&Bear	1.876	1.425	1.970
Massimo Dutti	1.653	1.197	1.900
Bershka	2.177	1.772	2.384
Stradivarius	1.824	1.283	1.750
Oysho	600	522	604
Uterqüe	-	75	115
Total	**27.716**	**20.402**	**28.286**

LOS FORMATOS

De los ocho formatos comerciales que llegaron a existir, según Inditex por absorción, quedan seis: Zara (Zara Home), Pull&Bear, Massimo Dutti, Bershka, Stradivarius y Oysho. En el último ejercicio han incrementado su presencia comercial con aperturas y ampliaciones significativas en todo el mundo, completando esta expansión con el desarrollo integrado de la venta *online,* pero hay lunares. A Pablo Isla no le ha temblado el pulso a la hora de firmar el cierre de algunas tiendas de las distintas cadenas que no cumplían sus objetivos de ventas, bajo el eufemismo de «absorción».

Como se dijo antes: ¿es cambio de estrategia del grupo en España o la realidad del mercado ha obligado a ello? Desde Inditex se asegura que es un cambio de estrategia, ya que apuestan por abrir locales más grandes, con nuevas tecnologías, pero los expertos no dudan de que la raíz está en que la caída generalizada del consumo durante los últimos años ha provocado que la empresa enfocara su estrategia de crecimiento hacia otros países, y en ajustes en los que existía un exceso de tiendas.

Como puede verse a continuación, cada formato en sí mismo es una sociedad anónima, que actúa como tal en los distintos países donde tiene presencia directa o indirecta, si bien la matriz se encuentra en España. Todos los datos están referidos al 31 de enero de 2022, fecha de cierre del último ejercicio contable. Estos son los formatos uno a uno:

Zara

Zara España, S.A. fue constituida el 24 de mayo de 1974, aunque la primera tienda no abrió hasta 1975 en La Coruña. Su domicilio social está en la avenida de la Diputación s/n, Arteixo (La Coruña). Es el cuartel general del Grupo Inditex.

Sobre el origen de la denominación Zara existen varias teorías. Se hubiera llamado Zorba en vez de Zara si no fuera porque en el registro de marcas y patentes ya había otro comercio con ese nombre. Según desveló en su día la revista *Actualidad Económica* y confirma la empresa, Amancio se limitó a jugar con las letras hasta que le salió Zara.

Pero lo cierto es que, en quechua, la antigua cultura incaica, zara significa maíz. También existe una localidad con esa nomenclatura —Zadar o Zara— en la costa dálmata de Croacia. «Zadar», en latín «ladera»; en húngaro, «Zára». Hay otra más en Turquía. Esta Zara es el nombre de una localidad y su correspondiente distrito en la provincia de Sivas (Anatolia Central), que lleva ese nombre desde el periodo selyúcida en honor a un influyente granjero armenio de la zona llamado Zaro, que vivió en el siglo XII.

Su objeto social principal es el comercio al por menor de prendas de vestir en establecimientos especializados. Ahora se ha ampliado a la adquisición y enajenación de bienes muebles e inmuebles y explotación comercial de helicópteros, aviones y aeronaves.

En mayo de 2020 Zara España, buque insignia de Inditex, llevó a cabo una reorganización de sus órganos de administración. Carlos Mato, histórico ejecutivo de la compañía, dejó la presidencia de Zara España tras una larga trayectoria en el cargo como uno de los hombres de confianza de Amancio Ortega. Tras esta reorganización, Zara España dejó de contar con un consejo, hasta ahora presidido por Mato, y pasó a estar gestionada por dos administradores mancomunados. Ahora el director general de Zara España es Carlos Mato, que tiene por encima como director del formato a Óscar Pérez Marcote, hermano de la mujer de Ortega. Este, a su vez, tiene que reportar, dentro de su independencia, al consejero delegado de Inditex y a la presidenta. La apoderada mancomunada solidaria es Paula María Menor Vila y como administradores mancomunados figuran Ignacio Fernández (director general de finanzas de Inditex) y Eliseo Oroza (director del departamento de administración de Inditex).

Fuentes de Inditex apuntaron que este cambio es rutinario y representa un mero retoque en el sistema de administración de una sociedad del grupo, sin mayor trascendencia en su gestión.

El número de empleados que tiene Zara España es de 12.419, 9.023 fijos y 3.396 temporales.

Si medimos la aportación en términos de la contribución de las ventas de la compañía al lugar donde tiene su sede, podemos concluir que las ventas de Zara suponen el 7,68 por ciento del PIB local de Galicia.

La moda y la marca han progresado en paralelo, pero la esencia de Zara continúa siendo la misma cuarenta y siete años después. Sus directivos resumen de esta forma los conceptos que definen sus tiendas y plataformas *online*: «Belleza, claridad, funcionalidad, precio y sostenibilidad».

Dicen sus gestores que la prioridad de Zara es «ofrecer moda atractiva y responsable a un amplio espectro de clientes, en el momento y en el lugar que más se adecúen a sus necesidades». Para ello el equipo de diseñadores tiene «la capacidad de responder con agilidad y nuevas ideas a sus demandas y comentarios en sus colecciones de señora, caballero y niño». Está presente en 202 mercados, de los que en 96 hay tiendas físicas.

Junto a la creación de moda atractiva y responsable, la atención y el trato al cliente es otro de sus objetivos, según la compañía. Para ello ha implantado el sistema de identificación por radiofrecuencia (RFID), que utiliza tecnología de última generación para poder localizar las prendas en los establecimientos, lo que ha permitido que Zara haya sido la primera en completar la incorporación del sistema de gestión integrada de su *stock* en los mercados en los que cuenta con plataforma integrada de tiendas y *online*.

Otra de las nuevas implantaciones son las llamadas tiendas ecoeficientes, un compromiso de la marca con la sostenibilidad, del mismo modo que lo es la instalación progresiva de contenedores en sus tiendas, destinados a la reutilización y el reciclaje de prendas o la puesta en marcha de un servicio de recogida gratuita de ropa a domicilio en el momento de la entrega de pedidos *online*.

La utilización de material reciclado en algunas de sus prendas vaqueras y las alianzas con el mundo del arte y la cultura, como es la colección cápsula en colaboración con los sucesores de Eduardo Chillida, con prendas inspiradas en la obra del artista, son otros de los ejemplos que desarrolla la marca.

Zara es la marca con la que los consumidores afirman interactuar más, 21,8 por ciento, seguida muy por detrás por El Corte Inglés con un 8 por ciento y Primark con un 5,4 por ciento, según el estudio «Digitalización y experiencia de cliente», publicado en 2019 por la Asociación para el Desarrollo de la Experiencia de Cliente (DEC) y la consultora Minsait. Dichos datos fueron obtenidos tras encuestar a 2.000 individuos —mitad hombres, mitad mujeres, en edades entre los dieciocho y los sesenta y cinco años— para conocer su experiencia con las marcas en nueve sectores de actividad: seguros, telecomunicaciones, banca, energía, moda, distribución alimentaria, automoción, alojamiento y transporte.

Las ventas en 2021 ascendieron a 19.586 millones de euros, frente a 14.124 millones de euros en 2020, a través de sus 2.165 tiendas físicas y *online*, con 4.134 millones de visitas a su web y 116,2 millones de seguidores en redes sociales. Dicha cifra incluye las ventas de Zara Home y Zara Kids, que cuenta con 93 tiendas propias.

EVOLUCIÓN DE LAS VENTAS Y DEL NÚMERO DE TIENDAS DURANTE LOS SEIS ÚLTIMOS EJERCICIOS

	2021	2020	2019	2018	2017	2016
Ventas (Zara y Zara Home)	19.586	14.129	19.564	18.021	16.721	15.483
Tiendas	2.165	2.025	2.270	2.131	2.251	2.213
Mercados con *online*	220	215	202	154	–	–

Pull&Bear

Pull&Bear, S.A. fue constituida el 14 de noviembre de 1986. Su domicilio social está en la avenida de la Diputación, Edificio Inditex, Arteixo (La Coruña). Su objeto social es el comercio al por mayor de prendas de vestir y calzado y complementos del vestido, tanto para el mercado nacional como para el extranjero.

La compañía está presidida por José Pablo del Bado Rivas. Como consejeros figuran Adolfo Aranda Vasserot, Ignacio Fernández y Javier Monteoliva Díaz.

Si medimos la aportación en términos de la contribución de las ventas de la compañía al PIB de la autonomía en la que tiene su sede social, podemos concluir que las ventas de Pull&Bear España, S.A. suponen el 4,45 por ciento del PIB local de Galicia.

El número de empleados que tiene la compañía en España es de 3.786, de los cuales 2.550 son fijos y 1.236, temporales.

Pull&Bear ha evolucionado desde 1991 en paralelo a las necesidades de sus clientes, se sostiene desde la cadena, en sintonía con el progreso de las nuevas tecnologías, los movimientos sociales y las últimas tendencias en los ámbitos del arte y la música.

Pull&Bear ofrece moda para hombre y mujer, para los amantes de la moda juvenil, con un estilo fresco que se adapta a las tendencias internacionales con influencias urbanitas. Es además para personas comprometidas con su comunidad y con el entorno.

En sus tiendas están las líneas más desenfadadas como sudaderas, camisetas, tejanos, bermudas, bambas y gorras, que tienen el algodón como tejido principal. Otras colecciones están dirigidas a chicos y chicas de mayor edad que han ido creciendo con la marca. Para ellos, Pull&Bear ofrece prendas versátiles que puedan llevarse tanto de día como de noche, y tanto en el trabajo como en los ratos de ocio. La marca combina este espíritu desenfadado con los estándares de sostenibilidad más exigentes.

Su nueva sede, situada en Narón e inaugurada en 2016, ha sido reconocida con la certificación LEED por su eficiencia energética y el uso de materiales con impacto ambiental reducido.

La marca inauguró en 2016 su primera tienda *for&from* en El Ferrol (La Coruña, España), que forma parte del programa de Inditex de integración laboral de personas con discapacidad psíquica o física.

La apuesta por la cultura urbana, el hiphop o el surf, así como las colaboraciones con estrellas de la música y el deporte —con la cantante Rosalía o el piloto Marc Márquez— siguen siendo los hilos conductores de las colecciones de Pull&Bear.

El estreno de la venta *online* en Estados Unidos estuvo acompañado de una alianza con la UCLA (Universidad de California Los Ángeles) para la apertura de una tienda *pop-up* en el campus de la institución y una colección cápsula de estética universitaria.

Las ventas en 2021 ascendieron a 1.876 millones de euros frente a los 1.425 millones de euros 2020, a través de sus 864 tiendas y *online*. Su web recibió 463 millones de visitas y 23 millones de seguidores en redes sociales.

EVOLUCIÓN DE LAS VENTAS Y EL NÚMERO DE TIENDAS DURANTE LOS ÚLTIMOS SEIS EJERCICIOS

	2021	2020	2019	2018	2017	2016
Ventas	1.876	1.425	1.970	1.862	1.747	1.566
Tiendas	864	873	970	974	979	973
Mercados con *online*	215	200	184	34	–	–

Massimo Dutti

Grupo Massimo Dutti, S.A. fue constituido el 30 de noviembre de 1983. Tiene forma jurídica de sociedad anónima unipersonal. Su domicilio social está en la avenida de la Diputación, Edificio Inditex, Arteixo (La Coruña).

Su objeto social es la comercialización de prendas de vestir y calzado, ampliando su actividad al comercio al por mayor de toda clase de productos textiles, de confección, calzado y artículos de cuero.

El grupo está dirigido por Jorge Pérez Marcote, hermano de la mujer de Amancio Ortega. Como consejeros figuran Ignacio Fernández y Javier Monteoliva Díaz.

El volumen de empleados que tiene la compañía en España es de 3.626, de los cuales 2.561 son fijos y 1.065, temporales.

Las ventas suponen el 4,15 por ciento del PIB de Galicia.

Las colecciones de Massimo Dutti abarcan diferentes estilos, desde la sofisticación de su línea de sastrería a medida a otras líneas más relajadas y casuales. Todas ellas ponen el acento en prendas y materiales de gran calidad, con un corte elegante y cómodo.

Massimo Dutti nace como firma de moda masculina en 1985 y seis años después se integra en el Grupo Inditex. En 1995 lanzó la línea de mujer con el propósito de aportar a la moda femenina los valores de la marca.

En línea con el compromiso sostenible del grupo, Massimo Dutti fue la primera marca en formar parte del programa de tiendas *for&from* de integración en el ámbito laboral de personas con discapacidad psíquica o física. En la actualidad tiene tres tiendas de este tipo en España: Allariz (Orense) y Llagostera e Igualada (Barcelona).

Massimo Dutti continúa fiel a su línea estética, aseguran desde la cadena, con una imagen contemporánea y refinada en todas sus colecciones. En 2019 lanzó en España su programa de fidelización *Feel* para mejorar la experiencia de cliente en tiendas y *online*. La marca continúa impulsando la fusión entre moda y perfumería al ampliar su colección de fragancias Massimo Dutti Scents con dos nuevos aromas, inspirados en el arte de viajar.

Las ventas en 2021 ascendieron a 1.653 millones de euros, frente a los 1.197 millones de euros de 2020, en sus 682 tiendas y sus 215 mercados. Las visitas a su web fueron de 340 millones y cuenta con 12,9 millones de seguidores en redes sociales.

EVOLUCIÓN DE LAS VENTAS Y EL NÚMERO DE TIENDAS DURANTE LOS SEIS ÚLTIMOS EJERCICIOS

	2021	2020	2019	2018	2017	2016
Ventas	1.653	1.197	1.900	1.802	1.765	1.630
Tiendas	682	677	754	766	780	765
Mercados con *online*	215	200	186	37	–	–

Bershka

Bershka España, S.A. fue constituida el 24 de febrero de 1986. Tiene forma jurídica de Sociedad Anónima Unipersonal. Su domicilio social está en la avenida de la Diputación, Edificio Inditex, Arteixo (La Coruña).

Su objeto social es la venta al por menor de ropa y complementos, incluyendo entre sus actividades el comercio al por mayor de prendas de vestir y calzado y el comercio al por mayor de artículos de uso doméstico.

La compañía está presidida por Antonio Flórez de la Fuente. Como consejeros figuran Ignacio Fernández, Jorge Rahola Sala, Eliseo Jesús Oroza Rodríguez y Javier Monteoliva Díaz.

El número de empleados que tiene la compañía en España es de 4.161, de los cuales 3.021 son fijos.

Las ventas de Bershka España, S.A. suponen el 5,32 por ciento del PIB local de Galicia.

En abril de 1998 Bershka abrió su primer comercio. Está concebida como un concepto de moda rompedor para un público joven, dinámico, exigente y al día en las últimas tendencias. En la actualidad, la combinación de música, pantallas, gráficos, luces de última generación y mobiliario contemporáneo hacen de la compra en Bershka una experiencia en sí misma, sostienen desde la cadena.

Las tiendas de Bershka muestran estilos y tendencias basados en esta filosofía, tal y como refleja el concepto *stage*, su última imagen de tienda, que transmite el espíritu que nace de la música, los conciertos y los *backstages*.

La marca tiene tres líneas principales —Bershka, BSK y Hombre— que aportan una amplia oferta de prendas: casual, básicos, deportivo, vaqueros, accesorios y calzado.

De la mano del Instituto Pantone ha creado una colección de prendas monocromáticas con los colores de la temporada. Y con National Geographic, una colección *join life* inspirada en la naturaleza y con prendas de poliéster reciclado y algodón orgánico.

Las ventas en 2021 ascendieron a 2.177 millones de euros frente a los 1.772 millones de euros de 2020, a través de sus 971 tiendas y 215 mercados. Recibió durante 2021 un total de 579 millones de visitas y cuenta con 32 millones de seguidores en redes sociales.

EVOLUCIÓN DE LAS VENTAS Y EL NÚMERO DE TIENDAS DURANTE LOS SEIS ÚLTIMOS EJERCICIOS

	2021	2020	2019	2018	2017	2016
Ventas	2.177	1.772	2.384	2.240	2.228	2.013
Tiendas	971	1.005	1.107	1.107	1.089	1.081
Mercados con *online*	215	200	185	35	–	–

Stradivarius

Stradivarius España S.A., fue constituida el 29 de junio de 1993 con forma jurídica de sociedad anónima unipersonal. Su sede social está en la la avenida de la Diputación (polígono industrial Sabón, Edificio Inditex), Arteixo (La Coruña). La empresa enmarca su principal actividad como comercio al por menor de prendas de vestir en establecimientos especializados.

La compañía está presidida por Jordi Triquell Valls. Como consejeros figuran Ignacio Fernández, Eliseo Jesús Oroza Rodríguez y Javier Monteoliva Díaz. Como socio único aparece Inditex.

El volumen de empleados que tiene la compañía en España es de 4.893, de los cuales 3.278 son fijos. Las ventas de Stradivarius España, S.A. suponen el 4,11 por ciento del PIB local de Galicia.

Stradivarius tiene su origen en una empresa familiar de moda para mujer que se unió a Inditex en 1999. Al año siguiente empezó a operar en tres nuevos mercados internacionales y, una década después, contaba ya con 500 tiendas en el mundo.

En 2017, Stradivarius inauguró sus nuevas oficinas para los equipos de diseño y servicios centrales en Cerdañola del Vallés (Barcelona). Este edificio ecoeficiente, construido con materiales reciclables y de proximidad, consigue ahorrar un 35 por ciento en el consumo de energía eléctrica y un 50 por ciento en el consumo de agua, y aspira a obtener la certificación LEED Oro.

Stradivarius es una marca de moda actual y desenfadada, una referencia de estilo para los espíritus jóvenes que apuestan por un *look* fresco y de tendencia inspirado en el *streetstyle*.

Las ventas en 2021 ascendieron a1.824 millones de euros frente a los 1.283 millones de 2020, en 971 tiendas situadas en 215 mercados. Recibió en 2021 un total de 456 millones de visitas en la web y 18,6 millones le siguen en redes sociales.

EVOLUCIÓN DE LAS VENTAS Y EL NÚMERO DE TIENDAS DURANTE LOS SEIS ÚLTIMOS EJERCICIOS

	2021	2020	2019	2018	2017	2016
Ventas	1.824	1.283	1.750	1.534	1.480	1.343
Tiendas	971	936	1.006	1.011	1.017	994
Mercados con *online*	215	200	180	32	–	–

Oysho

Oysho España, S.A. fue constituida el 18 de marzo de 1977. Su sede social está en la avenida de la Diputación, Edificio Inditex, Arteixo (La Coruña). Su objeto social es la venta de lencería y prendas confeccionadas para señora. La lista de actividades económicas incluye comercio al por mayor de prendas de vestir y calzado, de artículos de uso doméstico y comercio al por mayor e intermediarios del comercio, excepto de vehículos de motor y motocicletas.

La compañía está presidida por Carmen Sevillano Chaves. Como consejeros figuran Ignacio Fernández, Javier Monteoliva Díaz, Eliseo Jesús Oroza Rodríguez y Miguel Vidal Alonso.

El número de empleados que tiene la compañía en España es de 2.133, de los cuales 1.490 son fijos y 643 eventuales. Las ventas de Oysho España, S.A. suponen el 1,30 por ciento del PIB local de Galicia.

Inició su actividad en el año 2001. Este formato traslada al sector de la lencería y la ropa interior femenina la filosofía del Grupo Inditex, ofreciendo las últimas tendencias de moda con calidad y buen precio.

Las colecciones de lencería, *sleepwear, beachwear* y *sport* de Oysho están, según los responsables de la cadena, seleccionadas para ofrecer diseño y moda sin olvidarse de la calidad y de la comodidad de las prendas.

El éxito de las colecciones de la marca se basa en una gran capacidad para reconocer y asimilar los continuos cambios en la moda, adaptándolos específicamente a la lencería femenina y otras líneas de producto.

La estética mediterránea de sus tiendas convive con las últimas tecnologías, creando espacios cálidos y abiertos. Como muestra de su compromiso con la sostenibilidad, Oysho ha obtenido una de las máximas certificaciones medioambientales, LEED Oro, en sus tiendas de Paseo de Gracia y Diagonal, en Barcelona, en sus establecimientos de Roma y Ginebra, y en su sede en Tordera (Barcelona).

En 2017 Oysho abrió su segunda tienda *for&from* en Llagostera (Gerona, España) en colaboración con la cooperativa sin ánimo de lucro Moltacte.

La alianza de Oysho con el mundo del deporte ha dado sus frutos en iniciativas como Oysho Sport Team, equipo internacional de embajadoras deportivas en disciplinas como el boxeo, el ciclismo, la natación y los deportes acuáticos, el kárate y el *cross fitness*, entre otros, y nombres como el de Joana Pastrana, tricampeona del mundo IBF, Garazi Sánchez, campeona de España de surf, o Sandra Sánchez, considerada la mejor karateca española de la historia.

Las ventas durante el ejercicio de 2021 fueron de 600 millones de euros, en las 600 tiendas y los 215 mercados que tenía operativos. Su web recibió durante 2021 un total de 115 millones de visitas y 10,6 millones siguen a la cadena en las redes sociales.

EVOLUCIÓN DE LAS VENTAS Y EL NÚMERO DE TIENDAS DURANTE LOS SEIS ÚLTIMOS EJERCICIOS

	2021	2020	2019	2018	2017	2018
Ventas	600	522	604	585	570	509
Tiendas	556	600	677	678	670	636
Mercados con *online*	215	200	176	34	–	–

Uterqüe

Uterqüe, S.A. fue constituida el 6 de noviembre de 1991. Su sede social estaba en la avenida de la Diputación, Edificio Inditex, Arteixo (La Coruña). Su objeto social era la producción, comercialización, importación, exportación y venta al detalle o al por mayor de prendas de vestir, accesorios y complementos, artículos de óptica, bisutería, joyería y relojería, artículos de piel y marroquinería.

Estaba presidida por Ignacio Fernández. Las ventas de Uterqüe, S.A. suponían el 0,15 por ciento del PIB local de Galicia.

Uterqüe, la cadena más joven del grupo, nació en 2008. Su propuesta aunaba los complementos de moda y una cuidada selección de prendas en textil y piel de excelente calidad, donde confluían las últimas tendencias y la exclusividad del producto, según informa la propia cadena.

Desde comienzos del año 2022 ya no es posible ir de compras a Uterqüe, pero sí se podrá seguir adquiriendo sus diseños. Sus tiendas —físicas y *online*— echarán el cierre definitivo a lo largo de 2022, pero sus prendas y complementos seguirán disponibles en los establecimientos de Massimo Dutti, cadena que ha supervisado el desarrollo de Uterqüe desde su lanzamiento en 2008. Supone el segundo cierre —aunque en este caso parcial— del conglomerado gallego tras el fin de Often en 2006.

Zara Home

Zara Home España, S.A. fue constituida el 10 de septiembre de 1991. Su sede social está en la avenida de la Diputación, Edificio Inditex, Arteixo (La Coruña). Su objeto social es la venta al por menor de productos textiles para el hogar y también de prendas de vestir y calzado.

La compañía está presidida por María Lorena Mosquera Martín. Como consejeros figuran Ignacio Fernández, Daniel González Hurtado de Mendoza y Javier Monteoliva Díaz.

El volumen de empleados que tiene la compañía en España es de 1.870, de los cuales 1.251 son fijos y 619, temporales.

Las ventas —sus cifras se incluyen en el formato Zara— de Zara Home España, S.A. suponen el 1,83 por ciento del PIB local de Galicia.

Es la cadena especializada en artículos para la casa de Inditex. Zara Home pone especial énfasis en el textil: ropa de cama, de mesa y de baño, que se complementa con vajillas, cuberterías, cristalerías y objetos de decoración.

Zara Home nació en 2003 y, cuatro años más tarde, fue la primera marca del grupo en comercializar sus artículos a través de Internet.

Zara Home incorpora las últimas tendencias de diseño al hogar. Zara Home reconoce que la moda es una forma de vivir y de ser —también en las casas—, por lo que refresca sus gamas de producto dos veces a la semana, combinando estilos contemporáneos con otras piezas de carácter perdurable. Zara Home presenta dos colecciones por temporada, siguiendo el mismo ritmo que las marcas de moda del grupo.

Sus colecciones están inspiradas en las últimas tendencias de las pasarelas, con un catálogo que incluye textiles para la casa —desde sábanas y toallas a manteles para la mesa—, así como muebles, vajillas, cuberterías, accesorios de decoración, artículos para regalo, prendas de ropa y una línea de productos cosméticos para el baño y sus icónicas fragancias para el hogar.

Opera a través de 535 tiendas, en 215 mercados. Recibió 195 millones de visitas en su web y 13,1 millones la siguen en las redes sociales. Sus ventas están incluidas en Zara.

EVOLUCIÓN DEL NÚMERO DE TIENDAS DURANTE LOS SEIS ÚLTIMOS EJERCICIOS

	2021	2020	2019	2018	2017	2016
Tiendas	158	535	596	603	590	552
Mercados con *online*	215	200	183	38	–	–

PERFIL DEL CLIENTE INDITEX

Cada formato, cada cadena o cada marca de Inditex responde a un segmento de cliente diferente; eso no quiere decir que un cliente no pueda serlo de todos y cada uno de ellos. En todo caso, sus productos, sus precios, su comunicación y su imagen se orientan a un cliente específico, con un estilo de vida determinado.

Brevemente, esto es lo que ofrece cada cadena, según distintos estudios ajenos a Inditex, a su público objetivo:

- *Zara.* Calidad a precios competitivos. Zara se dirige a familias jóvenes de clase media; mujeres, hombres y niños que buscan tendencias y calidad a buen precio, moda rápida y actual, tanto para ocio como para trabajo, con una constante renovación de productos.
- *Pull&Bear.* Una moda masculina y femenina más juvenil, de tendencias internacionales, cómoda y fácil de llevar, con unos precios agresivos.
- *Stradivarius.* Moda joven, con un estilo propio muy definido y precios asequibles.
- *Bershka.* Clientela juvenil que empieza a comprar sola, con una moda imaginativa, original y provocativa.
- *Massimo Dutti.* Moda para adulto e infantil con un estilo clásico, elegante y cosmopolita, dirigida a una clase media alta.

- ***Zara Home.*** Hogar y decoración con variedad de estilos a precios medios.
- ***Uterqüe.*** Calzado, bolsos y complementos de alta calidad.
- ***Oysho.*** Lencería de diseño casual y cómoda.

PRINCIPALES INSTALACIONES

La globalización de Inditex vía locales comerciales es solo el último eslabón de la cadena Inditex, que no sería posible si no existiese detrás todo un entramado de instalaciones cuyo objetivo es llegar al gran público.

La sede central de Inditex se encuentra, desde el principio, en Arteixo, en La Coruña. Esta sede central ha sufrido sucesivas reformas y ampliaciones a medida que las necesidades lo han ido requiriendo. La última se puso en marcha en 2020, con la adquisición de una nueva parcela de 12.000 metros cuadrados en el polígono de Sabón, donde se ubica su sede. Inditex derribará las instalaciones de la empresa que hasta ahora ocupaba esta parcela (Gabesa, dedicada a la elaboración de vinagre), según publicó el diario *La Voz de Galicia*.

Aunque el uso concreto del terreno no ha trascendido de momento, una parte de la superficie se destinará a un espacio forestal al que el grupo está dando forma, según el citado diario. Ese bosque ocupará 20.000 metros cuadrados y, junto a él, se construirá un aparcamiento con más de 600 plazas y un área para autobuses que se cubrirá con un techo de placas fotovoltaicas. Esta acción se enmarca en el objetivo del gigante textil de que en 2025 el 80 por ciento de su energía proceda de fuentes sostenibles.

Tras esta última compra, Inditex es, prácticamente, propietario de la mitad del suelo industrial del polígono, pues la compañía suma un millón de metros cuadrados de espacio (más los 12.000 de su nueva adquisición). El polígono, en su conjunto, cuenta con 2,4 millones de metros cuadrados. Todo a lo grande, como le gusta a Amancio.

Oficinas

Según la web de Inditex, esta es la ubicación de la red de oficinas que gestionan las distintas actividades de todo el grupo y sus cadenas:

- Inditex (Arteixo, La Coruña)
- Zara Home (Arteixo, La Coruña)
- Stradivarius (Sallent, Barcelona)
- Tempe (Elche, Alicante)
- Oysho (Tordera, Barcelona)
- Zara (Arteixo, La Coruña)
- Uterqüe (Tordera, Barcelona)
- Pull&Bear (Narón, La Coruña)
- Massimo Dutti (Tordera, Barcelona)
- Bershka (Tordera, Barcelona)

Centros logísticos

La capacidad de respuesta, una de las claves del éxito comercial de Inditex, no sería posible sin la red de centros logísticos que el grupo tiene operativos en distintos puntos geográficos de España.

Cada una de las cadenas cuenta con instalaciones específicas de diseño y sus propios centros logísticos, desde los que se distribuye simultáneamente a todas las tiendas del mundo dos veces por semana.

Además de los centros logísticos que cada una de las marcas del grupo tiene en sus propias sedes, el Grupo Inditex cuenta con otras dos grandes plataformas logísticas en Zaragoza y Madrid, desde donde distribuye a las tiendas de Zara.

Mención especial merece el centro ubicado en Elche (Alicante), donde se encuentra Tempe, empresa en la que el grupo controla el 50 por ciento que diseña, comercializa y distribuye el calzado y los complementos de todas sus cadenas comerciales. Estos son los centros logísticos operativos:

- Zara Logistics (Arteixo, La Coruña)
- Tempe (Elche, Alicante)
- Platform Europe (Zaragoza)
- León (Santovenia de la Valdoncina, León)
- Oysho Logistics (Tordera, Barcelona)
- Cabanillas (Guadalajara)
- Pull&Bear (Narón, La Coruña)
- Meco (Meco, Madrid)
- Massimo Dutti Logistics (Tordera, Barcelona)
- Bershka Logistics (Tordera, Barcelona)

Centros de selección, formación y filiales

Son los centros más considerados. Prueba de la importancia que concede a estos centros el grupo es que tiene abiertas diez de estas unidades en el mundo: Barcelona, Madrid, Milán, Estambul, Londres, Ciudad de México, Moscú, Nueva York, París y Shanghái.

La operatividad de Inditex en los distintos países se lleva a cabo a través de filiales que se adaptan a la legislación de los mercados en los que operan. Así el grupo cuenta con filiales en:

- Alemania (Hamburgo)
- Australia (Sídney)
- Bélgica (Bruselas)
- Brasil (Sao Paulo)
- Canadá (Montreal)
- Croacia (Zagreb)
- China/Hong Kong (Shanghái)
- Argentina (Buenos Aires)
- Austria (Viena)
- Bosnia-Herzegovina (Sarajevo)
- Bulgaria (Sofía)
- Corea (Seúl)
- Chile (Santiago de Chile)
- Dinamarca (Estocolmo)

- Estados Unidos (Nueva York)
- Francia (París)
- Holanda (Ámsterdam)
- India (Nueva Delhi)
- Irlanda (Londres)
- Kazajistán (Almaty)
- Antigua Rep. Yugoslava de Macedonia (Skopie)
- Montenegro (Podgorica)
- Polonia (Varsovia)
- Reino Unido (Londres)
- Rumanía (Bucarest)
- Serbia (Belgrado)
- Suecia (Estocolmo)
- Taiwán (Taipéi)
- Ucrania (Kiev)
- Eslovaquia (Viena)
- Grecia (Atenas)
- Hungría (Budapest)
- Italia (Milán)
- Japón (Tokio)
- Luxemburgo (Bruselas)
- México (Azcapotzalco)
- Noruega (Estocolmo)
- Portugal (Lisboa)
- República Checa (Praga)
- Rusia (Moscú)
- Sudáfrica (Johannesburgo)
- Suiza (Ginebra)
- Turquía (Estambul)
- Uruguay (Montevideo)

Franquicias

En aquellos mercados en los que la legislación no permite el registro de filiales o se opta por un socio para agilizar la apertura de tiendas, la fórmula para abrirlas es la de franquicia. Estos son algunos de los mercados en los que operan bajo este sistema:

- Andorra (Andorra La Vella)
- Armenia (Yereván)
- Bahréin (Manamá)
- Colombia (Chía)
- Ecuador (Quito)
- Emiratos Árabes (Dubái)
- Eslovenia (Liubliana)
- Arabia Saudita (Al-Khobar)
- Azerbaiyán (Bakú)
- Chipre (Lefkosia)
- Costa Rica (Costa Rica)
- Egipto (El Cairo)
- El Salvador (San Salvador)
- Estonia (Tallín)

- Filipinas (Makati)
- Guatemala (Guatemala)
- Indonesia (Yakarta)
- Israel (Or Yehuda)
- Kuwait (Hawally)
- Líbano (Beirut)
- Malasia (Malasia)
- Marruecos (Casablanca)
- Panamá (Ciudad de Panamá)
- Qatar (Doha)
- Singapur (Singapur)
- Túnez (Cartago)
- Georgia (Tiflis)
- Honduras (Lomas de Mayab)
- Islandia (Reikiavik)
- Jordania (Ammán)
- Letonia (Riga)
- Lituania (Vilna)
- Malta (Birkirkara)
- Omán (Mascate)
- Perú (Lima)
- Rep. Dominicana (Santo Domingo)
- Tailandia (Bangkok)

CIERRE DE TIENDAS

El desarrollo de las tiendas *online* trajo como consecuencia inevitable un reajuste (cierres) de las tiendas físicas. El cierre de tiendas Zara y otros formatos en lugares emblemáticos, sobre todo en territorio español, está levantando ampollas en diversas ciudades y no acaba de convencer a sus habitantes ni a los empleados directamente damnificados, como se recoge en el capítulo de personal.

En el primer trimestre de 2020, el Grupo Inditex de Amancio Ortega anunció pérdidas por primera vez desde que salió a bolsa en 2001. Fue debido a la crisis económica derivada del impacto del coronavirus. Aun así, esta está lejos de ser la razón principal por la que Inditex se ha marcado como objetivo cerrar más de 1.000 tiendas alrededor del mundo, unas 300 en suelo español. A la plantilla de las mismas se le prometió reubicación, antes de nada, cosa que no se ha cumplido del todo, según fuentes sindicales.

La pandemia no es la única razón que está detrás de la estrategia del grupo de acabar con tanta tienda física. Ya antes contaba con un plan de crecimiento *online* que para nada camina de la mano de mantener el mismo número de establecimientos.

Uno de los cierres que quizás haya escocido más es el de la primera tienda que abrió en Madrid. Sucedió en noviembre de 2020 y fue el primer establecimiento que Zara abrió fuera de La Coruña, concretamente en el número 6 de la calle Carretas, frente a la Puerta del Sol. Amancio Ortega tenía de casero a la Mutualidad de la Abogacía desde julio de 2019, cuando esta lo compró por 33,5 millones de euros. Este inmueble, que desde marzo de 2021 dejó de hacer las veces de tienda de Zara, tiene 2.617 metros cuadrados y siete plantas, de las cuales el único arrendatario era hasta aquel momento Inditex.

La misma suerte corrió la que era, quizás, la más emblemática por encontrarse en la ciudad de la moda por excelencia, el Zara del barrio de Saint-Germain de París, donde se ubican las mejores boutiques de lujo con nombres como Montblanc o Armani.

Centrándonos en España, por su ubicación en cascos históricos o centros comerciales de última generación, supone no solo una pérdida económica, sino una caída del estatus de toda la ciudad y por extensión de la sociedad.

Esta determinación de la empresa de echar el cerrojo ha hecho saltar las alarmas en muchos lugares de España. Un ejemplo de todo ello es el cierre de Zara en Huelva. Pese a los intentos de su alcalde, Gabriel Cruz, la marca anunció el cierre de la tienda más emblemática de la ciudad, situada en el centro de la misma, en julio de 2020, después de ser un sitio de referencia del textil en la zona desde 1992. Como el propio alcalde Gabriel Cruz la califica, era «un establecimiento señero en la ciudad que, desde su apertura en 1992, se ha convertido y consolidado como un espacio inseparable del imaginario colectivo y de la fisonomía de nuestra ciudad».

Almería, Palencia, Elche, Barcelona, Madrid, entre otras ciudades, corrieron la misma suerte. Lo cierto es que multitud de tiendas de Inditex en diferentes ciudades españolas han sido cerradas o van a echar el cierre próximamente. ¿Por qué? La culpa la tiene el plan de la empresa para el periodo 2020-2022. Según su ya expresidente, Pablo Isla, «Todos los cierres de tiendas pertenecientes a Inditex forman parte de un proyecto que va a transformar significativamente el perfil de la compañía, con el fin de implantar una tienda integrada, lo que en la casa se conoce como «Inditex Open Platform», que servirá de base del sistema operativo para gestionar todas las actividades vinculadas al comercio *online*. Permanecerán abiertas las de mayor superficie, que son las que permiten la adaptación a la venta *online*. Ello puede suponer, según los estudios de la empresa, que la venta *online* se aproxime al 30 por ciento.

Según las previsiones cerrarán en total unas 1.200 tiendas en distintos países, que solo representan el 5 por ciento de las ventas. Las tiendas físicas que sobrevivan contarán con dispositivos que dirán al cliente dónde está situada la prenda, lo que hasta ahora siempre lo ha hecho un dependiente. Incluso no hará falta dirigirse a ellos, con un *smartphone* será suficiente. Es más, se podrá evitar el trato humano directo, entrando en una tienda y comprando lo que guste con el móvil, yendo directamente al mostrador para recogerlo.

La realidad es que la empresa dejará el nivel de tiendas en España como estaba en 2004. Y mientras en España se cierran, Inditex informó de nuevas aperturas en Edimburgo (Escocia), Riad (Arabia Saudí), Bogotá (Colombia) y Pekín (China).

La consecuencia es que al cierre del ejercicio de 2021 quedaban abiertas un total 6.477 tiendas, frente a las 7.469 del ejercicio de 2019. Un total de 992 tiendas bajó la persiana en dos ejercicios.

Pero los cierres no acaban ahí. Era un mercado difícil y si encima aterriza una pandemia, la viabilidad del negocio no es problemática, sino prácticamente imposible. El año 2021 arrancó para Inditex con el cierre de las tiendas de varias de sus marcas en China, limitando la venta a través de Internet. Los formatos afectados fueron Bershka, Pull&Bear y Stradivarius. A raíz de la invasión de Ucrania por Rusia, todas las sedes de ambos países bajaron la persiana, lo que afectó a un total de 606 tiendas.

Desde la sede de Inditex en Arteixo explican que la nueva política de la compañía en el país asiático «permitirá que en China y Japón cadenas como Bershka, Pull&Bear y Stradivarius impulsen definitivamente la venta *online*».

Pero no todo fueron cierres. Entre los nuevos establecimientos abiertos durante los dos últimos ejercicios está el local de Zara más grande de Asia: una tienda de 3.500 metros cuadrados repartidos en cuatro plantas en Wangfujing, una de las calles comerciales más importantes de Pekín. Otras aperturas destacadas son en el centro comercial Kingdom Center de Riad (Arabia Saudí) o la ampliación en el Centro Comercial Bahía Sur, de San Fernando (Cádiz); Pull&Bear, Massimo Dutti, Bershka, Stradivarius, Oysho, Zara Home y Uterqüe han abierto también las puertas de nuevas tiendas en mercados como China, Rusia, Rumanía, Colombia, México, Filipinas, Indonesia y Kazajistán, entre otros lugares, que se unen a las ya abiertas en mercados como Holanda, Alemania o Francia.

Para paliar los efectos del cierre físico de tiendas, Inditex cuenta con una nueva herramienta que permitirá a los clientes encontrar, a través de una App, la ubicación exacta del producto que buscan en la tienda o reservar espacio en los probadores para no esperar colas. De momento, la nueva herramienta está en fase de pruebas en 20 tiendas, aunque las intenciones del grupo pasan por extenderla a todas las unidades de Inditex durante los próximos ejercicios.

El objetivo es conseguir que cerca del 50 por ciento de la facturación proceda del canal *online*. Para ello, el cierre de algunas tiendas físicas y el crecimiento en el apartado logístico se plantean ahora como un proceso natural.

5
LOS TALONES DE AQUILES DE INDITEX

La expansión de Inditex y su consolidación no han sido ni serán un camino de rosas. Tampoco lo será su mantenimiento en el tiempo. Esa es la tarea a la que se enfrentará Marta Ortega desde la presidencia. Cierto que el grupo se ha creado una imagen de máquina casi perfecta, que consigue todo lo que se propone; sin embargo, como cualquier compañía, también tiene asumidos unos riesgos, unos condicionantes y unos litigios, algunos de ellos en curso, que constituyen su talón de Aquiles y que podrían, si no dar al traste con el negocio, sí poner chinas en el camino hacia su permanencia en el tiempo, lo que dificultará la tarea del equipo de Marta Ortega.

Según la información facilitada a la Comisión Nacional del Mercado de Valores por el propio grupo, los principales riesgos reconocidos son los que pasamos a detallar.

LOS RIESGOS RECONOCIDOS POR INDITEX

En opinión de Inditex, el éxito de su negocio reside en la capacidad para reconocer y asimilar los constantes cambios en las tendencias de la moda y para diseñar y fabricar en cada momento los nuevos modelos que sean atractivos para su público objetivo. Para ello, Inditex pretende —según el documento entregado a la CNMV— seguir aprovechando su modelo de negocio flexible que le permite anticipar los cambios que puedan producirse durante el desarrollo de las campañas, y para reaccionar y adaptarse a ellos con nuevos productos. Su principal punto débil en este punto estriba en que es posible que Inditex no logre reconocer los cambios en las preferencias de los consumidores, sobre todo de cara a las nuevas generaciones, o no consiga vender los productos ya fabricados, lo que podría tener un efecto negativo en los resultados operativos durante un periodo de tiempo determinado. Uno a uno, estos son los principales riesgos.

Política de gestión de riesgos financieros

Inditex admite que las actividades del grupo están expuestas a diversos riesgos financieros: riesgo de mercado (riesgo de tipo de cambio y riesgo del tipo de interés) y otros riesgos (riesgo de crédito, riesgo de liquidez y riesgo país).

La gestión del riesgo financiero del grupo se centra en la incertidumbre de los mercados financieros y trata de minimizar los potenciales efectos adversos sobre la rentabilidad de los negocios del grupo.

Riesgo de tipo de cambio

El grupo opera en el ámbito internacional y, por tanto, está expuesto al riesgo de tipo de cambio por operaciones con divisas, especialmente el dólar estadounidense —siendo el euro la moneda de referencia del grupo y la moneda funcional de la matriz— y en menor medida el peso mexicano, el rublo, el renminbi, abreviado RMB, «moneda del pueblo», que es la moneda de curso legal de la República Popular China, el yen japonés y la libra esterlina.

El riesgo de tipo de cambio surge de transacciones comerciales futuras, activos y pasivos reconocidos e inversiones netas en negocios en el extranjero. El riesgo de tipo de cambio se gestiona de acuerdo con las directrices del modelo corporativo de gestión de riesgos, que prevén la monitorización constante de las fluctuaciones de los tipos de cambio y otras medidas destinadas a mitigar dicho riesgo, fundamentalmente mediante la optimización de la operativa del grupo con el fin de minimizar los impactos sirviéndose de las coberturas naturales, del beneficio de la diversificación, así como del establecimiento de coberturas financieras. La adquisición de mercancías y existencias comerciales se realiza en parte mediante la realización de pedidos a proveedores extranjeros contratados en su mayor parte en dólares americanos.

De acuerdo con las políticas de gestión de riesgo de cambio vigentes, la dirección del Grupo —dice el documento— contrata derivados, principalmente contratos de compraventa de divisa a plazo (*forwards*), para la cobertura de las variaciones en los flujos de efectivo relacionados con el tipo de cambio euro/dólar. El grupo también utiliza instrumentos financieros no derivados como medios de cobertura (por ejemplo, depósitos mantenidos en monedas distintas del euro), registrados en el epígrafe «Inversiones financieras temporales». Las cabeceras del grupo suministran a sus filiales mercancías para la venta a los clientes finales. Con el fin de reducir las oscilaciones en el valor de los flujos de caja esperados en moneda extranjera resultantes de estas transacciones intercompañía (denominadas en moneda distinta del euro), el grupo se sirve de derivados financieros, como opciones compradas, combinaciones de opciones con prima cero y, ocasionalmente, contratos de compraventa de divisa a plazo (*forwards*). Existen filiales del grupo a las que se les concede financiación interna denominada en moneda distinta del euro. De acuerdo con las políticas de gestión de riesgo de tipo de cambio vigentes, se contratan derivados, principalmente *forwards* y *crosscurrency swaps*, para la cobertura de las variaciones del valor razonable relacionadas con el tipo de cambio.

El grupo aplica la contabilidad de coberturas al objeto de mitigar la volatilidad que se produciría en la cuenta de pérdidas y ganancias consolidada como consecuencia de la existencia de transacciones relevantes en moneda extranjera. El grupo aplica las normas de contabilidad de coberturas en función de lo establecido en las reglas contables de aplicación. Como consecuencia, los instrumentos financieros han sido designados formalmente como tales y se ha verificado que la cobertura resulta altamente eficaz. Los vencimientos de los instrumentos de cobertura se han negociado para que coincidan con los vencimientos de los elementos cubiertos.

En el ejercicio 2021, aplicándose la contabilidad de coberturas, no se han reconocido en la cuenta de resultados importes significativos, ni como resultado de las transacciones que no hayan ocurrido ni como consecuencia de la ineficacia de dichas coberturas. Aproximadamente el 70 por ciento de los flujos de efectivo asociados con las operaciones de cobertura en dólares estadounidenses se espera tendrán lugar en el periodo de seis meses posteriores al cierre del ejercicio y el vencimiento del 30 por ciento restante se espera que ocurra en un plazo de entre seis meses y un año. Asimismo, es previsible que el impacto en la cuenta de pérdidas y ganancias se produzca en los mencionados periodos. En lo relativo a la cobertura de flujos de efectivo resultantes de las operaciones intercompañía por el suministro de mercancía para la venta a clientes finales, los derivados tienen horizontes a corto plazo acompasados a los flujos esperados.

Riesgo de crédito

El grupo asegura en su documentación que no tiene concentraciones significativas de riesgo de crédito, al contar con políticas para asegurar las ventas a franquicias, y constituir la venta al por menor la inmensa mayoría de la cifra de negocios, realizándose el cobro, fundamentalmente, en efectivo o por medio de tarjetas de crédito.

Riesgo de liquidez

El grupo no se encuentra expuesto significativamente al riesgo de liquidez, debido al mantenimiento de suficiente efectivo y equivalentes para afrontar las salidas necesarias en sus operaciones habituales. En el caso de la necesidad puntual de financiación tanto en euros como en otras divisas, el grupo accede a préstamos, pólizas de crédito o cualquier otro instrumento financiero.

La exposición del grupo al riesgo de tipo de interés se manifiesta principalmente en las siguientes partidas, no siendo en ningún caso significativo:

- *Efectivo y equivalentes:* dada la política de inversión del grupo, un cambio en los tipos de interés a la fecha de cierre no afectaría significativamente a los resultados consolidados.
- *Deuda financiera:* debido al importe de la financiación externa, un cambio en los tipos de interés a la fecha de cierre no afectaría significativamente a los resultados consolidados.
- *Tasas de descuento:* utilizadas para el cálculo del deterioro de valor de los activos fijos no corrientes (tangibles e intangibles) y fondo de comercio.
- *Derivados:* debido a la tipología de instrumentos de cobertura contratados, el riesgo de tipo de interés no es relevante. El grupo no tiene activos ni pasivos financieros significativos, designados a valor razonable con cambios en resultados. Un potencial cambio en el valor razonable no tendría impacto significativo.

Riesgo país

La presencia internacional de los negocios del grupo le expone al riesgo país de múltiples lugares, tanto en sus actividades de suministro, como de venta y distribución. El grupo adecúa sus procesos administrativos y de negocio con el propósito de minimizar el riesgo país y aprovecharse del beneficio que aporta la diversificación geográfica. Una de las manifestaciones más relevantes del riesgo país es el riesgo de tipo de cambio y la posibilidad de verse expuesto a limitaciones o controles en la libre circulación de los flujos de efectivo debido a la falta de convertibilidad de las monedas, en términos de cuenta corriente o capital, o de restricciones sobrevenidas al movimiento de capitales. El grupo lleva a cabo una gestión corporativa de la tesorería basada en una política muy activa de repatriación con el objetivo de reducir al máximo los riesgos descritos anteriormente. A 31 de enero de 2020 no existe ningún riesgo significativo para la repatriación de fondos, ni remanentes significativos de caja no disponibles para uso por parte del grupo y sus filiales.

Del mismo modo, en el grupo no existen restricciones significativas a la capacidad de acceder a activos y liquidar pasivos de sus filiales. A 31 de enero de 2022 no existía ningún riesgo significativo para la repatriación de fondos, ni remanentes significativos de caja no disponibles para uso por parte del Grupo y sus filiales. Del mismo modo, no existen restricciones significativas a la capacidad por parte del grupo de acceder a activos y liquidar pasivos de sus filiales.

Riesgos relativos al Brexit

En relación con el Brexit, el Reino Unido ha pasado de manera efectiva a ser un país tercero. Los planes de acción previstos por el grupo desde que se produjo el referéndum en junio de 2016 se han implementado según lo previsto con el objeto de adaptar todas las operativas de negocio a las nuevas circunstancias, incluidas las relativas a los flujos de suministro, transporte y distribución, así como los procedimientos administrativos, contables, fiscales y aduaneros. El negocio en el Reino Unido funciona así con normalidad.

Gestión del capital

Los objetivos del grupo en la gestión del capital son salvaguardar la capacidad de continuar como una empresa en funcionamiento, de modo que pueda seguir dando rendimientos a los accionistas y beneficiar a otros grupos de interés y mantener una estructura óptima de capital para reducir su coste. El grupo gestiona la estructura de capital y realiza ajustes a la misma en función de los cambios en las condiciones económicas. La actual política de gestión de capital se basa en la autofinanciación mediante los recursos generados por la actividad.

Propiedad industrial

La propiedad industrial e intelectual fue y sigue siendo uno de los principales quebraderos de cabeza de Inditex, que continuamente tiene en vilo a los servicios jurídicos del grupo. Es posible que los nombres comerciales de las cadenas y las marcas asociadas a las mismas que utiliza Inditex puedan estar registrados o ser utilizados por terceras personas en aquellos países donde el grupo tiene —ya quedan pocos— intención de comenzar a desarrollar sus actividades. En tal caso, Inditex tendría que adquirir los derechos correspondientes de los terceros para poder utilizar los nombres comerciales de las cadenas o sus marcas asociadas. Si no fuera posible, ello podría afectar a su implantación en esos lugares, ya que el cambio de marca desdibujaría el conjunto.

Cierto que Inditex se ha ido anticipando y tiene registrados los nombres comerciales, las marcas y los demás signos distintivos de sus productos a nivel mundial, país a país. Sin embargo, no se puede asegurar que las gestiones llevadas a cabo para el registro y la protección de las marcas y demás derechos de propiedad industrial vayan a ser suficientes para evitar la imitación y copia de los productos por parte de terceras personas. La imitación de los productos y del estilo de las tiendas que puedan realizar los competidores podría afectar al prestigio y a la imagen de Inditex y tener un efecto negativo en la situación financiera y los resultados operativos.

Por otra parte, si Inditex se viera metido en reclamaciones o litigios por conflictos de derechos de propiedad intelectual de terceras personas sobre modelos de prendas de vestir o calzado, esto podría dar lugar a incurrir en gastos, con los consiguientes efectos negativos y en la imagen y el prestigio del grupo.

El efecto de la guerra de Ucrania

El 24 de febrero de 2022 comenzó un conflicto bélico en Ucrania que continuaba a la fecha de formulación de las cuentas anuales consolidadas de 2021. Esta situación ha impedido el normal desarrollo de las operaciones en toda la región.

A este respecto, con fecha 5 de marzo de 2022 el grupo comunicó que no podía garantizar la continuidad de sus operaciones ni de sus condiciones comerciales en la Federación Rusa y que suspendía temporalmente sus actividades en este país (tanto de las tiendas físicas como del canal *online*). El 22 de octubre de 2022 informó del cierre de un acuerdo para vender la totalidad de su negocio en Rusia al grupo emiratí Daher. A su vez, las operaciones en Ucrania se paralizaron desde el mismo 24 de febrero.

En ambos mercados todas las tiendas se operan en régimen de alquiler, por lo que el valor de los activos netos del grupo en los citados mercados al cierre del ejercicio 2021 no es relevante desde la perspectiva de los estados financieros consolidados del citado ejercicio. Al ser estas circunstancias posteriores al cierre de los estados financieros, en aplicación de la NIC 10 no se ha dotado provisión alguna por este motivo.

En este contexto, evaluar las implicaciones que esta situación pueda tener para el Grupo Inditex es complejo, dadas las múltiples hipótesis posibles de evolución potencial a corto y medio plazo. La dirección del grupo continúa analizando de forma permanente el desarrollo de la situación y las implicaciones que pueda tener. A este respecto, el negocio en la Federación Rusa y en Ucrania representa el 8,5 y el 1,5 por ciento del EBIT del grupo, aproximada y respectivamente.

Información sobre la evolución previsible del grupo

Inditex, según portavoces del grupo, continúa viendo grandes oportunidades de crecimiento. Las iniciativas estratégicas para reforzar el modelo de negocio totalmente integrado de tienda y *online* a nivel global se están acelerando. La sostenibilidad y la digitalización son parte clave de la estrategia. Inditex continuará desarrollando estas prioridades a largo plazo para maximizar el crecimiento orgánico.

El modelo de negocio de Inditex se caracteriza por la total integración de tienda y *online*, ofreciendo la última moda con la adecuada combinación de calidad y precio para proporcionar una experiencia de cliente única. La flexibilidad y la capacidad de respuesta del modelo de negocio en conjunción con el aprovisionamiento en proximidad dentro de la campaña comercial, permite una rápida reacción a las demandas de los clientes con estabilidad de precios y un posicionamiento de mercado único.

LITIGIOS

Lo que no puede prever Inditex son los requerimientos judiciales a iniciativa de sociedades, sindicatos o particulares. Los litigios en distintos juzgados, nacionales y extranjeros, por las causas más variadas, acompañaron a Inditex desde sus comienzos y continúan hoy. Algunos afectaron a propiedades inmobiliarias, incluida parte de los terrenos que ocupa la sede central del grupo en Sabón, otros a la propiedad de las marcas que se han extendido por todo el mundo e incluso al presunto plagio de diseños.

Los relacionados con la transmisión de diversas parcelas en el polígono industrial de Sabón, con la concesión de la licencia para la realización de obras de ampliación en el Centro de Distribución de Arteixo y las denuncias presentadas en la Audiencia Nacional, fueron interpuestos —como se verá más adelante— por el mismo demandante o por personas relacionadas con él. Fue uno de los asuntos más polémicos, el enfrentamiento con el empresario coruñés José María Vecino, que llevó a Amancio Ortega a declarar ante los tribunales.

En los años previos a la salida a bolsa, José María Vecino Rodríguez —él a título personal o a través de sus sociedades controladas Manufacturas de Sabón, S.A. y Manufacturas del Atlántico, S.A.— y su madre, María Esperanza Rodríguez Rojo, interpusieron de forma continuada recursos y denuncias contra los intereses de Inditex y contra personas vinculadas a la empresa. En total, que hayan trascendido, se interpusieron ocho recursos administrativos, nueve recursos contencioso-administrativos, un acto de conciliación, seis denuncias y una querella criminal. Todos los recursos fueron desestimados, se archivaron las denuncias y la querella ante la Audiencia Nacional, al «tratarse de una serie de imputaciones genéricas sin relevancia penal y fuera del ámbito competencial», fue archivada. Pero como se verá más adelante dio mucho de sí.

BATALLA POR LA MARCA ZARA

Con independencia de los litigios judiciales domésticos —que se verán más adelante—, las marcas y la actividad de Inditex también han sido, o son aún, motivo de recurso a los tribunales. La que más conflictos ha registrado es Zara. Uno de los más significativos fue el enfrentamiento con los vecinos de la localidad turca de Zara, ubicada en el distrito de la provincia de Sivas (Anatolia Central), a los que se enfrentó, judicialmente, en 2008 la empresa de Ortega. Inditex impidió que empresarios de la localidad de Zara utilizasen nombres relacionados con ese lugar para denominar sus propias marcas y negocios, según publicó en enero de 2008 el diario turco *Hürriyet*.

Según explica el rotativo, la empresa ha recurrido a querellas judiciales para impedir que los hombres de negocios turcos registrasen sus empresas con nombres parecidos a Zara. Finalmente, Zara se instaló en Turquía.

Otro de los litigios —según documento remitido a la CNMV— se produjo cuando Inditex solicitó la nulidad de los registros de la marca Zahara en la clase 3 (perfumería, jabones y cosméticos) de la Clasificación Internacional de Bienes y Servicios, en México, Japón y Perú, sobre la base de la notoriedad del nombre comercial Zara y de la marca Zahara que se encontraba en vigor en los citados países en clase 25 (vestidos, calzados y sombrerería).

Por su parte, la compañía italiana Artigiana Sartoria Veneta presentó, con fecha 11 de enero de 2000, una demanda ante los tribunales de Milán cuestionando la validez de los registros de la marca Zara en Italia. A su vez Inditex y Zara Italia presentaron ante los mismos tribunales una demanda contra dicha compañía por ocupar el nombre de dominio en Internet de Zara.it. En el procedimiento cautelar el tribunal resolvió «que Artigiana Sartoria Veneta debe inhibirse del uso del dominio y proceder a su cancelación».

Más recientemente, en abril de 2019, el Tribunal de Justicia de la Unión Europea (TJUE) dio la razón a Inditex en su litigio con la empresa Zara Tanzania Adventures. La compañía fundada por Amancio Ortega se opuso en el año 2009 al registro de Zara Tanzania Adventures (organizadora de safaris en Tanzania) al entender que se aprovechaba de su imagen y que podía generar confusión entre los consumidores.

La Oficina de Propiedad Intelectual de la Unión Europea (EUIPO) desestimó en un primer momento las pretensiones del Grupo Inditex, pero el TJUE anuló esta resolución y obligó a la EUIPO a emitir una nueva resolución. El alto tribunal consideró que la Oficina de Propiedad Intelectual de la Unión Europea no valoró suficientemente el aprovechamiento indebido que la empresa de safaris y viajes estaría realizando de la marca insignia del Grupo Inditex.

En el mercado doméstico, el Juzgado de lo Mercantil número 9 de Barcelona, en febrero de ese mismo año, ordenó en una sentencia a una clínica odontológica de Tarrasa (Cataluña) que abandonase su nombre de Clínica Zara Dental.

Por lo que se refiere a los conflictos relativos a derechos de propiedad intelectual de modelos de prendas de vestir y calzado, Inditex se ha visto afectada por un número muy reducido de reclamaciones, para el volumen que gestiona, que han sido solventadas generalmente por medios extrajudiciales.

POR ENCIMA DE TODOS

Como se ha dicho anteriormente, los litigios más escabrosos fueron los que afectaron al propio cuartel general de Inditex. Estos tienen como origen las relaciones de «gran enemistad» existentes entre Amancio Ortega y José María Vecino. Esta situación tensa viene de años atrás, cuando sus intereses textiles e inmobiliarios chocaron como dos locomotoras. En el sector, los que los conocen aseguran que a ambos les gusta mandar, pedalear, diseñar moda y coser... por lo tanto todo era posible.

Los enfrentamientos legales entre ambos comenzaron en junio de 1990 por tres parcelas en el polígono de Sabón. Los terrenos habían sido adjudicados en pública subasta a dos empresas propiedad de Vecino y de su madre, que en aquellos momentos tenían una fuerte presencia en el sector textil gallego. Pasados algunos años sus negocios empezaron a ir mal, por lo que las parcelas fueron embargadas, y la Diputación de A Coruña acordó la revisión de la concesión, justificada «por falta de actividad empresarial».

El Grupo Inditex se interesó por ellas y, a través de Gosam, se las compró a Vecino, si bien este aseguró que fue coaccionado y decidió querellarse contra la cúpula de Inditex. Desde entonces, José María Vecino Rodríguez optó por no pasar por alto nada de lo que sucedía en torno al Grupo Inditex, y los procesos judiciales fueron subiendo en espiral y adquirieron distintos matices.

El primero de los casos abiertos ante los jueces por José María Vecino, del que más se ha escrito y que ha levantado más ampollas dentro de Inditex, es el que afectaba a uno de sus activos inmobiliarios situados en el polígono industrial de Sabón-Arteixo —concretamente la finca registrada con el número 27097— cuya construcción, según la parte denunciante, contó presuntamente con la colaboración, por omisión, que no acreditada en la vista, del Ayuntamiento de Arteixo. De haber sido declarada ilegal por los tribunales, tendría que haberse procedido a su derribo con el consiguiente perjuicio económico y de imagen para el grupo.

Según publicó la revista *Gam* en febrero del año 2000, la concesión de la autorización para la «reconstrucción» del inmueble fue aprobada el 26 de diciembre de 1994, fecha en la que la Comisión de Gobierno del Ayuntamiento otorgó licencia de obra nueva a Inditex para la ejecución de las obras de ampliación de la nave industrial, que figuran recogidas con todo detalle en el expediente administrativo que quedó registrado con el número 32/94.

Contra este acuerdo, el polémico empresario coruñés José María Vecino Rodríguez presentó el 4 de octubre de 1995 un recurso contencioso ante el Tribunal Superior de Justicia de Galicia, que fue admitido con el número 5134/95, por entender que vulneraba el ordenamiento jurídico reconocido en la legislación del suelo.

En este recurso, José María Vecino pedía que se declarase la nulidad del acuerdo de la Comisión de Gobierno del Ayuntamiento de Arteixo de diciembre de 1994, que «presuntamente desestima o no resuelve el recurso formulado por José María Vecino» con anterioridad y que se «ordene la demolición de lo construido en exceso por el Grupo Inditex».

El informe de los técnicos sobre la situación irregular de este inmueble fue concluyente. Según el arquitecto, colegiado número 900 del Colegio Oficial de Arquitectos de La Coruña, que emitió el informe, a petición de José María Vecino, para su incorporación al recurso 5134/95 presentado ante el Tribunal Superior de Justicia de Galicia, las ordenanzas que regulan el uso de los terrenos incluidos en el polígono industrial de Sabón limitan a tres plantas la altura máxima de los bloques representativos —edificios sociales y oficinas— y a una planta la de las naves de fabricación y almacenaje. Este extremo, según el informe, no fue respetado por los responsables de Inditex, que, tras dividir la nave en planos horizontales continuos, conformaron un cuerpo de hasta un máximo de cinco plantas en algunos puntos, excediendo por tanto la altura máxima autorizada y tasada.

Según el experto, para conseguir sus objetivos, los responsables de Inditex hicieron una utilización torticera del concepto de planta semisótano con el objeto de justificar tanto el cumplimiento de los parámetros de altura máxima, medida en el número de plantas, como la tolerancia de uso.

La conclusión del informe pericial es que la edificación objeto del informe, aparte de superar la altura máxima establecida en el número de plantas, ha rebasado con creces la superficie máxima edificable autorizada por las «ordenanzas que regulan el uso de los terrenos incluidos en el polígono industrial de Sabón».

Ante la no admisión del recurso por parte del Tribunal Superior de Justicia de Galicia, José María Vecino insistió de nuevo y presentó, con fecha 30 de julio de 1998, un recurso de casación ante el Tribunal Supremo. En este nuevo recurso, el empresario coruñés pedía otra vez la paralización de las obras que se «venían y vienen ejecutando por el Grupo Inditex», así como la «nulidad de la licencia edificatoria otorgada a dicha empresa en el expediente 32/94, y el consiguiente derribo» del exceso de construcción y volumen en la parcela motivo del conflicto.

La situación conflictiva no pasó desapercibida para el Registro de la Propiedad. El 5 de octubre de 1999, figuraba en el Registro de la Propiedad de La Coruña, número 3, una anotación en la que la parcela en cuestión aparecía gravada por procedencia con la anotación «preventiva de recurso de licencias edificatorias en el Polígono Industrial de Sabón contra el Grupo Inditex (...) en la Sección Segunda de la Sala de lo Contencioso-Administrativo del Tribunal Superior de Justicia de Galicia, se interpuso recurso contencioso administrativo contra los acuerdos de la Comisión de Gobierno del Ayuntamiento de Arteixo, por los que se otorgaron a la Empresa Grupo Inditex, licencias edificatorias en el Polígono Industrial de Sabón, tramitándose dicho recurso con el número 5134/95, ante la citada sala». Fecha de la anotación, 14 de febrero de 1996, obrante al folio 180 del libro 327 de Arteixo. Finalmente, el recurso no fue admitido a trámite e Inditex pudo seguir con las obras.

La siguiente denuncia de Vecino fue la presentación de una querella contra dos magistradas y la cúpula de Inditex, a los que acusaba de detención ilegal, prevaricación y conspiración. Para explicar la querella, este empresario aseguraba estar convencido de que «no es difícil que te estampen en la cara un vaso en un momento de pasión dialéctica a altas ahora de la madrugada, y más si la escena se desenvuelve al amparo de la excitante y corrompida luz roja de las barras americanas que pueblan las cunetas de las carreteras gallegas», para añadir que lo que «no es muy normal es que una funcionaria judicial, siguiendo instrucción torticera, ordene la detención, en víspera de Navidad, de una mujer (su madre) que en esa fecha tenía setenta y cinco años, inválida —le falta una pierna—, por ser accionista de una empresa en proceso de suspensión de pagos (en la que él figuraba como gerente), y pase casi veinticuatro horas en los calabozos de la Policía Nacional».

Esta nueva querella recogía, en sus preliminares, que el denunciante ha sufrido indefensión y obstrucción de la acción de la Justicia, producto de la suma de actuaciones —supuestamente aisladas, pero que constituyen una única trama— efectuadas por un «auténtico "grupo de presión"».

El salto cualitativo, siempre según el texto de la querella, se produce cuando la Policía Nacional detiene a la madre del denunciante, quien, desde las 20.00 horas del 23 de diciembre de 1996, estuvo detenida en un calabozo de la Policía Nacional por figurar entre los accionistas de Brado, S.A., sumida en un proceso de suspensión de pagos.

De nada sirvió que se tuviese conocimiento de la edad de la madre de Vecino Rodríguez, setenta y cinco años entonces, y de su condición de minusválida, circunstancia que fue acreditada con el correspondiente certificado médico. No saldría del calabozo del edificio de los juzgados hasta las 13.30 de la tarde del día 24 de diciembre.

En 2000, el Tribunal Superior de Justicia de Galicia calificó de «temeraria» la denuncia efectuada por Vecino y su madre sobre la existencia de una trama delictiva y decidió archivar las demandas presentadas por ambos.

6

PERSONAL

¿Cómo ha sido posible el milagro Inditex en Galicia? Quizá los analistas se han planteado mal la pregunta, porque lo más correcto es preguntarse si sería posible el fenómeno Inditex en otra parte. Y no solo Inditex: Adolfo Domínguez, Roberto Verino, Unicen, Caramelo, Florentino, Vicente Romeu, Antonio Pernas y tantas otras marcas que han puesto a Galicia en primera línea de la moda, hasta el punto de que está cobrando fuerza la tesis de que la gran sede de la pasarela de la moda española debería trasladarse a la tierra que posee el mejor balcón para contemplar el adiós de cada día con la puesta de sol en Finisterre.

La historia de todos ellos se parece. Hijos de sastre, o antiguos empleados, crean una empresa y se aventuran en el mundo de la moda. Gracias a los talleres y a las cooperativas que germinan en pequeños municipios gallegos como Arteixo, San Ciprián, Lalín, Finisterre, Verín y muchos más, afianzan sus empresas y con la rentabilidad y la productividad conseguidas en el extranjero disparan su facturación.

La mayoría contó con la experiencia de Regojo, el precursor del milagro textil en Galicia. José Regojo Rodríguez-Fermoselle (Zamora, 1900 - Vigo, 1993) era castellano, como Amancio Ortega. Inició su actividad comercial en Portugal, dedicándose a la venta de encajes en Lisboa.

Después empezó a fabricar camisas, instalando una factoría en Zamora. En el Centro Gallego de Lisboa conoció a Rita Otero Fernández, nacida en Redondela, Pontevedra, con la que se casó en 1927 y se instalaron en su pueblo, donde abrió una fábrica de camisas.

Al comienzo de la Guerra Civil inauguró un taller de calzado para el Ejército, a la vez que manufacturó, durante el franquismo, un tipo de camisas que gozaron del aprecio de los clientes. Era la «camisa Dalí», que ayudó a convertir Regojo en la tercera empresa textil tras El Corte Inglés y Cortefiel. En 1965 vendió dos millones de prendas apadrinadas por el celebérrimo pintor. Pero su primer y principal cliente siguió siendo el Ejército. A mediados de los años sesenta, cuando Amancio hilvanaba su proyecto, por problemas de salud dejó la dirección de sus empresas, que empezaron a declinar hasta su desaparición.

El grupo, con sede en Redondel, llegó a poseer seis fábricas en funcionamiento y a tener 1.500 empleados, pero acabó cerrando definitivamente en 1981. La decisión del gobierno de Adolfo Suárez de abaratar los aranceles para muchos productos de consumo, debida a una inflación desorbitada, fue un golpe que no pudo afrontar. En Extremo Oriente la soldada no llegaba al 10 por ciento de lo que se pagaba en Galicia y Regojo no supo diversificarse con la premura necesaria.

Todos tomaron nota. Ahora más del 50 por ciento de la ropa se cose en terceros países como Marruecos, Rumanía, Perú, Pakistán, Malasia… Pero el milagro gallego sería imposible sin la laboriosidad y el oficio de un ejército de abnegadas costureras gallegas que cosían en sus casas primero y después en talleres primitivos. Lo que sigue es la evolución laboral de Inditex.

EL TRABAJO EN INDITEX. LOS ORÍGENES

Toda empresa exitosa que se precie —se leía en el libro *Amancio Ortega, de cero a Zara*— siempre aparece rodeada de cierto halo de misterio que justifica lo que, para los expertos, los mercados y la sociedad resulta difícil de asimilar desde la perspectiva del razonamiento cartesiano. Dice Cecilia Monllor, autora de libro *Zarápolis. La historia secreta de un imperio de moda*, que los comentarios generalizados sobre los negocios sucios de Inditex darían para escribir varios tomos, pero lo cierto es que nadie se ha atrevido con ello, quizá porque no dan para tanto e interesa que sigan siendo eso, comentarios que avivan la llama del éxito.

Sin embargo, parece que nada de esto es verdadero, o no ha podido comprobarse. Lo cierto es que la única vez en la que lateralmente se vio implicado Inditex en un caso de este tipo, fue en marzo de 2001, cuando los empleados de la factoría de Inditex de Arteixo descubrieron en un contenedor 26 kilos de cocaína. El contenedor —informó *La Voz de Galicia*— había llegado a bordo de un camión procedente de Vigo, según la empresa, o de Bilbao, según fuentes gubernativas. La documentación que acompañaba la carga decía que en el contenedor solo había camisetas confeccionadas en Perú, que habían sido embarcadas en el puerto de El Callao de este país, desde donde salieron rumbo a España. Las fuerzas de seguridad se hicieron cargo de la mercancía y de la investigación. Y ahí acabó todo. Desde Inditex sostuvieron que este era un recurso de la competencia para echar por tierra su expansión internacional.

Por otra parte, Inditex ciertamente participó en el negocio naviero, pero lo hizo con fines fiscales, y aunque tuvo activas varias sociedades, no aparece como armador directo de ninguno de esos buques, sino como promotor financiero de su construcción, salvo el caso de sus yates.

En esa búsqueda torticera de los motivos que justifiquen lo que hoy es Inditex, otra de las explicaciones podría ser que estamos en el complicado mundo de la moda. «El mundo de la moda puede llegar a entontecerte si no andas con cuidado. Está lleno de superficialidad, estulticia, provocación y soberbia», sostiene Cecilia Monllor en su libro.

Lo que sí es cierto es que, en sus orígenes, Inditex apenas inventaba los diseños, y son muchos los que aseguran que se limitaban sencillamente a «fusilarlos». De ello saben en el departamento jurídico regentado hasta enero de 2021 por Antonio Abril, a cuyos buenos oficios se debe que no hayan trascendido mucho los pleitos y denuncias que les han interpuesto a las distintas cadenas, pero sobre todo a Zara, por supuesto «fusilamiento» del diseño de muchas de sus prendas.

En Francia no han podido mantener la opacidad tan íntegramente como ha ocurrido en España y Portugal, a causa de las severas leyes francesas de protección a sus marcas y productos. Cecilia Monllor sí recuerda en su libro las redadas de la policía francesa en la tienda de la plaza de La Ópera de París: «Al principio ocurría con cierta frecuencia. Llegaban, efectuaban un registro, incautaban las prendas que estaban buscando y se iban por donde habían venido».

Pero todo lo anterior, sea cierto o no, no deja de ser un pequeño eslabón, casi insignificante, en el desarrollo de Inditex. La realidad es otra.

Aunque la trayectoria profesional y personal de Amancio Ortega pueda parecer la de un hombre que se ha hecho a sí mismo, el proyecto Inditex difícilmente hubiera salido adelante sin el recurso a la economía sumergida y el trabajo en condiciones precarias que para el grupo hicieron, en sus comienzos, los talleres externos, las cooperativas y las fábricas dispersas por Europa, África, Asia y América.

Los sociólogos gallegos Carlos Rabuñal y Marta Casal fueron los primeros que realmente pusieron el dedo en la llaga. Según ellos, hay que buscar a los verdaderos autores del milagro del grupo en los «talleres concebidos únicamente como un instrumento de alta productividad a bajo coste». En estos talleres, dicen, «se fuerza a los empleados a trabajar en unas condiciones pésimas». Una de las frases preferidas de los encargados, aleccionados por los enlaces o representantes de Inditex, suele ser esta: «Mira, si no estás de acuerdo, ahí están los negros deseando trabajar».

Prácticamente desde sus orígenes, el trabajo de ensamblado de las piezas, cortadas previamente en las fábricas de confección del grupo, se encarga a talleres externos o cooperativas. Se trata de un proceso que no es susceptible de automatizarse y muy intensivo en mano de obra, por lo que desde Inditex se considera que lo más apropiado y rentable es realizarlo externamente.

A estos talleres —a veces se trata de la propia vivienda del trabajador o trabajadora, en lo que quizás fue una de las primeras experiencias del teletrabajo— se les suministran las prendas cortadas en piezas de tejido para su costura e incorporación de forniguras y complementos. El número de talleres superaba en 2001 los 400, situados en su mayor parte (96 %) en España y Portugal, pero ya entonces se atisbaba un aumento de los mismos en países africanos y asiáticos en detrimento de los ibéricos. Cada cadena de Inditex trabaja con sus propios talleres y corresponde a cada director la negociación de precios y el control de calidad del trabajo.

La fórmula de pago a estos talleres es distinta según la nacionalidad de los mismos. A los situados en territorio español no se les facturan los cortes de las prendas, sino que se les envían en depósito, y estos cargan, en el retorno, las cantidades previamente fijadas por sus servicios de ensamblaje. A los talleres situados fuera de España se les facturan los materiales y se les compran las prendas una vez acabadas. Este orden, que no altera el precio final, sí puede dar lugar a operaciones financieras que resultaban, hasta no hace mucho, un poco opacas.

Cuando las prendas están ensambladas vuelven a la fábrica correspondiente de Inditex para su acabado (planchado, embolsado, etiquetado) y para realizar el control final de calidad de las mismas. Las prendas, una vez rematado el proceso productivo, son trasladadas al centro de distribución, mediante camiones o por carriles automáticos que conectan una gran parte de las fábricas del grupo con el centro logístico.

Mar Iglesias, doctora en Psicología del Trabajo y de las Organizaciones, describe en su estudio sobre *Panorámica sociológica del sector textil gallego* la imagen típica de una manufacturera del textil gallego en el mundo de la economía sumergida: «Grupos de mujeres acuden a los talleres a la hora señalada con el carro de la compra para recoger el material y llevárselo a casa. Otras lo reciben en su propia casa. Esta situación no es exclusiva de Galicia, los tentáculos de este sistema laboral en el textil se han extendido a Portugal, México, Marruecos, Turquía, Grecia, Hungría, Isla Mauricio, Taiwán, Corea del Sur, Vietnam, India... De casi todos estos lugares recibe Inditex telas que serán transformadas en prendas de vestir por las cooperativas gallegas, cuyas cooperativistas han hecho posible el milagro Inditex».

El textil es un trabajo de fieras —sostiene Iglesias en su estudio— y las cooperativas más o menos legalizadas, por no hablar de los talleres clandestinos, son un campo idóneo para la explotación laboral. La relación laboral de Inditex con estos trabajadores no existe. Inditex ofrece trabajo a destajo a cientos de pequeños talleres sin adoptar ante ellos ningún compromiso. Así, el inmenso pulpo textil impone condiciones a unas 15.000 personas que faenan en alguna de las dos mil sociedades independientes que funcionan en Galicia y en el norte de Portugal. Sobre esta red cae lo más duro del milagro de Inditex. No importa en qué condiciones producen, porque no existe relación laboral alguna con el grupo.

«Trabajo como una perra todo el día, y a veces toda la noche. Estoy como drogada de cansancio. Y me llaman empresaria. ¡Ja!, ¿empresaria de qué? Soy la peor de las pringadas. No cierro el taller porque no quiero dejar en la calle a estas mujeres y porque estoy endeudada hasta las cejas». Así se expresaba en 1999, en *Artículo 20,* una de las dueñas de un taller externo que trabajaba para una de las cadenas de Inditex.

En 2002 su «nuevo» local, como todos los que es posible localizar, se esconde detrás de un portón metálico, tipo garaje, a medio camino entre La Coruña y Santiago. Carece de rótulo exterior, no tiene nada que lo identifique. El suelo es de hormigón gris y aún conserva las franjas blancas de lo que fue un *parking*. Los recortes de las telas aparentan estar desordenados por todas partes, pero la dueña asegura que es la única forma de trabajar que tienen para rendir.

La falta de ventanas se suple con tubos fluorescentes que penden del techo, de unas trenzas metálicas entrelazadas por las telarañas. En torno al pasillo central de la nave tan solo tres mujeres se afanan en coser y unir lo que aparentan ser retales. «Es la hora de la comida y tienen que atender a sus hijos y maridos», dice con sentimiento esta dueña que admite que es de lo poco bueno que tiene este trabajo, «echas muchas horas, pero con cierta flexibilidad que te permite atender otras obligaciones».

Terminado el recorrido, nuestra interlocutora afirma de forma rotunda: «Te exprimen hasta la última gota. Por eso prosperan los talleres que trabajan de forma clandestina, los que no aseguran a sus empleadas y en muchos casos las hacen coser hasta en sus casas. Si quieres tener la conciencia tranquila, dormir de noche y tratar con dignidad a tu gente, lo pasas fatal. A veces no sabes si llegarás a cubrir los gastos».

Estas manifestaciones coinciden con otras recogidas por los sociólogos gallegos Carlos Rabuñal y Marta Casal, quienes concluyen, en una amplia investigación sobre el *holding* que lidera Amancio Ortega, que «para Inditex los talleres son únicamente un instrumento de alta productividad y bajo coste», lo que los lleva a forzarlos «a trabajar en unas condiciones pésimas».

«El único objetivo de Inditex —dice otra dueña de un taller situado en la periferia coruñesa— es que saquemos la mayor cantidad posible de prendas, al mínimo coste y con la mayor rapidez. A ellos no les importa en absoluto nuestra situación. Lo único que nos exigen ahora (2002) es que tengamos el TC2 (Boletín de Cotización al Régimen General de la Seguridad Social), o sea, que nuestras empleadas estén aseguradas». El alta en la Seguridad Social ha sido uno de los escasos avances que han conseguido las trabajadoras de estos talleres, pero muchas confiesan que son ellas mismas las que corren con el cien por cien de las cotizaciones.

Las dueñas de estos talleres también se quejan del mal trato que reciben de parte de algunos de los responsables de Inditex que controlan su actividad. El informe de Rabuñal y Casal pone en boca de una de ellas la siguiente afirmación: «Esos señores brutos que no saben hacer la o con un canuto y que desahogan sus frustraciones tratándonos a todas las empresarias como si fuéramos zapatillas». Dicen, asimismo, que su actitud es inhumana: «Cogen la ropa y la pisotean diciendo que es una mierda.

No hablan, sino que gritan su frase preferida: "Mira, si no estás de acuerdo, ahí están los negros deseando trabajar". Así que los pequeños talleres no teníamos más remedio que aceptar las cortapisas y normas que establecía el gigante».

Otro de los requisitos que tienen que cumplir estos talleres, a la hora de conseguir adjudicaciones de Inditex, son los tiempos. Las urgencias están contempladas en los contratos y si tienen que realizar jornadas de veinticuatro horas, se hacen, porque si no, dice una de las afectadas, «no hay más trabajo». En cuanto a los precios es algo que nadie discute. Los fijan los responsables de Inditex —el precio por ensamblaje de prenda está en torno a tres euros hora (año 2001), que es lo que tardan en dejar listo un vestido—.

Junto a todo esto, Inditex también les exige exclusividad: «Nos obligan a comprometernos a trabajar solo para ellos. De ese modo, nos tienen totalmente cogidos. ¿Que cómo nos controlan? Como hacen todo: a través de sus encargadillos, unos tíos chulos y prepotentes que examinan el taller. Si encuentran una prenda que no sea de Inditex no te vuelven a dar trabajo y se acabó. Las otras empresas textiles de Galicia no tienen tanto volumen de trabajo, ni son constantes, por eso tenemos que aceptar lo que ellos digan».

Como no existe relación laboral, Inditex no paga cursos a los trabajadores de estos talleres, ni les compra maquinaria, ni les abona seguros sociales o médicos. No les ayuda a la hora de alquilar los locales ni a montarlos. Se limita a utilizar su personal como si fuera propio. Para la empresa son un simple instrumento, aunque sea la base de su gran éxito empresarial. A pesar de ello, no muestran ningún interés en integrarlos ni en hacerlos participar de sus grandes beneficios, de su política o de sus decisiones. Poco parece importarle que apenas puedan subsistir. Acaso porque en esta Galicia periférica y marginada económicamente a lo largo de los siglos, siempre se podrá encontrar a alguien dispuesto a promocionar nuevas cooperativas o talleres externos basados en la autoexplotación.

El salario era siempre un tema tabú en los talleres y lo más habitual es que los 522 euros que figuraban en las nóminas de 2002 no se correspondían con lo que realmente percibían y que muchas veces no llegaba ni a los 300 euros una vez que se detraían las cotizaciones, lo que dependía en parte de lo trabajado y de la honestidad y buena voluntad de las empresarias. Las trabajadoras sabían que el pago de Inditex a los talleres lo era por trabajo a destajo, por pieza, lo que suponía que no existían unos ingresos asegurados. Por eso, después de trabajar diez horas diarias, muchas cobraban por seis y firmaban por ocho. Y callaban.

EL PADRE DE CASI TODAS LAS COOPERATIVISTAS

Como se ha dicho anteriormente, las mujeres gallegas, sobre todo las de los sectores más desfavorecidos como el mar y el campo, por tradición familiar sabían, cuando menos, hacer un remiendo o coser una cremallera. Amancio Ortega se encontró así, en la puerta de la fábrica, con mano de obra a precios muy competitivos. Lo poco que estas mujeres ganaban cosiendo en sus casas para Zara era de gran ayuda para la depauperada economía familiar. «Hasta hicimos cooperativas donde había chicos que eran albañiles», recuerda el padre Jorge López Neira, de la orden de los pasionistas y párroco de Santa Gema, un barrio obrero a las afueras de La Coruña. Él fue el padre, no espiritual sino en el negocio, de muchas cooperativistas y cooperativas gallegas.

El religioso, que había cursado estudios en el Instituto Social Pío XII de Roma, fue decisivo en el crecimiento de Inditex, al crear una red de cooperativas textiles, algunas, al menos en sus comienzos, semiclandestinas, que, aún hoy, en la legalidad, son las que permiten al gigante de la moda dar respuesta inmediata al mercado cambiante. El sacerdote resolvió el quebradero de cabeza de la empresa de tener que recorrer aldea por aldea e ir puerta por puerta dejando patrones y recogiendo las prendas confeccionadas en una población tan dispersa como la gallega.

«Yo empecé en el año 1983 con Fíos. Rogelio García, que era el director, me llamó y me sugirió que montásemos un taller —puntualiza el padre Jorge—. Había gente trabajando por las aldeas, una, dos, tres personas, pero la fabricación en aquellos momentos era ridícula si se compara con el actual volumen de producción. A Santa Gema venían continuamente mujeres necesitadas a pedir y yo pensaba que nada remediaba darles 1.000 pesetas porque al día siguiente estarían igual». Pensó que la idea del taller podía ser el remedio. «Empezamos con doce personas de la parroquia en economía sumergida. Llamé a Vigo, a la única fábrica de máquinas de coser que conocía, a Refrey, y les invité a que viniesen porque había un grupo de mujeres que quería empezar a coser. Dejaron las máquinas sin que se firmase nada y estuvimos un año trabajando con ellas. Las chicas dejaban de vez en cuando 5.000 pesetas porque había que pagar las máquinas. Al año, volvieron y se hicieron unas letras. Nadie quería firmarlas hasta que me presté yo, pero advertí que no tenía nada y que si no pagaban o desaparecían allá ellos. Al final cobraron todo. A continuación, pasamos a hacer una cooperativa y la Xunta de Galicia entró en la sociedad, ya que era el sistema que utilizaba en aquellos tiempos para subvencionar un proyecto. Era un sistema ilegal porque en las cooperativas no podía haber socios capitalistas. Al cabo de un año, cuando comprobó que la gestión era buena, cedió todo y se fue».

La Xunta aportó un capital de 1,4 millones de pesetas de un total de 4 millones de pesetas. Se utilizó para pagar las máquinas.

El sistema de cooperativas y de talleres de confección echaba a andar. El boca a boca propagó la noticia de las mañas del cura para crear puestos de trabajo. Tenía experiencia. En Navarra había participado en los inicios del cooperativismo agrario. También en Melide (La Coruña) había ayudado a constituir varias cooperativas ganaderas. «Estaba todos los días en la carretera. Me llamaban curas, alcaldes, mujeres que querían empezar a trabajar y así lo fuimos haciendo hasta montar ciento veinte cooperativas. Unas dos mil quinientas chicas empezaron a trabajar conmigo».

Lo que estaba sucediendo en Galicia también se conoció en el País Vasco y Cáritas de San Sebastián organizó su cooperativa con la ayuda de este sacerdote. Y lo mismo hizo en Zamora, en Reinosa y, por supuesto, en las cuatro provincias gallegas.

El padre Jorge, en torno a 1998, declaró: «Los bancos y yo actuábamos como verdaderas putas». Lo reconoce, pero le molesta que se utilice para enfrentarlo a Inditex. «Y actuábamos como putas. Lo que pasa es que hay gente que viene con la intención de desacreditar a Zara. La empresa tiene fallos, pero también muchos aciertos. Por ejemplo, cuando un taller se desploma, no se le puede achacar a Zara. Hay que ver cómo trabajan las mujeres y cómo están organizadas en las cooperativas. La confección se hizo siempre en los países subdesarrollados. La venta de la confección, que es donde está el valor añadido, perteneció siempre a los países ricos. En la confección hay trabajo de negrero y punto. Y si los precios son ajustadísimos, que lo son, tendrás que suplirlo con horas. Y, entonces, tendrás economía sumergida, no porque los talleres no estén dados de alta en la Seguridad Social y en Hacienda, sino porque no hay derecho a vivir para trabajar».

Las mujeres que se fatigan todo el día entre trapos se contentan con la ilusión de que en el futuro cobrarán la jubilación, «aunque tampoco tienen a dónde ir y aguantan trabajando once horas seguidas», señala el religioso. A la empresa solo le reprocha que no se implicase más en la puesta a punto de esos talleres. «Tendrían que haber orientado y enseñado a esas mujeres, aunque también hay que decir que ellas no se dejan. Evidentemente, Amancio Ortega no se implicó porque a medida que fue aumentando el volumen del grupo se preocupaba menos de estos temas, que quedaban en manos de cada fábrica. El sistema es tan complejo que realmente quien domina la confección no son las fábricas, sino los comerciales. Estos son los que exigen y aprietan».

Hay una constante en la opinión que los empleados tienen de Amancio Ortega. Los que comenzaron con él y los que trabajan codo a codo en diseño hablan bendiciones. Los que dan el callo en los talleres y en logística opinan lo contrario. «Siempre ha sido muy justo. A veces lo he llamado y le he dicho cómo habéis hecho esto o lo otro. Él no lo sabía. Corregía de inmediato el problema», le disculpa Javier Cañás Caramelo, fundador de la firma textil que lleva su apellido.

La treta urdida por el padre Jorge y por los bancos fue fruto del ingenio agudizado por la necesidad. «Llegamos a financiarnos por encima de lo legalmente permitido», declaró a *Artículo 20*, en un reportaje firmado por Mónica Sabatello. Cada chica adelantaba 700.000 pesetas, pero «además conseguíamos otras cuatrocientas mil a través de ayudas por ser hijas de agricultores menores de treinta y cinco años; otras quinientas mil de la renta de subsistencia y, por último, créditos subvencionados». Los suministradores de las máquinas engordaban las facturas. «Ponían 20 millones en vez de los 15 que costaban las máquinas y los bancos nos daban el crédito sin aval. Como el dinero de esas chicas ya lo teníamos, el crédito era un comodín de papel, pero la subvención de la Xunta por financiación de intereses era de verdad». La jugada terminaba con el padre Jorge devolviendo el dinero al banco, menos 500.000 pesetas de cada una. «No corrían riesgos y cobraban 200.000 o 300.000 pesetas por firmar. Todos estábamos contentos». El ardid proporcionaba 1,4 millones de pesetas por cooperativista, el doble de lo que habían invertido, «y así ellas pagaban su capital y se llevaban dinero para casa».

El sacerdote López Neira no desmiente la información que salió publicada por la revista, pero cree que «a veces las cosas se escriben con mala intención».

En el transcurso de nuestra conversación, el padre Jorge es interrumpido en varias ocasiones. Son mujeres iletradas a las que continúa aconsejando, aunque pinta mal el negocio para las cooperativas gallegas. «Ahora (2002) no manejo cifras exactas, pero deben de ser 10.000 las mujeres que trabajan para Inditex en 400 talleres. Hubo 30.000 cooperativistas en 1992 y eso quiere decir que se perdió más de la mitad», manifiesta con nostalgia y desánimo.

Pese a este paulatino descenso de puestos de trabajo, el religioso pasionista tiene un alto concepto del dueño de la empresa. «Amancio tiene claro, y de eso quiere ser responsable, de que a su cargo hay 30.000 trabajadores directos. A mí me lo dijo un día y lo demostró creando la fundación para conducir la empresa cuando él falte. Claro que hay muchas quejas, pero cada uno habla de la feria según le va en ella y en la situación en que nos encontramos no queda más remedio que la globalización. Este hombre no puede pretender hacer aquí la prenda pagando más a nuestras trabajadoras y no competir en el mercado. Significa que el trabajo se va a los países que todavía no se han desarrollado. Nuestro nivel de vida es más alto que el de Marruecos y el de otros países como los del Este o Asia, que además cosen muy bien. Solo con las cargas sociales no podemos hacer frente a los precios de Zara. Lo mismo empieza a pasar en Portugal».

Cantan los números. Una mujer marroquí que ensamble cien prendas al día percibe 108 euros al mes. Por la misma operación, en Portugal los emolumentos ascienden a 300 y en Galicia el coste por operaria se dispara a los 500.

Inditex ha decidido no abrir más talleres en Galicia. «No dan los números bajo ningún concepto y porque se desprestigian. Son conscientes de que es imposible conseguir un sueldo digno si no es invirtiendo muchísimas horas y con los que tienen les llega», afirma el padre Jorge.

Estos talleres propios, de una plantilla media de 20 personas, son los que garantizan la respuesta inmediata. Los pedidos oscilan entre 7.000 y 10.000 prendas por centro de producción y el tiempo para hacer el trabajo es de tres días máximo. Los talleres reciben 2,5 euros por prenda confeccionada.

A José Regojo lo hundieron los bajos salarios del Lejano Oriente. Inditex creció por la capacidad de trabajo de las costureras gallegas y por el bajo coste de la mano de obra en países más desfavorecidos, como sus competidores. Capitalismo duro.

Un siervo de Dios echó en su día una mano. Cuando se toca al padre Jorge en cualquier conversación que apunte a Inditex, a renglón seguido se alude al gran número de testigos de Jehová que oran y laboran en Zara. No hay que buscar explicaciones torticeras. Un responsable de personal, que ya no está en la empresa, profesaba esa creencia. Magnífico cargo para abrir la puerta. Es un dato anecdótico en una compañía que solo cree en el negocio. Que se lo pregunten a las costureras.

En septiembre de 2005, un centenar de personas se sumaron al acto celebrado en Melide (La Coruña) para despedir al conocido entre los melidenses como Padre Jorge, destinado a continuar ejerciendo sus funciones en la capital peruana. Jorge López Neira, entre otros méritos, logró que la localidad dispusiera de un instituto en el que los chavales pudieran continuar más allá de los estudios de primaria, fue uno de los promotores del cooperativismo ganadero y textil, y hasta tuvo tiempo de apuntalar la agrupación folklórica Froito Novo, fundada en 1972 por el melidense Gabriel Mato, uno de los grandes gaiteros gallegos.

PRAGMATISMO SINDICAL

El pragmatismo sindical de las primeras horas también jugó su papel en el despegue de Inditex. «Ojalá tuviéramos más empresarios como Ortega». La frase no corresponde a ningún portavoz de la compañía, sino a Manuel Patiño, representante de CC. OO. en el sector textil gallego, en unas declaraciones recogidas por *Artículo 20*. Un hombre que admira «a este gigante por su modelo empresarial paternalista y por su tratamiento campechano» y porque «se dirige a las antiguas trabajadoras por sus nombres de pila». Este fue durante muchos años el único sindicato con algo de peso entre los trabajadores directos de Inditex, aunque con escasa representatividad en la mayoría de los talleres independientes, cuyas trabajadoras tienden a huir tanto de inspectores como de sindicalistas, debido a que incumplen a conciencia la legalidad laboral, por pura y dura necesidad.

Patiño, que se definió entonces como «muy rojo», siente «auténtico fastidio de que se hable tanto de economía sumergida o de blanqueo de dinero de Inditex, cuando el misterio de su éxito se debe a la laboriosidad de las gallegas, a los buenos escaparates de sus tiendas y a que accidentalmente han encontrado una forma de producir que abarata costes y les permite competir». Con respecto al eslabón más débil de todo este proceso, los talleres, explica que «en los ochenta descubrimos toda esta economía sumergida y le dijimos a Inditex que aquello tenía que emerger, pues de lo contrario les haríamos a ellos responsables subsidiarios. A partir de entonces, sus encargados empezaron a exigir a los talleres cada mes los comprobantes de la Seguridad Social (TC2)». Desde entonces, los sindicatos y los estamentos oficiales hicieron borrón y cuenta nueva, sin reclamar el pago de las deudas atrasadas a la Seguridad Social. Todos miraron hacia otro lado. «Sí, hacia delante», concluye el sindicalista.

Según Mar Iglesias, autora del estudio «Panorámica sociológica del sector textil gallego» (14 de enero de 2003), el grueso del trabajo sumergido se movía en torno a los talleres subcontratados y cooperativas. Algunos llegaron a tener entre 90 y 100 mujeres trabajando en casa de forma habitual, y en algunas comarcas gallegas el número de las que lo hacían en sus hogares superaba el 50 por ciento de la actividad del sector.

El representante de CC. OO. desmiente la apreciación de Mar Iglesias, considerándola «exagerada», y a la vez se ríe de la que hace Carlos Oliva, de UGT, para quien Inditex aplica en Galicia el modelo asiático.

No obstante, Manuel Patiño reconoce que la mayoría de las costureras en los talleres «no llega a cobrar el mínimo de 523 euros que firma cada mes». La explicación es lógica: «Si un taller con 10 o 15 empleadas consigue facturar 3.000 euros, de los cuales tiene que pagar la Seguridad Social, la luz, las máquinas y otros gastos, ¿qué opción le queda, si no es repartir lo que hay?

A pesar de reconocer esto, no ve necesario exigir a Inditex que vaya incorporando a estas mujeres a la plantilla, por si hubiera una crisis textil. Si eso llegase, solo tendrá las espaldas cubiertas el personal de Inditex. Para Patiño, el sistema es válido, ya que «permite a mujeres gallegas seguir habitando y trabajando en sus comarcas y pueblos, y ayudando así a la economía familiar». Además, agrega, «no podemos presionar mucho porque en Portugal producen por la mitad de precio». Una praxis sindical que favorece a Inditex.

Este pragmatismo sindical choca con los informes que se hicieron sobre el textil en Galicia, uno de ellos por el mismo sindicato de CC. OO. El mundo laboral, cuasi idílico, que se pretendía transmitir desde los grupos que lideraban la moda gallega nada tiene que ver con la cruda realidad del sector en Galicia, según dicho estudio. El informe, realizado en febrero de 2003, puso al descubierto las miserias del textil en Galicia: uno de cada cuatro empleados en la industria de la moda gallega era un trabajador (en su mayoría mujeres) clandestino, sin contrato ni Seguridad Social y con un salario, en muchas ocasiones, en dinero negro.

Tras cruzar las cifras oficiales de la Encuesta de Población Activa, la Seguridad Social, la contabilidad regional de Galicia y los padrones municipales, el sindicato llegó a la conclusión de que en Galicia había más de 6.000 personas, en su gran mayoría mujeres jóvenes, como empleadas clandestinas de la industria textil auxiliar.

«Lo peor es que hay un enorme incremento de este tipo de empleo a partir del año 2001, de tal forma que prácticamente todo el crecimiento del empleo en el textil durante los últimos años se basa en la economía sumergida», según Manuel Lago, el economista que dirigió el estudio.

El auge de la economía sumergida en el sector textil gallego ha ido creciendo, paradójicamente con la consolidación industrial de los grandes grupos gallegos de moda. ¿Por qué? Según diversos empresarios del sector, es debido al crecimiento de la subcontratación y la expansión de la industria auxiliar.

Muchos talleres textiles legales ocupan una parte de su útil industrial y de su mano de obra en confeccionar clandestinamente en las temporadas en las que no cuentan con encargos de las marcas que les exigen los documentos de alta en la Seguridad Social de sus empleados. «La gran empresa tiene responsabilidad legal subsidiaria ante las deudas laborales de los talleres con sus trabajadores e incluso con la Seguridad Social», recoge el estudio de CC. OO. en Galicia, para añadir que este cambio legislativo obligó a muchos talleres a legalizar su situación.

Según el estudio de este sindicato, «la economía sumergida en el textil gallego se realiza básicamente a través del trabajo en el propio domicilio y no en los talleres, y en su mayoría por mujeres que trabajan desde su casa para los talleres».

Otro de los datos llamativos del informe es que el 5 por ciento de los empleados del sector textil en Galicia son chicas de entre dieciséis y diecinueve años. Según el estudio de CC. OO. hay más de ochocientas mujeres empleadas en fábricas y talleres en este tramo de edad.

El retrato robot de un empleado del textil gallego es muy diferente al del empleado medio gallego en cualquier otra actividad industrial. El primer rasgo diferencial es que el empleo es, en un 78 por ciento, femenino. En segundo lugar, el 51 por ciento de las trabajadoras tiene menos de treinta y cinco años. Y, en tercer lugar, hay más de un 45 por ciento de empleados que no son asalariados de una empresa: entre autónomos, cooperativistas, familiares empleados irregularmente y empleadas clandestinas suman casi la mitad de todo el empleo de uno de los sectores considerado, económicamente, más potentes de Galicia.

Para el sindicato, esta es la gran paradoja de la industria de la moda gallega y el problema que se propone resolver: que uno de los sectores con mayor volumen de negocio, creación de empleo, exportaciones y beneficios genere una verdadera estructura empresarial que consolide la localización de esta industria en Galicia.

Pero no solo en Galicia cuecen habas. La moda gallega se gastó el año 2002 más de 232 millones de euros (38.601 millones de pesetas) en importar del extranjero tejidos, fibras, hilos y materiales sintéticos con los que confeccionar sus prendas de vestir. Italia, el mayor proveedor de seda para los diseñadores gallegos, es la principal beneficiaria del déficit gallego en la industria de elaboración y transformación de tejidos y tintados de ropa.

Lago subraya que «la industria textil en Galicia se sitúa en la fase final de la cadena de generación de valor, ya que es básicamente importadora de materias primas y productos semielaborados y exportadora de productos finales».

La fuerte internacionalización de la moda gallega queda patente por sus más de 781 millones de euros (130.000 millones de pesetas) en exportaciones, con una relación de negocio en 110 países de todo el mundo. Sin embargo, el saldo comercial con el extranjero es negativo, es decir, que Galicia gasta más en importaciones de lo que ingresa por exportaciones de ropa.

La principal razón del déficit comercial está en la ausencia de industria de fabricación de fibras, tejidos, hilados y tintes. En el año 2001, según los datos del Instituto de Comercio Exterior (ICEX), el textil generó más de 78 millones de euros en divisas por prendas confeccionadas, mientras que contabilizó un déficit con el extranjero de 156 millones de euros en materias primas. El sector textil gallego es, tras automóvil y pesca, el tercero más exportador de Galicia y, aun así, genera déficit en su saldo comercial internacional.

A la falta de materias primas se suma la confección en terceros países. En el año 2001, la industria textil gallega importó más de 301 millones de euros en ropa confeccionada en China, Turquía, Marruecos, Vietnam, Tailandia, Bangladés o Indonesia. Fuentes del sector aseguran que, en la mayor parte de los casos, se trata de prendas diseñadas por las marcas gallegas, que llevan la confección allí para abaratar los costes de producción, los cuales llegan a alcanzar el 150 por ciento sobre los mismos productos confeccionados en Galicia.

Esta tendencia es general en todo el sector textil europeo y se basa en el bajísimo costo de la mano de obra de los países del Tercer Mundo. China se ha convertido en el mayor productor textil del mundo y también en el proveedor de mano de obra clandestina fuera de sus fronteras, incluida Galicia.

En mayo de 2002, el titular del Juzgado número 2 de Santiago, Francisco Javier Míguez Poza, tomó declaración a los representantes legales de Inditex, sociedad que aparecía como imputada en el caso de la empresa María Lucía Landeira Antelo S.L., un taller de confección en Montouto (Teo, La Coruña) en el que, supuestamente, según un informe policial, se explotaba a trabajadores asiáticos, que se encontraban en situación ilegal en España.

El portavoz de la firma de Amancio Ortega aseguró que, después de una inspección de las instalaciones, que habían cambiado su sede desde el lugar de La Picota (Mazaricos) a la nave finalmente intervenida por la policía en Teo, decidieron suspender la relación comercial al detectar irregularidades y sospechar que el trabajo se subcontrataba.

En una situación similar, los Mossos de Esquadra localizaron en Badalona (Barcelona) un taller ilegal de confección, similar al de Teo, en el que también trabajaba, clandestinamente y en condiciones de explotación, una veintena de ciudadanos chinos, bajo el mando de tres personas de la misma nacionalidad, que fueron detenidas. En el local aparecieron etiquetas de cadenas del Grupo Inditex. En este caso, la multinacional aseguró que no había realizado «contratación alguna ni mantenía relación de ningún tipo con este taller de confección». ¿Se trataba de una falsificación de prendas?

Esa cadena de situaciones ilegales, que no afectan solo a Inditex, coincide con el informe publicado por el Ministerio de Hacienda, a través del Instituto de Estudios Fiscales, en 2003, en el que se analizaba la evolución de la economía sumergida durante los últimos veinte años. Tres de las cuatro provincias gallegas —La Coruña, Lugo y Orense— aparecen entre las doce con mayor proporción de dinero negro, que el estudio sitúa en Galicia en tono a los 6.500 millones de euros, lo que representa más del 21 por ciento del PIB gallego. De las tres provincias, destaca La Coruña como la quinta más defraudadora de España, con casi un 24 por ciento de su producción en el marco de la economía sumergida.

Los defensores de este sistema de producción no se ruborizan al afirmar que «cuando en un río hay una crecida de caudal rápida —una riada— las aguas siempre bajan turbias. Los ríos nunca crecen —rápidamente— con agua limpia. Pues lo mismo ocurre con las fortunas».

Para salir al paso de estas críticas, Inditex se marcó como una de sus prioridades, antes de su salida a bolsa, la creación de un departamento de ética, hoy a pleno rendimiento. Pero dicho departamento, según representantes de los trabajadores, no debe ser un borrón y cuenta nueva y limitarse a velar por la ética de la empresa desde ahora en adelante, sino que también debe analizar lo que ha ocurrido en los años anteriores.

EL PERSONAL DE INDITEX HOY

La situación de los trabajadores directos de Inditex hoy se ajusta a la relación contractual del textil, basada en convenios marco en España, y se adapta a la legislación de los distintos países en los que cuenta con plantilla propia.

En la mayoría de los convenios colectivos que se aplican en las diferentes empresas del grupo se establece, como mejora de las prestaciones de la Seguridad Social, la obligación de suscribir una póliza de seguros a favor de los trabajadores, que cubra las contingencias de fallecimiento o incapacidad permanente derivadas de un accidente de trabajo. Esta obligación se cumple en todos los casos. Sin embargo, no existen fondos de pensiones.

Lo que sí existe es un bonus ligado a los beneficios. En julio de 2019 Inditex comunicó a los trabajadores de sus centros logísticos y fábricas el nuevo diseño del bonus ligado a los beneficios, un plan que desde 2015 repartía parte de las ganancias que obtenía el gigante textil entre los empleados con más de dos años de antigüedad en la compañía. Los beneficiarios eran, aproximadamente, 92.000 trabajadores, que se repartían el 10 por ciento del incremento anual de las ganancias de Inditex, si bien el grupo de Amancio Ortega incluso complementaba el montante final con una aportación adicional. El nuevo bonus ligado a los beneficios mantuvo las condiciones de acceso, es decir, lo recibirán los trabajadores con dos o más años de antigüedad en la empresa y se cobró en abril de 2020.

Inditex fija un solo parámetro para tener derecho. Si el beneficio de la multinacional crece más de un 5 por ciento, los trabajadores recibirán una extra de 540 euros. Es el doble que si las ganancias crecen por debajo de ese 5 por ciento, ya que en ese caso el bonus a cada trabajador se quedará en 270 euros. El plan tendrá una vigencia de un año, es decir, se aplicó durante el ejercicio de 2019, aunque no se cobró hasta abril de 2020. En 2019, con cargo a beneficios, Inditex repartió una paga del plan de participación en beneficios que afectó a cerca de 92.000 trabajadores, con más de dos años de antigüedad en empresa, quienes recibieron 427 euros cada uno.

El pragmatismo sindical de años atrás, que ha lastrado el presente, no ha impedido que empiecen a surgir los primeros conflictos, impensables diez años atrás, que reivindican mejoras sociales y económicas. La importancia que los trabajadores tienen para Inditex queda de relieve en la declaración institucional que sostiene que «nuestro grupo tiene una vocación de liderazgo global, que solo es posible gracias a la contribución de nuestra gente, a su capacidad para generar ideas y relacionarse con nuestros clientes, a su orientación para trabajar en equipo y a su compromiso personal, tanto con Inditex como con su propia carrera profesional».

«La inspiración, la motivación, el trabajo en equipo, la humildad y la eficiencia mueven a las más de 144.000 personas (2020) que formamos parte de Inditex», dice Inditex al referirse al capítulo de personal. Continúa: «Creemos que siempre hay lugar para la mejora y compartimos valores como el trabajo en equipo, la humildad, la diversidad y el compromiso. Todos somos importantes y esa energía colectiva nos da una enorme fuerza para conseguir que nuestra moda sea *Right to Wear* (concepto que resume el modo en que concebimos nuestra actividad, nuestro compromiso con la sostenibilidad y la responsabilidad en todo cuanto hacemos). Somos el motor de la compañía».

«A la hora de incorporar personal», dice Inditex, «creemos en la promoción interna como la mejor forma de desarrollar el crecimiento de nuestros empleados y la compañía. Somos una empresa en constante crecimiento y evolución. Desde nuestros orígenes, la promoción interna de nuestros empleados ha sido clave en este sentido».

LA JORNADA LABORAL EN INDITEX

Desde el 1 de enero de 2020 los miles de trabajadores de las oficinas centrales de Inditex en el polígono de Sabón ya no trabajan los viernes por la tarde, y el resto de la semana pueden elegir entre dos opciones. «De lunes a jueves podrás elegir entre dos horarios de entrada y salida. Los viernes haremos jornada continua», indica el comunicado enviado desde el departamento de recursos humanos de la multinacional. Los dos horarios a elegir de lunes a jueves son: de 09.00 a 18.30, o de 09.30 a 19.00 horas y los viernes de 09.00 a 15.00 horas. El grupo también comunicó a sus empleados que pondrá en marcha «nuevas opciones de movilidad» para que el transporte a las oficinas sea más «eficiente y sostenible». Habrá autobuses lanzadera, puntos de carga de coches eléctricos y plataformas para compartir coche.

Por supuesto que los horarios en tiendas y en las fábricas son distintos según los países por sus calendarios laborales, a lo que hay que añadir el tipo de contrato de cada empleado, indefinido, temporal o parcial.

LA PLANTILLA

En 2021, el grupo textil español Inditex contaba con 165.042 empleados al cierre del ejercicio. El 76 por ciento eran mujeres y el 24 por ciento, hombres. El 58 por ciento de la plantilla tenía al cierre del ejercicio menos de treinta años, el 28 por ciento se situaba en la franja de treinta a cuarenta años y solo el 14 por ciento era mayor de cuarenta años.

La plantilla de la empresa experimentó un crecimiento de cerca de 20.926 empleados, frente a 2020, pero aún está lejos de los 176.611 trabajadores que tenía al cierre del ejercicio de 2019. El detalle de la plantilla del grupo y sus sociedades de control conjunto a 31 de enero de 2021 era el siguiente:

EVOLUCIÓN DE LA PLANTILLA 2021/2019

POR GÉNERO	2021		2020		2019	
	Plantilla	%	Plantilla	%	Plantilla	%
Mujer	124.993	76 %	109.323	76 %	133.465	76 %
Hombre	40.049	24 %	34.793	24 %	43.146	24 %
TOTAL	165.042	100 %	144.116	100 %	176.611	100 %

POR ACTIVIDAD	2021		2020		2019	
	Plantilla	%	Plantilla	%	Plantilla	%
Tienda	43.592	86 %	123.660	86 %	154.465	87 %
Servicios centrales	11.283	7 %	10.844	7 %	11.386	6 %
Logística	9.439	6 %	8.862	6 %	9.932	6 %
Fábricas	728	1 %	750	1 %	828	1 %
TOTAL	165.042	100 %	144.116	100 %	176.611	100 %

ÁREA	2021		2020		2019	
	Plantilla	%	Plantilla	%	Plantilla	%
América	19.888	12 %	16.788	12 %	19.749	11 %
Asia y resto del mundo	16.460	10 %	17.215	12 %	23.541	12 %
España	46.075	28 %	48.279	28 %	48.687	28 %
Europa (sin España)	82.618	50 %	69.834	48 %	84.634	48 %
TOTAL	165.042	100 %	144.116	100 %	176.611	100 %

CATEGORÍA[2]	2021		2020		2019	
	Plantilla	%	Plantilla	%	Plantilla	%
Dirección	11.090	7%	12.591	9%	10.473	6%
Responsable	15.367	9%	16.480	11%	19.779	11%
Especialista	137.785	84%	115.045	80%	146.359	83%
TOTAL	165.042	100%	144.116	100%	176.611	100%

La distribución de los empleados por áreas geográficas y países durante los últimos tres ejercicios fue la siguiente:

EUROPA (SIN ESPAÑA)

País	2021	2020	2019
Albania	240	221	243
Alemania	4.684	4.753	5.531
Austria	1.334	1.253	1.455
Bélgica	2.929	2.562	2.945
Bielorrusia	350	278	290

---

[2] La descripción de las funciones de los tres grupos de clasificación profesional es:

Dirección: empleados en posiciones de dirección con responsabilidad sobre grupos de trabajo interdisciplinares, relacionados con las áreas de diseño, fabricación, distribución, logística, tiendas, tecnología, sostenibilidad y resto de servicios generales. Se incluye a los directores de tienda en esta categoría.

Responsable: empleados que forman parte de grupos de trabajo, interdepartamentales y transversales a las actividades de diseño, logística y tiendas, así como de sostenibilidad, tecnología y resto de servicios generales.

Especialista: empleados con impacto por contribución individual, relacionados con una de las actividades del grupo en las áreas de diseño, fabricación, distribución, logística, tiendas, sostenibilidad, tecnología y resto de servicios generales.

Bosnia-Herzegovina	360	314	424
Bulgaria	663	600	716
Croacia	1.041	923	1.160
Dinamarca	300	292	329
Eslovaquia	443	305	359
Eslovenia	235	235	276
Finlandia	240	249	260
Francia	10.315	8.729	10.030
Grecia	4.004	3.639	4.278
Hungría	1.116	818	1.126
Irlanda	958	743	854
Italia	8.794	6.890	8.626
Luxemburgo	325	300	318
Macedonia del Norte	289	132	154
Mónaco	39	39	39
Montenegro	143	99	128
Noruega	392	363	386
Países Bajos	2.701	2.536	3.018
Polonia	4.239	4.040	4.679
Portugal	6.572	5.050	7.247
Reino Unido	6.547	4.398	5.429
República Checa	605	505	700
Rumanía	2.532	2.238	3.027
Rusia	10.148	9.119	10.696
Serbia	894	871	947
Suecia	754	736	844
Suiza	1.479	1.478	1.564
Turquía	5.258	3.956	5.166
Ucrania	1.424	1.170	1.390
TOTAL	**82.619**	**69.834**	**84.634**

ASIA Y RESTO DEL MUNDO

País	2021	2020	2019
Australia	1.763	1.501	1.636
Bangladés	71	62	59
Camboya	4	4	6
China Continental	5.838	7.113	11.169
Hong Kong SAR	627	558	1.020
Macao SAR	75	105	170
Taiwán, China	447	498	626
Corea del Sur	1.438	1.269	1.673
India	1.300	1.173	1.294
Japón	3.247	3.488	4.314
Kazajistán	989	746	779
Marruecos	38	34	26
Nueva Zelanda	112	119	115
Pakistán	3	2	2
Singapur	4	4	4
Sudáfrica	490	524	633
Vietnam	1.415	–	15
TOTAL	**16.460**	**17.215**	**23.541**

AMÉRICA

País	2021	2020	2019
Argentina	795	848	872
Brasil	2.219	2.418	2.849
Canadá	2.564	2.077	2.595
Chile	1.018	726	871
Estados Unidos	6.897	5.080	6.310
México	6.081	5.334	5.897
Uruguay	314	305	355
TOTAL	**19.886**	**16.788**	**19.749**

ESPAÑA	2021	2020	2019
Plantilla total	46.075	40.279	48.687
Plantilla indefinidos	37.057	36.627	36.632

DETALLE DE GASTOS DE PERSONAL DE LOS TRES ÚLTIMOS EJERCICIOS

	2021	2020	2019
Sueldos, salarios y asimilados	4.179	3.376	2.765
Cotizaciones sociales	919	751	611
TOTAL	**5.098**	**4.127**	**3.376**

REMUNERACIÓN MEDIA POR CATEGORÍA PROFESIONAL, EN EUROS, DURANTE LOS AÑOS 2019/2020/2021

	2021	2020	2019
Dirección	52.744	50.050	51.327
Responsable	33.840	32.859	31.002
Especialista	20.875	20.751	19.260

CONFLICTOS LABORALES

La aquiescencia sindical de los primeros años ha concluido. Ahora lo que Marta Ortega va a ver y vivir, cada vez con más frecuencia, son los conflictos laborales. Durante la presidencia de su padre existió, como se ha visto, una pax social, apoyada incluso por los sindicatos. Ahora pintadas y pancartas aparecen cada vez con más frecuencia frente a los establecimientos propiedad de Inditex, acusando a la empresa de explotadora. En

Galicia, en los primeros años de este siglo, representantes del comité de personal de la cadena Zara solicitaron la intervención de la Inspección de Trabajo por considerar que viven instalados en una perpetua precariedad laboral. Pero nadie se atrevió a abrir una verdadera inspección.

También desde las cooperativas gallegas se empiezan a escuchar voces de queja: «No basta con pagar religiosamente los primeros de mes —arguyen—, también es necesario ponerse al día y revisar los precios por prenda confeccionada».

Lo cierto es que la columna vertebral del imperio —los trabajadores— empieza a dar los primeros síntomas de esclerosis laboral. En marzo de 2003 la plantilla de Indipunt —la mayor fábrica de Inditex, dedicada a la elaboración de prendas de punto en el polígono de Río do Pozo (Narón, La Coruña)— paró una hora en cada turno para denunciar lo que consideraba un trato discriminatorio con respecto a otros trabajadores del grupo. La raíz del conflicto radicaba en que los empleados del polígono de Sabón percibían pluses (asistencia, calzados, etc.) que no se les abonaban a los cerca de 400 trabajadores de la comarca ferrolana. Idéntica situación se daba con el pago de la antigüedad, concepto por el que perciben los trabajadores de Arteixo el 5 por ciento de su salario base, cifra que descendía al 3 en Indipunt. Las diferencias salariales también afectan a la plantilla de Jema, la fábrica de prendas infantiles que adquirió el *holding* textil a mediados de los noventa. En ambos casos, los operarios carecen de un servicio de transporte, en contra de lo que sucede en La Coruña.

La movilización llevada a cabo ante la fábrica de Río do Pozo coincidió en el tiempo con el temor de la plantilla de las naves logísticas del polígono de Sabón ante la entrada en funcionamiento del centro de distribución de Zaragoza, al que fueron destinados algunos de los trabajadores. Parte de los empleados con contratos temporales (alrededor de 500) solicitó finalmente el traslado a la capital aragonesa con la promesa de convertirse en operarios indefinidos una vez allí.

También han comenzado a surgir las denuncias de tipo individual por parte de trabajadores de Inditex en distintos medios de comunicación. En el número 140 de *El Militante* (30 de noviembre de 2001), bajo el título «Inditex=explotación laboral», firmado por Gloria Carneiro, podía leerse: «Los que conocemos al monstruo en sus entrañas sabemos que la realidad dista mucho de la que pretenden vendernos a través de la prensa, radio y televisión. Coacciones a los trabajadores, abusos de poder, ritmos salvajes de producción o jornadas de trabajo interminables (como las que yo mismo padecí, de hasta veinte horas sin ningún tiempo de descanso) son la cresta de una explotación laboral propia de los años de la revolución industrial. Las denuncias se apilan en Magistratura desde hace años, pero nunca pude ver una sola inspección de trabajo durante el tiempo que presté mis servicios a esta empresa…Todas estas injusticias laborales provocaron un creciente descontento entre los trabajadores que desembocó en la celebración de varias manifestaciones. Estas movilizaciones no tuvieron continuidad en el tiempo, entre otras cosas por el nefasto papel jugado por el comité de empresa —liderado por CC. OO.—, que nunca se planteó encabezar de verdad un proceso de lucha serio y fue dejando que este se consumiera en su propia inercia. Otro rasgo a destacar de esta "empresa modelo" es la utilización hasta hace bien poco de sus propias empresas de contratación temporal… Cualquier observador que se pare a analizar con cierto rigor este emporio textil no tardará en encontrar, tras la cortina de humo mediática, "realidades" que distan mucho de la legalidad vigente. Por ejemplo, el fomento de talleres clandestinos por toda la geografía gallega, así como la explotación a la que se somete a miles de trabajadores del Tercer Mundo, que en muchos casos llega a términos casi esclavistas».

A todo esto se sumó una sentencia del Juzgado de los Social número 7 de Sevilla, condenatoria contra Zara, en la que se establece que los empleados de los centros de esta cadena en la capital hispalense «tienen derecho de no trabajar en domingo y festivo» ya que es una «facultad y no una obligación de los empleados». La sentencia se basa en que la empresa recurría «masivamente a contratos en los que obligaba a los empleados a trabajar en días festivos», lo cual es «contrario a la libertad sindical y al derecho a la negociación colectiva».

La misma situación se repitió en Suecia, apenas dos meses después de la apertura de la primera tienda. Linda Palmatzhofer, delegada del sindicato de comercio Par Estocolmo, declaró en noviembre de 2003 al periódico *Svenska Dagblader* que algunos empleados habían acumulado en un mes toda una semana de horas extraordinarias que la compañía rechazó compensarles. Sin embargo, la responsable de Zara en la zona escandinava aseguró que «se está cumpliendo estrictamente la legislación laboral sueca».

Fueron los primeros síntomas de un conflicto que lleva larvado muchos años y que puede minar los cimientos del imperio si acaba estallando en toda su amplitud. Desde dentro de la empresa empiezan a saltar las alarmas ante el poder interno que están adquiriendo los sindicatos.

Ahora, a comienzos de los años veinte, los conflictos laborales han rebrotado en Inditex. Tras décadas de aparente tranquilidad social, en los últimos años los sindicatos se han afincado entre la plantilla y a finales de 2020 han salido de la cuasi clandestinidad en la que venían ejerciendo. La espita se abrió con los primeros cierres de tiendas y en consecuencia con recortes o traslados de personal.

Inditex, según fuentes sindicales, se había comprometido a que todos los afectados serían reubicados para cubrir la demanda de puestos que su nueva estrategia de expansión de las tiendas *online* precisaba. Todo ello en consenso con los agentes sociales en una mesa de diálogo. Eso prometieron, aseguran. Una promesa incumplida según los agentes sociales, más allá de que no tiene ni pies ni cabeza pensar que se vayan a necesitar los mismos empleados de una tienda física para hacer frente a la demanda de una tienda *online*, en la que muchas actividades del factor humano ya se ven suplidas por la propia aplicación.

Según CC. OO, durante 2020 la multinacional de Amancio Ortega procedió a su antojo en este sentido, sin haberse alcanzado un acuerdo laboral global que asegure la recolocación de todos los afectados. Por el contrario, el grupo empezó a mandar ofertas individuales, reubicando a dedo, y además cerrando establecimientos sin avisar. Es por eso que

CC. OO. exigió, sin mucho éxito, que se paralizasen las clausuras de tiendas hasta que no se cuente con los sindicatos, como se acordó.

Las tensiones van en aumento y las prácticas de Inditex no están gustando nada a los sindicatos de trabajadores, a lo que se suma el descontento de las autoridades y de los ciudadanos en los lugares en que se han cerrado tiendas o está previsto hacerlo.

La raíz de los conflictos parece ser que la carencia de un convenio que obligue a tener condiciones homogéneas acaba redundando en una desigualdad muy elevada dentro del grupo, y conduce también a que muchos empleados, y sobre todo empleadas, acaben trabajando en precario. Y esto ya viene de atrás.

Según publicó Juan Oliver en el diario *Público* (2 de enero de 2018) «Las condiciones laborales de algunos trabajadores y trabajadoras son lamentables. Tenemos gente trabajando ocho, 12, 14 horas a la semana, con sueldos que no permiten llegar a fin de mes. Y eso en la empresa de uno de los hombres más ricos del mundo», afirmaba Carmiña Naveiro.

Según este mismo diario, Naveiro está empleada desde hace años en una tienda de Zara en La Coruña, donde Amancio Ortega fundó su multinacional, es miembro del comité de empresa de esa marca y secretaria de acción sindical de la Federación de Servicios de la Confederación Internsindical Galega (CIG). «Naveiro explica que las diferencias salariales no tienen demasiada justificación. Una dependienta base de una tienda de Zara en La Coruña puede ganar unos 940 euros brutos mensuales, cuando en Madrid no pasan de ochocientos y pico. En Galicia hay mejoras, pero es que aquí hay más lucha sindical», subraya.

Inditex también asegura que asume «la seguridad y la salud laboral como una parte esencial» de su modelo de gestión. Pero los sindicatos discrepan. Según la representante de la CIG, la empresa incumple en muchas tiendas la Ley de Prevención de Riesgos Laborales. «Si sacáramos fotos de los almacenes de algunos comercios, no ofrecerían una imagen muy distinta a la de un taller clandestino en Bangladés», apunta.

EL EFECTO *ONLINE* SOBRE LOS TRABAJADORES

La espoleta que activó la conflictividad laboral en Inditex fue el comienzo de la aplicación del plan de cierre de tiendas. En octubre de 2020 se hizo público que Inditex y los sindicatos habían alcanzado un principio de acuerdo para fijar las condiciones de la recolocación de los empleados de las tiendas que el grupo textil cerrará durante los próximos meses en España, dentro de un proceso anunciado en junio de 2020, y en el que planea clausurar entre 1.000 y 1.200 tiendas en todo el mundo, 300 de ellas en el mercado español. CC. OO. y UGT valoraron «positivamente los avances que se están produciendo en la negociación, que van encaminados a cumplir el objetivo que nos habíamos propuesto que es el mantenimiento del empleo en este proceso de transformación digital de las tiendas».

Entre esas medidas anunciadas por la representación sindical se dice que la empresa indemnizará como un despido improcedente a los trabajadores que no acepten la propuesta de cambio de puesto de trabajo o de traslado. Una compensación a la que estos empleados podrán acceder durante el primer año desde el cierre de su tienda.

La actual legislación laboral permite a los trabajadores que no acepten un traslado acogerse a la extinción de su contrato. Esto les da derecho, según los sindicatos, a una indemnización de 20 días por año trabajado y un máximo de 12 mensualidades. Lo acordado entre sindicatos e Inditex eleva a 33 días y dos años la compensación, al equipararlo al despido improcedente. Y si un trabajador tiene contrato desde antes de 2012, la indemnización se elevará a 45 días.

Eso en el caso de que el empleado no acepte la propuesta de traslado que haga la empresa, Inditex deberá ofrecer vacantes en otras tiendas, ya sean de la misma cadena o del resto que pertenecen a la compañía, dentro de un límite de 25 kilómetros a la redonda. Además, toda la plantilla del grupo Inditex, incluidos estos trabajadores, tendrá preferencia sobre la contratación externa para cubrir puestos que se abran en los servicios centrales de todas las firmas del grupo.

Por otra parte, en el acuerdo, «se incluye la puesta en marcha de un observatorio con participación sindical que servirá para ver la evolución e implantación del proceso de transformación digital de las tiendas».

Pero según las fuentes sindicales, del dicho al hecho hay un gran trecho. En enero de 2021 las trabajadoras de las 79 tiendas que Inditex cerraría en España antes de abril de 2021 recibieron con sorpresa la lista de vacantes para su reubicación.

Empleadas y sindicatos minoritarios a nivel estatal, pero representativos en distintas provincias a nivel local, denunciaron un patrón: las vacantes ofertadas eran de menos horas (y menos sueldo), menor responsabilidad, peores horarios (siempre de tarde y con varios cierres semanales) o con contratos fijos discontinuos, para trabajar solo unos meses al año. «Lo que te ofrecen es tan malo que te invitan a marchar», lamentaba una trabajadora de Euskadi. «Creemos que quieren quitarse de encima a gente que lleva muchos años y cobra antigüedad. Es un ERE encubierto».

Las reubicaciones a comienzos de 2021 afectaban ya a 818 empleados. Eso sin contar los cierres que se producirían en las cadenas Uterqüe, Zara Home y Kiddy's Class, no incluidas en la lista de cierres.

Los sindicatos ELA, de Euskadi, la Confederación Intersindical Gallega (CIG), de Galicia, y CGT, mayoritaria en algunas cadenas del grupo y provincias, sostienen el mismo argumento. «El acuerdo que firmaron solo favorece a la empresa, porque le permite hacer lo que le dé la gana. Pretenden reubicar a trabajadoras que llevan muchos años con condiciones muy ínfimas al resto. No estamos dispuestas a tolerarlo», incide Carmiña Naveiro, secretaria de acción sindical del CIG, presidenta del comité de Zara en La Coruña y dependienta en tienda. «Con el cierre de Uterqüe en Santiago estuvimos tres días en huelga».

«CIG reitera su impresión de que no ha habido ninguna negociación real y que este proceso solo responde a la necesidad de Inditex de dar validez legal a un preacuerdo firmado con CC. OO. y UGT, ya que esta negociación no modifica absolutamente nada», recoge el acta de la reunión sobre Zara Home.

La secretaria de comercio de CC. OO., firmante del acuerdo con la multinacional, no cree que se trate de un ERE encubierto. Pero reconoce que las condiciones ofrecidas no son las mejores. «Cuando estas cosas empiezan, hay revuelo. Luego ya se irá normalizando y haciendo bien», sostiene. «Sí hemos detectado que las vacantes ofrecidas no son de calidad, así que hemos pedido a la empresa que las haga más atractivas. Nuestro objetivo es que el cien por cien de la plantilla siga trabajando y mantenga su puesto. Quizá nos quedemos en el 90 por ciento, porque hay gente que ve el dinero de la indemnización y se cree que es la panacea».

El plan de cierres de Inditex solo acababa de empezar. A las 79 tiendas que desaparecerían en el primer trimestre de 2021 en España, había que sumar alrededor de 200 más que cerrarán hasta 2023. El objetivo del grupo es «acelerar e impulsar la transformación digital de la compañía» e impulsar el negocio digital.

«A una empresa como Inditex le sobran recursos para recolocar a todo el mundo con las mismas condiciones», concluye Naveiro. «Las tiendas no se cierran por no ser rentables, sino para fomentar la venta *online*. Todos estamos de acuerdo en el cambio de modelo empresarial, pero no a costa de los trabajadores». Todo conduce a que no hay tiendas para tantos afectados.

Pero no solo en España cuecen habas cuando se aborda el capítulo de personal de Inditex. Los trabajadores que cosen para Zara en Myanmar (Birmania), de las factorías Rui-Ning y Huabo Times, que tejen ropa de Zara en el Sudeste Asiático, enviaron en junio de 2020 una carta al fundador de Inditex, denunciando represalias antisindicales bajo el pretexto de la pandemia del Covid-19. En la carta, que sorprendió a los ejecutivos de Inditex por su tono respetuoso pero firme, los trabajadores de esas dos factorías denunciaban las prácticas antisindicales dentro de la cadena de suministro del imperio Inditex.

Según la campaña Ropa Limpia, Rui-Ning cuenta entre sus clientes a Inditex, Mango, Bestseller, Tally Weijl y Balala. Las trabajadoras de la fábrica Huabo Times confeccionan ropa para Inditex, Bestseller y Primark.

«Estamos —decía la carta— lejos de su hogar en España, pero sentimos cierta cercanía con usted después de haber pasado la mayor parte de nuestra vida adulta haciendo su ropa con nuestras manos». Tenemos «esperanza de que la gran reputación de Amancio Ortega no sea simplemente un fraude».

Otra fábrica, Myan Mode, que produce para Inditex y Mango, despidió en 2020 a 571 personas de un total de 1.270 trabajadoras, aludiendo a recortes debido al coronavirus. De estas, según ha denunciado la campaña Ropa Limpia, 520 eran miembros del sindicato.

Los trabajadores recuerdan en su carta que ganan tres euros al día en esas fábricas: «No tenemos ahorros. Tenemos hijos que alimentar, tenemos padres enfermos y facturas médicas que pagar».

COMITÉ DE EMPRESA EUROPEO

Si España hace tiempo que se ha quedado pequeña para Inditex, el comité de empresa no iba a ser menos. En septiembre de 2018 representantes sindicales, abanderados por UGT y CC. OO., y del grupo de la matriz de Zara firmaron el acuerdo por el que se constituía el comité de empresa europeo del grupo.

De esta forma, los trabajadores del Grupo Inditex ya cuentan con un ámbito de negociación y representación supranacional, «algo totalmente necesario» en las empresas de ámbito internacional, aunque de momento se ciña a Europa, según fuentes sindicales.

La representación española, que ha sido mayoritaria al tratarse del país donde más trabajadores existen y donde la implantación sindical es más fuerte, dicen desde este comité que ha hecho un gran esfuerzo para tratar de ajustar todos los preceptos planteados desde distintos países europeos, posibilitando un ambiente de negociación colaborativo que ha dado fruto a este proyecto.

Por parte de UGT se ha aglutinado en la mesa de representación las tres partes del negocio: tiendas, logística y fábricas, abordando el proyecto de manera coordinada con UGT-FICA, federación donde se ubica la parte de fabricación de la compañía. La firma del documento final se produjo a finales de 2018, con la presencia del responsable de relaciones laborales internacionales de Inditex, Pablo Francesch.

Según recogió el BOE (Número 283, viernes 23 de noviembre de 2018), el CEE de Inditex quedó integrado por 25 representantes, de la siguiente manera:

País	Número de miembros
Alemania	2
Austria	1
Bélgica	1
Bulgaria	
Croacia	
Hungría	1
Eslovaquia	
República Checa	
Dinamarca	1
Finlandia	
Francia	2
Grecia	1
Holanda	1
Luxemburgo	
Italia	2
Polonia	1
Portugal	2
Reino Unido	2
Irlanda	
Rumanía	1
Suecia	1
España	6
TOTAL	25

Objeto del acuerdo

El objeto del acuerdo, según publicó el BOE, era «definir un marco adecuado para la información y consulta, en los casos previstos en él, con los representantes de los trabajadores y trabajadoras que prestan sus servicios en las diferentes empresas que componen el grupo mercantil Inditex en Europa (en adelante, Grupo Inditex), conforme a lo dispuesto en la Directiva 2009/38/CE del Parlamento Europeo y del Consejo de 6 de mayo de 2009 (en adelante, la Directiva) y Ley 10/1997, de 24 de abril, sobre derechos de información y consulta de los trabajadores en las empresas y grupos de empresas de dimensión comunitaria, modificada por la Ley 10/2011, de 19 de mayo».

Empresas incluidas y ámbito geográfico del acuerdo

Las empresas incluidas en el acuerdo fueron aquellas situadas en los países de la Unión Europea y en los países del espacio económico europeo no miembros de la Unión Europea en los que el Grupo Inditex ejerce una influencia dominante, según los términos del artículo 4 de la Ley 10/1997, que será actualizado cada año.

Atribuciones del CEE del Grupo Inditex

Según lo firmado, la dirección del grupo tiene la obligación de informar y consultar al comité de empresa europeo en tiempo y forma sobre los asuntos transnacionales. Para que la información se realice en plazo, el CEE debe ser informado dentro del mes siguiente al momento en el que la dirección del grupo tenga conocimiento de dichos asuntos. Así la dirección del grupo garantizará que se disponga de intérpretes simultáneos en los idiomas de los miembros presentes del CEE, a no ser que el miembro correspondiente del CEE haya renunciado a ello.

Información

El acuerdo decía:

Conforme a la Ley 10/1997, se entiende por información la transmisión de datos por el empresario a los representantes de los trabajadores para que estos puedan tener conocimiento del tema tratado y examinarlo. La información se efectuará en un momento, de una manera y con un contenido apropiado, de tal modo que permita a los representantes de los trabajadores realizar una evaluación pormenorizada del posible impacto y, en su caso, preparar las consultas con la Dirección del Grupo Inditex. El CEE del Grupo Inditex es competente para recibir, debatir y transmitir a los representantes nacionales y a los/as trabajadores/as la información suministrada por la Dirección del Grupo. Además, es competente para realizar con ellos las consultas necesarias, así como para recabar la información que considere trascendente. Su competencia se extenderá en particular a los asuntos enumerados a continuación, siempre que los mismos tengan un carácter transnacional.

1. Estructura del Grupo Inditex.
2. Cambios en el accionariado.
3. Situación industrial, económica, financiera y social.
4. Evolución probable de las actividades de producción, de las ventas y del negocio.
5. Inversiones.
6. Cambios en la organización, en particular la introducción de nuevas áreas de trabajo o la ocupación o modificación de áreas de trabajo o puestos existentes.
7. Introducción de nuevos métodos de trabajo o nuevos procedimientos de producción que puedan tener un impacto significativo.
8. Traslados de producción y deslocalización de sucursales, almacenes u otras áreas de trabajo dentro o fuera de la UE.

9. Fusiones, adquisiciones y cesiones de dimensión internacional o que modifiquen de forma significativa el perímetro del grupo.
10. Reducción del tamaño o cierre de empresas, centros o partes importantes de ellos o de filiales.
11. Despidos colectivos que afecten al menos a dos Estados miembros.
12. Protección del medio ambiente.
13. Situación y evolución de los empleos, tanto en cuanto a su naturaleza como en cuanto a su calificación.
14. Protección laboral, seguridad y salud en el trabajo.
15. Formación profesional.
16. Política de igualdad.
17. Responsabilidad social empresarial.
18. Introducción de nuevas tecnologías.
19. Ventas, costes de mercancía y gastos de explotación.
20. Plan de formación y desarrollo de los trabajadores y trabajadoras y evaluación del desempeño.
21. Otros procesos y proyectos que puedan afectar a los intereses de los/as trabajadores/as.
22. Cualesquiera otros que el Grupo Inditex y el CEE puedan acordar.

COMITÉ SINDICAL GLOBAL

Pero una empresa universal como Inditex requiere un comité sindical global. Para cubrir esta laguna en noviembre de 2019 Inditex y la federación internacional de sindicatos IndustriALL Global acordarán la creación de este comité.

El acuerdo fue firmado por el presidente de Inditex, Pablo Isla, y el secretario general de IndustriALL Global Union, Valter Sanches, en la sede de la Organización Internacional del Trabajo (OIT) en Ginebra (Suiza), y supone la renovación del acuerdo marco global entre ambas organizaciones, alcanzado en 2007.

«En esta nueva fase, se ha acordado la creación de un Comité Sindical Global, donde estarán representados trabajadores de cada una de las áreas de producción donde actualmente opera el Grupo Inditex, con el objetivo de compartir e impulsar las mejores prácticas en toda la industria. Inditex es la primera empresa de distribución de moda en el mundo en contar con esta estructura, que estará compuesta por representantes sindicales de los principales clústeres de producción de Inditex así como por representantes de los sindicatos españoles CC. OO. y UGT», decía el comunicado oficial.

«Inditex y los sindicatos locales e internacionales —según informó UGT— se comprometen a continuar reforzando los derechos laborales de los trabajadores de la cadena de suministro de la compañía, con especial énfasis en el impulso de la libertad de asociación y la negociación colectiva».

«Inditex e IndustriALL —dice el acuerdo—, que representa a más de 50 millones de trabajadores que están afiliados a cerca de 600 sindicatos en todo el mundo, trabajan conjuntamente en el respeto y la promoción de los Derechos Humanos desde que firmaron este pionero acuerdo de colaboración. A través de esta renovación, Inditex e IndustriAll Global Union seguirán profundizando en el respeto y promoción de los derechos laborales de la industria de vestimenta, el textil y calzado en general, y de la cadena de suministro de la compañía en todo el mundo, en particular. En línea con las Convenciones de la OIT y con los derechos laborales fundamentales, ambas organizaciones continuarán colaborando de manera conjunta para seguir promoviendo el pleno cumplimiento de la normativa laboral internacional y del código de conducta de fabricantes y proveedores de Inditex. Además, ambas organizaciones han acordado la creación de un Comité Sindical Global cuyos nueve miembros estarán distribuidos del siguiente modo: un miembro en representación de la producción de África, un miembro en representación de la de América, cuatro miembros en representación de los clústeres de Asia, dos miembros en representación de los de Europa Occidental y un miembro en representación de Europa Oriental. Así, con la creación de este Comité Sindical Global, los representantes sindicales locales participarán de una manera más directa en la aplicación del acuerdo marco global en sus respectivos clústeres y podrán contar con el asesoramiento de expertos sindicales, tal y como se estableció en la ampliación del marco de colaboración alcanzada en 2016».

7

DE ORTEGA A ORTEGA

Para entender las distintas sucesiones de Amancio Ortega, en la presidencia, hay que remontarse al desembarco en Inditex de Pablo Isla, e incluso a tiempos anteriores. La madre de todas las incógnitas empresariales sobre la sucesión final de Amancio Ortega al frente de Inditex empezó a ver la luz en la primavera de 2005. Lo que parecía una apuesta definitiva con la llegada de Isla, fue en realidad una muesca más en el camino hacia la presidencia de Marta Ortega Pérez.

De la llegada de Isla se informó, no podía ser de otra manera, por el cauce reglamentario, como gusta al presidente fundador. Un «hecho relevante» remitido a la Comisión Nacional del Mercado de Valores (CNMV), fechado el 14 de mayo de 2005, informaba: «La comisión de nombramientos y retribuciones del consejo de administración de Inditex, S.A. ha acordado informar favorablemente el nombramiento de D. Pablo Isla Álvarez de Tejera como nuevo consejero de la sociedad, en su doble condición de miembro del consejo de administración y de consejero delegado».

El comunicado añadía: «Con su incorporación se avanza en el diseño y definición del equipo directivo de Inditex, S.A., en el que está trabajando el consejo de administración. Estos cambios tienen como objetivo reforzar y adaptar la estructura del grupo con una nueva generación de gestores que hará frente a los planes de crecimiento futuro». ¿Quedaba alguna duda de que iba en serio y cuál iba a ser el final? El paso del tiempo siguió disipando las dudas a medida que se producían nuevos hechos relevantes, y se iba introduciendo sigilosamente a Marta Ortega Pérez en las estructuras productivas del grupo, con la mirada puesta en la meta: la presidencia.

Desde hacía algún tiempo Amancio Ortega y José María Castellano venían planteándose la necesidad y la conveniencia de incorporar un consejero delegado externo para las tareas ejecutivas y el día a día financiero del grupo. La solución final fue la búsqueda del candidato ideal mediante el encargo a la firma de cazatalentos Korn Ferry.

Desde el primer día de aquella primavera de 2005, el ejecutivo recién llegado se sometió a un duro aprendizaje para indagar entre las entretelas de Inditex, a la vez que buscaba la fórmula para evitar situaciones conflictivas tanto con el presidente fundador como con el equipo directivo heredado de José María Castellano, y sin olvidar los estrechos lazos familiares existentes entre varios ejecutivos.

Nadie, salvo Ortega y el propio Castellano, que guardan un silencio cómplice, sabe contestar a la pregunta de por qué el dueño acabó defenestrando a Castellano cuando se apoyó en él incluso a la hora de buscarle un sustituto. Hasta estas fechas José María Castellano había sido la mano derecha, la cara financiera de Ortega y el artífice de la salida a bolsa, pese a las reticencias iniciales de don Amancio. Hay que tener en cuenta que nunca fue a una escuela de dirección de empresas ni nada parecido. Su escuela fue la vida, inicialmente entre los ruidos del tren, por el oficio de ferroviario de su padre, y después lo que se tejía en la trastienda de la camisería Gala, donde empezó de chico de los recados.

Para suplir estas carencias siempre se rodeó de muy buenos colaboradores, los mejores posibles. Primero fue su hermano Antonio, ya fallecido, quien le abrió las puertas de los mercados financieros y comerciales durante los primeros escarceos empresariales; después se apoyó en Amador de Castro y finalmente en Castellano, para diseñar la expansión de Inditex fuera de las fronteras gallegas. En concreto, gestionó el arranque de la expansión internacional de la multinacional gallega en 1988, con la apertura del primer establecimiento en Portugal, fue el promotor del nacimiento de nuevas cadenas como Pull&Bear, Bershka y Oysho y el impulsor y acérrimo defensor de la salida a bolsa de la compañía en 2001, que ponía en valor el grupo a la vez que facilitaba la distribución de la herencia sin conflictos entre familiares y colaboradores.

Castellano también participó en el momento germinal del sistema logístico, clave en el funcionamiento del grupo, ya que permite saber cada noche el número, modelo y talla de prendas vendidas durante el día y que hay que reponer a la mayor rapidez posible. Esto fue fundamental para que los encargados de cada tienda pidan y repongan en veinticuatro horas las prendas que más se venden. También favorecía la mejora en los cambios de diseño para adaptarlos a los gustos de la clientela casi de forma inmediata. Otra de las huellas dejadas por Castellano como gestor fue la implantación de una política de austeridad y de reinversión de beneficios año tras año, argamasa imprescindible para la consolidación de Inditex y del patrimonio del fundador sin arrugas financieras.

Pero esa hoja de servicios ya no era suficiente para Amancio Ortega, quien concluyó que Castellano había agotado su recorrido dentro del grupo y era preciso paño nuevo. Nunca se confirmaron las verdaderas razones por las que Castellano renunció o fue invitado a dejar su cargo en Inditex en el año 2005, poco después de la llegada de Isla. Se informó de diferencias irreconciliables con la línea de gestión de la empresa; sin embargo, todo apunta a que el desencuentro surgió durante el intento de compra de Unión Fenosa, en la que Castellano no estuvo a la altura de lo que el presidente fundador de Inditex esperaba, jugando a su favor.

El relevo tranquilo y paulatino como estaba diseñado acabó a chispazos entre dos personas que habían ido de la mano, cada uno en sus responsabilidades, en un exitoso viaje empresarial durante dos décadas.

Todo indica que las discrepancias surgieron por una operación abanderada por Jacinto Rey, dueño de la constructora San José, con el consenso de Julio Fernández Gayoso, por aquel entonces presidente de Caixanova, para *regalleguizar* la compañía eléctrica Unión Fenosa adquiriendo las acciones que tenía el entonces presidente del Banco Santander Emilio Botín.

Cuenta uno de los protagonistas que todo sucedió durante un encuentro propiciado por el exvicepresidente de la Xunta de Galicia Anxo Quintana (BNG), celebrado en Oporto (Portugal), durante el cual Jacinto Rey propuso que Castellano presidiese la eléctrica con la intención de agradar a Amancio Ortega. El fundador de Inditex no se mostró muy entusiasmado con la idea, pero cuando la operación parecía ya cerrada, Emilio Botín descolgó el teléfono, llamó a Florentino Pérez y le entregó Fenosa a Gas Natural a cambio de unos pocos euros más por el paquete accionarial que controlaba la entidad cántabra.

José Luis Gómez —periodista que por aquel entonces dirigía la revista *Capital*— explicó que Botín cambió de idea para devolverle una afrenta que años atrás le había hecho Amancio: «Botín estaba muy desencantado con Ortega porque un tiempo antes había viajado hasta La Coruña para visitarlo, algo inusual en él. Pasó la noche en un hotel y al día siguiente peregrinó hasta Arteixo para pedirle ayuda en la operación de compra del banco británico Abbey National. Amancio escuchó, como suele hacer, pero, en contra de los deseos de Botín, no dijo ni que sí ni que no. Cuando finalmente decidió no prestarle apoyo en la operación, ni siquiera lo llamó. Mandó hacerlo a Castellano y este a su vez habló con un hombre de Botín, porque él tampoco atendió la llamada. Amancio no solo rechazó participar en el desembarco en Gran Bretaña, sino que su forma de eludir el compromiso desencajó a un banquero no acostumbrado a que le sucediera algo así. Por eso, en la primera oportunidad que se le presentó a Botín para devolvérsela, lo hizo».

El fallido intento de *regalleguizar* Fenosa no solo acarreó consecuencias en las relaciones entre el banquero y el empresario, sino también en el imperio Inditex, que estaba dando los primeros pasos para un relevo generacional sosegado. A oídos de Castellano llegó que Ortega no había aplaudido la propuesta de Jacinto Rey de nombrarlo presidente de Fenosa en caso de que hubiese cuajado la operación y las tensiones dialécticas entre los dos fueron importantes, iniciando un recorrido sin retorno.

Aquel desencuentro propició que Castellano ajustase cuentas con el que era su jefe a través de las páginas del periódico *El Mundo* con unas declaraciones explosivas que disgustaron aún más a Ortega. Como la vida da más vueltas de las esperadas, su camino volvió a converger en 2011. Para que Castellano se convirtiese en el líder de Novacaixa Galicia —entidad nacida de la fusión de Caixa Galicia y Caixanova—, transformada en banco con el apoyo del presidente de la Xunta Alberto Núñez Feijóo, necesitó antes el plácet de Amancio, ya que estamos hablando del que era el primer cliente de esta entidad financiera.

Si Ortega hubiera dicho no, la operación de fusión habría tenido más obstáculos de los que se le presentaron, pero alguien hizo la pregunta a Amancio y este fue generoso, comentan en su entorno. No sirvió de nada, porque Novacaixa Galicia, como después Novagalicia Banco, acabó vendida al banquero venezolano Juan Carlos Escotet por unos 1.000 millones de euros después de recibir casi 10.000 millones del fondo de rescate bancario. Se cerraba así una parte de la historia financiera de Galicia protagonizada en sus últimos estertores con más desacierto que ventura por José Luis Méndez, director general de Caixa Galicia, y Julio Fernández Gayoso, presidente de Caixanova.

Lo cierto es que la *regalleguización* de Fenosa podría haber virado el curso de una tierra productora de energía. El nacionalista Anxo Quintana, impulsor de aquella reunión en Oporto, declaró con posterioridad que «de haberse consolidado sería un salto cualitativo y de dimensiones históricas, pero hubo mucho interés dentro y fuera de Galicia para que no saliese adelante».

¿Quería realmente Ortega controlar Unión Fenosa, entonces empresa de referencia en Galicia, y situar a Castellano al frente? Solo ellos lo saben, aunque hay varias teorías. «Castellano quiso hacer la operación en el nombre de Amancio y con su dinero, calculando que iba a ser presidente de Fenosa. A Ortega le sentó muy mal. Fue un exceso de confianza, pero no lo estaba engañando», explica un colaborador de Castellano durante su etapa al frente de Novagalicia Banco. Lo cierto es que aquellos movimientos provocaron que en 2005 Ortega se deshiciese sin demasiados miramientos de su hombre de confianza y nombrara a Pablo Isla nuevo consejero delegado y vicepresidente para afianzar el rumbo de la empresa.

Cuando Isla desembarcó en Inditex comentó durante un almuerzo con los más próximos que lo primero que intentó descubrir era lo que no gustaba a Amancio Ortega. Y lo consiguió a medias. Acertó al deshilvanar las fórmulas del éxito de la multinacional, midiendo las preferencias del empresario para multiplicar su genial idea tras saber rodearse de un gran equipo de profesionales entregados a la compañía, extraordinariamente preparados y con la capacidad de saber convertir el mundo en un pañuelo.

Pero ello no era suficiente, como quedó demostrado en su relevo. En su carrera hacia la presidencia, Isla sabía que cada decisión iba a ser examinada con lupa por el núcleo duro que arropaba a Ortega, alguno de cuyos miembros llevaba en la empresa desde los difíciles comienzos, e incluso había de por medio familiares de primera y segunda generación. Isla sabía, pues, que el nuevo *patrón* le exigía una transición ordenada, hacia adelante, sin tocar los cimientos sobre los que se había ido construyendo Inditex. Las claves del éxito pasaban por la adaptación a los nuevos tiempos: más globalización, en la que ya no solo los objetivos consistían en abrir tiendas en más países, sino la venta *online*, actividad de la que inicialmente Ortega no era muy partidario y en la que Castellano tampoco tenía depositadas demasiadas esperanzas.

LA BICEFALIA. PRIMERAS DECISIONES

El desembarco de Pablo Isla a Inditex como consejero delegado empezó a cristalizar tres meses después de su nombramiento, el 31 de agosto de 2005, llevándose a cabo una profunda reestructuración de la cúpula directiva de la empresa. De Pablo Isla ya decían en Altadis que era el perfecto director de orquesta trasladado al mundo empresarial. Destaca por hacer equipos. Los crea y una vez que están en perfecta conjunción delega en ellos.

Ya en el colegio destacaba por su gran inteligencia y la aplicación constante de estrategias. Para él un jefe de Inditex debe tener «la capacidad para motivar y dinamizar equipos capaces de afrontar los retos de una compañía en continuo crecimiento». Y por eso considera que en la multinacional que dirigió «el liderazgo solo se entiende a partir de la concepción del equipo humano como principal activo de la empresa». Y parece que esta receta le funcionó, tras añadirle los condimentos necesarios. Una versión que no coincide ahora que ha dejado Inditex. Según algunos de los que lo rodearon, su letanía, cada vez que tenía ocasión, era remarcar que él era el presidente, por si el interlocutor no lo tenía claro.

Desde que asumió la tarea de fortalecer la expansión internacional del gigante textil el 15 julio de 2005, quince ejercicios contables después se toma como referencia 2019 —ya que los números de 2020 están lastrados por la pandemia— el número de tiendas ha pasado de 2.602 a 7.469 y el beneficio neto se multiplicó por encima de cuatro, pasando de 803 millones de euros a 3.639. Clientes satisfechos y los accionistas, incluido el de referencia, Amancio Ortega, mucho más.

Hasta la llegada de Isla, Inditex venía funcionado como una trinidad compuesta por Amancio Ortega, José María Castellano y Juan Carlos Rodríguez Cebrián, el sobrino político hoy también apartado del organigrama de Inditex —no se sabe a ciencia cierta si primó su voluntad de abandonar la multinacional o le abrieron la puerta—. El desencadenante de la salida de una de las personas de máxima confianza del fundador,

Rodríguez Cebrián, que se había entregado desde el comienzo a la consolidación del imperio textil, fue la venta de acciones de Inditex, una operación que no estaba bien vista si, tras ella, se encontraban miembros del equipo directivo.

El desembarco de Isla supuso pasar a actuar con un modelo bicéfalo bajo la batuta de Ortega e Isla. La multinacional también carecía hasta ese momento de una cúpula directiva organizada en áreas. Hasta febrero de 2005, la única dirección general del grupo la ocupaba Juan Carlos Rodríguez Cebrián, cuyas diferencias con José María Castellano y la falta de posicionamiento a su favor del presidente le llevaron a abandonar la empresa. Fue tras su marcha cuando Ortega y Castellano se dieron cuenta de que era necesario un relevo generacional operativo de cara al futuro.

A pesar de ser nombrado consejero delegado en junio de 2005, Isla no aterrizó con las manos libres. Llegaba de Altadis con cuarenta y un años de edad y le asignaron las áreas corporativas, mientras que Amancio Ortega, entonces con sesenta y nueve años, fundador y presidente ejecutivo, mantenía un estrecho control sobre las cadenas del grupo, la política comercial y de producto, las claves del éxito de Inditex.

En septiembre, la reorganización llevada a cabo con el sello de Isla fue su primera gran tarea y supuso la creación de siete direcciones generales, que se limitaron inicialmente a las áreas corporativas, antes bajo el mando de José María Castellano, y a parte de las áreas operativas generales, que en su día estuvieron bajo el mando del único director general, Juan Carlos Rodríguez Cebrián. En síntesis, lo que hizo el nuevo consejero delegado fue convertir en direcciones generales las cuatro áreas operativas de conjunto que dirigía Cebrián.

Isla se guardó para sí prácticamente todas las funciones de Castellano y optó por convertir dos de las áreas supervisadas por este en direcciones generales: finanzas y comunicación. Por último, creó una séptima dirección general, internacional, la única realmente novedosa en el organigrama. El resto del organigrama se mantenía, cambiándole el nombre.

La reorganización de Isla no fue tan ambiciosa como se preveía y quizás él hubiera deseado más, pero el nuevo consejero delegado tuvo que consensuar los cambios con Ortega y su núcleo duro. El fundador y presidente ejecutivo seguía manteniendo bajo su control las áreas comerciales y de producto. Pese a que las cadenas pasaron a depender orgánicamente de Isla, sus responsables —que conservaron sus puestos— reportaban directamente a Ortega. Este mantuvo bajo su control las decisiones de producto —sobre todo en Zara—, localización de tiendas, creación de nuevas cadenas o política de marca. Ortega, con un olfato comercial más que contrastado, si se atiende a la evolución de un negocio nacido en 1963 en un pequeño taller de la calle Noia, siempre cuidó con especial mimo estas áreas. En sus tiempos Juan Carlos Rodríguez Cebrián delegaba, sin embargo, parte de la responsabilidad en el sobrino político.

El nuevo esquema diseñado por Isla no era por lo tanto ambicioso, ni tampoco se puede decir que fuese genuino. Fue más bien conservador, ya que es muy común en las empresas de moda de su ámbito, en las que suele haber un reparto entre el creador de producto, con visión comercial, y el administrador, ducho en las técnicas financieras y de gestión, que le garanticen el éxito al primero. Esta bicefalia obligó al nuevo consejero delegado a ejercitar una gran capacidad de cohabitación con el fundador, algo que ya traía aprendido de su etapa como copresidente en Altadis.

La reserva de los temas comerciales para el fundador —tampoco es su especialidad— le restó margen de acción a Isla, en un terreno decisivo, sobre todo en una empresa de moda, en el que basta un fallo en la preparación de las colecciones para que las ventas de un producto bajen, como ocurrió en algún momento con la línea de punto para mujer, que fue un chasco, y lastren la cuenta de resultados restando brillo a la estrategia financiera de Isla. Pero para Amancio las cadenas eran y son intocables.

Finalmente, el consejo de administración aprobó la propuesta de Isla con la creación de siete nuevas direcciones generales que le reportarían directamente. En este esquema inicial, José María Castellano seguía manteniéndose como vicepresidente no ejecutivo, aunque sería por poco tiempo, mientras que el fundador del grupo, Amancio Ortega, conservó el cargo de presidente ejecutivo.

De esas siete nuevas direcciones generales corporativas, tres fueron ocupadas por fichajes externos. El área de recursos humanos se le asignó a José María Druet (cuarenta y un años en 2005), que hasta esa fecha era director de Recursos Humanos de Hannover International. Para la dirección general de comunicación y relaciones institucionales nombró a Jesús Echevarría (cuarenta y tres años en 2005), hombre de confianza de Pablo Isla, ya en Altadis, en un puesto similar.

Por último, Gabriel Moneo (cuarenta y cinco años en 2005) se incorporó, desde su puesto de director de tecnología de la información del Banco Popular, a la recién creada dirección general de sistemas de Inditex.

A estos fichajes se suman otras cuatro direcciones generales cuya responsabilidad recayó en personas de la compañía, todas ellas jóvenes. La dirección general de expansión la asumió Ramón Reñón Túñez; el área de finanzas la ocupó Borja de la Cierva; internacional se le asignó a Agustín García-Poveda y, por último, la dirección general logística fue ocupada por Lorena Alba.

La compañía textil dijo en un comunicado a la CNMV que con estas nuevas incorporaciones y la definición de un nuevo modelo organizativo continuaba con el proceso de refuerzo de su estructura ejecutiva «para afrontar con garantías sus importantes retos de futuro». Un futuro que, sin que Isla se diese cuenta, pasaba por su relevo a años vista por una de las hijas del fundador.

Pablo Isla tenía ante sí la tarea de consolidar una nueva etapa de crecimiento, después de que su antecesor, José María Castellano, quedase definitivamente apartado de la gestión de la empresa tras convertir al grupo en una multinacional de referencia.

Isla, que fue elegido para el cargo por su experiencia en temas internacionales y logísticos, y su juventud, ya había demostrado su capacidad de convivencia —y supervivencia— en un esquema de poder bicéfalo, el de Altadis. Pese a los escozores que siempre produce la llegada de un consejero delegado externo y a la incertidumbre que generan los cambios que ello significa, las fuentes próximas al proceso sostienen que fue muy bien recibido en Arteixo, entre otras razones porque su actitud se ajustó como un guante a la cultura de la casa: lealtad, discreción, conocimientos y con el paso del tiempo resultados económicos.

Era el comienzo de su consolidación, y en los primeros pasos fue sorteando con éxito todas las zancadillas que salían a su encuentro. En el recorrido hacia la presidencia de Inditex, Isla necesitaba no solo acertar en la gestión, sino ganarse el reconocimiento, más allá de Arteixo, por el mundo económico y empresarial nacional e internacional. Uno de los primeros cabos vino de la mano de su amigo César Alierta, que le aupó en 2007 con el nombramiento de consejero independiente en Telefónica.

En 2008 fue elegido directivo del año por la Asociación Española de Directivos (AED), por su trayectoria profesional en el Grupo Inditex, una elección que provocó recelos en algunos sectores de la empresa. Solo habían pasado tres años desde su desembarco. Uno de los logros alcanzados había sido que en el ejercicio anterior la facturación de la multinacional había superado la barrera psicológica de los 10.000 millones de euros. El jurado estuvo presidido por otro compañero de viaje en lo que más tarde será conocido como «Marca España», Isidoro Fainé, presidente de honor de la AED y primer ejecutivo de La Caixa. Tras su salida de Inditex se incorporó al consejo del patronato de la Fundación La Caixa.

Durante la presentación de los resultados de 2009 (en el año 2010) pronunció una frase que quizás entonces pasó desapercibida, pero que era una pista esclarecedora de que algo iba a cambiar en los siguientes meses en Inditex. Isla, acallando rumores sobre su marcha del grupo, dijo: «Me veréis toda la vida en Inditex». Es muy posible que solamente él y Amancio Ortega tuviesen en mente su designación por el propio fundador de la compañía como futuro presidente ejecutivo a partir del mes de julio de 2011, apenas un año después. Con esta sentencia premonitoria zanjó de un solo disparo los rumores sobre su posible salida del grupo textil y mostraba su total lealtad a su patrón, Amancio Ortega, a la vez que se ofrecía públicamente para sustituirle en un futuro cercano, como así fue. ¿Un gesto más en su carrera hacia la presidencia de su hija? ¿Quiso Amancio ver qué sucedía en la empresa si dejaba las riendas en otras manos? Si como sucedió, todo siguió evolucionando positivamente, al cambio del peón Isla por la reina Marta era cuestión de ponerle fecha. Como así fue.

QUIERO SER PRESIDENTE

Pocos se sorprendieron cuando en 2011 el consejero delegado y vicepresidente de Inditex, Pablo Isla, se convirtió en presidente de la compañía hasta entonces liderada desde su fundación por Amancio Ortega. Este nombramiento venía hilvanándose en Inditex, aunque en la mente de Amancio lo fuese de forma transitoria, desde hacía algún tiempo.

El empujón definitivo se produce a comienzos de 2011, cuando Pablo Isla dejó caer a los que quisieron escucharle que debía ser nombrado presidente del grupo ante la falta de otras salidas profesionales más reconfortantes.

Su destino soñado era, y muchos creen que siguió siéndolo durante un tiempo, la presidencia de Telefónica. Pero tras el nombramiento de su amigo César Alierta, con la certeza de que ya no iba a cumplir su sueño, no dudó en aprovechar la ocasión para esgrimirla ante los influyentes sectores financieros, para hacerse con la presidencia de la textil gallega.

Fue en este escenario en el que Amancio Ortega consideró que aún era pronto para que su hija Marta asumiera la presidencia, y se inclinó por que continuara aprendiendo el negocio de camino hacia la cúspide bajo su tutela y la del equipo directivo liderado por Isla.

Con su nombramiento como presidente, para Isla empezó la cuenta atrás en Inditex. En esta etapa Marta se ha entregado al diseño, pone rostro a la moda de Inditex y va incorporándose de forma sigilosa a algunos de los órganos de control de empresas del grupo. Mientras, Amancio Ortega guarda silencio y los Pérez Marcote (Flora, Jorge y Óscar), mujer y cuñados de Amancio, ponen sus armas en vela frente al, para ellos, advenedizo ejecutivo Pablo Isla, esperando a que finalmente su hija y sobrina tome el relevo.

LA ASCENSIÓN A LA PRESIDENCIA

A comienzos de 2011, año en el que Amancio Ortega cumplía setenta y cinco años, pese a los rumores sobre quién iba a presidir Inditex, que apuntaban a su hija Marta, una vez más el fundador demostró, con la elección de Isla, que sabía colocar en cada momento a cada uno en su sitio.

De una forma nada habitual hasta la fecha en la multinacional textil —su hija, como se verá, hizo lo mismo once años después—, el día 10 de enero de 2011 comunicó por carta su decisión a los empleados de Inditex, una misiva en la que también informaba de que continuaría como miembro del consejo de administración y se mantendría vinculado indefinidamente a la compañía, de la que posee más del 59 por ciento del capital. Si se analiza esta carta, se ve que constituye realmente su testamento empresarial.

El párrafo más significativo de la misiva es, sin lugar a dudas, este: «Ahora es el momento, con gran ilusión y responsabilidad, sin perjuicio de que continúe en la empresa y en su consejo de administración, de proponer que Pablo Isla sea nombrado presidente ejecutivo con ocasión de la próxima junta general», indica Ortega, defendiendo que este nombramiento es lo mejor para el futuro de la firma y que supone combinar experiencia y juventud.

Este es el contenido textual de la carta-testamento que dirigió a todos los empleados de Inditex:

Estimado colaborador, querido amigo:

En el año 2001, cuando Inditex salió a bolsa, me dirigí a vosotros para expresar el orgullo que suponía haber creado entre todos una gran empresa internacional y el inicio de una etapa que aseguraba el futuro y la continuidad del Grupo.

Hoy puedo constatar que, con el esfuerzo colectivo y el buen hacer de cada uno de nosotros, la empresa es más fuerte y cuenta con una organización de extraordinarios profesionales, asentada en una estructura corporativa consolidada.

Ahora es el momento, con gran ilusión y responsabilidad, sin perjuicio de que continúe en la empresa y en su consejo de administración, de proponer que Pablo Isla, actual vicepresidente y consejero delegado, sea nombrado presidente ejecutivo con ocasión de la próxima junta general.

Esta nueva etapa, que en realidad se ha iniciado en los últimos años, mostrará el camino del futuro, será la combinación de la juventud y la experiencia, que, con responsabilidad y profesionalidad, llevan a hacer bien las cosas.

Estoy seguro de que, con la misma lealtad y compromiso con que hemos actuado hasta ahora, responderemos a la responsabilidad que asumirá el nuevo presidente, a quien yo propongo desde la tranquilidad que disfruto en estos momentos y con la seguridad de que es lo mejor para el futuro de la compañía.

Un saludo, sabiendo que, como siempre, seguiré estando a vuestra disposición.

Amancio Ortega

En Arteixo, a 10 de enero de 2011.

La carta está fechada en enero, pero no será hasta el 19 de julio de 2011 cuando Pablo Isla pase formalmente a ser presidente del Grupo Inditex sustituyendo a Amancio Ortega, que desde entonces no ejerce ningún cargo ejecutivo dentro del organigrama operativo del grupo.

Es decir, seis años después de su desembarco en la firma con sede en Arteixo, a la que había llegado el 13 de junio de 2005, el que fuera copresidente de Altadis, entre los numerosos cargos que adornan su trayectoria profesional, ascendió con apenas cuarenta y siete años a la cúspide de la gestión de uno de los mayores grupos de moda textil del mundo, tomando el testigo de nada menos que su fundador-propietario.

Pasa el tiempo y para Ortega van quedando atrás las duras batallas en las que ha tenido que mantener la paz con su primera familia, estabilizar su segundo grupo familiar, iniciar la profesionalización de la firma, sacar el *holding* a bolsa y ceder la gestión —de forma transitoria— a un directivo externo, Pablo Isla, por necesidades y prevenciones hereditarias.

DIRECTIVOS DE QUITA Y PON

Isla no dudó en decir «me veréis toda la vida en Inditex», aunque habría que añadirle «si Amancio Ortega quiere», como se vio en 2021. Pablo Isla ha sido una víctima más, como sus antecesores. Cuando Ortega creyó que había llegado el momento de dar un paso hacia el futuro, lo dio. En todo caso, su realidad es como la de muchos directivos que no estarán toda su vida en el grupo, porque son como la moda, estacionales, y los escaparates son de quita y pon y cambian cada temporada para responder a la realidad de la oferta y la demanda.

El baile de directivos, eufemísticamente llamado relevo generacional, se aceleró desde la llegada de Pablo Isla, pero sobre todo en los últimos dos años, 2019 y 2020, cuando Amancio Ortega ya oteaba en el horizonte el nombramiento de Marta como presidenta. Veteranos de toda la vida en el grupo, que parecían intocables y casi predestinados a jubilarse con el jefe, fueron dejando la empresa. Se trataba de ir preparando un equipo incondicional de nueva generación para el día del desembarco de Marta Ortega.

A ese baile de directivos hay que añadir que Inditex no solo es la mayor empresa de distribución de moda del mundo, sino que también se ha convertido en el centro de formación de muchos directivos del sector.

El grupo gallego, con su modelo de negocio único y sus avances en áreas como la logística o el *retail*, ha ido reclutando y formando a directivos de todo el mundo que luego han sido invitados a dejar la empresa o han sido elegidos para hacerse cargo de otras compañías del sector, convirtiendo a Inditex en una auténtica cantera de ejecutivos. Entre sus principales «clientes» figura El Corte Inglés. Pero quizás el ejemplo que mejor ilustra esta situación es el caso de la benjamina de Juan Roig, presidente de Mercadona, quien perfeccionó su formación en Inditex. En este grupo Juana Roig aprendió detalles sobre logística y, según *Emprendedores*, es de donde la joven sacó la idea de las colmenas de distribución, es decir, los centros logísticos desde donde se gestionan los pedidos *online*. En este caso Mercadona e Inditex no son rivales en el negocio.

De hecho, uno de los logros de Juana Roig, de regreso a la empresa de su padre, es la reconversión de la web de Mercadona, de la que su padre llegó a decir en su día que era «una mierda». Aunque aún tiene margen de mejora, puesto que según *Emprendedores* la parte *online* supone solo un 1 por ciento de la facturación en 2020, Juana Roig está centrada en el proyecto y para ello ha contratado a expertos de compañías como Amazon o eBay.

LOS QUE SE FUERON

La relación de los que se fueron es amplia, y resulta imposible su enumeración uno a uno. Estos son algunos de los ejecutivos más señalados que se fueron o fueron invitados a irse desde que Isla llegó en 2005, lista en la que también hay que incluirle a él.

- ***Javier Chércoles Blázquez.*** Cesado en 2010. Era el director de responsabilidad social corporativa, un área vital por los riesgos que implica la fabricación de prendas, mediante subcontratas, en países emergentes. Como se cuenta más adelante, fue una sorpresa para los mercados, pero Inditex nunca quiso revelar las razones por las que prescindió del ejecutivo; quizá en agradecimiento a los años de servicio en un departamento que exige desplazamientos continuos y pisar el terreno, recibió 1,4 millones de euros. Desde entonces ha puesto en marcha la consultoría Chércoles&Partnership, cuyo objetivo es asesorar a las empresas para solucionar los conflictos laborales que surjan en sus fábricas, ubicadas en mercados emergentes o del Tercer Mundo.

- **Kostas Antimissaris.** Cesado en 2011 como director de Uterqüe. De origen griego, había sido responsable de Inditex Grecia, y se incorporó a Uterqüe en 2009. No se fue solo. Con él salió la mayoría de los ejecutivos de la cadena, entre ellos su mujer Miriam Fernández. Cada uno de los que abandonaron la marca se llevó un millón de euros de indemnización en el bolsillo. La explicación oficial de este centrifugado laboral por parte del grupo textil es que fue una consecuencia del traslado a Tordera (Barcelona) de la gestión de la cadena hasta entonces en Arteixo. Otras informaciones apuntan a que gestionaban una cadena que aporta el 0,4 por ciento del total de ventas del grupo, que arrancó con una marcha más corta de lo que se preveía en un principio, y que finalmente desapareció como tal en 2022 por absorción del formato Massimo Dutti. En 2016 estuvo a punto de incorporarse a otra empresa gallega del sector de la moda, Adolfo Domínguez. Finalmente, Kostas renunció a la oferta para ser nombrado consejero delegado de la textil gallega.

- **Luis Maseres.** Uno de los pilares de Massimo Dutti, fue el encargado de liderar Uterqüe. Solo estuvo dos años, pues fue relevado por José Luis Rodríguez Moreno. En 2013 se incorporó a Mango.

- **José Luis Pavía Cervera.** Fue el máximo responsable de Lefties (la cadena de bajo coste de Inditex, hoy absorbida), así como director de la división de moda infantil de Zara y miembro del equipo directivo de Pull&Bear. En 2012 fichó por la compañía holandesa C&A para hacerse cargo de su división Clockhouse.

- **Julián Imaz Villar.** Su empresa, Comdipunt, era proveedora de Inditex hasta que Amancio Ortega acabó comprándosela y a él lo fichó para llevar Bershka. Tras su paso por la cadena retomó su trabajo como proveedor y más tarde fundó Friday's Project. Ahora Imaz está centrado en Shana, su cadena de bajo coste, y en Double Agent, una antigua enseña que quiso relanzar.
- **Chisco García.** Es otro de los productos de la factoría Inditex que ha aprovechado su formación en el gigante gallego en otras compañías del sector. García, que se formó en Massimo Dutti, ha trabajado en empresas como la catalana Basi, en la que se encargó de relanzar Armand Basi; Caramelo, donde ocupó la dirección de producto, o Desigual.
- **Agustín García-Poveda.** Hasta mayo de 2008 estuvo al frente de la dirección internacional de Europa de Inditex. A finales de 2009, se incorporó a la plantilla de El Corte Inglés para liderar Sfera.
- **Diego Copado.** Responsable de comunicación de Inditex, hasta que, en 2005, coincidiendo con la llegada de Isla, fue relevado por Jesús Echevarría. Diego Copado fue director de comunicación y relaciones externas de El Corte Inglés hasta 2016.
- **Borja de la Cierva.** Exdirector general financiero de Inditex, se sumó a la plantilla de El Corte Inglés en 2006 para poner orden en las cuentas y el accionariado ante la posibilidad de salida a bolsa, después abortada, de este grupo textil.
- **José Manuel Martínez Gutiérrez.** Empezó a trabajar en Inditex en 2003 como director de la filial de Zara en Escandinavia, para hacerse cargo más tarde de las áreas de distribución y operaciones. Desde agosto de 2012 es consejero delegado y director ejecutivo de la cadena de moda Esprit, que cotiza en la bolsa de Hong Kong. No se fue solo, se llevó a los ex Inditex Juan Chaparro, Elena Lazcanotegui y José Antonio Ramos.

- ***Alba Albert.*** Tras trabajar durante cinco años el área de *retail* en Bershka, se incorporó en abril de 2010 al equipo directivo de Forever 21 en España.
- ***Rafael Climent.*** Exdirector del departamento de diseño de hombre de Zara, es uno de los que decidieron abandonar la empresa para establecerse por cuenta propia. Climent fue inicialmente el responsable de la distribución en España de marcas internacionales como Superdry, que se ha hecho con el control de su negocio en el país. Ahora, el directivo es el responsable de la gestión de la filial de Supergroup (propietario de Superdry) en el mercado español.
- ***Fernando Maudo Arranz.*** Formó parte de la plantilla de Inditex durante poco más de un año, en el departamento de servicios generales, para luego continuar formándose en empresas como Induyco, propiedad de El Corte Inglés. Desde aquí decidió cambiar el *offline* por el *online* y asumió la responsabilidad de pilotar el negocio de la plataforma francesa de venta *online* Vente Privee.
- ***Íñigo Gutiérrez.*** Fue responsable de expansión de Inditex entre 1995 y 2006, año en el que puso en marcha la consultora Nergosa.

Otros que dejaron la empresa desde la llegada de Isla son Fernando Aguilar (auditoría interna); Xan Salgado (sistemas), Jesús Vega (recursos humanos) y Antonio Rubio (administración).

Pero no fueron los últimos. Los cambios más significativos, por su situación en el escalafón y tras décadas acompañando a Amancio Ortega, se produjeron a partir de 2018, con la mirada puesta ya en el relevo de Pablo Isla. Estos son:

- ***Eva María Cárdenas Botas.*** Mucho antes de ser la mujer de Alberto Núñez Feijóo, expresidente de la Xunta de Galicia, Eva María Cárdenas ya era de esas personas que influyen en tu vida, aunque lo desconozcas. Nacida en 1965 y graduada en Económicas y Diseño Industrial en la Universidad de Santiago de Compostela, completó un máster de administración y dirección de empresas que le abrió las puertas de Inditex en 2003, donde recaló tras haber sido una de las más importantes impulsoras de L'Oréal en España. La empresa gallega la fichó para su sección de perfumería y la puso al frente de Zara Home. En sus años en el gigante, acabó siendo una de las personas de confianza más próximas a Pablo Isla, contribuyendo al desarrollo del negocio *online* y referente en el sector, no solo siendo uno de los líderes en ventas sino abriendo numerosas tiendas dedicadas en exclusiva al hogar. Lo más cercano con su antiguo trabajo es su casa en la urbanización Icaria, en Oleiros, que los medios locales suelen definir como una suerte de Wisteria Lane de la marca Inditex o incluso Zarápolis, porque multitud de directivos de la empresa viven allí, incluido Isla. La edad no fue óbice para que Cárdenas hiciese que el político del Partido Popular fuese padre primerizo a los cincuenta y cinco años, el 15 de febrero de 2017; cuando nació Alberto Núñez Junior ella tenía cincuenta y un años. Un año después, decidió dejar la dirección de Zara Home, con un finiquito estimado en dos millones de euros. Aunque se pensó que su idea pasaba por dedicarse, después de una vida enfocada al trabajo, a su familia, nada más lejos de la realidad. En marzo de 2019 daba el pistoletazo de salida a su nuevo proyecto empresarial: una agencia inmobiliaria junto a su hija del primer matrimonio. Sin duda siguiendo el camino marcado por Amancio. Se trata de Niebla Azul, de la que ella misma desveló en declaraciones a *La Voz de Galicia* que buscaba que fuera «un proyecto bonito, bien hecho y generador de empleo» y que estaría enfocada al alquiler. En apenas dos años de vida, ya tiene seis propiedades, de ellas cuatro inmuebles en La Coruña y dos más en Oleiros (La Coruña). Ahora también asesora al grupo cerámico Sargadelos.

- ***Antonio Abril Abadín.*** Nacido en Vivero (Lugo) en 1957, es licenciado en Derecho por la Universidad de Oviedo y funcionario por oposición del Cuerpo de Abogados del Estado. Su cese o renuncia como secretario general, miembro del consejo de administración y director de cumplimiento normativo de Inditex, S.A. y de las diversas empresas que constituyen el Grupo Inditex cogió por sorpresa a todos, salvo a Amancio y Pablo Isla. Pero lo cierto es que a finales de enero de 2020 Antonio Abril, un hombre de total confianza de Amancio Ortega y un histórico de la organización (llevaba en ella treinta y dos años), dejó todos sus cargos en el grupo. Lo sustituyó en el puesto Óscar García Maceiras, un coruñés de cuarenta y cinco años, abogado del Estado en excedencia. Ocupará también el cargo de secretario del consejo de administración. Abril se centra ahora en sus obligaciones como presidente de la Conferencia de Consejos Sociales de las Universidades Españolas y del Consejo Social de la Universidade da Coruña.
- ***Antonio Álvarez.*** Después de veintiséis años, el ya exdirector de sostenibilidad ambiental de Inditex dejó el grupo en diciembre de 2019 para incorporarse a Refix, un proyecto familiar de bebidas isotónicas hechas a partir del agua salada de la Costa de la Muerte, Costa da Morte (Galicia), además de ejercer como consultor *freelance* en materia de sostenibilidad.
- ***Manuel Queijeiro Mosquera.*** En febrero de 2021 se comunicó su relevo como presidente al frente de Goa Invest, ocupando el cargo su hijo José Manuel Queijeiro Pérez. Manuel Queijeiro siempre ha sido un hombre de la casa en Inditex. Y siempre vinculado a la misma compañía, sin que consten cargos en otras filiales del grupo, cuando suele ser habitual el baile de ejecutivos entre firmas subsidiarias de Inditex. Queijeiro, no: siempre en Goa Invest. Y siempre con las obras de las subcontratas, al estar dedicada la filial, casi en exclusiva, a la construcción y el mantenimiento de tiendas y oficinas para Inditex.

- ***María Fanjul.*** Dejó Inditex en 2020 por motivos familiares, tras seis años al frente de la coordinación del negocio *online* del grupo, donde aterrizó en 2014. Fanjul, quien con anterioridad a su fichaje por Inditex era consejera delegada del portal *Entradas.com*, desembarcó en el grupo gallego para coordinar el negocio de ventas *online* de todas las marcas, a excepción de Zara, que en 2014 ya había desarrollado su modelo integrado. En concreto, Fanjul ocupó en octubre de 2014 un cargo de nueva creación en la firma fundada por Amancio Ortega, reportando directamente al presidente ejecutivo de Inditex, Pablo Isla. Tras la salida de Fanjul, la compañía no ha considerado necesario nombrar un sustituto al considerar que las cadenas del grupo cuentan con equipos «muy robustos» para seguir con su crecimiento, por lo que Inditex amortizará dicho puesto.
- ***Ramón Reñón Túñez.*** Director general adjunto al presidente. Es uno de los históricos del grupo que ocupaba el área de expansión antes de la llegada de Pablo Isla. El ejecutivo se incorporó a la empresa en 1992 y, hasta la llegada de Pablo Isla, ocupaba el área de expansión e inmobiliaria. Se jubiló en junio de 2021.

LOS NUEVOS FICHAJES

No todo han sido salidas más o menos sonadas, con la llegada de Isla. También se han registrado altas, sobre todo desde que asumió la presidencia, de nuevos ejecutivos en Arteixo. Muchos de ellos siguen con Marta. Estos son algunos de ellos.

- ***Carlos Crespo González.*** El nombramiento de Carlos Crespo como nuevo consejero delegado se interpretó como una muesca más en el organigrama para el día después de Amancio, y una válvula de escape para Pablo Isla. Carlos Crespo González nació en Algeciras de 1971, es licenciado en Ciencias Empresariales, especialidad de Gestión Empresarial, por la Facultad de Ciencias Económicas y Empresariales de la Universidad de A Coruña. Desde 1996 y hasta su incorporación a Inditex desarrolló su carrera profesional como auditor en Arthur Andersen (actualmente Deloitte). Se incorporó al Grupo Inditex en 2001 en el área de administración financiera, asumiendo distintas funciones, entre otras la de responsable corporativo de gestión administrativa de existencias. Ya de la mano de Isla, poco a poco ha ido escalando posiciones. De la auditoría interna pasó a encargarse de la logística y la transformación digital. Crespo ya era en los últimos tiempos mano derecha de su mentor. Un hombre de números para un gigante de la moda cuyas cifras astronómicas superan los presupuestos anuales de muchos países. En septiembre de 2005 pasó a ocupar el cargo de director de auditoría interna del Grupo Inditex. Crespo, que posee la acreditación de Auditor de Cuentas, inscrito en el Registro Oficial de Auditores de Cuentas (ROAC), fue miembro del comité directivo del Instituto de Auditores Internos (IAI) desde 2008 hasta 2017, donde, además, desempeñó el cargo de presidente de su comité de nombramientos.

En marzo de 2018 fue nombrado director general de operaciones de Inditex, y, finalmente, consejero, a propuesta del presidente, Pablo Isla, en la junta general de accionistas de 16 de julio de 2019. Es titular directo de 26.258 acciones de la sociedad.

Antes de llegar a su actual cargo, Crespo se encargó de buscar la fórmula para organizar el *stock* mastodóntico de Inditex bajo la tecnología RFID. Consiste en una evolución sofisticada de la tradicional etiqueta con un código de barras: se trata de un sistema de identificación por radiofrecuencia que permite que cada prenda pueda ser localizada y trazada en cualquier momento, desde su producción hasta su transporte y almacenaje y su venta en tienda o a través de Internet. La unificación del *stock* de Inditex, una tarea hercúlea, entre los destinados a venta física y digital ha sido la principal tarea de Crespo, que ha logrado integrarlos en 49 de los 96 mercados en los que opera en ambos canales. No solo eso: la compañía también pretende que sus tiendas sean ecoeficientes.

Hurgando entre sus antiguos compañeros en el colegio Peñarredonda (La Coruña) o en la Universidade da Coruña, siempre afloran dos rasgos comunes: trabajador y discreto. Desde dentro de la casa se intuye algo más. Este canterano de la factoría Inditex tiene talento. Amante de la música, es teclista del grupo Prime Ministers, que integra junto con otros compañeros de Inditex, una banda de rock conocida por sus conciertos solidarios. Es aficionado al fútbol, al pádel y, como muchos rejuvenecidos de su generación, es ciclista y corredor de fondo. Es amante del rock clásico de los setenta, el progresivo y el *jazz*. También se cuenta que «se supo adaptar al rock como nadie y en su teclado Hammond destila acordes que evocan a sonido de vinilo. Parece, según sus próximos, que en su casa tiene una sala de música en la que da rienda suelta a su pasión. Los Prime Ministers están abiertos a la contratación y mantienen una actividad notable. Eso sí, en su web se definen como un «grupo con influencias muy variadas en el que todo eso está ensamblado con la amistad y el culto a la música».

Hombre familiar, casado y padre de mellizos, lo único que aún no ha asumido, pese a pisar asiduamente los escenarios como músico ante el público, es la trascendencia que entraña convertirse en uno de los primeros ejecutivos del grupo, de ahí que su relevo en noviembre de 2021, para dirigir el área de operaciones, no sorprendiera a nadie. A finales de 2022 se anunció su abandono del grupo.

- ***Paula Mouzo.*** Esta ejecutiva asumió la dirección de auditoría interna tras el ascenso de Crespo en 2018. Hasta entonces, era directora adjunta de ese mismo departamento.

- **Antonio Flórez.** Director de Bershka. Tomó las riendas en diciembre de 2017, cuando Marco Agnolin, el hasta entonces director de la cadena, abandonó el grupo para fichar por Diésel. Con anterioridad, Flórez fue ocupó varios puestos en el departamento comercial de Zara y, más recientemente, fue director de Inditex en Italia.
- **Begoña López-Cano Ibarreche.** Ocupa la dirección general de recursos humanos de Inditex desde 2008. Licenciada en Psicología por la Universidad Pontificia de Comillas, la ejecutiva se incorporó al grupo gallego en 2003, procedente de Eroski.
- **Abel López Cernadas.** Director de importación, exportación y transporte. Como también hay vida más allá del universo Inditex, compatibiliza este cargo con el de administrador y socio único de una nueva sociedad constituida en La Coruña, Mar de Ardora 2.0.
- **Juan José López Romero.** Director de compras y contratación. El directivo forma parte de la hornada de ejecutivos ascendidos en la compañía con la llegada de Pablo Isla. Antes de llegar a este cargo ocupó distintas responsabilidades dentro del grupo.
- **Gabriel Moneo Marina.** Director general de sistemas. Tras ser responsable de las comunicaciones de Banco Popular, recaló en Inditex de la mano del entonces director general y futuro presidente de la compañía, Pablo Isla.
- **Javier Romero.** Director de Zara Hombre. Tomó las riendas tras la salida de Jordi Blasi. Romero es un ejecutivo de larga trayectoria en el seno de Inditex y hasta ahora ocupaba el cargo de director comercial para Europa de Zara. El nuevo responsable de Zara Caballero tiene su base en la central del grupo en Arteixo. La salida de Blasi se produjo de mutuo acuerdo entre el ejecutivo y la empresa, tras una larga trayectoria en la compañía. El relevo formó parte, según fuentes cercanas al grupo, de la «renovación natural» del equipo directivo.
- **Lorena Mosquera Martín.** Directora de Zara Home. Para sustituir a Eva Cárdenas se apostó por un nombre de confianza que ya per-

tenecía desde hacía años al grupo y que por tanto conocía el funcionamiento de sus formatos a la perfección. Se trataba de Lorena Mosquera Martín, hasta entonces responsable del departamento de punto de Zara Woman, una de las áreas más importantes de la cadena. Mosquera se licenció en Derecho por la Universidade da Coruña y llegó a Inditex en 2002, un año antes de que Cárdenas tomara las riendas de Zara Home. Desde entonces Mosquera se ha movido por los diferentes departamentos que conforman el gigante Inditex, escalando hasta llegar a liderar la sección integrada en Zara Woman y, ahora, la totalidad de la cadena Zara Home.

- *Óscar García Maceiras.* Secretario general del consejo de Inditex, con Isla. Nació en La Coruña en 1975. Abogado del Estado en excedencia. Ocupa también el cargo de secretario del consejo de administración, en sustitución de Antonio Abril. García Maceiras era hasta la fecha de su desembarco en Inditex director de la asesoría jurídica y vicesecretario del consejo de administración del Banco Santander. Previamente, desempeñó diversas responsabilidades en Banco Pastor, Banco Popular y en la Sociedad de Gestión de Activos Procedentes de la Reestructuración Bancaria (Sareb). El 30 de noviembre de 2021 fue nombrado consejero delegado.

EN LOS MISMOS PUESTOS

Aunque pueda parecer increíble, hay directivos de la etapa de Castellano que no solo siguen, sino que lo hacen en sus mismos puestos, e incluso algunos subiendo. Podríamos decir que son los intocables, entre los que figuran familiares muy próximos a Amancio Ortega. Casi todos ellos se mantienen, salvo contadas excepciones, como se ha visto, al frente de cada una de las cadenas, incluida la división de logística, claves para el funcionamiento de Inditex.

- **Lorena Alba Castro.** Directora general de logística. Su único cambio es el ascenso de responsable de logística a directora general en la misma división. Ingeniera industrial por la Universidad de Vigo, Lorena Alba ha desarrollado toda su trayectoria profesional en el sector de la logística. La ejecutiva comenzó su carrera en empresas como Nanos o Losan y desde hace más de veinte años forma parte de Inditex, donde supervisa el que es, junto con la tienda, el corazón del modelo del grupo.
- **Carmen Sevillano Chaves.** Directora de Oysho. Carmen Sevillano se puso al frente del concepto de moda íntima de Inditex, Oysho, en 2002, cuando relevó a Sergio Bucher. Hasta entonces, la ejecutiva estaba al frente de la línea de moda íntima de Zara.
- **José Pablo del Bado Rivas.** Director de Pull&Bear, es uno de los hombres fuertes de Inditex y uno de los pocos miembros de la alta dirección que siguen en el mismo puesto desde la etapa de José María Castellano. El ejecutivo lidera la cadena Pull&Bear, una de las mayores del grupo, y con anterioridad fue también responsable de Lefties.
- **Óscar Pérez Marcote.** Director de Zara. El grueso de las ventas del grupo está en manos de uno de los hermanos de Flora Pérez, Óscar Pérez Marcote, quien tomó las riendas de Zara en 2011 tras liderar con éxito Bershka. Hasta entonces, Zara estaba capitaneada por Carlos Mato.
- **Jorge Pérez Marcote.** Director de Massimo Dutti. Jorge Pérez está al frente de Massimo Dutti desde 2000. El ejecutivo es hermano de Flora Pérez, esposa de Amancio Ortega, y uno de los hombres de máxima confianza del fundador del grupo.
- **Jordi Triquell Valls.** Director de Stradivarius. Además de dirigir Stradivarius, representa, como accionista, los intereses de la familia fundadora. Jordi Triquell es hijo del fundador de la cadena, Paco Triquell. Inditex se hizo con el control de la marca en 1999 y es propietario del cien por cien del capital desde 2005.

- ***Marcos López García.*** Director de mercado de capitales. Marcos López es otro de los miembros de la vieja guardia de Inditex. El ejecutivo, que lidera el área de mercado de capitales, formó parte de la expedición de directivos que acompañó a Mariano Rajoy a reunirse con Barack Obama en 2014.
- ***Javier Monteoliva Díaz.*** Director de jurídico. Es otro de los directivos históricos del Grupo Inditex. El ejecutivo ocupaba ya la dirección del área jurídica antes de la llegada de Isla y, hasta septiembre de 2012, fue también vicesecretario del consejo de administración de Inditex; ahora es secretario.
- ***Ignacio Fernández Fernández.*** Director general de finanzas. Este inspector fiscal en excedencia era, con Castellano, responsable del área de fiscal, y ahora es director general de finanzas, desde 2009. Licenciado en Ciencias Económicas y Empresariales, hasta su entrada en Inditex en 2001 fue inspector jefe regional en la Delegación Especial de la Agencia Estatal de Administración Tributaria en Galicia.
- ***Javier Losada.*** Director de sostenibilidad del grupo desde diciembre de 2019. Losada ha sido designado de manera directa por el presidente ejecutivo Pablo Isla. Hasta ahora lideraba el departamento de control de gestión.
- ***Lorena Lema Busto.*** Ascendió a directora del departamento de control de gestión desde su anterior cargo de directora de control de existencias.
- ***Félix Poza Peña.*** El anterior responsable de sostenibilidad pasó a ser director de diversidad, inclusión y política de igualdad, un departamento integrado dentro de recursos humanos. Félix Poza está al frente de una de las áreas estratégicas del grupo gallego: la sostenibilidad. El ejecutivo, formado en Ingeniería por la Escuela Técnica Superior de Ingenieros Industriales de Madrid, figuraba hasta 2016 como director de responsabilidad social corporativa del grupo. Actualmente su cargo es el de director de sostenibilidad, un término que engloba todas las

medidas del grupo en este sentido, desde la relación con proveedores hasta la inversión en programas sociales.
- **Miguel Díaz Miranda.** El que fue director financiero de Zara asumió la dirección de sostenibilidad de la cadena.
- **Juan José López Romero.** Director de servicios generales e infraestructuras. Hasta 2017 figuraba como responsable de compras y contratación. López forma parte del equipo que se incorporó a Inditex con la llegada de Pablo Isla en 2005.
- **Luis Coloma Yepes.** Director de medio ambiente, un escalón por debajo de la dirección de sostenibilidad. Este puesto lo ocupaba hasta ahora Antonio Álvarez, que ha salido de la empresa de mutuo acuerdo tras una trayectoria de veinticinco años en la misma. Con cincuenta y nueve años, Álvarez fue uno de los impulsores principales del concepto de tienda ecoeficiente que la textil está implantando en sus más de 7.000 puntos de venta y que les permite consumir un 20 por ciento menos de electricidad y un 40 por ciento menos de agua que las tiendas convencionales.
- **Abel López Cernadas.** Director de importación, exportación y transporte de Inditex. Es una de las áreas clave de la empresa. Formado en Dirección de Empresas por la Universidad de Santiago de Compostela, comenzó su carrera en Inditex en 1987.

REUBICACIÓN DE DIRECTIVOS

No se sabe si fue para dar una segunda oportunidad o porque merecían un puesto de mayor responsabilidad, o por afinidad familiar, lo cierto es que algunos directivos han sido compensados con una reubicación de cargo. Destacan estos tres:

- **Óscar Pérez Marcote.** Hermano de Flora Pérez, actual mujer de Amancio Ortega, pasó a dirigir la cadena bonita del Grupo, Zara, procedente de Bershka.

- ***Marco Agnolin.*** Sustituyó a Óscar Pérez al frente de Bershka. Fue delegado de Inditex en Italia, donde luchó en un territorio difícil por la implantación de Inditex y ha visto recompensado su esfuerzo liderando una de las cadenas destacadas del grupo.
- ***Luis Rodríguez Moreno.*** Director de Uterqüe, la cadena más joven de Inditex. Este ejecutivo llegó procedente de Massimo Dutti en 2013, cuando contaba con una trayectoria de más de dos décadas en el grupo gallego.

ISLA: LA SOLEDAD DE LA PRESIDENCIA

En su etapa como consejero-vicepresidente, Isla intentó superar todos los obstáculos para adaptarse al cargo y sobre todo al entorno. Consiguió ganarse la confianza —no la adhesión— del fundador y del equipo directivo y asumir los valores de humildad y bajo perfil público de la firma. Incluso llegó a sentirse cómodo trabajando en Arteixo, lejos del centro político-económico que es Madrid. Pero a la soledad que conlleva la presidencia había que añadirle los peligros que le acechaban en cada esquina del imperio textil.

Superada aquella etapa de adaptación, a Ortega solo se le consultan acciones puntuales, y por lo tanto Isla intenta asumir todas las decisiones. Fue su primer error. Intentó meter mano en las cadenas, terreno vedado por Amancio, y donde el peso de la familia tiene su mayor fortaleza. Al fin y al cabo, las cadenas son las que dan lustre económico a Inditex e Isla entendía que debía ser él quien las controlase.

Por ello el círculo de poder, y de escuderos que rodean a Amancio Ortega, no le quitó ojo de encima. Entre ellos están los familiares de su segunda mujer, y los pocos que quedan de los que le han acompañado desde los primeros días. Era otro de los peligros que cercaban a Isla: las ambiciones familiares para cuando falte el fundador. Pero como se verá, esto ya está previsto por Ortega.

En este escenario, para Amancio Ortega la continuidad de Pablo Isla era la mejor opción transitoria a medio plazo. Isla, no sin cierta dosis de ingenuidad, se empeñó en cultivar a Flora y a los cuñados de Ortega, un poder fáctico dentro del gigante textil, para facilitar que la familia se mantenga a la vez entregada e integrada, pero sin interferir en la gestión corporativa, algo que chocaba con sus intereses.

Así, Óscar Pérez Marcote, hermano de Flora Pérez, acabó convirtiéndose en el auténtico confidente del fundador de Inditex y fue ascendido desde la dirección de Bershka a la de Zara en 2011, el mismo año en que Isla llegó a la presidencia, reflejando los equilibrios que estaba haciendo Ortega entre la profesionalización de la gestión y el peso específico de su familia.

Pese a disfrutar de la cercanía y plena confianza de Amancio Ortega, pese a ser miembro de la alta dirección del grupo y pese a los buenos resultados de Zara dentro del conglomerado, se descartó que Óscar Pérez llegase a la presidencia, en especial por su carácter reservado, que, por un lado, tanto gusta al fundador del imperio de la moda española, pero que, por otro, le hace carecer del mínimo liderazgo necesario para un puesto de tal envergadura.

Su hermano Jorge Pérez Marcote dirige Massimo Dutti. Pero, al menos aparentemente, nunca tuvo ese tipo de aspiraciones. Se siente realizado trabajando en la sede en Tordera (Barcelona) del grupo, y como cliente del elitista gimnasio Arsenal. Esa lejanía también le impide estar en el día a día de Arteixo.

El último cuñado (político) es Carlos Mato, casado con la hermana de Flora, María Luisa Pérez Marcote. Carlos Mato está integrado en la alta dirección de Inditex, pertenece al círculo de confianza de Ortega, y ha llevado cuestiones muy sensibles vinculadas a las inversiones tanto del grupo como las particulares que pilota Amancio Ortega a través de otras sociedades, como Pontegadea. Fue director general de Zara España.

De la carrera sucesoria en la presidencia también se descartó a José Pablo del Bado, director de Pull&Bear. Del Bado es conocido en Arteixo como «el hijo que a Ortega le hubiera gustado tener», según fuentes conocedoras de los entresijos del conglomerado gallego. Pero a partir de 2011 quedó patente su falta de sintonía con «los Pérez», como se denomina a los cuñados de Ortega dentro del grupo, y su estrella empezó a apagarse por los continuos enfrentamientos con el personal. Aun así, Amancio le incluyó en el comité de dirección que apoya a Marta.

En este contexto del poder fáctico de Inditex sería injusto acabar sin reconocer el enorme peso que todavía ejercía en el entorno más próximo a Amancio Ortega el que fue secretario del consejo de Inditex, Antonio Abril Abadín. Pero tras su dimisión en 2021 ya no sigue en la empresa. Abril llevaba con Ortega toda la vida. Incluso sobrevivió a la marcha del antiguo consejero delegado, José María Castellano, en 2005. El abogado Abril Abadín conoce todos los secretos del grupo y de la familia. Es una especie de albacea de excepción de la intrahistoria de Inditex, y que a buen seguro seguirá descolgando el teléfono a Amancio Ortega.

Con todo, a pesar de su edad, Ortega sigue en primera línea, sobre todo en todo lo que tiene que ver con producto y red comercial, junto con Marta. A finales de 2020 Isla se dio cuenta de que se enfrentaba día a día a un ejercicio de equilibrismo. Algunos empezaron a cuestionar su liderazgo, y finalmente se acabó inclinando la balanza hacia el clan de los familiares, que *habelos*, *hailos*, a cuyo frente emergió Marta Ortega.

Estatutariamente, Pablo Isla podría haber sido presidente hasta 2032, pero el timonel Amancio Ortega dio el 30 de noviembre de 2021 un puñetazo en el puente de mando y elevó a su hija Marta a la presidencia, dejando a Isla en tierra meses después.

EL DESEMBARCO DE MARTA ORTEGA

En la madrugada del 30 de noviembre de 2021 se confirmó lo que Amancio Ortega venía haciendo en la trastienda desde hacía al menos diez años. Como el mejor ejemplo es empezar por uno mismo, el patrón fue desvinculándose totalmente de Inditex, a la vez que fue apartando a todos los directivos, tanto los que le habían acompañado durante muchos años, como algunos de los recién llegados que no cumplieron sus expectativas. ¿Con que objetivo? Tejer el equipo que arropara a su hija en sus primeros años de presidenta.

Así el consejo de administración de Inditex celebrado con urgencia el día 29, según el comunicado remitido a la Comisión Nacional del Mercado de Valores, «a iniciativa de su presidente Pablo Isla y de su fundador Amancio Ortega, y previa propuesta de la comisión de nombramientos, ha aprobado el nombramiento de Marta Ortega Pérez como presidenta del Grupo, con el carácter de consejera dominical, nombramiento que será efectivo a partir del 1 de abril de 2022». Asimismo, «Óscar García Maceiras, hasta ahora secretario general y del consejo, ha sido nombrado consejero delegado de Inditex, con efectos inmediatos. José Arnau Sierra se mantiene como vicepresidente del consejo de administración. Con ello, el consejo de administración culmina el proceso de relevo generacional iniciado en 2011 con la sustitución de Amancio Ortega en la presidencia de Inditex. Los nombramientos serán sometidos a la ratificación de la próxima junta general de accionistas. El consejo de administración —continúa el comunicado— agradece a Pablo Isla su liderazgo y visión durante los 17 años en que ha dirigido la empresa, primero como vicepresidente y consejero delegado desde 2005 y, a partir de 2011, como presidente. Durante este periodo, Inditex se ha convertido en la principal compañía de su sector a nivel mundial y un referente en materia de sostenibilidad y transformación digital. Pablo Isla continuará como presidente hasta el próximo 31 de marzo de 2022». Finalmente «el consejo de administración agradece igualmente a Carlos Crespo, consejero delegado del grupo desde julio de 2019, su destacable desempeño en este tiempo. Carlos Crespo ha sido nombrado director general de operaciones, transformación sostenible y digital de Inditex con la finalidad de seguir impulsando estos ámbitos, de la máxima relevancia en la estrategia del grupo… Javier Monteoliva, director jurídico de Inditex y vicesecretario del consejo de administración hasta la fecha, ha sido nombrado secretario general y del consejo».

Y así se hizo. Para que Marta Ortega Pérez no estuviera sola en la presidencia no ejecutiva, el mismo día se comunicó una nueva estructura organizativa con la incorporación de un comité de dirección, compuesto por directivos procedentes de distintas áreas corporativas y del negocio, y con una larga trayectoria en el grupo, como se ha visto anteriormente. Este comité de dirección lo conforman once personas, entre las que se encuentran sus tíos por línea materna. Con ello Inditex recupera lo que tuvo. Por una parte, los responsables financieros, operativos y legales del grupo vuelven a sus puestos, y por otra las cadenas vuelven a funcionar de forma independiente, siendo sus ejecutivos los responsables de la marcha del negocio. Como siempre le ha gustado a Amancio.

Con el viento a favor y un comité de dirección hecho a medida de Marta Ortega, el rumbo de Inditex seguirá la estela heredada de su padre, Amancio Ortega. En este momento es de aplicación lo que escribió Lampedusa en la novela *El Gatopardo*: «Si queremos que todo siga como está, es necesario que todo cambie». O lo que es lo mismo: cambiar todo para que nada cambie.

MARTA ORTEGA: LA LARGA TRAVESÍA HACIA LA PRESIDENCIA

La vida de Marta Ortega no ha sido siempre, como pudiera pensarse, un camino de rosas. Cuando ella nació, el 10 de enero de 1984, su padre estaba todavía legalmente casado con Rosalía Mera, aunque mantenía desde hacía más de diecinueve años una relación estable con Flora Pérez Marcote, su madre. Flora y Marta, que era entonces, a efectos de organigrama, una empleada de tienda en Zara, vivieron solas —en Vigo y La Coruña— durante algunos años, a la espera de que Amancio arreglase la situación con su primera esposa.

Una entrevista que concedió a *The Wall Street Journal* (agosto 2021) anticipó lo que el mercado esperaba: Inditex, con o sin Amancio, seguirá como hasta ahora.

De su infancia poco se sabe, salvo que tuvo una *au pair* británica y que creció bajo la atenta mirada de su abuela materna, una mujer emprendedora que sacó adelante a sus ocho hijos trabajando de limpiadora y costurera. Reconoce que de niña nunca fue plenamente consciente de que su padre dirigía un imperio, tan solo recuerda que «se dedicaba al negocio de la moda y que viajaba mucho».

Con diez años comenzó a practicar hípica, una de las pasiones que le ha llevado a ser campeona de España en su categoría y ganadora del Trofeo Príncipe de Asturias a una edad muy temprana. Amancio Ortega construyó entonces el hipódromo de Casas Novas (La Coruña) y lo convirtió en uno de los referentes del circuito internacional, a donde han asistido figuras como Athina Onassis o Carlota Casiraghi, íntimas amigas de Marta. Sin embargo, nunca se planteó ser amazona profesional; su destino estaba encaminado por otros derroteros.

Su formación en Inditex comenzó desde abajo tras graduarse en Empresariales en la European Business School de Londres. Por aquel entonces, sus intereses se enfocaron hacia todo aquello relacionado con la responsabilidad corporativa. Empezó a trabajar en Zara a los veintitrés años, asumiendo un puesto de vendedora en la tienda de King's Road de la capital británica. «La primera semana pensé que no sobreviviría, pero luego desarrollas una especie de adicción a la tienda. Algunas personas nunca quieren salir de ahí. Es el corazón de la compañía», aseguraba. Ordenaba la ropa, controlaba el *stock*, supervisaba los camiones de mercancía que llegaban a las siete y media de la mañana dos veces por semana… Un trabajo que la adentró en el negocio y le hizo entender de cerca cómo funcionaba esta parte de la compañía.

Tras ejercer de dependienta, como su madre, pasó por los departamentos de finanzas, contabilidad, análisis de ventas y diseño en las oficinas de Londres, París y Shangái, y fue nombrada vicepresidenta de dos empresas del *holding*, Gartler y Partler, en 2006. Fue un rol simbólico, sin responsabilidades ejecutivas, pero una forma sutil de empezar a marcar territorio. Lo suyo ha sido una carrera de fondo para suceder a su padre.

La siguiente etapa de Marta Ortega en Inditex fue acompañada de una cierta relevancia social. Las revistas especializadas comenzaron a mirar con lupa los estilismos que llevaba en sus escasas apariciones públicas, empezó a sentarse en el *front-row* de los desfiles internacionales y su imagen fue habitual en fiestas de alfombra roja y bodas de alto copete. Su propio enlace con Carlos Torretta, el hijo del diseñador Roberto Torretta, con quien se casó en segundas nupcias el 16 de noviembre de 2018, reafirmó este perfil público.

Y es que celebró una fiesta por todo lo alto, llevando tres vestidos de novia de su íntimo amigo Pier Paolo Piccioli, director creativo de Valentino, y confiando sus fotos de boda al icónico fotógrafo de moda Peter Lindbergh. Ese mismo año supervisó el lanzamiento de SRPLS, una exclusiva línea bianual de Zara, de inspiración militar, que fue todo un éxito. «Si soy honesta, me gustaría permanecer cerca del producto. Es lo que mi padre ha hecho siempre», reconocía a *WSJ*. Y en ello está.

Se ha convertido en la mejor embajadora de la marca, llevando antes que nadie prendas que tiempo después aparecen en la sección *New in* de Zara y se agotan en cuestión de minutos. Es el llamado «efecto Marta Ortega». Además de ser un icono de estilo, está considerada una experta del *mix and match* por su facilidad para combinar con acierto estas piezas asequibles de su propia empresa con accesorios de alta gama.

«Muy humilde, pero con opiniones fuertes sobre muchas cosas», dijo de ella el expresidente de Inditex, Pablo Isla, anticipando el papel que la empresaria gallega tendrá próximamente. «Siempre he dicho que dedicaría mi vida a desarrollar el legado de mis padres, mirando al futuro, pero aprendiendo del pasado y al servicio de la compañía, en el lugar donde se considere que soy más necesaria. Me siento profundamente honrada y comprometida por la confianza que se ha depositado en mí y enormemente ilusionada por el futuro que entre todos vamos a acometer», señala Ortega en el comunicado del relevo.

Dicen de ella que está cortada por el mismo patrón que su padre, pero ha roto algunas costuras como la de dejarse fotografiar incluso por los *paparazzi*, bien en fiestas o en la playa, como sucedió con el fotógrafo italiano Mario Sorrenti, que publicó en su cuenta de Instagram una instantánea en la que la heredera aparece semidesnuda y sonriendo en una playa de la isla caribeña de Barbados.

Hay discrepancias en torno a si Marta es tímida o distante, o si le asustan los focos o los busca de forma intencionada. Pero todas las opiniones coinciden en que no responde al prototipo de niña rica. Fue educada con un mandato: no creerse especial. «Su padre la ha formado bien, por la vía dura, con estudios y prácticas», apunta Cayetano Martínez de Irujo. «Es inteligente, simpática y muy normal. Y la normalidad no resulta fácil cuando tu padre es el hombre más rico de España. Conozco a gente que tiene muchísimo menos que ella y que se sube a la parra que no veas. Ella no», cuenta el aristócrata. «Es mágica: encantadora, brillante y siempre está sonriendo, su risa es contagiosa. Tiene un sentido del humor muy pícaro y un don especial para conectar a las personas», afirma el diseñador estadounidense Narciso Rodríguez.

Marta no es la heredera universal, como se verá. Es la sucesora de su padre porque lleva en la sangre la pasión por el negocio de la moda y la parte creativa, dicen desde la empresa. De ello se encargó y encarga Beatriz Padín, directora de Zara Woman, mano derecha de Amancio Ortega.

Donde más disfruta Marta es en las sesiones de fotos de cada campaña, en especial con el trabajo de estilismo, y también se implica en la creación de las colecciones. Pasa largas temporadas fuera de España, en lo que en Inditex llaman «viajes de inspiración», como fue en sus orígenes. Entre sus obligaciones figuran las tiendas de Zara diseminadas por el mundo y medir el pulso de la calle.

Antes de ser nombrada presidenta tomó protagonismo en la Fundación Amancio Ortega. «Se siente cercana a las iniciativas relacionadas con los derechos de los niños y con generar oportunidades a los más jóvenes», explica Raúl Estradera, portavoz de la Fundación.

La única fiesta como tal que marcó un antes y un después fue cuando Marta cumplió los dieciocho años (2002). Tuvo lugar en el Playa Club, una conocida discoteca coruñesa, pero la víspera, se rompió una pierna. En lugar de suspender la celebración Marta acudió a la cena escayolada. Del acto quedaron mínimas referencias en la prensa.

En su travesía hacia la presidencia recibió un nuevo empujón en 2008. Amancio Ortega dio una nueva estructura patrimonial a las sociedades que canalizan sus inversiones. Fue en ese momento cuando fusionó dos de sus principales sociedades, Inversiones Menlle y Caroada, en las que su hija Marta era, respectivamente, administradora y vicepresidenta. De estas firmas, que operaban a modo de *holding* dentro del entramado societario de la primera fortuna de España, colgaba, entre otras sociedades, uno de los instrumentos inversores más utilizados por el empresario, Gramela. Esta y Alazán, dependiente de Pontegadea, contaban entonces con un capital social conjunto de 510 millones de euros.

Poco a poco, Marta Ortega se va convirtiendo en administradora y presidenta de las empresas fusionadas en un proceso de reestructuración que no cesará hasta 2020. Así Marta, a sus veinticinco años, es desde finales de 2006 administradora de las sociedades patrimoniales que utiliza su padre para controlar el algo más del 59 por ciento que posee en Inditex. Desde entonces ocupa las vicepresidencias de Partler 2006, de nueva creación y a la que se transfería el 9,3 por ciento de la compañía, y una renovada Gartler, que mantiene el 50,01 por ciento restante de Inditex.

La paulatina incorporación de Marta al *holding* textil, en paralelo a la asunción de responsabilidades dentro de su estructura patrimonial, ha sido muy cuidada por el equipo de Ortega. Si primero, y tras la salida a bolsa de la compañía, en abril de 2001, Marta se desprendió del paquete de acciones que poseía, pronto se incorporaría como administradora a las sociedades que canalizan la fortuna familiar. Ahora ya no solo es presidenta, sino que además ha vuelto a ser accionista de Inditex. El último movimiento antes de su ascenso a la presidencia se produjo el 18 de marzo, con su nombramiento como consejera de la sociedad patrimonial de su padre, Pontegadea.

ENTRONIZACIÓN COMO PRESIDENTA

El día 1 de abril de 2022, fecha de la incorporación como presidenta, no hubo, de puertas afuera, ningún acto especial en la sede de Inditex. Solo se confirmó su ascenso con una carta dirigida a los empleados, que inicialmente no fue muy bien acogida por los mercados e inversores.

El documento, escrito todo en mayúsculas, para los grafólogos es un desatino, y parece que no se ha valorado adecuadamente la trascendencia del mismo. ¿Primer tropiezo de Marta Ortega como presidenta? Según el profesor Paul Luna, director del departamento de Tipografía y Comunicaciones Gráficas de la Universidad Británica de Lectura, escribir en mayúscula es un signo de pomposidad y estética solemne, y ya fue utilizada hace 2.000 años por los romanos, quienes escribían así para realzar sus actos heroicos.

Según los especialistas, leer todo en mayúsculas crea un impacto psicológico en la mayoría de los usuarios, que interpretan que quien escribe está enojado, que quiere imponer sus puntos de vista o simplemente llamar la atención.

Otros creerán que tiene mala ortografía, debido a que muchas personas acostumbran a escribir textos en mayúscula para evitar poner las tildes, ignorando que desde hace muchos años las tildes también se colocan en las mayúsculas. No es el caso, porque en las empresas de esta envergadura tiene que haber asesores redactores. La grafología tradicional dice que cualquier uso de mayúsculas como único tipo de escritura lleva consigo el incremento potencial del orgullo de la persona que lo realiza, por ello dirigirse en un escrito solo con mayúsculas supone, de por sí, un distan-

QUERIDOS COMPAÑEROS Y COMPAÑERAS:

COMO QUIZÁS SABRÉIS, A PARTIR DEL DÍA DE HOY SE HACE EFECTIVO MI NOMBRAMIENTO COMO PRESIDENTA DE ESTA MARAVILLOSA COMPAÑÍA.

EMPIEZO ESTA ETAPA CON UN ENORME AGRADECIMIENTO POR LA CONFIANZA DEPOSITADA EN MÍ, UN PROFUNDO SENTIMIENTO DE RESPONSABILIDAD Y, SOBRE TODO, MUCHÍSIMO ORGULLO DE HACERLO COMO PARTE DE UN EQUIPO HUMANO INSUPERABLE, QUE ES EL CORAZÓN Y LA CLAVE DEL ÉXITO DE ESTA EMPRESA.

AL SR. ORTEGA, QUE CREÓ ESTA EXTRAORDINARIA FAMILIA, LE QUIERO AGRADECER QUE HAYA PUESTO TODO SU ESFUERZO A LO LARGO DE TANTOS AÑOS PARA HACERLA CRECER Y PERDURAR, Y QUE HAYA ESTADO SIEMPRE AL FRENTE DE ESTE GRAN PROYECTO HACIENDO QUE TODOS LO SINTAMOS COMO ALGO NUESTRO.

AL SR. ISLA LE AGRADEZCO PROFUNDAMENTE LOS 17 AÑOS DE INTENSA DEDICACIÓN PARA HACER DE INDITEX UNA EMPRESA AÚN MÁS SÓLIDA Y PREPARADA PARA EL FUTURO.

Y A TODOS Y CADA UNO DE VOSOTROS OS AGRADEZCO QUE HAYÁIS HECHO POSIBLE ESTE SUEÑO CON VUESTRA VALIOSA CONTRIBUCIÓN, SIN LA CUAL ESTO NO SERÍA POSIBLE.

HE NACIDO Y CRECIDO EN INDITEX, Y NO HA HABIDO UN SOLO MOMENTO DE MI AÚN CORTA CARRERA EN EL QUE NO ME HAYA SENTIDO ABRUMADA POR LA INVOLUCRACIÓN, PROFESIONALIDAD, ESPÍRITU DE SUPERACIÓN Y SOBRE TODO HUMANIDAD DE CADA UNO DE VOSOTROS. OS PIDO VUESTRO APOYO Y PACIENCIA MIENTRAS SIGO APRENDIENDO DE TODOS CADA DÍA Y QUE, CON EL MISMO ENTUSIASMO Y EXIGENCIA DE SIEMPRE, MANTENGAMOS VIVOS LOS VALORES DE TOLERANCIA, RESPETO Y HUMILDAD QUE NOS HAN CARACTERIZADO HASTA AHORA.

EL VERDADERO ÉXITO SE HACE REALIDAD CUANDO SE COMPARTE Y ASÍ CONFÍO QUE HAREMOS PARA SUPERAR TODOS LOS RETOS QUE NOS DEPARA EL FUTURO, QUE NO SERÁN POCOS. EN ESTA NUEVA ETAPA, CON ÓSCAR GARCÍA MACEIRAS COMO CONSEJERO DELEGADO, SEGUIREMOS SIENDO UN EQUIPO QUE TRABAJA SIEMPRE UNIDO EN NUESTRO INCANSABLE ESFUERZO POR MEJORAR Y HACER REALIDAD UN FUTURO PROMETEDOR.

CON ADMIRACIÓN, RESPETO Y MUCHO CARIÑO,

Marta Ortega Pérez.

ciamiento de la persona a la que fuera dirigido el escrito, por su actitud altiva. Todo lo contrario de lo que intenta decir Marta Ortega.

Así muchas personas manifiestan que cuando se encuentran bloques enteros escritos en mayúsculas automáticamente renuncian a la lectura. Y van todavía más lejos: las mayúsculas en comunicaciones por escrito equivalen a los gritos. Gritar nunca ha sido una actitud cordial. En el lenguaje hablado tiene un alto costo social, está muy mal visto. En el lenguaje escrito también, por eso se recomienda que no se escriba en mayúsculas ninguna palabra en un mensaje.

Pero si es importante el formato, lo es aún más el contenido. La utilización de algunas expresiones envía, según los expertos, una mala señal a los inversores y al mercado. Cuando escribe: «Os pido vuestro apoyo y paciencia, mientras sigo aprendiendo de todos cada día», ¿está admitiendo ya que tendrá problemas? Fuentes de los inversores entienden que es una apreciación innecesaria porque se lo pone muy fácil a quienes quieren abrir un debate sobre si quince años en la empresa no han sido suficientes para que la heredera del imperio Inditex haya aprendido y esté capacitada para el cargo que ostenta.

Para los expertos llama también la atención el situarse al mismo nivel que los trabajadores. En realidad, toda la plantilla de Inditex sabe que no es así. El escalafón es el escalafón, no solo como categoría profesional, sino que de él dependen los salarios. Una presidenta no puede ser una trabajadora más, porque no puede estar en la misma situación quien toma las decisiones que los que las soportan. Igualmente, tampoco es nada afortunado relegar al último renglón del documento la figura del consejero delegado, que aventura claramente que Marta Ortega sí va a ejercer como presidenta.

No fue mucho menos significativa su intervención ante la junta general celebrada en julio de 2022. Estas fueron sus frases más significativas de una breve intervención cargada de intenciones:

«Inditex siempre ha sido, antes que cualquier otra cosa, personas. Personas que trabajan con mucha dedicación para alcanzar metas. Personas que jamás se rinden, personas que no se conforman y que buscan siempre mejorar en todo lo que hacen».

«Inditex es el deseo continuo de acercar la emoción y la belleza de la moda a millones de personas en todo el mundo. Es el lugar en el que he crecido, personal y profesionalmente, y donde siempre he querido estar».

«Es la fuente de los valores que comparto, es el proyecto al que, con su confianza, seguiré dedicando todo mi esfuerzo. Con la responsabilidad y el talento de todos nuestros compañeros, estaremos preparados para afrontar los retos que nos traiga el futuro».

Ahora ante en el escenario de una situación geopolítica global complicada, con una inflación desbocada y un contexto más difícil para España, se podrá apreciar si la elección de Marta Ortega ha sido o no precipitada.

8
EL TRAGO DE LA HERENCIA. LOS HEREDEROS E INDITEX

En España, hay pocas familias que no tengan una historia de estas para contar: hermanos y otros parientes enfrentados en nombre de lo que les corresponde después de la muerte de sus ascendientes. Hijos que enloquecen cuando alguno de sus progenitores vuelve a formar pareja y corren el riesgo de que quiera incluirla en el reparto de bienes. No importa el monto.

El reparto de la herencia ocupa el número uno en el podio de los choques familiares, porque realmente no se pelea solo por el dinero, es el momento en que se libran las batallas del poder, del pedigrí familiar, de la posibilidad de eternizar la saga. Es la imposición genética de unos sobre los otros para perpetuarse como líderes del clan familiar.

En esto de las herencias, como dice la canción, la muerte no es el final, al menos para los vivos, y sí es, en muchos casos, el principio de un buen lío para los herederos. «Una herencia sin conflicto no es herencia, es un milagro», leemos en el libro *Hasta que la herencia nos separe*, de Jesús Salgado (La Esfera de los Libros, 2012).

Escribe Tolstoi en *Ana Karenina*: «Todas las familias felices se parecen, pero las infelices lo son cada una a su manera». Esto mismo sucede con las herencias, mientras no llega el momento, el perfil familiar y socioeconómico de las grandes y pequeñas fortunas es parecido, pero cuando cae la fatalidad del reparto, cada una es distinta. No hay dos iguales. Cada familia, cada herencia, tiene su propio ADN.

La realidad, en todo el mundo, es que cuando hay herencias de por medio los parentescos familiares desaparecen y padres, hijos, hermanos y adjuntos sacan lo más ruin de ellos mismos para llevarse cuanto más mejor de la tarta hereditaria. Por ello, llegado el momento, no está de más tener en cuenta en estas situaciones lo que Michael dice a Vince en la película *El Padrino III*: «Nunca tomes partido contra la familia».

En España, cuando de heredar se trata, hay un factor que desempeña un papel esencial: el testamento. Los romanos ya lo tenían claro: «Para que se acuerden de ti una vez muerto, haz testamento». En lo bueno y en lo malo, tenían toda la razón.

Tampoco podemos olvidar aquí nuestro refranero, porque en estas situaciones, como en todas las embarazosas, demuestra que es muy rico. Y en materia hereditaria, un dicho sobresale por encima de todos: «A quien Dios no le da hijos, el diablo le da sobrinos». ¿Qué sucederá con el legado de Amancio Ortega? Aunque la tarta a repartir es generosa, no podemos pasar por alto que el árbol genealógico de Amancio tiene dos ramas con frutos de distintos matrimonios, y a buen seguro que cada una peleará, de puertas adentro al menos, por hacerse con la parte troncal de la herencia. Para evitarlo está el testamento de Amancio, que custodia el notario de La Coruña Francisco Manuel Ordóñez Armán.

HEREDAR EN GALICIA

Legalmente, dado que Amancio Ortega está empadronado en Galicia, llegado el momento de repartir su legado le será aplicada la Lei de Dereito Civil de Galicia, aprobada por el Parlamento Gallego en junio de 2006, que difiere en aspectos muy importantes de la ley general española en materia de sucesiones.

En Galicia, la legítima —herencia de la que los padres no pueden desposeer a sus hijos, salvo contadas excepciones— pasó de dos tercios a un cuarto del total de la masa hereditaria. Así los hijos, a la muerte de sus progenitores, solo tendrán derecho por ley como mínimo al 25 por ciento de lo dejado por sus mayores, frente al 66 por ciento que contemplaba la ley anterior. Con este cambio legislativo, en la comunidad gallega, los padres deberán dejar imperativamente a sus hijos un cuarto de la masa hereditaria, que además debe ser dividido a partes iguales entre ellos. El 75 por ciento restante es de libre disposición y los progenitores podrán cedérselo a quien deseen, bien a sus hijos, o a uno de sus hijos, al cónyuge a quien podrían querer favorecer, o a amigos o conocidos.

Hay que tener en cuenta que Galicia es una de las cinco autonomías que tienen derecho civil propio en la materia, y con esta modificación legal se ha querido dar mayor margen de libertad a sus ciudadanos, adaptando la ley a los nuevos usos sociales. Por ejemplo, los hijos ya no siempre cuidan de sus progenitores, circunstancia que en casos extremos podría acarrear el no tener derecho ni a la legítima.

País Vasco, Aragón, Navarra y Cataluña son las otras comunidades españolas con derecho civil propio. Un navarro puede desheredar totalmente a su descendencia. No está obligado a dejar nada a sus hijos. Cataluña y Aragón también reformaron su legislación y han reducido el porcentaje de la legítima. En el País Vasco se mantienen los dos tercios, igual que en el resto de las comunidades, que están regidas por el Código Civil general.

Otra novedad de la ley gallega es que la costumbre, tan arraigada en esa tierra, ya no tendrá preferencia. Hasta su entrada en vigor, en un pleito se imponía el hábito local, si este se demostraba que existía, sobre la norma escrita. Ya no es así. Según distintas fuentes esta modificación parece un traje hecho a la medida del futuro reparto de la masa hereditaria de Amancio Ortega. El objetivo no es otro que mantener la unidad accionarial del grupo textil sin que las dos ramas hereditarias se enzarcen. Así podría ser que Inditex, la locomotora productiva, fuese para una de las ramas y Pontegadea, la encargada de gestionar el patrimonio, para la otra. Si esto fuera así, con esta fórmula los hijos habidos con Rosalía Mera no tendrían por qué recibir acciones de Inditex, aparte de las que ya tienen por herencia materna, sino otros activos de su padre, siempre que se cumpla con la legítima. Aunque los asesores de Amancio barajaron esa posibilidad, finalmente se descartó porque ello podría perjudicar a Marta, ya que mientras la patrimonial de Ortega apenas está sujeta a los vaivenes del mercado, la volatilidad de las acciones podría disminuir el volumen de la herencia de la nueva presidenta. Por ello Amancio ha previsto subsanar en su testamento esas diferencias, sin poner en riesgo el control familiar y a la vez garantizar la continuidad de Inditex.

Pero vayamos por partes. ¿Quién tiene derecho a la legítima en Galicia? De acuerdo con lo dispuesto por la Ley 2/2006, de 14 de junio, de Derecho Civil de Galicia (LDCG), los legitimarios son «los hijos y descendientes de hijos premuertos, y el cónyuge viudo no separado legalmente o de hecho» (Art. 243 LDCG). Por lo tanto, en el caso de Amancio Ortega sus hijos herederos directos con opción a legítima (25 por ciento) son Sandra Ortega Mera, Marcos Ortega Mera y Marta Ortega Pérez. Habrá que ver qué dispone para su segunda mujer, Flora Pérez, porque legalmente, al concurrir con descendientes del causante, le corresponde en concepto de legítima el usufructo vitalicio de una cuarta parte del haber hereditario. Es más que posible que haya otros posibles beneficiarios, entre los que sin duda estará la Fundación Amancio Ortega. Lo cierto es que para ver dónde va el restante 75 por ciento habrá que esperar a la apertura del testamento, porque a buen seguro Amancio lo dejará todo bien atado. Y, sobre todo, como sostenían los romanos, para que no se olviden de él.

En todo caso, para el día después de Amancio, el problema para Inditex no será de sucesión y de masa hereditaria, sino que Marta Ortega Pérez, fruto de su segundo matrimonio, asuma plenamente la gestión de la compañía como presidenta con independencia de que sea o no accionista de referencia. Hasta que llegue ese momento es presidenta no ejecutiva. Y ese puede ser el problema, porque, como manifestó Juan Roig (Mercadona), «el capital se hereda, la capacidad de gestión, no».

LA FAMILIA

Inditex nació como una empresa familiar y lo sigue siendo, ya que cumple todos los requisitos para ser considerada como tal. Las empresas familiares son compañías creadas y gestionadas por una sola familia. Desde un punto de vista profesional se define empresa familiar como «aquella cuyo patrimonio y gobierno está ejercido por los miembros de una o varias familias y su objetivo estratégico comprende la continuidad de la empresa en manos de la siguiente generación familiar». Al tratarse de una empresa del volumen de Inditex, es preciso conocer la malla familiar que envuelve al grupo, que sin duda está marcando su presente y lo hará en un futuro. Este es el árbol genealógico de los Ortega-Mera-Pérez y la situación de cada uno.

LA DINASTÍA DE LOS ORTEGA-MERA-PÉREZ (A 31 DE OCTUBRE DE 2022)

La dinastía de los Ortega Gaona arranca en Valladolid. Los primeros Gaona de los que se tiene conocimiento nacen en Quintanilla de Trigueros, pero las raíces más consolidadas están en Valoria la Buena, donde en 1877 nace Antonio Gaona Zamora, abuelo materno de Amancio Ortega, que contrajo matrimonio con María del Pilar Hernández Hernández, nacida en 1875, y tuvieron por hija a Josefa Gaona Hernández (1927/2001). Esta contrajo matrimonio con Amancio Ortega Rodríguez en 1927 y son los padres de Antonio, Pilar, Josefa y Amancio Ortega Gaona. Esta es la primera generación de los Ortega Gaona, y, salvo en el caso de Pilar Ortega Gaona, son el núcleo germinal de Inditex, los que

LA DINASTÍA DE LOS ORTEGA-MERA-PÉREZ
(a 31 de octubre de 2022)

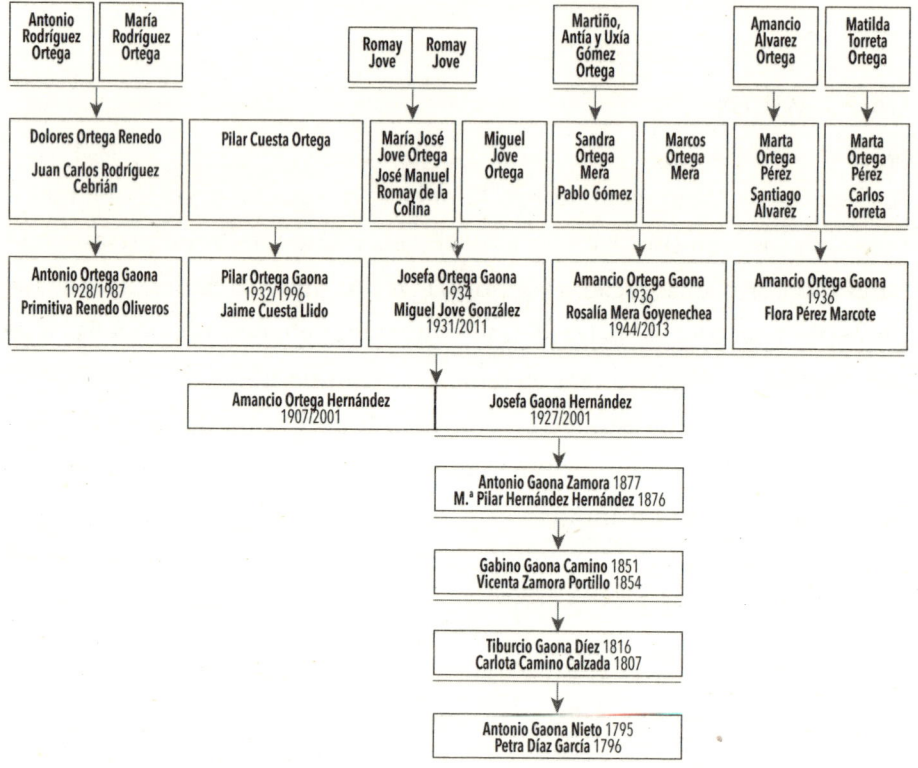

iniciaron el despegue del grupo. Estos son los que conforman la primera generación textil:

- ***Antonio Ortega Gaona*** (1928-1987). Es el primogénito de los Ortega Gaona. Antonio Ortega —que murió en 1987 a los cincuenta y nueve años— fue pieza fundamental en la creación y el diseño de lo que es hoy Inditex.

  Desde el principio, en el proyecto también estuvo su mujer, Primitiva Renedo, la costurera-modista que empezó a confeccionar (junto a Rosalía Mera) las batas de boatiné con hombreras que les dieron el primer impulso. Tuvieron una hija, Dolores Ortega Renedo, que hoy sigue siendo accionista de Inditex.

Entró a trabajar en la mercería La Maja con diecinueve años. Se dice de él que era observador y apacible, que supo establecer los contactos oportunos en el mundo empresarial y cultivó las relaciones sociales. Fue quien acompañó a Amancio a pedir el primer préstamo bancario en una sucursal del barrio coruñés de Los Mallos. Con el montante, los hermanos Ortega Gaona fundaron Goa Confecciones, el embrión de Zara y del gigante Inditex.

Antonio falleció dos años después de que se inscribiera en el Registro Mercantil Inditex como sociedad *holding* del grupo, paraguas de las empresas que habían creado hasta entonces. Los dos hermanos se repartieron las tareas ejecutivas y formaron el primer tándem en la dirección y gestión de la empresa familiar.

- ***Pilar Ortega Gaona*** (1932-1996). Casada con Jaime Cuesta Llido. Tuvo una hija, Pilar Cuesta Ortega, que vive en La Coruña. Conocida como la hermana «pobre», pasó la mayor parte de su vida entre La Coruña y Sudamérica, ajena al desarrollo de la empresa. Su hija celebró la boda en el Pazo de Ancéis, propiedad de Amancio Ortega.
- ***Josefa Ortega Gaona.*** Nació en 1934. Contrajo matrimonio con el coruñés Miguel Jove González. Tiene dos hijos: María José y Miguel Jove Ortega. Estudió en la Escuela de Comercio de La Coruña. Pepita, como se la conoce familiarmente, entró después que sus hermanos Antonio y Amancio en La Maja, aunque nunca trabajó en la tienda, sino que lo hizo en el almacén que acababan de abrir los propietarios del negocio en la plaza de Santa Catalina. Hermana de Amancio Ortega, fue clave en los comienzos de Inditex. Bautizada como su madre, formó junto a sus hermanos Antonio y Amancio el equipo clave del que nacería el gigante textil. Así se recoge en el libro *Amancio Ortega, de cero a Zara*: «Los tres hermanos tuvieron la suerte de reunir los perfiles necesarios para hacer despuntar un negocio de moda: (…) Josefa, una mujer con gran capacidad de trabajo que había estudiado finanzas, era la que se ocupaba de llevar las cuentas».

Pepita permaneció unida al negocio familiar, incluso ejerció como consejera de Inditex desde el primer día hasta 2002, año en el que presentó su dimisión al alcanzar la edad máxima que permitía su puesto. Fue miembro de la comisión ejecutiva.

Siguiendo los pasos de su hermano Amancio, sus inversiones se dirigen hacia el ladrillo. Es la gran tapada, en cuanto a negocios, en el universo Inditex. Con la salida a bolsa de la compañía materializó 95 millones de euros, y a fecha de hoy se mantiene en el accionariado con un 0,54 por ciento.

Ahora son sus hijos, María José y Miguel Jove Ortega, este empleado de Amancio Ortega, los que ocupan cargos en las empresas de referencia de Josefa. El principal vehículo inversor es Incio, con sede en La Coruña, y con un patrimonio que alcanza los 100 millones de euros sin haber experimentado fuertes variaciones en los últimos años. A partir de Incio despliega sus inversiones inmobiliarias y financieras, cuya fortuna se asienta en el despegue de Inditex y en el 0,56 por ciento que tenía de su capital en 2002, valorado en 400 millones de euros.

Incio Inversiones, *holding* con sede en La Coruña, cerró 2021 con unos activos de más de 126 millones de euros y una deuda prácticamente inexistente, otra marca de la casa de los Ortega. Su principal actividad es la gestión de activos inmobiliarios y de sus inversiones. Pero el discreto imperio de Josefa, comparado con el de su hermano, también toca otros palos de negocio. Al margen de otras participaciones en sociedades inmobiliarias, con Incio, la hermana de Amancio Ortega también participa en Kibus Distribución Alimenticia, sociedad constituida en Oleiros en 2018 y de la que a finales del año pasado poseía el 50 por ciento. La empresa se dedica a la gestión *online* de alimentos de mercado y frescos. Además, entre los activos de Incio figuran parcelas forestales situadas en Boimorto y en las que hay pinos, castaños y robles cuyo objetivo es la obtención de madera.

- ***Amancio Ortega Gaona.*** Nació en Busdongo de Arbás (León), en 1936. Socio fundador de Inditex. Inició su trayectoria empresarial en el ámbito de la fabricación textil en 1963. En 1972 constituyó Confecciones Goa, S.A., la primera fábrica de confección de Inditex, y tres años más tarde Zara España, S.A. Contrajo matrimonio con Rosalía Mera, con la que tuvo dos hijos: Sandra, la primogénita, y Marcos Ortega Mera. Tras la separación contrajo matrimonio con Flora Pérez, con la que tiene una hija, Marta Ortega Pérez, la benjamina.

  Toda su vida ha estado entregada a volcar sobre la tela el concepto de moda y el desarrollo del grupo. Hoy es el máximo accionista de la compañía con 1.848.000.315 acciones (más del 59 por ciento del capital) que controla, como se verá, a través de varias instrumentales.

La siguiente generación la conforman los hijos y los sobrinos de Amancio Ortega. Los hijos, sus herederos genéticos, por orden de nacimiento son:

- ***Sandra Ortega Mera.*** Nacida en La Coruña en 1968. Primogénita de Amancio Ortega. Tras la muerte de su madre es la mujer más rica de España. Su fortuna está valorada en más de 6.000 millones de euros. Sus primeras fotos trascendieron a raíz del entierro de su madre, en 2013. Aunque a los dieciséis años, cuando sus padres se separaron, se puso claramente del lado de su madre, Sandra Ortega Mera ha sacado el carácter discreto y el deseo de privacidad del padre. Casada con su amor de juventud, Pablo Gómez (directivo en Inditex), tiene tres hijos: Martiño, Antía y Uxía. Licenciada en Psicología por la Universidad de Santiago de Compostela, posee el 5 por ciento de Inditex por herencia, lo que le permite ser la segunda accionista, tras el fundador, y también lo es de la farmacéutica PharmaMar. Según informaba *El Mundo* en 2014, Sandra ha invertido en edificios en Los Ángeles, Miami, Nueva York y Londres, la mayoría con uso hotelero. Es, también, la presidenta de la Fundación Paideia Galiza, donde trabajaba mano a mano con su madre, hasta su fallecimiento, por las oportunidades de integración para personas con discapacidad, y está entregada al cuidado de su hermano Marcos, del que es tutora.

- **Marcos Ortega Mera.** Nació en La Coruña en 1971. Es el segundo hijo de Amancio Ortega. El nacimiento de Marcos con una profunda parálisis cerebral sacudió a la familia. El pequeño de los Ortega Mera estuvo siempre al cuidado de su madre, Rosalía. Nunca ha trascendido una foto ni más información sobre el único hijo varón de Amancio Ortega. Pero en la biografía de su mujer *Rosalía Mera. El hilo suelto* (La Esfera de los Libros, 2015, escrita por Xabier R. Blanco) se cuenta que aquello marcó para siempre al empresario, que encontró en el trabajo el lugar donde volcarse.

- **Marta Ortega Pérez.** Nació en Vigo en 1984. Hija de Amancio Ortega y Flora Pérez Marcote, estudió en los jesuitas de La Coruña, cursó el bachillerato en Suiza y la carrera de Empresariales en la European Business School de Londres. Con apenas dieciséis años, en 2001, se embolsó 90,5 millones de euros cuando liquidó toda su participación en Inditex. Cumplidos los veintitrés años se incorporó a Inditex, donde ha ido rotando por distintos departamentos, desde un puesto de cara al público en una de las tiendas de Zara en Chelsea (Londres) hasta su actual posición. Antes de ser entronizada trabajaba en el departamento de diseño de moda —Zara Woman— con la responsable de la colección, Beatriz Padín.

  Ha sido ella quien ha sacado a su padre del ostracismo público, convirtiéndolo en todo un fenómeno mediático por su asistencia a los concursos hípicos en los que competía Marta. El viraje en la exposición mediática se hizo patente con la primera boda de Marta con el jinete Sergio Álvarez Moya (con quien tuvo a su hijo Amancio, en 2013), celebrada en 2012 en la misma capilla donde se casaron sus padres. Lo hizo también cuando Amancio cumplió ochenta años al organizar, con la complicidad de su madre, un homenaje sorpresa junto a los empleados en 2016. Y lo hizo de nuevo en su segunda boda, con Carlos Torretta, hijo del célebre diseñador Roberto Torretta y con quien ha tenido a su hija Matilda en 2020.

Antes de alcanzar la presidencia, Marta era vicepresidenta de Partler, la sociedad a la que el fundador de Zara traspasó el control del 9,28 por ciento de Inditex y Gartler, y también era miembro del patronato de la Fundación Amancio Ortega. Las empresas con las que Amancio Ortega controla Inditex.

Los sobrinos de Amancio Ortega (primos hermanos de Sandra, Marcos y Marta) son:

- ***Dolores Ortega Renedo.*** Nacida en La Coruña, en 1959, Dolores es hija de Antonio Ortega Gaona, hermano de Amancio, cofundador de Inditex, y de Primitiva Renedo Oliveros. Está casada con Juan Carlos Rodríguez Cebrián, que fue director general de Inditex entre 1997 y 2005, y es una de las personas más próximas al fundador. Loli para sus íntimos, es la tercera mayor accionista histórica de Inditex, solo por detrás de su tío Amancio Ortega y de su prima Sandra Ortega Mera. Por edad, Dolores Ortega Renedo no perteneció a aquel núcleo duro, pero sí su padre, Antonio Ortega Gaona, y su madre. En 2001 el 26,02 por ciento de Inditex salió a bolsa y, según el diario *El Mundo*, Loli cobró 208 millones de euros y conservó el 0,9 por ciento del capital, valorado en 650 millones de euros. Sus aventuras inversoras inmobiliarias no han sido muy afortunadas:

sirvan de ejemplo Martinsa Fadesa, Habitat o SIIC de París. Unas se evaporaron y otras vieron reducida su participación.

- ***Pilar Cuesta Ortega.*** Es hija de Pilar Ortega Gaona y Jaime Cuesta Llido. Celebró su boda en el Pazo de Ancéis por expreso de su tío Amancio Ortega. No se le conoce ninguna vinculación con Inditex.
- ***María José Jove Ortega.*** Nació en La Coruña en 1965. Primogénita del matrimonio Jove Ortega. Casada con José Manuel Romay de la Colina, hijo del exministro Manuel Romay Beccaría. Tiene dos hijos y trabaja como profesora.
- ***Miguel Jove Ortega.*** Coruñés, es hijo de Miguel Jove y Josefa Ortega. Trabaja de comercial en Inditex, en el departamento de prenda exterior y prenda acabada.

La tercera generación la integran los nietos de Amancio Ortega, Antía, Martiño y Uxía Gómez Ortega, hijos de Sandra Ortega Mera y de Pablo Gómez, por la vía de su primer matrimonio. Y por su segundo matrimonio, Amancio Álvarez Ortega y Matilda Torretta Ortega, hijos de Marta Ortega Pérez con Santiago Álvarez y Carlos Torretta. A ellos hay que sumar cuatro sobrinos nietos por sus hermanos Antonio Ortega y Josefa Ortega.

La línea sucesoria directa de Amancio Ortega, en julio de 2022, está conformada por tres hijos, cinco nietos y su actual mujer, Flora Pérez Marcote. Si el Registro Civil español no lo remedia, sus descendientes no podrán transmitir el apellido Ortega. Es lo que menos importa, porque no volverán a pasar hambre, no solo por la herencia que recibirán, sino por las uniones matrimoniales, más o menos teledirigidas.

¿Qué piensa Amancio sobre los asuntos del corazón de hijos y sobrinos? Lo cierto, según distintas fuentes, es que no suele intervenir en los asuntos del corazón, pero con su forma de fruncir el ceño se puede intuir el resultado final de la relación.

Con independencia de los latidos del amor, de lo que no cabe la menor duda es de que los lazos de sangre juegan un papel fundamental en el desarrollo de Inditex, y estos, lejos de estrecharse, se amplían a medida que la dinastía aumenta el número de descendientes. Amancio sabe que en la familia reside una de las claves del desarrollo y sobre todo el futuro y la consolidación de Inditex. Sus respectivos patrimonios también están unidos en cuanto a su futuro, por idénticos lazos. Los que ya están en edad de «tener» patrimonio generalmente lo administran a través de sociedades de todo tipo, siguiendo los sabios consejos de quienes más entienden en la casa sobre la materia, Amancio Ortega y sus ayudantes (véase anexo «Quién es quién en la esfera familiar de Inditex (a 31 de enero de 2022)».

SITUACIÓN HEREDITARIA DE LOS ORTEGA-MERA-PÉREZ

El expresidente de Inditex, Pablo Isla, como los que le precedieron, era consciente del problema sucesorio/hereditario que podía plantear la falta del presidente fundador. Era, y sigue siendo, sin duda, uno de los mayores riesgos para el futuro del grupo. Ortega también está al tanto de la peculiar situación familiar que dejará a sus herederos y ha tomado medidas para que su falta sea lo menos traumática posible para Inditex, sus trabajadores y accionistas.

Para entender las situaciones es preciso señalar que Inditex, el meollo de la herencia, funciona accionarialmente de la siguiente forma. Las sociedades instrumentales de Amancio controlan directamente el 59,29 por ciento de Inditex (Pontegadea, 50,01 por ciento y Partler, 9,28 por ciento). Otro 5 por ciento corresponde a Sandra Mera, hija de la primera esposa de Ortega; el 1,98 pertenece a Flora Pérez, su segunda mujer. El resto, un 33,73, se reparte entre autocartera, directivos, algunos familiares y finalmente está el porcentaje que cotiza en bolsa. En este contexto —como se apuntó— Ortega, consciente de la situación, y como acostumbra a no dar puntada sin hilo, dicen que «forzó» la modificación de la ley gallega sobre herencias, reduciendo al 25 por ciento el porcentaje de las legítimas.

En el caso, muy hipotético, de que no hubiera testamento, los hijos de Amancio habidos en los dos matrimonios se repartirían la herencia a partes iguales, respetando el derecho a usufructo de la viuda, la madre de Marta Ortega. Pero tenemos que dar por hecho que Ortega a estas alturas habrá hecho testamento tras darle muchas vueltas en la notaría coruñesa de confianza que lidera Francisco Manuel Ordoñez, que también ofició la segunda boda de Marta en la residencia familiar. En este sentido la ley gallega contempla, esquemáticamente, las siguientes situaciones a la hora de redactar un testamento:

1. Sus hijos y descendientes: recibirán obligatoriamente un cuarto, que deberá ser dividido a partes iguales.
2. El cónyuge viudo o pareja de hecho: si concurre, como es el caso, un cuarto en usufructo.
3. Libre disposición para cualesquiera entidades o personas que él designe, tres cuartos.

Con este esquema, los hijos de Rosalía Mera no tendrían por qué recibir acciones de Inditex, sino otros activos de su padre, para permitir a Marta un mayor control accionarial de la compañía, pero ello, como se dijo, perjudicaría a Marta, ya que su herencia quedaría condicionada a la evolución del negocio de la multinacional y su recorrido en bolsa.

En este escenario, Marta Ortega Pérez podría liderar el grupo textil como presidenta y accionista de referencia, sin intervenir directamente en el día a día de la gestión, como ha sucedido en empresas que han vivido una situación similar. Por ello Amancio, a estas alturas, se habrá inclinado por ligar toda su masa hereditaria en un grupo de inversión familiar.

INDITEX: GRUPO DE INVERSIÓN FAMILIAR

Haciéndonos eco de lo que publicó la web *Bolsamanía.com* el 18 de julio de 2011, con ocasión del nombramiento de Pablo Isla como presidente, «Inditex inicia el camino para dejar de ser una sociedad patriarcal y constituirse en un verdadero grupo de inversión familiar con las incertidumbres, miserias y grandezas que ello supone». ¿Qué significa este giro empresarial? El trabajo que ha publicado el *Diario de León* del profesor del Departamento de Política de Empresa de Esade Alberto Gimeno arroja un poco de claridad sobre por dónde puede ir el futuro del grupo textil.

Según este experto en la empresa familiar, «la evolución que ha experimentado Inditex desde su fundación en 1963 hasta el día de hoy es un ejemplo de cambio de modelo familiar empresarial llevado a cabo en una sola generación, algo que generalmente las empresas realizan en dos, tres o cuatro, si es que lo consiguen». En este sentido, el profesor de Esade señala que «Inditex ha pasado de una generación con un *modelo capitán*, en el que hay una persona que es la empresa y tiene otras a su alrededor que le ayudan, al modelo *grupo de inversión familiar*, es decir, un grupo familiar que se compromete con el desarrollo de las compañías en las que invierte, pero cuya identidad ya no está necesariamente asociada a las mismas». Según Gimeno, «los grupos de inversión familiar han aprendido a añadir valor desde el consejo de administración».

Abundando en esta idea, Amancio Ortega declaró que «la incorporación de profesionales externos a la compañía la convierte en más fuerte y cuenta con una organización profesional asentada en una estructura corporativa consolidada». Con el nombramiento de Marta Ortega como sucesora, Amancio Ortega no ha dado un paso atrás para ser miembro activo de la empresa a través del consejo de administración, pero sí ha dejado de asumir la responsabilidad principal en la buena marcha de la misma, que será colegiada por el consejo y el nuevo equipo de dirección.

El nombramiento de Pablo Isla como presidente de Inditex fue el primer paso. «Se ve claramente la intención de Amancio Ortega de apostar para que la empresa evolucione hacia un Grupo de Inversión Familiar, y tiene como nuevo reto asegurar que él mismo pueda mantener su influencia pero sin ejercer el dominio de la sociedad», añade el profesor de Esade, quien concluye que «la evolución que ha hecho Inditex como empresa familiar es un ejemplo y un modelo a seguir, aunque eso no significa que todas las empresas familiares deban seguir este recorrido».

Si bien parece que el cambio de modelo empresarial de Inditex ha sido consecuencia del nombramiento en su día de Pablo Isla como consejero delegado, y como presidente más tarde, lo cierto es que este cambio empezó a producirse años atrás con la incorporación de José María Castellano como consejero delegado de la empresa. En este sentido, Gimeno señala que «el fichaje de Castellano inició un nuevo modelo empresarial de familia profesional con el objetivo de combinar el conocimiento de la compañía con las prácticas de un profesional externo a esta». Esta dualidad fue creciendo gradualmente, separándose el negocio textil (Inditex) de la gestión patrimonial (Pontegadea). Así, en el hipotético caso de que el negocio textil quebrara, el patrimonio de los Ortega quedaría intacto en Pontegadea.

En base a lo anterior, las alternativas del futuro de Inditex pasan por convertirse en:

- *Un grupo de inversión familiar* (family office) en el que la participación de los familiares lo es mediante su patrimonio, con inversiones que se hacen en una empresa que se maneja de forma mancomunada. Aquí los integrantes de la familia no son los responsables de la dirección o manejo del negocio principal, el textil. En este modelo cambia la relación familia-empresa, convirtiéndose en familia-inversión.
- *Un grupo tipo corporación,* en el que la empresa ha crecido significativamente a base de establecer procesos. Por tal motivo la

familia ve la necesidad de trasladar la gestión de dirección a terceros. Los familiares se mantienen como propietarios y directivos con cierta participación, pero ven limitada su capacidad de decisión en la gerencia, a la que han delegado las funciones directivas.

Ambos modelos podrían aplicarse a Inditex, pero todo induce a pensar que finalmente será una *family office* la que gestione todo el patrimonio legado por Ortega, desligando, como él quiere, lo que ya es una realidad actualmente, la actividad comercial —Inditex, que genera la gran parte de los dividendos— de la patrimonial —Pontegadea, que los administra sacando la máxima rentabilidad—. El concepto tradicional de *family office* se centra en un negocio dirigido por y para una sola familia con el objetivo de que la transmisión del patrimonio entre generaciones no afecte a su funcionamiento. Esa es la doctrina que legará Amancio Ortega para superar los posibles conflictos hereditarios. En España hay actualmente más de 1.200 organizaciones de este tipo, de las cuales 270 tienen su sede en La Coruña. Esquemáticamente la *family office* Ortega-Mera-Pérez respondería al siguiente gráfico.

ESTRUCTURA *FAMILY OFFICE* ORTEGA-MERA-PÉREZ

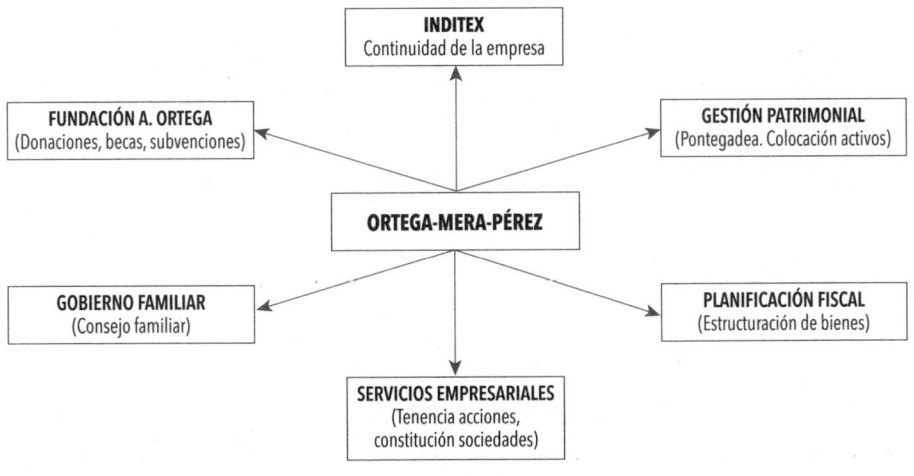

Amancio tiene claro, desde hace tiempo, que el futuro de Inditex depende de una transmisión ordenada de la herencia, porque según se recoge en *Amancio Ortega. De cero a Zara* (La Esfera de los Libros, 2004) en una reunión con los empleados, con motivo del anuncio de la creación de la Fundación de Amancio Ortega, dijo públicamente que «aunque adoraba a sus hijos, y por lo mismo había previsto que sus necesidades económicas estuvieran siempre cubiertas, no les iba a dejar la empresa, aunque claro que disfrutarán de los derechos económicos». De ahí que la creación de una *family office* sea la opción que más se acerca a sus deseos.

La paulatina retirada de Amancio Ortega de los órganos de responsabilidad de la empresa textil obedece a una estrategia planificada para asegurar el futuro y la continuidad del grupo, encaminada a superar el primer relevo generacional. No se puede olvidar que Inditex es, a día de hoy, una empresa patrimonial familiar, no solo desde el punto de vista accionarial sino también desde la concepción de la moda y la producción: «Todo lo que es moda y diseño ha estado en la cabeza de Amancio», aseguran los críticos ante la deriva que están implantando en esta materia los nuevos *cerebros*. ¿Quién va a cubrir esta faceta cuando se produzca ese vacío? Todo indica que Marta ha cogido el relevo de su padre en este campo.

De momento ha asumido técnicamente las riendas su hija Marta Ortega Pérez. Veremos hasta dónde puede llegar esa más que necesaria e imprescindible profesionalización vía testamentaria.

PRIMER REPARTO DE LA PROPIEDAD

Con la salida a bolsa Amancio Ortega ya hizo un primer reparto, en el que sus tres hijos, su primera mujer (hoy fallecida), su segunda mujer, hermanos y sobrinos recibieron un generoso lote de acciones.

El reparto inicial del capital de Inditex, antes de la salida a bolsa, y el resultado posterior tras la colocación del 26,09 por ciento parece que no fueron una casualidad o un capricho de Amancio Ortega. Ese término no figura en el diccionario del máximo responsable de la empresa. Toda la familia directa e indirecta recibió una parte sustanciosa de la tarta. En el momento de la fotografía de la salida a bolsa, naturalmente, él mantuvo entonces la mayor parte del pastel, un 61,22 por ciento, después de haber ingresado 179.149 millones de pesetas por la parte proporcional que tuvo que liberar para la OPV. Posteriormente, ya en 2003, cedería de su bolsillo a su segunda mujer, Flora Pérez, el 1,98 por ciento del capital de Inditex, tal y como ya se contemplaba en el folleto remitido a la CNMV en su día.

En esta escala de reparto le siguió su exmujer, Rosalía Mera Goyenechea, a quien, pese a haber recibido 92.709 millones de pesetas por venta de acciones, no le impidió conservar el 6,99 por ciento del capital de Inditex, a través de la sociedad Rosp Corunna, ahora reducido al 5,053 que han heredado sus hijos Sandra y Marcos Ortega Mera convirtiéndose en los segundos accionistas del grupo.

La siguiente en la lista fue Dolores Ortega Renedo, sobrina de Amancio y primogénita de su hermano Antonio Ortega, quien ingresó 34.769 millones de pesetas, guardándose una participación del 1,14 por ciento de la empresa. La siguió su prima, la hija primogénita de Amancio Ortega, Sandra Ortega Mera, que ingresó 182 millones de pesetas y no se reservó ninguna participación en el capital, pero que ahora ha retornado como accionista al heredar de su madre.

Primitiva Renedo Oliveros, mujer del difunto Antonio Ortega Gaona, ocupó el quinto lugar de los que entraron fuerte en el reparto y, después de ingresar 27.308 millones de pesetas, conservó un 0,90 por ciento del capital de Inditex.

Por su parte, Josefa Ortega Gaona, la segunda hermana de Amancio, ingresó 15.819 millones de pesetas y se quedó con un 0,50 por ciento de participación.

Marta Ortega, la única hija de la relación de Amancio con su segunda mujer, ingresó 15.067 millones de pesetas y, como su hermana por parte de padre, tampoco se quedó con participación en la empresa. Con la entrega a su segunda mujer, ya en 2003, del 1,98 por ciento, concluyó el reparto por lazos de sangre directos.

La unidad familiar de Antonio Ortega Gaona (Josefa Renedo, su mujer, su hija y el marido de esta, Juan Carlos Rodríguez Cebrián, fallecido con anterioridad al reparto) ingresó 71.217 millones de pesetas, y conservó un 3,59 por ciento de la sociedad que los situaba en el tercer lugar tras Amancio y su exmujer Rosalía Mera. Este hecho se ha interpretado como el agradecimiento de Amancio a su hermano, uno de los principales impulsores del proyecto Inditex en sus inicios.

Los dos ejecutivos que recibieron una participación significativa fueron los hombres de confianza de Amancio Ortega. José María Castellano Ríos ingresó 9.341 millones de pesetas y mantuvo inicialmente un 0,57 por ciento de la empresa, y Juan Carlos Rodríguez Cebrián, sobrino político de Amancio por su matrimonio con María Dolores Ortega Renedo, obtuvo 9.040 millones de pesetas y una participación del 0,55 por ciento. Salvo veinticuatro directivos más del grupo que recibieron alguna «gracia» en acciones, el resto acudió a la oferta para empleados, que no se cubrió en su totalidad.

Todo lo anterior se produjo en julio de 2000, poco más de un año antes de la salida a bolsa. Entonces Amancio Ortega también vendió un total de 12.481.400 acciones conforme a la siguiente distribución:

- 3.621.400 acciones a un total de veinticuatro directivos del grupo.
- 3.672.600 acciones a José María Castellano Ríos.
- 3.449.600 acciones a Juan Carlos Rodríguez Cebrián.
- 1.131.200 acciones a Josefa Ortega Gaona, hermana de Amancio y directiva de Inditex.
- 706.600 acciones a Inditex para autocartera.

Pagaron 2,93 euros por cada una, y quedaron sujetas a los compromisos de no efectuar transmisión de acciones por un periodo de tiempo razonable. Prácticamente todos los directivos que adquirieron acciones de Inditex, incluidos José María Castellano y Juan Carlos Rodríguez Cebrián, financiaron la adquisición de la totalidad o parte de las acciones a través de préstamos concedidos por BBVA Privanza Banco S.A., pignorando todas o una parte de las acciones como garantía del cumplimento de las obligaciones de pago asumidas bajo dichos préstamos.

En el cuadro siguiente puede verse, después de la venta en OPA del 26,09 por ciento de las acciones con ocasión de la salida a bolsa en 2001, cómo quedó la composición de la propiedad de la empresa. Como se recoge a continuación, la mayor fortuna recayó alrededor del apellido Ortega-Mera.

LA PROPIEDAD DE LA FIRMA TRAS LA SALIDA A BOLSA

	Acciones antes OPV	%	Acciones después OPV	%	Acciones vendidas
Amancio Ortega Gaona	465.828.00	74,73	381.596.400	61,22	73.245.556
Rosalía Mera Goyenechea	87.180.000	13,98	43.590.000	6,99	37.904.348
Dolores Ortega Renedo	14.215.200	2,28	7.107.600	1,15	14.215.200
Sandra Ortega Mera	12.400.000	1,99	–	0,00	12.400.000
Primitiva Renedo Oliveros	11.164.800	1,79	5.582.400	0,90	11.164.800
Josefa Ortega Gaona	6.467.800	1,04	3.387.800	0,55	6.467.800
Marta Ortega Pérez	6.160.000	0,99	–	0,00	6.160.000
José Mª Castellano Ríos	3.819.200	0,61	3.572.600	0,55	246.600
Juan Carlos Rodríguez Cebrián	3.696.200	0,60	3.449.600	0,58	246.600
24 directivos Inditex	3.621.400	0,58	3.621.400	–	–
Total	**614.553.400**	**98,59**	**451.907.800**	**72,51**	**162.645.600**

Nota. A Flora Pérez Marcote, actual mujer, se le preadjudicaron 12.320.000, equivalentes al 1,98 por ciento del capital con cargo al 61,22 por ciento de Amancio Ortega.

¿Fue este reparto una donación/reparto en vida a los herederos y familiares? ¿Cómo se considerará a efectos hereditarios? Solo los afectados y Amancio lo saben. Pero así quedó conformada la propiedad con nombre y apellidos de Inditex.

LA MASA PATRIMONIAL DE AMANCIO ORTEGA

Desde aquel reparto el patrimonio personal de Amancio no dejó de crecer. En diciembre de 2017, preparando el día después, el fundador de Inditex culminó el proceso de delegación de todas sus responsabilidades en la empresa que fundó. Aunque el empresario llevaba desde 2011 fuera de las funciones ejecutivas del grupo, es en dicha fecha cuando se hace público que abandona todos sus cargos en Inditex y sus filiales. Según publicó el Boletín Oficial del Registro Mercantil dicho mes, Ortega renunció a ser el apoderado mancomunado solidario de Inditex, S.A. y de otras 52 sociedades de la compañía, entre las que están las cadenas, las fábricas, las distintas sociedades de logística, así como otros nombres relevantes como el caso de Tempe. Una decisión que no tuvo impacto sobre el funcionamiento real de la compañía.

Ortega ya había dado, como se ha visto, un paso a un lado en 2011. Entonces, dejó la presidencia del grupo en manos de Pablo Isla, quien se mantuvo hasta el 31 de marzo de 2022, con el fin de profesionalizar la empresa incorporando técnicos ajenos a la familia, decisión que acabaría propiciando su salida de la multinacional.

Libre de las responsabilidades legales en Inditex, ahora Amancio Ortega se ocupa de vigilar la evolución de su patrimonio personal, una madeja tan compleja como la que dio lugar al hilvanado de Inditex, pero sin apartar la vista de la cabecera del grupo, principal acreedor de su patrimonial, vía dividendo.

Para determinar la masa hereditaria (patrimonio) de Amancio Ortega, es preciso desenredar el ovillo cuyo hilo le ha permitido tejer un emporio empresarial al margen de la actividad productiva y comercial del grupo, para evitar interferencias no deseadas. Estas son las principales sociedades de las que es titular y que gestionan todo su patrimonio.

Pontegadea Inversiones, S.L.

Es la casa común de todo el patrimonio de Amancio Ortega. La presidencia la ocupa él mismo, como vicepresidentes están su mujer Flora Pérez y José Arnau Sierra. Roberto Cibeira Moreiras figura como consejero delegado y Jaime Francisco Carro, como secretario del consejo. En marzo de 2022 se incorporó como consejera Marta Ortega. Su auditor es Deloitte.

Tras la salida a bolsa, como Amancio no quería tener en el banco el dinero generado por Inditex, sino invertirlo en negocios seguros al margen de la actividad textil, sus asesores le recomendaron que se metiese en negocios estables para consolidar y acrecentar los rendimientos obtenidos de su participación en Inditex. Así se ha convertido en el casero del mundillo empresarial y fue organizando y diversificando todo su patrimonio bajo el paraguas de Pontegadea.

El hombre clave en este armazón, aunque figura como vicepresidente segundo del *holding*, es José Arnau Sierra. Él es el verdadero cerebro de la sociedad, ya que para Amancio es más que un hermano, es el *alter ego* en quien tiene confiados todos sus haberes.

¿Pero quién es José Arnau? Es vicepresidente de Inditex —en el organigrama de Inditex segundo tras Isla, primero, y ahora tras Marta— desde junio de 2012. Consejero externo dominical, en el consejo de administración. Nacido en el municipio lucense de Foz en 1956, es una persona muy discreta a la que le gusta pasar desapercibido. Licenciado en Derecho por la Universidad de Santiago, fue inspector de Hacienda en Santiago de Compostela y presidente del Tribunal Económico Administrativo de Galicia antes de incorporarse a Inditex en 1997. Ortega le fichó para pilotar la asesoría jurídico-financiera de la empresa, que ya empezaba a navegar con viento de cola.

Es primer ejecutivo del *holding* Pontegadea desde 2001. Fue director de la asesoría fiscal y miembro del comité de dirección de Inditex desde 1993 hasta 2001 y miembro de su consejo de administración entre 1997 y 2000. Fue miembro de diferentes consejos de administración representando a Pontegadea Inversiones y fue profesor asociado de derecho Tributario en la Universidade da Coruña, entre 1993 y 1996. Es miembro del patronato de la Fundación Amancio Ortega desde su creación y su vicepresidente ejecutivo desde 2017. Es titular directo de 30.000 acciones. Dicen que José Arnau, siempre de la mano de Ortega, diseñó personalmente todos los detalles para garantizar la continuidad del gigante de Arteixo. Tanto en lo profesional como en lo personal-familiar, Arnau Sierra se ha convertido en el hombre de máxima confianza de Ortega. Está considerado como el albacea testamentario de Amancio.

La cabecera del *holding*, como se ha dicho, es Pontegadea Inversiones, S.L., que tiene como fecha de creación el día 8 de junio de 2001. Pontegadea, su sede social, se halla en la calle Cantón Grande, 4, en La Coruña. Su domicilio siempre había estado al lado de Inditex en Arteixo, pero para acentuar su desvinculación con la textil, se cambió el domicilio a la ciudad de La Coruña.

La empresa enmarca su principal actividad CNAE (Clasificación Nacional de *Actividades* Económicas) como 7010. Su objeto social es la participación en sociedades mercantiles, así como la adquisición y disposición de acciones, valores mobiliarios y bienes inmuebles. Pontegadea Inversiones, S.L. tiene forma jurídica de Sociedad Limitada. Ocupa el segundo puesto en la clasificación provincial y el 54 en el *ranking* nacional.

El *holding* Pontegadea cerró el ejercicio 2019 —previo a la pandemia por Covid— con un beneficio neto de 1.778 millones, con un aumento del 14,7 por ciento respecto al ejercicio precedente. La cifra de negocio alcanzó los 2.261 millones, de los que 1.640 corresponden a ingresos por dividendos de sociedades participadas, entre ellas Inditex, y el resto de otros dividendos y rentas de inmuebles.

Al cierre del ejercicio de 2021 Pontegadea contaba con 11 empleados, todos ellos de plantilla, que administran el imperio de ladrillo e inversiones de Amancio, valorado, solo en la parte correspondiente al patrimonio inmobiliario, en más de 10.000 millones de euros. A ello hay que añadir sus participaciones accionariales, entre ellas la propia Inditex. El coste del personal en dicho ejercicio fue de 15 millones de euros. Tres millones fueron a parar a los miembros del consejo de administración.

El cometido básico de los directivos y empleados de Pontegadea es buscar en qué invertir dinero cada año. Básicamente, la premisa es comprar edificios de oficinas, hoteles y locales comerciales en buenas calles de las grandes ciudades del mundo. No vale cualquier cosa: solo se compra lo mejor, en la mejor zona. Y si el precio parece inflado, no hay trato. Los activos deben ser sencillos y seguros, nada de viviendas y tampoco nada que pueda afectar a la imagen pública de la empresa o de Ortega, siempre muy discreto. Ortega solo compra los mejores activos.

Todos los inmuebles —según publicó el diario *El País*— se ponen luego en alquiler y de ahí se obtiene un rendimiento cada año. La patrimonial de Amancio Ortega es casera de compañías como Amazon, Apple, Primark y de la propia Inditex. En el ejercicio correspondiente a 2021, Pontegadea Inversiones alcanzó una cifra de negocios de 28.125 millones de euros, con un crecimiento del 35 por ciento respecto al año anterior, como muestran las cuentas consolidadas que ha depositado en el Registro Mercantil. El grupo registró un beneficio de 3.419 millones de euros en 2021. «El objetivo principal del subgrupo inmobiliario es maximizar la rentabilidad de las inversiones, manteniendo los riesgos controlados», explica la empresa en su informe anual.

Estas cifras consolidan a la patrimonial como la operadora más grande del mercado inmobiliario español y le sitúan por encima de sus competidores europeos directos. Según informó *Cinco Días*, de esa cartera de inmuebles, una pequeña parte corresponde a propiedades hoteleras, con un valor de entre el 5 y el 10 por ciento del portfolio, lo que supone una inversión de hasta 1.500 millones. Por tipo de inmuebles, el mayor peso recae en las compras de edificios de oficinas (alrededor del 60 por ciento) y *retail* (más del 30).

Como estamos viendo, todo lo que rodea a Amancio Ortega tiene unas cifras astronómicas. Fue a finales de diciembre de 2012 cuando Ortega traspasó el 50,01 por ciento de Inditex que controlaba a través de su instrumental Gartler a Pontegadea Inversiones. Esta transacción le permitió, a través de su brazo armado de inversión, concentrar y simplificar toda la estructura de control de todo su patrimonio.

El mecanismo de funcionamiento es sencillo. Desde Pontegadea Inversiones y todas sus filiales se encargan de ordenar y dar salida al dinero que cada año entra, en forma de dividendos u otras rentas, en los bolsillos de Amancio Ortega. De ella también depende la Fundación Amancio Ortega. Así, Pontegadea Inversiones es el gran paraguas que cubre a un buen puñado de filiales en España y en el extranjero, con sus dos ramas: la rama de inversiones y la inmobiliaria. En realidad, son vasos comunicantes: por Pontegadea Inversiones entra el dinero de Inditex, vía dividendos, y por la otra, Pontegadea Inmobiliaria, el dinero sale en forma de inversiones que también son muy rentables.

Desde esta matriz se inyecta dinero en las filiales para que hagan sus compras. Así Ortega va acumulando edificios emblemáticos, desde la Torre Picasso o la Torre Cepsa en Madrid a una manzana comercial en Miami o un hotel en Manhattan.

Hoy Pontegadea Inversiones es el número uno del sector inmobiliario en España, además de tener un peso importante en países como Estados Unidos y Reino Unido. Allí, precisamente, realizó su penúltima compra (para Amancio Ortega, no hay última), el The Post Building de Londres, un edificio emblemático de la capital inglesa, por algo más de 700 millones de euros.

Durante el ejercicio 2021, el Grupo Pontegadea realizó inversiones relevantes en el sector de las infraestructuras, con la adquisición del 5 por ciento del capital de Redeia (antes Red Eléctrica) y el 12 por ciento de la compañía portuguesa REN, y llevó a cabo su primera operación en renovables con la toma del 49 por ciento del parque eólico Delta de Repsol. Estas inversiones se suman a las participaciones del 5 y el 30 por ciento en Enagás y Telxius, respectivamente, incorporadas a la cartera en ejercicios anteriores.

La cartera inmobiliaria del grupo cerró el año 2021 con una valoración de mercado de 15.264 millones de euros, frente a los 14.075 millones de euros en 2020, de acuerdo con las tasaciones independientes realizadas en cada uno de los mercados en los que opera.

La cifra de negocio está integrada por los dividendos recibidos de Inditex y del resto de sociedades participadas junto a los ingresos generados por la gestión de la cartera inmobiliaria del grupo. Así, a los 1.294 millones de euros de dividendos provenientes de Inditex, en el año 2021 se han sumado 29 millones procedentes de otras sociedades participadas y 647 del negocio inmobiliario.

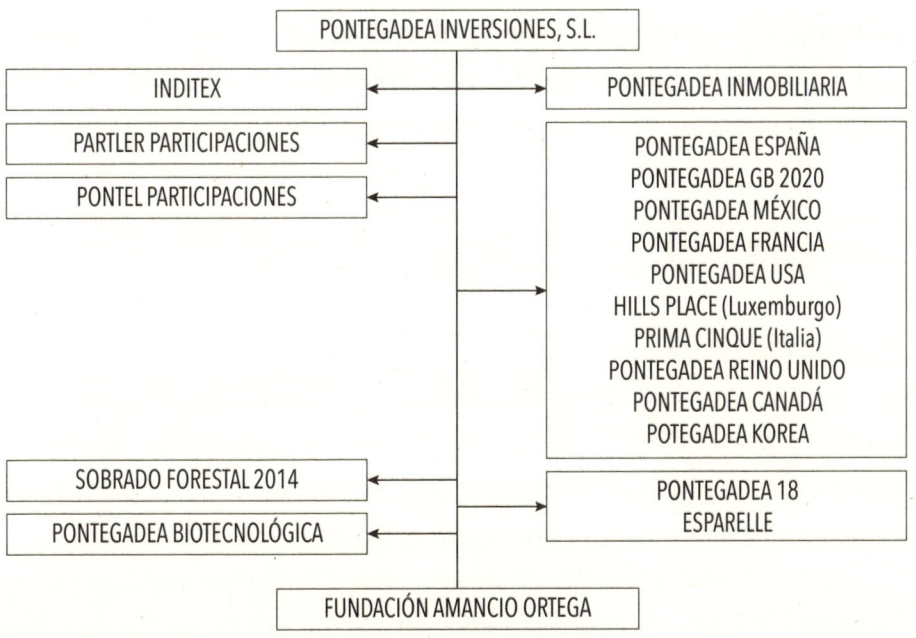

El grupo registró en el ejercicio 2021 una aportación de 290 millones de euros como donación a la Fundación Amancio Ortega Gaona, destinados en su mayoría al programa para la implantación de la protonterapia en el Sistema Nacional de Salud de España. El beneficio neto del grupo ascendió durante dicho ejercicio a 1.606 millones de euros e incluye los resultados extraordinarios obtenidos por la venta de la división de torres de Telxius a American Tower, efectuada en enero de 2021. Este es el organigrama empresarial, en constante desarrollo, de Pontegadea:

Inditex

Es el germen que le ha permitido desarrollar, tras la venta en la OPV primero y con dividendos posteriores, toda la trama empresarial que se verá a continuación. La participación en esta sociedad la efectúa a través Pontegadea Inversiones, S.L., con 1.558.637.990 títulos, que representan el 50,01 por ciento del capital de Inditex y de Partler 2006, S.L., que controla 289.362.325 títulos, que representan el 9,28 por ciento. En total su participación en capital social del grupo es del 59,29 por ciento, que se traduce en 1.848.000.315 acciones. La cotización a 31 de enero de 2022, cierre del ejercicio, era de 27,00 euros por acción, lo que arroja un total de 49.896 millones de euros. Los dividendos que aporta a Amancio Ortega anualmente oscilan entre los 1.200 y 1.700 millones de euros.

Partler Participaciones

Creada en julio de 2020. Su presidente es Amancio Ortega, como consejeros se sientan su hija Marta Ortega Pérez, José Arnau Sierra y Roberto Cibeira Moreiras. Cuenta con cuatro empleados. Su auditor es KPMG Auditores.

En la mencionada fecha Ortega traspasó el 9,28 por ciento que tenía en Inditex a través de la sociedad Partler 2006 a esta de nueva creación,

Partler Participaciones, como consta en una notificación publicada en la CNMV. Se trata de un total de 289,4 millones de títulos, unos 7.814 millones de euros aproximadamente a 1 de marzo de 2021.

Tampoco en ese caso hubo cambio de ningún tipo más allá del societario, puesto que tanto la propiedad como los derechos de voto se mantuvieron bajo el poder de Amancio Ortega.

La misma suerte ha corrido el 5 por ciento que el empresario gallego tiene en Enagás.

Esparella 2006, S.L.

Constituida el 11 de febrero de 2005. Procede de la antigua firma Esparelle Inmobiliaria, S.L., que pasó a llamarse Esparelle 2016, S.L. tras una ampliación de capital por 81,7 millones de euros —con lo que la compañía pasó de los poco más de cinco millones de capital social a casi 86,7 millones—, según los datos publicados en su día por el Boletín Oficial del Registro Mercantil. Su administrador único es José Arnau Sierra. Cuenta con una plantilla de tres empleados.

Esparelle es una de las sociedades herederas de la etapa en la que el fundador de Inditex se asoció con Restaura, promotora catalana, con la que tuvo negocios conjuntos en los años dorados del ladrillo para la compra y rehabilitación de inmuebles de primer nivel.

La sociedad, centrada hasta ahora en viviendas residenciales de lujo, amplió su objeto social, con lo que tiene entre sus actividades la inversión de capital en empresas o negocios inmobiliarios, la adquisición de inmuebles, la venta y la construcción.

Los cambios introducidos en el Registro Mercantil también incluyen entre su ámbito de actuación la adquisición, administración y enajenación de participaciones en sociedades y la inversión inmobiliaria, a lo que suma las actividades propias del *holding* y servicios empresariales a entidades del mismo grupo.

Entre otros inmuebles, cuando la alianza con los catalanes, Esparelle ofertaba pisos residenciales en la urbanización Jardín Botánico, en Málaga, entre otros.

Dentro del capítulo «servicios empresariales a entidades del mismo grupo», funciona prácticamente como financiera. Esparelle es una especie de banco, que inyecta dinero que llega de la matriz en las filiales, para que realicen sus compras. Su actividad se centra también en financiación y seguros.

Pontegadea 18, S.L.

Constituida en enero de 2018, se constituyó con un capital de 3.000 euros. Según la información publicada en el Boletín Oficial del Registro Mercantil, la nueva firma del fundador de Inditex tiene por objeto social «administrar, gestionar y explotar su participación en sociedades o entidades civiles o mercantiles, españolas o extranjeras, cualquiera que sea su fin u objeto».

Los apoderados de la compañía son Íñigo Bengoechea y Jaime Francisco Carro. Bengoechea figura también como apoderado de siete de sus sociedades, entre ellas Pontegadea Inversiones y Partler, con las que Ortega controla el 59,29 por ciento del capital de Inditex.

El nombre del nuevo apoderado de estas siete sociedades se conoció después de que Amancio Ortega abandonara su condición de apoderado en hasta 53 filiales de la multinacional textil coruñesa.

La creación de Pontegadea 18 supone un nuevo movimiento en el entramado patrimonial del empresario coruñés.

Pontel Participaciones, S.L.

Ortega también tiene algunas apuestas fuera del ladrillo. En 2018 compró el 16,65 por ciento de la empresa Pontel Participaciones, S.L., que a su vez tenía el 60 por ciento de Telxius, una firma de infraestructuras de telecomunicaciones (antenas de telefonía, básicamente). Fue, como se verá, una de las operaciones más rentables para Amancio. Aquella operación le permitió hacerse con el 10 por ciento de Telxius, filial de Telefónica. Una inversión, según fuentes de Pontegadea, que respondía a la estrategia de Ortega: «Son activos físicos necesarios para desarrollar actividades de otras empresas, especialmente gigantes tecnológicos y de telecomunicaciones, con perspectivas de rentabilidad a largo plazo».

El largo plazo fue muy corto, pero la inversión fue exitosa. Telxius, filial de Telefónica, estaba participada por KKR y por Pontegadea, entre otros. Con la venta en enero de 2021 a American Tower Corporation (ATC) de 30.722 emplazamientos de torres de telecomunicaciones y filiales asociadas a Telxius, por 7.700 millones de euros, Ortega ingresó unos 770 millones de euros, cuando hace menos de tres años había pagado 378,8 millones por aquel 10 por ciento de Telxius, es decir, obtuvo una plusvalía de, aproximadamente, 391 millones.

Grilse

En 2013 Amancio Ortega puso en manos de su actual mujer, Flora Pérez Marcote, esta sociedad, mientras que su hija Marta ocupaba un puesto de consejera junto a Antonio Abril, entonces secretario general de Inditex, y José Arnau Sierra, vicepresidente de Inditex. La sociedad Grilse gestionaba, entre otras cosas, la lujosa hípica que el empresario posee en el municipio coruñés de Arteixo. Grilse había absorbido otra de las sociedades patrimoniales de Ortega, Inversiones Menlle, de la que Flora Pérez poseía la mayoría accionarial. La reordenación empresarial llevada a cabo en sus activos supuso la absorción de su firma hípica Grilse, propietaria del centro hípico Casas Novas, por parte de Pontegadea España. Ello supuso la disolución de Grilse.

Pontegadea 2015

Fue absorbida por Pontegadea Inversiones en enero de 2021, con todas sus participaciones financieras (entre ellas la participación en Telxius).

Pontegadea GB 2020

En el verano de 2020 se escindió de Pontegadea Inversiones la nueva sociedad Pontegadea GB 2020, que agrupa activos inmobiliarios localizados en el mercado británico. Se trata de una medida profiláctica. A medio plazo, el propósito es aislar los riesgos relacionados con el Brexit del resto del *holding*, aunque de momento algunos inmuebles británicos dependerán de sociedades diferentes de Pontegadea GB.

Pontegadea Biotecnológica

Pontegadea Biotecnológica, hoy renombrada como Pontegadea 2015, inició su actividad en octubre de 2002. Su objeto social lo decía todo: la adquisición, obtención, tenencia, explotación, comercialización de patentes, invenciones científicas de cualquier ámbito y, en particular, en el campo de la salud humana, así como la participación en sociedades o entidades civiles o mercantiles, españolas o extranjeras.

Antes de las donaciones a la sanidad pública, Amancio Ortega financió dos proyectos biomédicos de la Universidad de Navarra con Pontegadea Biotecnológica.

Bajo ese manto se encontraba una participación del 10 por ciento en el capital de una unión temporal de empresas bajo el paraguas del Proyecto Cima, que vendría a ser el Centro de Investigación Médica Aplicada de la Universidad de Navarra, dedicado al desarrollo de nuevos métodos de diagnóstico precoz y de productos farmacológicos que ayudasen a la curación de enfermedades.

La duración de esta UTE (Unión Temporal de Empresas) fue de unos diez años, hasta 2013, y su presupuesto global ascendía a 152 millones de euros. Este importe se financió por los socios durante diez años en función del porcentaje de participación de cada uno de ellos.

Acompañaron a Amancio Ortega en la aventura grupos del nivel del BBVA, El Corte Inglés, Omega Capital (Alicia Koplowitz), Grupo Masaveu, Corporación Caja Navarra, Unicaja, Ungria Patentes y Marcas y el Grupo Fuertes, propietarios de El Pozo.

No fue el del CIMA el único proyecto relacionado con la sanidad en el que entró Pontegadea Biotecnológica. La sociedad de Ortega también tomó una participación de algo más del 8 por ciento en la firma Digna Biotech, prima hermana del proyecto de la Universidad de Navarra, pero dedicada a la investigación farmacéutica.

Partler 2006, S.L.

Fue constituida el 17 de octubre de 2006 con el siguiente objeto social: participar en sociedades mercantiles, mediante la suscripción o adquisición de su capital; administrar, gestionar y explotar su participación en sociedades o entidades; adquirir y disponer de títulos, participaciones, etcétera.

La empresa tiene menos de cinco empleados. Las ventas aportadas en el balance son de más de 30 millones euros. Esta sociedad fue traspasada en 2020 a Partler Participaciones.

Pontegadea Inmobiliaria

Como las hormigas, Amancio Ortega ha ido creando una de las mayores inmobiliarias españolas. Esta filial de Pontegadea Inversiones cerró 2016 con una cartera de activos de 6.700 millones de euros repartidos por todo el mundo y 72 millones de euros de beneficio. Su auditor es Deloitte.

Recientemente ha creado una filial para agrupar todos sus inmuebles en España, entre los que se encuentran la Torre Cepsa y la Torre Picasso, que tienen un valor de 1.365 millones de euros.

Bajo Pontegadea Inmobiliaria se despliega otro ramillete de empresas. Así los inmuebles españoles están en Pontegadea España y el resto se reparte entre Pontegadea México, Pontegadea Francia, Pontegadea USA, Hills Place (Luxemburgo), Prima Cinque (Italia), Pontegadea UK, Pontegadea Canadá, Pontegadea Korea, la financiera Esparelle y Pontegadea 18, entre otras.

Pontegadea España

En noviembre de 2017 nació esta sociedad como consecuencia de la segregación de Pontegadea Inmobiliaria. Ortega nombró a José Arnau y Roberto Cibeiras administradores mancomunados de Pontegadea España.

Así ha creado una filial específicamente para el negocio inmobiliario patrimonialista en España. Pontegadea España asume los inmuebles destinados al alquiler, por ejemplo edificios tan emblemáticos como Torre Cepsa y Torre Picasso en Madrid. El fundador de Inditex realiza estos movimientos por una cuestión de reestructuración organizativa, para que cada país cuente con sus propias filiales y Pontegadea Inmobiliaria, de la que hasta ahora dependían los activos españoles, únicamente sea la cabecera del *holding*.

A partir de ahora, Pontegadea Inmobiliaria servirá únicamente como cabecera del grupo de filiales en los distintos países y España contará con su propia sociedad que agrupe los activos de Ortega en España. La filial española ha aprovechado la estructura de la sociedad Torre Norte Castellana, el vehículo dueño de la Torre Cepsa adquirido al jeque Kadhem Al Qubaisi por 490 millones, y le cambia el nombre a Pontegadea España.

Entre los activos se encuentran Torre Cepsa (diseñada por Norman Foster); Torre Picasso, adquirida a FCC; el edificio de Gran Vía 32 en Madrid comprado a Drago Capital, y la tienda de Apple en la plaza Catalunya de Barcelona. Hay más, pero la última incorporación, a comienzos de 2021, ha sido la compra del hotel Senator Playaballena, ubicado en Rota (Cádiz), en la conocida zona turística Costaballena, por un importe aproximado de 25 millones de euros. Se trata de un hotel de cuatro estrellas, con 324 habitaciones y spa, que pertenecía al grupo Hoteles Playa.

Sobrado Forestal 2014, S.L.

Constituida el 21 de julio de 2014, con un capital de 3.000 euros, su actividad se centra en la silvicultura y otras actividades forestales. Entre su objeto social amplio está también la explotación agrícola, forestal, ganadera, avícola y pecuaria de fincas rústicas, y la importación, exportación, intermediación, transformación y comercio al por menor y mayor de maderas y productos forestales, agrícolas, ganaderos y avícolas y la compraventa, tenencia, uso y explotación de la importación, exportación, intermediación, transformación y comercio al por menor y mayor de maderas y productos forestales, agrícolas, ganaderos y avícolas. José Arnau Sierra, vicepresidente de Inditex y máximo responsable de Pontegadea, es el administrador único de la sociedad.

En 2020 le inyectó 1,3 millones de euros. Es uno de los proyectos de futuro de Amancio Ortega. A muchos sorprendió que Antonio Abril Abadín, entonces como director de cumplimiento normativo de Inditex, inaugurara en abril de 2018 una especie de laboratorio para el monte ubicado en el mítico y legendario, para los gallegos, Pico Sacro (La Coruña), cuya cima es el primer lugar desde donde se divisan las torres de la catedral de Santiago de Compostela.

¿Qué interés puede tener el Grupo Inditex en la gestión sostenible de los bosques gallegos?, se preguntarán algunos. Aparentemente ninguno, pero en la práctica hay toda una estrategia empresarial que comparten otros grupos industriales españoles.

Warren Buffett, al que muchos consideran el mejor inversor de todos los tiempos, señaló en una ocasión que: «Alguien se sienta hoy en la sombra de un árbol que plantó hace mucho tiempo». Una frase inspiradora que las mayores fortunas de España han sabido llevar a la práctica. Además, de forma literal. Hasta el punto de que el negocio forestal, plantar árboles para décadas después vender su madera, tiene entre sus principales actores en nuestro país a nombres como Rafael del Pino, Florentino Pérez y Amancio Ortega, que como siempre está donde se le espera. Todo obedece a que desde hace una década el imperio de Amancio Ortega está apostando por el medio ambiente dentro de sus compromisos de responsabilidad social corporativa. Decisión que le lleva a promover la silvicultura sostenible y certificada por todo el planeta, pero especialmente en Galicia, donde hasta ahora el bosque apenas servía para otra cosa que hacer papel o tableros de aglomerado.

Impulsado por Inditex, la Asociación Forestal de Galicia inauguró en el emblemático Pico Sacro (Boqueixón, junto a Santiago de Compostela) un «monte demostrativo» donde, como primer paso, se han quitado eucaliptos y plantado castaños, nogales, cerezos y robles para investigación en aras de un mayor rendimiento. El proyecto funciona como una escuela de silvicultura en la que propietarios forestales, técnicos y comunidades de montes vecinales pueden poner en marcha distintos aprovechamientos, desde la producción de madera de frondosas hasta la recolección de setas y frutos del bosque, los cultivos agrarios y la educación ambiental. Lo que se dice un bosque inteligente. Para ello cuentan con la colaboración de la Fundación Energy Lab, la Universidad de Santiago de Compostela y FSC-España, pero especialmente con los once pequeños dueños de los terrenos que han cedido dieciocho hectáreas de sus propiedades para facilitar su desarrollo.

En la inauguración de este singular espacio, el responsable de Inditex dejó bien claro que la compañía seguirá apostando en sus tiendas por las maderas, el papel y el cartón procedentes de bosques certificados FSC, un aviso que ha encendido todas las luces de atención en Galicia. En esta línea, Amancio Ortega ha dado un giro copernicano a sus inversiones.

A la compra de edificios enteros, empresas y toda clase de activos, acaba de añadir una insólita línea de negocio: plantación de castaños. Para tener, como muchos otros gallegos, su propio *souto* (bosque de castaños) ha elegido el municipio de Sobrado dos Monxes, en el interior de La Coruña, en la linde con Lugo, para poner en marcha lo que sus portavoces califican de «proyecto innovador» que busca generar actividad económica en el mundo rural. Aunque la madera de castaño es un valor al alza, el principal problema radica en que son precisos más de treinta años para empezar a rentabilizar la inversión. La otra alternativa es compatibilizar el proceso con la producción de castañas, a partir de los quince años, que tienen cada vez más una salida en el mundo de la gastronomía. Y en Galicia todos elucubran: «Si Amancio Ortega está plantando castaños, será por algo».

Pero no está solo en el negocio. Junto a él, su hija Sandra Ortega y su hermana Josefa Ortega Gaona, con otros socios que le han imitado en el negocio principal, como García Peralte, de la empresa Tempo, la zapatería de Inditex, Rafael del Pino y Florentino Pérez, que han apostado por invertir en proyectos sostenibles. Pero lo cierto es que dentro del clan Ortega las inversiones al margen de Inditex de sus distintos miembros parecen siempre seguir el mismo camino. Activos inmobiliarios estratégicos y otras apuestas más singulares que van desde la producción gastronómica de proximidad hasta el negocio forestal.

La inversión de Amancio Ortega en bosques ha sido oficializada a través de su brazo inversor, Pontegadea, de la que cuelga la filial Sobrado Forestal 2014, constituida en La Coruña en el año 2015 y cuyo objeto es una plantación no solo experimental de castaños de distintas variedades en una extensión de algo más de 100 hectáreas en el municipio coruñés de Sobrado dos Monxes. Según los expertos, esto le permite mantener una plantación de 10.000 árboles, si están dedicados a producción de castañas, y 100.000 pies si se dedica exclusivamente a la producción maderera. Una plantación de castaños, según la Xunta de Galicia, alcanza su madurez en un plazo de diecisiete-dieciocho años. Llegado a esa edad, cada árbol puede producir unos 50 kilos de castañas.

Mientras los Del Pino y Florentino hacen equipo a través de la firma Foresta Private Equity II, Ortega ha preferido probar fortuna en solitario con la firma Sobrado Forestal 2014. En unos años, los dos bandos se enfrentarán en el mercado maderero para colocar sus productos *premium*. Pero hasta entonces sus sociedades no paran de acumular ampliaciones de capital para incrementar el volumen de unidades plantadas. Al fin y al cabo, se trata de uno de los negocios con mayor necesidad de tiempo de maduración, con estimaciones medias superiores a los treinta años, de cuantos se pueden invertir.

Hasta entonces, tanto los primeros como los segundos buscan otras actividades que les permitan mantener vivas dichas sociedades. En el caso de los Del Pino y Florentino la actividad secundaria es la venta de nueces. Así, una de las tres firmas que gestionan a través de Foresta Private, Nogales del Tiétar, tiene su propia línea de productos ecológicos con tres variedades distintas: Howard, Tular y Chandler. Aunque la pretensión final es poder empezar a vender madera de alta calidad más allá de 2030.

Los Del Pino y Florentino no están solos en el negocio. De hecho, el accionariado de Foresta Private tiene muchos más nombres propios como Telefónica, Bankia (que lo tomó al fusionarse como BMN) o el Consorcio de Compensación de Seguros. El papel predominante lo tiene la sociedad Foresta Capital, propiedad de ACS, seguida por Casa Grande Cartagena, que es la firma familiar de los Del Pino.

Para Amancio Ortega Sobrado Forestal 2014 nació como proyecto para repoblar los montes gallegos con castaños. El magnate ha logrado en los últimos años incrementar notablemente el número de unidades plantadas y ha puesto su grano de arena para luchar contra la excesiva utilización de eucalipto.

El eucalipto tiene otras peculiaridades menos benignas, dado que provoca más incendios (retroalimentando la espiral viciosa) y no ofrece beneficios económicos a la zona. Por ello, Ortega prefirió apostar por castaños que, antes de comercializar su madera, menos cara que el nogal, también ofrece una oportunidad económica como la explotación de la castaña o el aprovechamiento del monte incentivando la micología.

Fundación Amancio Ortega

La Fundación Amancio Ortega se constituyó ante notario el 10 de julio de 2001 y su órgano de gestión es un patronato presidido por Amancio Ortega Gaona. Le acompaña su mujer Flora Pérez Marcote, como vicepresidenta desde el año 2005. José Arnau Sierra forma parte del patronato de la Fundación Amancio Ortega desde su constitución en 2001 y como vocales aparecen Marta Ortega Pérez, Pablo Isla Álvarez de Tejera y Roberto Cibeira Moreiras.

Según su web, «la Fundación Amancio Ortega es una institución sin ánimo de lucro fruto de la experiencia de su fundador y su deseo de contribuir a una sociedad mejor. La Fundación diseña y gestiona proyectos acordes con la estrategia determinada por su patronato, presidido por su fundador. Sus programas comparten el objetivo de crear oportunidades para sus beneficiarios, actuando prioritariamente en dos sectores clave para una vida de calidad: la educación y el bienestar social. En el área educativa, la Fundación activa recursos que facilitan a los participantes en sus proyectos crecer individualmente y enriquecer su entorno. En el área asistencial, la Fundación Amancio Ortega lleva a cabo tanto acciones de gestión propia como colaboraciones con instituciones consolidadas en la dedicación constante en beneficio de personas y colectivos más vulnerables. En el desarrollo de su actividad, la Fundación Amancio Ortega asigna recursos de capital, trabajo y conocimiento a cada una de sus líneas de actuación. Todas sus acciones vienen precedidas de un trabajo previo de identificación, valoración y selección de proyectos. Sus programas se desarrollan en un marco temporal determinado, con metas y objetivos definidos, y su ejecución viene acompañada de un estricto seguimiento y control de resultados».

Por encima de las polémicas suscitadas en algunos sectores, quizás por desconocimiento, lo cierto es que a marzo de 2021 estos son algunos proyectos que tiene en marcha:

- Advanced Talent Training (área educativa).
- Centros de atención integral a personas mayores (área social).
- Escuelas infantiles de Galicia (escuela infantil de Vigo, área social).
- AMENCER-ASPACE (centro de educación especial y atención terapéutica, área social).
- Programa de apoyo a la oncología pública (área social).
- Programa de apoyo sanitario en la emergencia provocada por el Covid-19 en España (área social).
- Inmuebles de uso social y asistencial construidos y equipados por la Fundación Amancio Ortega.
- Máster en producción periodística y audiovisual (área educativa).
- Inspiratics (área educativa).
- Programa de becas (área educativa).

Donaciones Covid-19

Mención especial, como lo fue la situación creada por la pandemia, es la aportación de Inditex a través de la Fundación Amancio Ortega para la lucha contra el Covid-19.

Inditex donó 177 millones de unidades de material sanitario para luchar contra la pandemia del Covid-19 durante el año 2020, con una inversión de 40,4 millones de euros, según refleja el informe de gobierno corporativo publicado por la empresa con ocasión de la presentación de resultados de aquel año.

Los vuelos fletados por la compañía transportaron 2.300 respiradores, más de 120 millones de mascarillas quirúrgicas, casi 44 millones de guantes, 425.000 pantallas faciales, 540.000 buzos protectores, 1,5 millones de batas quirúrgicas, 350 camas hospitalarias, 1,9 millones de test y 17 robots para acelerar su procesamiento. Para este fin, Inditex ha destinado 24,6 millones de euros, según los datos actualizados a marzo de 2021.

Por otra parte, la compañía destinó 31.000 artículos como mantas y ropa de cama a las personas sin hogar, albergues y centros sanitarios. Estos recursos se distribuyeron a través de Cruz Roja y Cáritas, organizaciones con las que el grupo trabaja regularmente. El Ayuntamiento de La Coruña, la Xunta de Galicia y la Comunidad de Madrid también participaron en el proceso de distribución.

Del árbol a la plancha

Pontegadea, que se sepa, aún no ha registrado ni ha puesto nombre a ninguna empresa para llevar la pasta de madera a la plancha, pero a buen seguro que están en ello. Dicen los expertos que el futuro del textil pasa por este sector. Por ello, tras esta pasión por lo verde del clan de los Ortega se esconden otros objetivos, y en esto, todo parece indicar que Inditex y la Xunta de Galicia van de la mano. El anteproyecto liderado por ambos de convertir los árboles gallegos en camisetas y otras prendas de vestir con dinero de Europa está en marcha. El ahora expresidente de la Xunta Alberto Núñez Feijóo propuso a la Unión Europea gastar 850 millones para producir 200.000 toneladas de viscosa, que impulsará un incremento del 33 por ciento en la tala de madera gallega a la vez que se atiende una demanda del mercado textil que reclama nuevas fibras.

Todo empezó 2020 cuando Alberto Núñez Feijóo decidió darle a Inditex un puesto en la mesa de expertos que seleccionan los proyectos con los que Galicia opta a los fondos europeos para la reconstrucción tras el Covid. El director general de finanzas de la multinacional, Ignacio Fernández, explicó en esas reuniones que los productores textiles buscan por medio mundo un nuevo material cada vez más demandado: la viscosa. Se trata de una fibra vegetal que se produce transformando la madera y que las principales marcas de ropa utilizan para fabricar prendas a las que poder colgar etiquetas en las que se lean palabras como «verde» o «sostenible».

Con la idea de Inditex bajo el brazo, la Xunta ha presentado un proyecto al gobierno central con una inversión prevista de 850 millones de euros. El plan, según *elDiario.es,* consiste en la puesta en marcha de una gran fábrica de viscosa que se alimente de la madera que ofrecen los bosques gallegos. Mientras Pedro Sánchez decide si incluye ese proyecto en la lista de candidatos a los fondos Next Generation, el presidente de la Xunta pedía más madera a los gallegos. Feijóo no tardó en anunciar un nuevo plan forestal (2020-2040) para apuntalar su proyecto, que incrementará un 33,3 por ciento la tala de árboles y una nueva ley para recuperar los montes abandonados y ponerlos a producir bajo el amparo de un banco de tierras controladas por la administración autonómica.

Galicia aporta, según los datos de la Consellería de Medio Rural, el 60 por ciento de la madera cortada que produce España. Son un total de nueve millones de metros cúbicos, producción que la Xunta quiere ampliar hasta los 12 millones. El anuncio de incremento se produce paralelamente a la puesta en marcha del proyecto para el que se pide dinero de Europa y que supone que el bosque encuentre en el sector textil una nueva línea de producción más allá de la acostumbrada conversión de eucaliptos en pasta de papel.

Feijóo ya se había posicionado. Durante un encuentro con el presidente de Asturias auspiciado por el diario *La Voz de Galicia*, el 18 de noviembre de 2020, aseguró lo siguiente: «El tema de la viscosa para nosotros tiene una importancia estratégica; nos va a obligar a ordenar mejor los montes, a certificar la madera, a disminuir los costes en extinción de incendios y a que los gallegos sepan que en el plan forestal tienen un plan de pensiones: cada veinte años tendrán una corta que generará un ingreso familiar de forma sucesiva».

El plan con el que la Xunta quiere acceder a los fondos europeos es ambicioso. Según explican a *elDiario.es* fuentes de la Consellería de Economía, «el proyecto parte de la previsión de conseguir una capacidad productiva de 200.000 toneladas de fibra textil. Se estima que, de este modo, Galicia representaría alrededor del 3 por ciento de la producción mundial, situándose al nivel de los principales productores con una capacidad media anual de entre 160.000 y 190.000 toneladas».

Más allá de esas cifras generales, apenas se sabe nada del proyecto: no se ha decidido la localización de la factoría ni quiénes serán los socios inversores para su puesta en marcha. En Inditex aseguran que «se trata de un proyecto de la Xunta» y no aclaran si ellos mismos pueden jugar un papel como socios o receptores de ayudas europeas.

Mientras tanto, la compañía fundada por Amancio Ortega mantiene una decidida apuesta por el uso de fibras vegetales como eje de su producción. Solo durante el año pasado fabricaron 13 millones de prendas tejidas con este tipo de materiales. En su página web la compañía asegura que «en 2023, el cien por cien de las fibras celulósicas que utilicemos serán sostenibles, apoyando el compromiso hacia una viscosa responsable». Las fibras que valora el mercado son aquellas con un sello de garantía que certifique que no se han obtenido de bosques primarios o amenazados.

En la conversación telemática con su homólogo asturiano referida anteriormente, Alberto Núñez Feijóo dejó varias frases que suenan a confesión: «Los paisajes no se compran. Eso se tiene o no se tiene. Otra cosa es que lo cuidemos». No en vano, Feijóo resume del siguiente modo su idea de Galicia a vista de pájaro: «De tres millones de hectáreas de territorio, dos tercios es madera».

Del ovillo al ladrillo

Como se ha dicho anteriormente, Ortega creó Pontegadea en 2001 para invertir el millonario dividendo anual que percibe de Inditex —más de 1.000 millones de euros anuales—, y desde entonces ha ido sumando activos a la sociedad hasta convertirla en un gigante con presencia en el mercado inmobiliario, en infraestructuras energéticas y de telecomunicaciones y, recientemente, en energías limpias.

¿Por qué esta fiebre inversora de Amancio Ortega? La justificación de esta actividad inversora es que «los empresarios que acumulan capital de su negocio habitualmente tienen un vehículo de inversión que gestiona ese exceso», declaró a la Agencia France Press Juan Carlos Amaro, profesor de finanzas en la escuela de negocios Esade. El objetivo es «diversificar y preservar» su fortuna construyendo un «refugio» frente a las fluctuaciones bursátiles. Con una reputación de empresario prudente, Ortega no busca especular con lo inmobiliario, sino invertir en algo sólido a largo plazo, afirman los analistas preguntados. «Amancio ha escogido una actividad relativamente conservadora, no con gran rentabilidad, pero bastante estable», asegura el portavoz de Pontegadea. El grupo evita las inversiones en edificios de viviendas, potencialmente más rentables, pero con mala reputación en España, todavía marcada por la crisis inmobiliaria que estalló en 2008.

Su imperio inmobiliario, como se ha visto, de momento está presente en España, Francia, Portugal, Reino Unido, Italia, Estados Unidos, México, Canadá y Corea del Sur. Dotado de una «inclinación por las cosas bonitas», Ortega solo compra edificios «bonitos», dicen desde Pontegadea. El millonario se hizo, por ejemplo, con el Haughwout Building, una joya de la arquitectura clásica neoyorquina, o el 815 Connecticut Avenue, unas oficinas acristaladas a dos pasos de la Casa Blanca, en Washington. El destino de estos inmuebles es el alquiler. El propietario de Inditex no duda en arrendar inmuebles a la competencia, como la tienda madrileña de la cadena irlandesa Primark. ¿Y podría intentar encarecer el alquiler a sus rivales? Los contratos se rigen con «condiciones de mercado», responden en Pontegadea, asegurando que vigilan lo contrario, no favorecer las marcas de Inditex.

SITUACIÓN PATRIMONIAL DE LOS TRES HEREDEROS DIRECTOS

Los herederos de Amancio Ortega son los dos hijos de su primer matrimonio, Sandra y Marcos Ortega Mera, y Marta Ortega Pérez, hija de su segundo matrimonio. También tendrá su parte en la tarta, como usufructo o por vía testamentaria, su actual mujer, Flora Pérez Marcote. Como los hijos son los primeros en el organigrama hereditario, estamos ante dos ramas totalmente distintas que comparten tronco (padre), pero con patrimonios dispares. Antes de que se distribuyan la herencia, esta es la situación patrimonial de cada uno de los tres brotes del árbol genealógico de los Ortega-Mera-Pérez.

Sandra, la primogénita

Sandra Ortega Mera y su hermano Marcos Ortega Mera forman una de las ramas del árbol que heredarán, por lo menos la legítima, de Amancio Ortega. La parte ejecutiva, muy experimentada, de esta rama la encarna Sandra Ortega Mera, y como tutora también gestionará la que corresponde a su hermano. Ella nunca quiso trabajar para Inditex.

Sandra Ortega Mera nació en La Coruña el 19 de julio de 1968, dos años después del matrimonio de sus padres, celebrado en 1966.

Comenzó sus estudios en las Esclavas del Sagrado Corazón para continuar tercero de BUP y COU en el instituto de A Sardiñeira, cerca de la calle Noia, donde conoció a Pablo, un compañero de clase, con el que se acabaría casando.

Un año antes de alcanzar la mayoría de edad, su padre inscribió en el Registro Mercantil una sociedad, Industrias de Diseño Textil, S.A., que acabó convirtiéndose en la multinacional que es hoy. Ese mismo año sus padres, Amancio y Rosalía, se separaron y casi al mismo tiempo nació la Fundación Paideia Galiza, promovida por su madre y apoyada por su padre.

Cuando Sandra Ortega acabó la carrera de Psicología en la Universidad de Santiago, empezó a trabajar de la mano de su madre, centrándose en Antear, un programa dirigido a jóvenes discapacitados para su inserción laboral.

Sandra Ortega Mera era, en el reparto que Amancio hizo antes de la salida a bolsa, la cuarta accionista de Inditex, como ya hemos visto, con un 1,99 por ciento, pero se deshizo de la totalidad de las acciones aprovechando el fuerte incremento que tuvo la acción de Inditex en los primeros días en los mercados de valores. Nunca quiso estar vinculada profesionalmente a Inditex.

Al timón de la Fundación Paideia Galiza, concebida —según su propia definición— como un espacio de formación e investigación en ciencias humanas y sociales, tras el fallecimiento de su madre se ha convertido en la mujer más rica de España. Pero no todo es herencia, aunque ha ayudado. Decidió emprender su camino —quizá sería más correcto decir que decidió continuar lo iniciado por su madre— y hoy posee una fortuna mucho más allá de la recibida por la saga familiar. De hecho, en Inditex tan «solo» cuenta con el 5,053 por ciento de las acciones, que eran parte de la herencia de su madre, que le generan un dividendo de entre 50 y 140 millones cada año.

Para deshilar la estructura empresarial que gestiona, el núcleo de este ovillo tenemos que buscarlo en el *holding* Rosp Corunna Participaciones Empresariales, S.L., la sociedad patrimonial de Sandra Ortega Mera a través de la cual gestiona sus inversiones inmobiliarias y participaciones empresariales. Constituida el 29 de mayo de 2001, está domiciliada en la plaza de María Pita de La Coruña. Su objeto social es la adquisición, tenencia, conservación, mantenimiento, explotación y enajenación de bienes inmuebles. Su administradora única es ella.

Cuenta con una plantilla de más de veinte personas, todas ellas fijas, que fueron lideradas por su hombre de confianza durante dos décadas, José Leyte Verdejo, que dejó de serlo, ya que fue cesado en noviembre de 2020. Leyte, que estaba de apoderado ya con Rosalía Mera, fue sustituido por José Antonio Fresnedo Amado, un hombre de la casa que ya ejercía en distintas las sociedades de inversión del *holding*. Aunque el ascenso es reciente, su trayectoria en el Rosp Corunna viene de años atrás, pues formó tándem con el propio Leyte durante casi una década.

Ahora, con excepción de PharmaMar, Fresnedo está asumiendo los galones que tenía Leyte en el grupo. El paso más significativo fue su nombramiento como apoderado en la sociedad cabecera del *holding*, Rosp Corunna.

El mismo movimiento se produjo en Ferrado Inmuebles, una sociedad inmobiliaria que maneja alrededor de 800 millones en activos. En este caso, José Antonio Fresnedo ya ocupaba el cargo de apoderado mancomunado en una gestión compartida con Leyte, al igual que sucedía con otro de los brazos inversores de Sandra Ortega, Rosp Corunna Participaciones Empresariales.

Los últimos datos correspondientes al ejercicio de 2021 arrojan un beneficio de 241 millones de euros, frente a unas pérdidas de 91 millones del ejercicio de 2020. La principal aportación procede de los dividendos del 5,05 por ciento que heredó de su madre, que la han convertido en la segunda mayor accionista de Inditex. Su patrimonio a finales de dicho ejercicio alcanzó los 6.300 millones de euros.

En diciembre de 2020 Sandra Ortega dio un doble golpe en la mesa para pasar a convertirse en protagonista social tras una vida en la trastienda. Como se ha dicho, por una parte cesó al hombre de confianza de toda la vida en Rosp Corunna, José Francisco Leyte Verdejo, y en paralelo se incorporó al consejo de administración de PharmaMar, como segunda mayor accionista de la empresa biotecnológica que aspiraba a lograr un tratamiento contra el coronavirus. La noticia trascendió del cauce habitual que utiliza toda la familia. La Comisión Nacional del Mercado de Valores (CNMV) informó de este cambio en la compañía biotecnológica con sede en Colmenar Viejo, Madrid, en la que Rosp Corunna cuenta con el 5,01 por ciento de las acciones y la propia Sandra Ortega con otro 5,01 por ciento a título personal. Es, de hecho, la segunda mayor accionista de la farmacéutica, junto al presidente de PharmaMar, José María Fernández Sousa-Faro, y su mujer, Montserrat Andrade, que cuentan con el 11,02 por ciento.

Parece que las cosas llevaban un tiempo sin ir demasiado bien en PharmaMar, de cuya comisión de auditoría había salido Rosp Corunna dejando nombres tan relevantes como el de Ana Palacio, ministra de Asuntos Exteriores con José María Aznar, o el de Carlos Solchaga, titular de Economía e Industria con Felipe González.

La destitución de Leyte Verdejo, licenciado en Derecho y diplomado en Ciencias Económicas y Empresariales por la Universidad Pontificia de Comillas, que antes de llegar a Rosp Corunna había trabajado en Arthur Andersen y Barclays Bank, y fue responsable de Deutsche Bank Private Banking para Galicia y Asturias antes de ocupar la dirección de la división de banca privada de Caixa Galicia, se produjo después de haber perdido su confianza tras varias operaciones fallidas, según publicaron distintos medios económicos.

Como puede verse a continuación, Rosp Corunna tiene una estructura y un esquema de funcionamiento muy similares a Pontegadea, la patrimonial de su padre. En 2021 se confirmó que la balanza de los negocios de Sandra Ortega se inclinaba definitivamente hacia inversiones en oficinas, dejando atrás la apuesta por los hoteles. Así trascendió que negociaba su salida de Room Mate, la cadena hotelera presidida por Kike Sarasola y de la que posee un 31 por ciento. No obstante, y al margen de esta participación, al menos de momento, la empresaria mantiene a través de Rosp Corunna diversas inversiones inmobiliarias, entre ellas, en el sector hotelero. Sin embargo, la apuesta hotelera de la hija de Amancio Ortega y Rosalía Mera se ha mantenido plana en los últimos años, periodo en el que, por contra, ha optado por la adquisición de inmuebles de oficinas destinados al alquiler.

Junto a la patrimonial anterior, estas son las empresas más significativas del *holding* Rosp Corunna:

HOLDING ROSP CORUNNA

```
                         ┌─────────────────┐
                         │  ROSP CORUNNA   │
                         └─────────────────┘
┌──────────────────────┐    │         │    ┌──────────────────────┐
│   ROSP CORUNNA       │◄───┤         ├───►│  FERRADO INMUEBLES   │
│ PARTICIPACIONES      │    │         │    └──────────────────────┘
│ EMPRESARIALES        │    │         │                │
└──────────────────────┘    │         │                ▼
┌──────────────────────┐    │         │    ┌──────────────────────┐
│  SOANDRES ACTIVOS    │◄───┤         │    │   FERRADO GARDEN     │
└──────────────────────┘    │         │    │   FERRADO LIDO       │
┌──────────────────────┐    │         │    │   FERRADO US         │
│       BREIXO         │◄───┤         │    │   FERRADO BAYVIEW    │
└──────────────────────┘    │         │    │   FERRADO MIAMI      │
┌──────────────────────┐    │         │    │   FERRADO QT         │
│     PHARMAMAR        │◄───┤         │    │   FERRADO LA         │
└──────────────────────┘    │         │    │   CAPITALIA          │
┌──────────────────────┐    │         │    │   FERANDO ESMORÍS    │
│     ROOM MATE        │◄───┤         │    └──────────────────────┘
└──────────────────────┘    │         │                │
┌──────────────────────┐    │         │                ▼
│     JARDINERÍA       │◄───┤         │    ┌──────────────────────┐
└──────────────────────┘    │         │    │  FERRADO NACOMPORTA  │
┌──────────────────────┐    │         │    └──────────────────────┘
│      CULTIGAR        │◄───┘         │
└──────────────────────┘              │
                    ┌─────────────────┴─┐
                    │ FUNDACIÓN PAIDEIA │
                    └───────────────────┘
```

- ***Rosp Corunna Participaciones Empresariales***

Constituida en mayo de 2001, tiene su domicilio en la plaza de María Pita de La Coruña. Su administradora única es Sandra Ortega Mera desde julio de 2014. Como se ha visto, su objeto social es la adquisición, explotación y enajenación de bienes inmuebles, así como la adquisición y enajenación de acciones. Obtuvo un beneficio de 241,3 millones en 2021, tras perder 91,0 millones en 2020. Cuenta con una plantilla de tres personas.

- *Ferrado Inmuebles, S.L.*

Constituida en mayo de 2001. La administradora única es María Sandra Ortega Mera. El objeto social de esta empresa es la gestión y promoción inmobiliaria, compra, venta, arrendamiento, construcción, explotación, adquisición y administración de inmuebles. También financiar y prestar servicios a las empresas participadas. Cuenta con cinco empleados. Según las últimas cuentas publicadas ante el Registro Mercantil, Ferrado Inmuebles, sociedad a través de la que Sandra pilota sus negocios propios en el ladrillo, sumaba 761 millones de euros en activos, de los que 292 millones se correspondían con inversiones inmobiliarias (76 millones en terrenos y 215 millones en construcciones).

La cartera de activos inmobiliarios de Ferrado se distribuye entre España, Estados Unidos, Alemania, Austria y Portugal, estando la mayor parte de ellos ubicados en el extranjero. Como su padre, en 2019 Sandra Ortega acometió una reorganización de sus sociedades dedicadas al ladrillo, ya que Ferrado absorbió a otra de sus históricas inmobiliarias, Bétula Investments, ejercicio, previo aún a la irrupción de la pandemia, que golpeó con fuerza al sector turístico. Las principales operaciones de la sociedad fueron entonces la adquisición de un inmueble en Alemania y otro en Austria. El objeto, en los dos casos, «el desarrollo de una actividad inmobiliaria consistente en el arrendamiento de locales para el comercio minorista u oficinas».

Según la memoria de la sociedad, el activo adquirido en Alemania es un edificio situado en Eschborn, con un valor neto contable de 58,6 millones de euros. El inmueble de Austria, también de oficinas y ubicado en Viena, está valorado en 57,8 millones.

Según los administradores de la sociedad, los ingresos en rentas procedentes de sus inversiones inmobiliarias ascendieron a casi 13 millones de euros.

Significativamente mayores fueron las rentas devengadas, por ejemplo, por el arrendamiento de varios locales en un inmueble adquirido en Múnich (4,1 millones de euros) o del edificio de oficinas de Eschborn (2,8 millones).

Como le pasa a su padre, el ladrillo norteamericano sigue atrayendo la mirada de la empresaria, que destina allí buena parte de las inversiones. Ferrado Inmuebles también cuenta con hoteles en Estados Unidos (figuran en su portfolio americano, entre otras filiales, The Hotel Crafters Inc., Hotel Crafters LA, Hotel Crafters Hollywood y Crafters Laguna). Todas sus sociedades americanas se aglutinan bajo el paraguas de Ferrado Properties Inc., que cerró el ejercicio 2019 con unas pérdidas por encima de los 26 millones de euros.

Al menos uno de los hoteles propiedad de la cartera de Sandra Ortega en Hollywood no tendría en estos momentos actividad después de que la cadena que lo explotaba, Standard, renunciara a ello.

De Ferrado dependen las siguientes sociedades que operan en Estados Unidos: Ferrado Garden, Ferrado Lido, Ferrado US, Ferrado Bayview, Ferrado Miami, Ferrado Newport, Ferrado QT y Ferrado LA, entre otras.

El grupo inmobiliario se completa con dos sociedades gallegas, la lucense Capitalia y la coruñesa Ferrado y Esmorís.

- *PharmaMar*

Su participación en la farmacéutica, como vimos, es del 10,01 por ciento. PharmaMar es una biofarmacéutica líder en la investigación de antitumorales de origen marino cuyo valor en bolsa llegó a rozar los 2.000 millones de euros favorecida por el coronavirus. Su mayor accionista es su presidente, José María Fernández, con un 11,1 por ciento del capital. Tras el cese de José Leyte, Sandra Ortega se integró en el consejo de administración de la farmacéutica.

- *Room Mate*

Otro gigante dentro de la fortuna de Sandra Ortega es Room Mate, la hotelera del empresario Enrique Sarasola. Sandra Ortega heredó las participaciones que su madre tenía en la empresa, dueña de un 30 por ciento de la misma. Es más, Rosalía Mera fue la «culpable» del despegue de la compañía de Sarasola, invirtiendo en 2007 una gran suma de euros a cambio del 9,84 por ciento del capital. Tras su muerte en 2013, Sandra tomó el relevo y aumentó dicha participación hasta el 30 por ciento. Pero la sociedad no iba bien desde años atrás. Más allá del impacto del Covid, Room Mate afrontaba en 2020 el vencimiento de 55 millones de deuda, que en su mayor parte procedían de un crédito de 54 millones otorgado por Citi Bank en 2015 para financiar la expansión del grupo hotelero. El banco norteamericano accedió a refinanciar la deuda, ampliando el vencimiento del préstamo hasta el 31 de diciembre de 2024. Además del apoyo del Citi, la otra pieza clave en el futuro de la cadena hotelera es Sandra Ortega, quien concedió un préstamo participativo a la empresa por valor de 6,6 millones de euros, dando continuidad a la operación ejecutada un año antes, cuando entregó un crédito 19,4 millones tras la unificación de varios préstamos anteriores. La deuda de Room Mate con Sandra Ortega continúa aumentando y se sitúa por encima de los 26 millones.

Sandra Ortega colocó en febrero de 2021 a su nuevo hombre de confianza en Room Mate, José Antonio Fresnedo, para representar a Rosp Corunna en la cadena hotelera de Kike Sarasola.

Room Mate es una patata caliente dentro de las finanzas de la mujer más acaudalada de España. En 2020, la hija de los cofundadores de Inditex renovó su apoyo a la cadena con un préstamo de 6,5 millones, que elevaron la deuda de la empresa con Rosp Corunna por encima de los 26 millones.

Junto a la banca, ha sido la gran financiadora de la expansión de Room Mate, una cadena prometedora y con buenos márgenes, según fuentes del sector, pero que hasta ahora muestra unos números ruinosos. De hecho, lleva desde 2015 cerrando ejercicios con patrimonio neto negativo, lo que se conoce como quiebra técnica.

En febrero de 2021 Sandra Ortega inició un giro copernicano a su *holding* de participaciones industriales, Rosp Corunna. Y en este cambio total la hija de Amancio Ortega empezó a negociar la salida de su 31 por ciento en la hotelera Room Mate, según indican fuentes financieras.

En mayo de 2022, Sandra Ortega anunció que desahuciaría al grupo hotelero Room Mate de dos hoteles en Nueva York y Miami al exigir el 100 % del pago del alquiler de los inmuebles. La cadena hotelera acusó a la empresaria de «extrema rigidez» en las negociaciones. En julio del mismo año, Room Mate presentó concurso de acreedores, lo que podía aclarar definitivamente el futuro de la participación de Sandra Ortega en la empresa.

La clave ahora está en que la compañía encuentre un inversor que pueda sustituir a la heredera de Inditex; para ello ya en 2021 los responsables de Room Mate contrataron a Deloitte para estudiar alternativas de futuro.

- *Soandres de Activos Sicav, S.A.*

Esta sicav fue registrada el 14 de julio de 2001, y tiene su domicilio en el paseo de la Castellana, 31 de Madrid. Su capital social inicial fue de 36 millones de euros y el capital máximo estatutario lo es de 360 millones de euros. Como presidenta figura Sandra Ortega Merca y como consejero, José Antonio Fresnedo Amado.

La gestora de la sociedad es JP Morgan Gestion SGIIC, S.A. El depositario de la sociedad es Caceis Bank Spain, S.A. (Grupo Credit Agricole). El objetivo de la sociedad de inversión —según el folleto de la CNMV— es proporcionar de forma global al accionista una rentabilidad adecuada al perfil del riesgo asumido. Su política de inversión contempla que la sociedad invertirá al menos un 50 por ciento de su activo en acciones y participaciones de otras instituciones financieras que sean activo apto, armonizadas o no, pertenecientes o no al grupo de la gestora.

Sandra Ortega, a pesar de la pandemia y de que ha visto sus ingresos derivados de Inditex mermados, está de enhorabuena. Su sociedad de inversión de capital variable (sicav) Soandres es uno de los dos vehículos nacionales de inversión —hay nueve— con resultados positivos en los primeros nueves meses del 2020, según la Comisión Nacional del Mercado de Valores (CNMV). Todo un logro, dadas las circunstancias. La Sociedad acordó su baja voluntaria en el Registro Administrativo de Sociedades de Inversión de Capital Variable y su transformación en Sociedad de Responsabilidad Limitada, con fecha 17 de marzo de 2022.

- *Breixo de Inversiones*

Es la sociedad de inversión libre de Sandra Ortega. Se trata una antigua sicav transformada en una sociedad de inversión libre (IICIICIL), con similares características, pero menores restricciones a la hora de invertir que Soandres de Activos. Sus inversiones están mayoritariamente fuera de España. Al igual que la anterior, esta sociedad fue disuelta en marzo de 2022.

- *Jardinería: los «otros» negocios*

Quizás es el sector más sorprendente y en el que jamás hubiésemos situado a nadie de la familia Ortega, pero, como se está viendo, Sandra es diferente porque continúa con la actividad emprendida por su madre.

La hija de Amancio cuenta con varias empresas de jardinería. Las más sonadas son Viveros Borrazás, S.L., creada en 2002, y Talleres Trébore Jardinería, S.L. En ambas figura como administradora única.

Viveros Borrazás es una empresa —según su propia web— que combina la experiencia y el conocimiento de un cuarto de siglo de trabajo. «Desde su nacimiento el día 22 de noviembre de 2002, la singularidad de sus productos y la excelencia de los mismos han sido su marca y su garantía de calidad. En la actualidad, tanto por sus modificaciones y actualizaciones en el espacio, como por la innovación en la comercialización de ejemplares únicos de plantas, árboles ornamentales y frutales, sigue siendo un espacio donde se unen tradición e innovación».

En sus 26.600 metros cuadrados se pone a disposición de los clientes, tanto profesionales del sector de jardinería como instituciones públicas, ayuntamientos y particulares, una gran variedad de especies vegetales que acabarán formando parte de jardines públicos y privados no solo de la provincia de La Coruña, sino de toda Galicia.

«Un moderno sistema de comercialización y la preocupación constante por la calidad hacen de esta empresa un referente en su sector», dice la web. «Asimismo, las sinergias existentes con otras compañías del grupo permiten abordar sus objetivos con al apoyo de un sistema integral de producción de planta, de la mano de Trébore Jardinería y de la investigación y el desarrollo que ofrece Cultigar, laboratorio de biotecnología vegetal».

El Grupo Trébore es una iniciativa de la Fundación Paideia Galiza, ya mencionada, creada en el año 2000 como alternativa para el empleo de colectivos en desventaja social. Está calificado como Centro Especial de Empleo, por lo que la contratación de servicios o compra de sus productos permitiría a su empresa poder acogerse a medidas alternativas, en caso de no cumplir con la obligación legal de reservar el 2 por ciento de los puestos de trabajo a favor de personas con discapacidad. Además, esto les permite desarrollar prácticas socialmente responsables y favorecer la sostenibilidad del empleo de colectivos vulnerables.

Trébore Jardinería desarrolla —según su propia web— su actividad «en el ámbito de la jardinería tanto pública como privada, así como en la producción y cultivo de plantas ornamentales. Destaca por ofrecer un servicio adaptado a las necesidades del cliente, ofreciéndole servicios de mantenimiento, mejora y conservación de jardines; ejecución de obras de jardinería; y la realización de puestas a punto en determinados momentos del año (poda, abonado, desbroce)».

El equipo actual de Trébore Jardinería está compuesto por 21 trabajadores, que cuentan con la formación y cualificación necesarias para el desarrollo de sus funciones en la actividad de la empresa, así como en materia de Prevención de Riesgos Laborales en consonancia con el puesto de trabajo que desarrollan.

No se trata de un negocio y prueba de ello es que cada año registra pérdidas, que para cualquier autónomo serían la ruina, pero para Sandra Ortega es calderilla. Unos cien mil euros anuales, cuesta el capricho.

- *Cultigar*

Como su padre, Sandra Ortega también ha apostado por el sector forestal. Está inmersa en otros proyectos naturales para cambiar el aspecto de los bosques gallegos. Así, a través de la Fundación Paideia, que ella misma preside, trabaja junto a la Xunta de Galicia en la mejora del material forestal para la reproducción de zonas frondosas como el carballo o el cerezo. El proyecto se articula a través de Cultigar, un laboratorio de Biotecnología Vegetal pionero en Galicia, dedicado a la Investigación y el Desarrollo Tecnológico en el campo de la producción, cultivo y calidad sanitaria de planta ornamental, forestal y hortofrutícola de alto nivel económico.

- *Ferrado Nacomporta, S.A.*

Es una de las últimas incorporaciones societarias en la que figura como administradora única Sandra Ortega y como apoderado José Antonio Fresnedo Amado. En 2017 constituyó Ferrado Nacomporta, enfocado a la promoción y explotación de establecimientos turísticos y con el que va a desarrollar un resort en el sur de Portugal de la mano del gigante luso Sonae, una sociedad con 40.000 empleados, propietaria, entre otras marcas, de Worten y Continente.

- *Fundación Paideia*

Según su web, «la Fundación Paideia Galiza se constituyó en 1986 como un espacio abierto, de debate y reflexión sobre temáticas, especialmente, de las ciencias humanas y sociales. Nació y fue construyéndose con las aportaciones de profesionales de la psiquiatría, la educación, la medicina, la filosofía, el derecho, la psicología con un enfoque metodológico, que nos permitiese trabajar intensamente la intersección de disciplinas, de prácticas, y de discursos». Su misión: «Promover la igualdad de oportunidades y favorecer el desarrollo personal y social, mediante la creación de propuestas/proyectos innovadores y sostenibles».

El patronato lo preside Sandra Ortega Mera, a quien acompañan seis miembros, cada uno de ellos experto en alguna disciplina académica.

Su presupuesto de actividad en 2019 ascendió a 2.262.711 de euros.

Marta, la niña de sus ojos

La otra rama hereditaria del árbol la encarna Marta Ortega Pérez, fruto del matrimonio con su segunda mujer, Flora Pérez Marcote. Marta Ortega.

- *Un icono de estilo*

Como a su padre, le gusta la moda, el trabajo en los talleres y, si hay que dar la cara, la da, para convencer a la clientela. Así se ha convertido en un icono para el grupo. La involucración de Ortega Pérez en la compañía no se basa solo en su trabajo al frente de Zara Woman, sino que forma parte activa de la promoción de los nuevos lanzamientos del grupo. Ella, dicen, se ha convertido en la mejor imagen de la empresa.

Marta Ortega encabeza las campañas más simples pero con más éxito de Inditex. Acude a los actos públicos con prendas de Zara que todavía no se pueden comprar para crear expectación. Y en cuanto salen a la venta, se agotan en cuestión de segundos gracias a la campaña realizada por la hija de Amancio Ortega.

Marta ya no es solamente la benjamina. Tampoco es solo la sucesora de Amancio Ortega. Antes de ser nombrada presidenta, ya aparecía como una de las administradoras de algunas sociedades patrimoniales a través de las cuales la familia controla la compañía, todo un indicador de su progresivo aumento de responsabilidades en los últimos años. Y, desde luego, es mucho más que una empleada al uso, dentro del entrenamiento que desde hace años viene realizando para conocer las entrañas de la matriz de Zara. Porque la hija menor de Ortega es de nuevo accionista directa en el gigante textil, aunque sea con una participación de escasa relevancia, al aprovechar la caída en bolsa de Inditex en enero de 2008.

Además, en ese ascenso a la presidencia, figuró o figura como vicepresidenta de Partler y Gartler como vocal del patronato de la Fundación Amancio Ortega.

- *Pinitos empresariales*

Como se dijo, con la salida a bolsa de Inditex, en abril 2001, Marta recibió un total de 6.160.000 acciones, que representaban el 0,99 por ciento del capital del grupo, que vendió rápidamente para hacerse con 90,5 millones de euros. A partir de este momento, la familia —con el apoyo indiscutible de su madre Flora— puso a su disposición dos sociedades de inversión, Inversiones Menlle, S.L. y Caroada, S.L., para que Marta comenzase no solo a hacer «prácticas» sobre cómo se gestionan las fortunas de los riquísimos, sino para ir creándose una estructura patrimonial a su medida.

Su madre, Flora Pérez, se reservó la presidencia de ambas y como secretario ejerció José Arnau, actual vicepresidente de Inditex. Estas son algunas de las empresas participadas por Marta Ortega en su travesía hacia la presidencia.

- *Murazos*

Murazos, S.L. fue constituida el 25 de marzo de 1996 en Arteixo. Su actividad era el alquiler de bienes inmobiliarios por cuenta propia. Realmente la actividad es la de propietarios-administradores de edificios de apartamentos y su objeto social es la adquisición y/o promoción de locales comerciales en el sentido más amplio, así como los bienes y derechos de todo tipo de anexos o subyacentes a dichos locales, para su explotación en régimen de arrendamiento. Inscrita en el Registro Mercantil coruñés, el capital social de esta empresa estaba en el tramo de más de 1.000.000 de euros, con una cifra de empleados entre uno y 10 y un importe de ventas entre uno y 250.000 euros.

Su último depósito de cuentas disponible es el de 2005 y su último anuncio oficial, de extinción, fue inscrito del 17 de octubre de 2006 en el Registro Mercantil de A Coruña, Tomo: 2941, Folio: 63, Sección: 8, Hoja Registral: 35007, Inscripción: 3, publicado el 8 de noviembre de 2006.

- *Caroada*

Caroada, S.L. fue constituida el día 2 de julio de 2002 en Arteixo, La Coruña. Su campo son las actividades de las sociedades *holding* y su objeto social es participar en sociedades o entidades civiles o mercantiles y adquirir y disponer de bienes inmuebles o valores mobiliarios. El capital social de esta empresa estaba en el tramo de más de 1.000.000 de euros, con una cantidad de empleados de entre uno y 10 y un importe de ventas de entre uno y 250.000 euros.

Se trata de una empresa de tamaño mediano. Su último depósito de cuentas disponible es el de 2007 y su último anuncio oficial fue publicado el 10 de septiembre de 2008 en el Registro Mercantil de A Coruña, Boletín 172. Su situación mercantil actual es extinguida.

- *Inversiones Menlle*

Se constituyó en 2002 en Arteixo. Su objeto social era la participación, administración y gestión de sociedades, así como la adquisición y disposición de participaciones y acciones. Su actividad era la de sociedades de cartera.

Marta Ortega llegó a tener el 5,1 por ciento de Inversiones Menlle, en la que era socia mayoritaria su madre, Flora Pérez. Ambas impulsaron la fusión de Menlle con su filial Caroada.

El 12 de diciembre de 2007 José Arnau Sierra, secretario del consejo de administración de Inversiones Menlle, S.L. y del consejo de administración de Caroada, S.L., unipersonal, firmaba: «Las sociedades Inversiones Menlle, S.L., y Caroada, S.L., unipersonal, acordaron y decidieron, respectivamente, el 12 de diciembre de 2007 aprobar la fusión mediante la absorción por Inversiones Menlle, S.L., de Caroada S.L., unipersonal, la cual quedará disuelta y extinguida sin liquidación, incorporando en bloque todo su activo y pasivo a la sociedad absorbente, en los términos que resultan del proyecto de fusión de las referidas sociedades, debidamente depositado en el Registro Mercantil de A Coruña».

En Inversiones Menlle Marta era consejera y en su filial Caroada figuraba como cuarta vicepresidenta. Solo esta última manejaba unos recursos propios de 187 millones de euros, entre ellos, el 14,64 por ciento de Alazán Inversiones 2001, y un 11,5 por ciento de Pontegadea, S.L. Caroada también poseía el 50 por ciento de Murazos, S.L., una compañía que gestionó dos naves comerciales en Alcorcón (Madrid) y San Sebastián de los Reyes (Madrid), que fueron adquiridas por 20,5 millones de euros a Grilse, S.L., sociedad de cartera de inmuebles perteneciente a Amancio Ortega y que también poseía el 50 por ciento restante de Murazos. Esta operación dejó unas plusvalías de unos cuatro millones de euros. Los recursos de Menlle y Caroada llegaron a superar en 2007 los 250 millones de euros.

Ahora, junto a su actividad profesional en Inditex, ha apostado por hacer de La Coruña un centro cultural de referencia a nivel mundial. Dicen sus propios que Marta podría estar montando lo que quisiera en Nueva York, en Berlín, en Tokio o donde le diese la gana, y su iniciativa ha sido justo lo contrario, traer a Nueva York, Berlín, Tokio aquí, y de alguna manera colocar La Coruña en el mapa mundial de la cultura. Bueno, queda un camino por recorrer, pero dicen en Inditex que «los responsables de ello estamos bien orientados para colocar A Coruña en un mapa global de ciudades que son relevantes en este caso en diseño, exposiciones, fotografía, moda, etc.».

«Exposiciones como la de Lindbergh o Meisel —sostiene nuestro interlocutor— no han ido ni a Barcelona ni a Madrid. El éxito ha sido rotundo: más de siete mil visitantes, entre niños de educación infantil y hasta universitarios que han pasado por la exposición de Lindbergh, no solo por la exposición, han desarrollado todo un programa con talleres, con artistas…, porque sí, porque a Marta le ha apetecido montar eso, porque es otro beneficio más que viene y porque ¿para qué sirve todo ese dinero, todo ese poder, toda esa influencia? Pues para hacer cosas con las que te sientas satisfecho y feliz, y ella se siente satisfecha y feliz contando por el mundo que es de A Coruña, aunque naciera en Vigo».

En este ámbito, Marta Ortega quiere ir más allá del mundo de la moda. Uno de los proyectos que ya ha puesto en marcha es la MOP (Marta Ortega Pérez), The MOP Foundation. Una fundación que, según consta en la resolución de la Secretaría General Técnica de la Consellería de Cultura, Educación, Formación Profesional y Universidades de la Xunta de Galicia, se dedica al «fomento y difusión de la cultura, las artes y las letras en cualquiera de sus manifestaciones, con especial atención a las artes audiovisuales y la fotografía».

Declarada de interés gallego por el Gobierno gallego, en la resolución también consta que el patronato inicial de la fundación está formado por Marta Ortega Pérez como presidenta vitalicia, además de Flora Pérez Marcote, su madre, y Carlos Fernando Torretta Echevarría, su marido, como vocales, y Jaime Francisco Carro Merchán en calidad de secretario no patrono, con derecho a voz pero no a voto, que también ejerce como secretario de la Fundación Amancio Ortega.

La matriarca

Flora Pérez Marcote (nacida el 16 de octubre de 1952) es el pilar en el que se sustenta desde hace más de cuarenta años Amancio Ortega. Sus allegados la llaman Flori de manera cariñosa. La madre de Marta Ortega prefiere pasar desapercibida y no hacer alarde de lujos y poder, pero lo cierto es que lo ejerce desde la trastienda, y solo así puede explicarse la travesía de Marta Ortega hacia la presidencia.

De origen humilde, sus padres emigraron a la ciudad desde Arzúa y se instalaron en un barrio obrero de La Coruña. Tiene siete hermanos, de los que dos trabajan en Inditex.

Su vida cambió para siempre a finales de los años setenta, cuando inició una relación con Amancio, aún casado, mientras trabajaba como dependienta en la primera tienda de Zara abierta en La Coruña. Josefa, la hermana de Amancio, intuyó lo que pasaba y, según se cuenta, en un intento de salvar el matrimonio de Amancio destinaron a Flora a Vigo. Poco después, en enero del 84, nacía Marta, la única hija de Flora y Amancio.

En 2001, tras diecinueve años de convivencia, se casaron, casi en la intimidad, en el Pazo do Drozo, en Cambre, una de las propiedades de Amancio. Dicen que adora a su marido, al que llama «mi amor» y con el que pasea agarrada del brazo por los alrededores de su casa (un dúplex lujoso, pero sin excesos) en el barrio coruñés del Parrote. Le gusta jugar a las cartas con sus amigas, pasar los fines de semana con sus nietos, Amancio y Matilda, y disfruta de jornadas en alta mar a bordo del yate de la familia.

Actualmente, Flora Pérez es consejera de Pontegadea y accionista y consejera en Inditex, pero, sin duda, para ella la tarea que más le llena es la de vicepresidenta del patronato de la Fundación Amancio Ortega, cargo que ostenta desde 2005. Aseguran fuentes de Inditex que Flora está dedicada en cuerpo y alma a ejercer como vicepresidenta de la Fundación Amancio Ortega, que ya ha destinado más de 500 millones de euros a proyectos de educación y bienestar social. Ella es la cara visible de la Fundación, que, como se ha visto, financia becas de estudios, apoya la oncología pública, a asociaciones de personas enfermas, ayuda a Cáritas y al Banco de Alimentos, al Proyecto Hombre, Agrónomos sin Fronteras y otras organizaciones.

Capítulo aparte merecen los Pérez Marcote —familia de la segunda mujer de Amancio Ortega—, que han incrementado como clan su capacidad de influencia dentro de Inditex.

La llegada de Pablo Isla como vicepresidente y consejero delegado le sirvió a Flora para delimitar su territorio y el de la familia en el grupo. Nada más llegar, Isla acometió una amplia reestructuración del organigrama de Inditex en el que incluyó a los dos hermanos de la actual esposa de Ortega. A Jorge Pérez Marcote, presidente de Massimo Dutti, en el comité de dirección, y a Óscar Pérez Marcote, presidente de Bershka, en el comité de negocio. Ahora ambos figuran en el núcleo de dirección que abrigará a Marta en su asentamiento en la presidencia.

La consiguiente salida de José María Castellano dejó sin fuerza a la única hermana de Amancio que estaba implicada en el negocio, Josefa Ortega Gaona, una de las que se opuso en su día a la relación del presidente de Inditex con Flora. La venganza parece que se sirve fría, después de estar esperando sentada en el quicio de la puerta. El momento soñado por Flora ha llegado. Su hija ha sido coronada reina de la cúpula de Inditex.

CONFLICTOS DE FAMILIA

A la hora de la sucesión se producirán los inevitables conflictos de familia, aunque Amancio deje muy claro, vía testamento, el reparto del caudal de su herencia sin que se ponga en riesgo el futuro del negocio. De ello dará fe, como ya apuntamos, el notario de La Coruña Francisco Manuel Ordóñez Armán.

El doble matrimonio de Amancio Ortega, sus hijos, hermanos, sobrinos, cuñados y allegados querrán marcar territorio para el día después, pero conociendo a Amancio Ortega, a buen seguro que está escrito lo que corresponde a cada cual.

Parece claro que el territorio en Inditex (textil) lo controlarán los Ortega-Pérez-Marcote, una vez que Marta ha sido nombrada presidenta del grupo textil. Hay que recordar que Flora Pérez Marcote es consejera de Inditex, pero también trabajan como directivos sus hermanos Jorge y Óscar Pérez Marcote y su cuñado, Carlos Mato. Un detalle ilustrativo de que puede ir por ahí el rumbo es el ascenso de Óscar Pérez desde la filial Bershka a la dirección de Zara, en sustitución de su cuñado, tío de Marta Ortega, Carlos Mato, quien ha pasado a ser director general.

¿Peligro para la gestión? No, desde luego, porque tanto Isla como los que le precedieron y quien le sucede en la parte ejecutiva, Óscar García Maceiras, lo hicieron y lo harán bien, de acuerdo con la estrategia diseñada por Amancio. Ahora Marta solo tiene que mantener el esquema de negocio de su padre. Ortega lo ha desarrollado, porque sin haber pasado por ninguna escuela de negocios ha marcado una cultura empresarial —aquí sí puede hablarse de cultura— que crea puestos de trabajo en todo el mundo, aunque mantiene el corazón en un rincón de España, donde se toman las decisiones de inversión. Esta es la cuestión. En cualquier caso, la sucesión al frente de Inditex, aunque realmente comenzará el día después, se ha venido gestando durante los últimos veinte años.

EL REPARTO DEL INMENSO PATRIMONIO DE ORTEGA

Como se ha visto, todo parece atado y bien atado en la sucesión de Amancio Ortega. Según la agencia Reuters, para Amancio Ortega el dejar a sus herederos participaciones del fondo de inversión (versión Amancio Ortega) que es en realidad Pontegadea, en lugar de participaciones de Inditex —una empresa que cotiza en el volátil mercado de valores, en un sector sometido a los vaivenes de la moda y las ventas al pormenor en constante cambio—, asegura una continuidad del negocio y deja una parte importante del patrimonio libre del riesgo de dilución de capital, como siempre ha soñado Amancio. De ello se encargará la *family office*.

Además, con esta fórmula, los activos más fructíferos y de más identidad de la empresa, las marcas, quedan protegidas de los riesgos, por ahora impredecibles, que puedan afectar a la industria de la confección, sobre todo en las ventas en tienda.

A sus más de ochenta y seis años, el empresario gallego está a un paso de retirarse definitivamente del mundo de los negocios para disfrutar de un merecido descanso entre amigos o jugando al mus y practicando la horticultura, porque la pachanga del fútbol ha pasado a mejor vida. Pero, eso sí, mirando de reojo al negocio.

Personas cercanas al grupo han asegurado que ya está decidido el reparto del inmenso patrimonio del multimillonario gallego mediante la constitución de la *family office*, cuyo esquema se ha descrito antes, que se regirá por un consejo de familia. Así el patriarca no dejará a ninguno de sus tres hijos, ni a los demás familiares, perjudicados en su testamento.

El futuro parece estar ya fijado y en muy buenas manos, ya que nadie duda de la preparación de las herederas y de los equipos que las rodean. Así lo que la vida no ha conseguido unir, parece que lo hará la herencia, aunque puede que suceda que la herencia las separe aún más, eso sí, a regañadientes y de puertas adentro. Entre Sandra Ortega Mera y Marta Ortega Pérez, las dos hijas de Amancio Ortega, existe un abismo. Y no solo se trata del socavón que se abrió entre la primogénita y su padre cuando, teniendo ella dieciséis años, se separó de Rosalía Mera. Ella se puso abiertamente del lado de su madre. Las diferencias entre ambas son palpables en su modo de estar, de entender la vida y sobre todo los negocios, en los que Sandra ha recorrido todo un camino y Marta apenas si ha tenido ocasión de gestionar una cuenta de resultados dedicando sus esfuerzos al diseño y la producción textil, como su padre.

Tras la reorganización societaria llevada a cabo por Amancio Ortega en los últimos años, su patrimonio está perfectamente dibujado en los dos lotes, Inditex y Pontegadea, que se transformará en uno solo con la creación de la *family office* de los Ortega-Mera-Pérez.

Si nos atenemos a las cuentas del *holding* Pontegadea, depositadas en el Registro Mercantil al cierre del ejercicio de 2021, que tienen en cuenta la aportación de otras sociedades que se sitúan bajo la «misma unidad de decisión… al estar controladas por una persona física», es decir, Amancio Ortega, solo los activos inmobiliarios ascendieron, a dicha fecha, a 15.264 millones de euros.

A ellos hay que sumar la participación en Inditex, lo que sitúa la cifra en 75.317 millones de euros a 31 de enero de 2022. Los pasivos sumaban

DISTRIBUCIÓN DE LA HERENCIA DE AMANCIO ORTEGA QUE SE GESTIONARÁ EN EL *FAMILY OFFICE*

Patrimonio: Activos: 75.317. Pasivos: 16.632. Patrimonio Neto: 58.685.
Legítima 25 % sobre neto = 14.671: 3 = 4.890. Libre disposición 75 %: 44.014

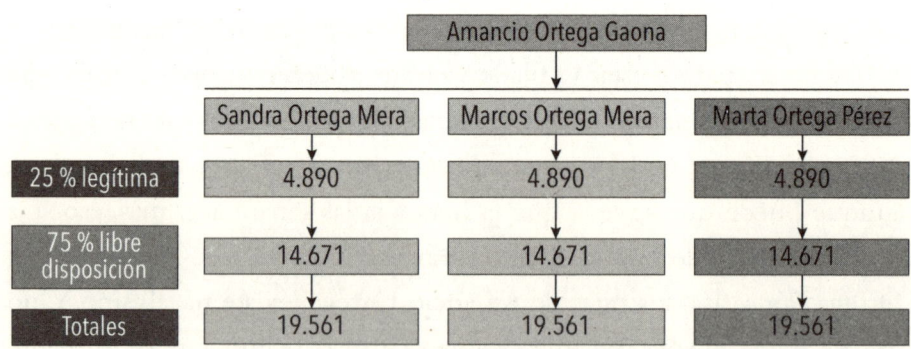

Nota: Supuesto de reparto equitativo. No se ha tenido en cuenta lo que pueda corresponder a su mujer, que puede ser mediante usufructo, que revertiría de nuevo en los hijos o por adjudicación, cuyo porcentaje se detraería del reparto señalado. En todo caso toda la masa patrimonial se integraría en el *family office* para evitar la disgregación accionarial del grupo.

a dicha fecha 16.632 millones de euros, lo que arroja un patrimonio neto de 58.685 millones de euros.

Este puede ser el reparto teórico del cien por cien del patrimonio neto de Amancio Ortega entre sus tres hijos, que, por voluntad del fundador, quedará incorporado y regulado, como se ha dicho anteriormente, en la *family office*:

PAGO DEL IMPUESTO DE SUCESIONES

Junto a los herederos, en la trastienda hereditaria se sentará Hacienda. Sandra, la primogénita, ya tiene experiencia en ello. La Hacienda gallega, como ya hizo con la herencia de Rosalía Mera, primera mujer de Amancio Ortega, espera hacer su año, llegado el caso, con el ingreso del impuesto de sucesiones del legado de Ortega. Aunque no será para tanto, por el entramado societario que aglutina y cobija su patrimonio.

A título de ejemplo real: Sandra Ortega y su hermano Marcos heredaron de su madre más de 2.500 millones de euros, la mitad de las participaciones empresariales de la *family office* de ambas, Rosp Corunna, que ascendía a 5.000 millones. Pero apenas pagaron por ello a Hacienda, ya que el grueso de su patrimonio son participaciones empresariales superiores al 5 por ciento, que están exentas del impuesto de sucesiones en un 99,00 por ciento. Solo tuvieron que tributar por las dos sicav, que tenían un patrimonio conjunto de 571 millones, hoy ya disueltas, y alguna inversión menor en capital riesgo. La factura, pese a representar el 40 por ciento de lo recaudado por la Xunta de Galicia en 2014, no alcanzó los 100 millones de euros, apenas el 2 por ciento de la herencia.

Esta reducida tributación la explican los expertos por la llamada «exención de la empresa familiar», una figura bien conocida por las grandes fortunas españolas. Consiste en que las participaciones superiores al 5 por ciento del capital de una sociedad están bonificadas en un 99 por ciento en sucesiones y donaciones, según la ley gallega. Y no solo eso, sino que también están exentas del impuesto sobre el patrimonio. Tienen derecho a la deducción por la doble imposición de los dividendos y, además, pueden acogerse a la deducción por reinversión. No se tributa por las plusvalías de una inversión si el dinero se reinvierte en más del 5 por ciento en una empresa.

El 5 por ciento es la cifra mágica ante Hacienda: «Si lo superas te libras de todo», explica un experto fiscalista. Este tipo de exención permitió seguir durmiendo tranquilos a los ricos de verdad, cuando en septiembre de 2011 el gobierno presidido por José Luis Rodríguez Zapatero recuperó con carácter general el impuesto de patrimonio.

La exención, aprobada por las presiones de distintas asociaciones de la empresa familiar en la década de 1990, se basaba en que cuando una persona tiene invertido el grueso de su masa patrimonial en una empresa, siempre que se dedique a la actividad productiva, quede libre de dicho impuesto para no interferir en su viabilidad. Se supone que esta ya paga el impuesto de sociedades si tiene beneficios. Es más, si tiene que pagar sucesiones, muchas veces se descapitalizaría la compañía de forma letal. El problema, para Hacienda y la sociedad en general, es que, como casi siempre sucede con estas cosas, se ha utilizado masivamente por muchos grandes tenedores para poner su patrimonio a salvo del impuesto.

Otra de las condiciones para dicha exención es que el heredero o alguien de su grupo familiar dirijan la empresa y que este desempeño sea su principal fuente de ingresos. Al ser Marta la que dirige la empresa, cumple con este precepto: sirve de paraguas para toda la familia.

En Galicia, además, otro de los requisitos para la exención es mantener o incrementar el valor de esa participación durante cinco años, y así garantizar que los herederos mantengan el negocio familiar, circunstancia que, en el caso de Inditex, se da por hecho sin lugar a dudas.

Pero, además, Amancio Ortega tiene un hijo, Marcos, aquejado de parálisis cerebral, que tiene como mínimo derecho a la legítima, y que según la ley de sucesiones de Galicia podría estar exento de tributar al cien por cien.

En el caso de los herederos de Amancio Ortega es posible que tengan que tributar por algunas inversiones como sociedades de capital riesgo y algún patrimonio inmobiliario, cuyo valor y número son difíciles de cuantificar, pero en este caso eludir al fisco es aún más fácil que en el caso de las participaciones empresariales. Para cumplir con los requisitos de exención es suficiente poner los inmuebles bajo un único paraguas inmobiliario-patrimonial, lo que los fiscalistas llaman jocosamente «caseta y perro». Es suficiente tener un local para gestionarlo y al menos un empleado a jornada completa. En este caso, se considera actividad empresarial y queda exento. Para cubrir este y todos los flancos está Pontegadea, que cumple sobradamente con todos los requisitos legales.

¿Cuánto tendrán que pagar los herederos de Amancio Ortega por la tributación de sucesiones? En Galicia el tipo máximo de tributación por sucesiones es del 18 por ciento, pero visto lo anterior, poco patrimonio de los Ortega se verá cargado con este porcentaje. Aparte, hay un coeficiente multiplicador, del 1,2, en función de la fortuna del sucesor anterior a la herencia, que en el caso de Amancio no es aplicable, porque todo su patrimonio está bajo el paraguas de la patrimonial Pontegadea. Tampoco tributarán por las sicav, porque Amancio Ortega, en previsión, se deshizo de ellas hace algunos años.

Anexos

CRONOLOGÍA DEL IMPERIO INDITEX

1963 El grupo comienza su actividad empresarial como fabricante de prendas de vestir.

1975 Zara abre su primera tienda en el centro de La Coruña, España, después de doce años dentro de la industria textil.

1976-1983 La visión de la moda de Zara es bien recibida por el público, lo que permite su expansión con nuevas tiendas en las principales ciudades españolas. En 1977, Goa y Samlor, las primeras fábricas de Zara, se instalan en Arteixo, localidad gallega muy próxima a La Coruña. Goa fue la primera oficina central de la compañía.

1984 Primer centro de distribución logístico en Arteixo, con 10.000 metros cuadrados.

1985-1987 Se constituye Inditex como empresa *holding* del grupo. Los fabricantes del grupo centran toda su producción en Zara. El grupo crea las bases de un sistema de distribución que pueda cumplir con las necesidades del mercado a un ritmo de crecimiento muy rápido.

1988 En diciembre Zara abre su primera tienda fuera de España, en Oporto, Portugal.

1989	El grupo empieza a tener clientes en Estados Unidos con una tienda en Nueva York.
1990	Inditex llega a Francia con su primera tienda en París.
1991	Se incorporan al grupo las marcas Pull&Bear y Massimo Dutti.
1992	Inditex continúa ampliando sus mercados internacionales con su llegada a México.
1993	Inditex llega a Grecia.
1994	Inditex abre sus primeras tiendas en Bélgica y Suecia.
1995	El grupo inaugura su primera tienda en Malta.
1996	Se inaugura la primera tienda de Inditex en Chipre.
1997	El mapa de tiendas de Inditex se expande a Noruega e Israel.
1998	Inditex lanza Bershka, su marca destinada a jóvenes y adolescentes, y abre tiendas en nuevos mercados: Reino Unido, Turquía, Argentina, Venezuela, Emiratos Árabes Unidos, Japón, Kuwait y Líbano.
1999	Stradivarius se incorpora a Inditex, y se convierte en la quinta marca del grupo. Se abren tiendas en nuevos mercados: Países Bajos, Alemania, Polonia, Arabia Saudí, Bahréin, Canadá, Brasil, Chile y Uruguay.
2000	Las oficinas centrales de Inditex se trasladan a un nuevo edificio en Arteixo (La Coruña, España). El grupo debuta en cuatro mercados nuevos: Andorra, Austria, Dinamarca y Qatar.
2001	Inditex comienza a cotizar en bolsa el 23 de mayo. Se lanza la nueva marca de lencería Oysho. El grupo abre sus primeras tiendas en Irlanda, Islandia, Italia, Luxemburgo, República Checa, Puerto Rico y Jordania.
2002	Zara pone la primera piedra de su centro de distribución en Zaragoza, España. El grupo abre sus primeras tiendas en Finlandia, Suiza, El Salvador, República Dominicana y Singapur.
2003	Se abren las primeras tiendas de Zara Home, y se convierte en la séptima marca de Inditex. El grupo inaugura el segundo centro de distribución de Zara, Plataforma Europa, en Zara-

goza, España, para ampliar el centro de distribución de Arteixo. Se abren las primeras tiendas en Eslovenia, Eslovaquia, Rusia y Malasia.

2004 El grupo inaugura su tienda 2.000 en Hong Kong, expandiéndose de esta manera a 56 países de Europa, América, Asia y África. Se abren las primeras tiendas en Marruecos, Estonia, Letonia, Rumanía, Hungría, Lituania y Panamá.

2005 Pablo Isla es nombrado vicepresidente y consejero delegado de Inditex. Abre sus primeras tiendas en Mónaco, Indonesia, Tailandia, Filipinas y Costa Rica y termina el año con un total de 2.692 establecimientos.

2006 Inditex sienta las bases para el desarrollo del Plan Estratégico Medioambiental 2007-2010, con el fin de conciliar el crecimiento económico del grupo con el cuidado del entorno social y la protección del medio ambiente. Serbia, China Continental y Túnez se unen al mapa global de tiendas.

2007 Comienza la proyección *online* del grupo con la presentación de la primera tienda en Internet de Zara Home. Se abren dos centros de distribución en España, en Meco (Madrid) y en Onzonilla (León). Zara abre la tienda 1.000 en Florencia (Italia), mientras Bershka y Pull&Bear ya cuentan con más de 500 tiendas cada una. El grupo abre establecimientos en cuatro mercados nuevos: Croacia, Colombia, Guatemala y Omán.

2008 Se lanza Uterqüe, la marca especializada en accesorios y otros complementos de moda. Inditex inaugura la tienda número 4.000 en Tokio. Inditex ya está presente en 73 mercados con nuevas tiendas en Corea, Ucrania, Montenegro, Honduras y Egipto. Se abre el primer modelo de tienda ecoeficiente en Atenas.

2009 Stradivarius, Bershka y Pull&Bear abren sus primeras tiendas en China. Se abre una nueva tienda ecoeficiente en Barcelona. Un nuevo centro de distribución empieza a operar en Palafolls (Barcelona), al lado de la plataforma logística en Tordera.

2010 Inditex abre sus primeras tiendas en Bulgaria, India y Kazajistán, ampliando su presencia a 77 mercados. El grupo alcanza la cifra de 5.000 tiendas con la apertura de una tienda ecoeficiente de Zara en Roma (Italia). En septiembre, Zara empieza a vender sus productos *online* y, a finales de año, la tienda *online* ya está disponible en 16 países europeos. El grupo presenta el nuevo Plan Estratégico Medioambiental: «Inditex Sostenible 2011-2015».

2011 Pablo Isla asume la presidencia de Inditex. Se abren tiendas por primera vez en Taiwán, Azerbaiyán, Australia, Sudáfrica y Perú, ampliando la presencia del Grupo Inditex a cinco continentes. Inditex pasa la barrera de las 5.500 tiendas, con establecimientos en 82 mercados. La compañía lanza tiendas *online* de todas sus marcas y abre Zara Online en Estados Unidos y Japón.

2012 Inditex abre sus primeras tiendas en Armenia y en la República de Macedonia del Norte. El grupo alcanza los 6.000 establecimientos con la nueva tienda ecoeficiente en Oxford Street, en Londres. Inditex inaugura la nueva imagen de Zara en la Quinta Avenida de Nueva York. Massimo Dutti llega a Estados Unidos y Canadá. Se construye una vanguardista plataforma logística en Tordera (Cataluña).

2013 Inditex comienza a implantar la nueva imagen de sus marcas en tiendas más grandes. Destacan aperturas significativas en ciudades como París (Massimo Dutti, en Rue de la Paix, y Zara, en los Campos Elíseos), Shanghái (Oysho y Zara Home), San Petersburgo (Pull&Bear) y Bruselas (Bershka), entre otras. Destaca la inauguración de tiendas *online* de las cadenas del grupo en nuevos mercados como Canadá y

Rusia. Firma del acuerdo sobre seguridad en los edificios en la industria textil de Bangladés (Accord).

2014 Inditex consolida su expansión en todas las áreas geográficas con el crecimiento integrado de su actividad en tiendas físicas y *online*. Prosigue la apertura y ampliación de tiendas *flagships* de todas sus cadenas, la extensión de la venta *online* a nuevos mercados y la ampliación y modernización de sus instalaciones. Comienza a operar la nueva plataforma logística de Cabanillas (Guadalajara, España). El grupo inicia su actividad comercial en Albania y en dos nuevos mercados *online*: Corea del Sur y México. Obtiene la certificación medioambiental LEED Oro.

2015 Inditex supera las 7.000 tiendas, con la apertura de Zara en Hawái, y alcanza los 29 mercados *online*, con la incorporación de Hong Kong, Macao y Taiwán, impulsando su modelo de negocio integrado y sostenible. La compañía suma 330 tiendas más. Al cierre del ejercicio reparte 37,4 millones de euros entre 78.000 empleados de tiendas, fabricación, logística, cadenas y filiales, al cerrar el primer tramo de su plan extraordinario de participación de los empleados en los beneficios de la compañía en 2015 y 2016.

2016 Reconocimiento como líder sectorial en el índice de sostenibilidad Dow Jones Sustainability Index y en la clasificación Detox Catwalk de Greenpeace, por su compromiso con el vertido cero de sustancias químicas peligrosas. Lanzamiento del plan estratégico medioambiental 2016-2020. Apertura de tiendas físicas por primera vez en cinco nuevos mercados e inicio de operaciones por Internet en ocho nuevos mercados.

2017 La venta por Internet de *Zara.com* se extiende a India, Malasia, Singapur, Tailandia y Vietnam. Ampliación de las colecciones más sostenibles *Join Life* de Zara y la extensión de la iniciativa a Massimo Dutti y Oysho.

2018   Lanzamiento de Zara como tienda global *Zara.com* en 106 mercados en los que la cadena no tenía tienda física. Ampliación de la sede central de Arteixo, incorporando nuevos espacios de trabajo para diferentes departamentos y nuevos servicios para los empleados.

2019   Las ventas de Inditex alcanzan los 202 mercados, con presencia física en 96 de ellos y plataformas *online* propias integradas en 66.

2020   En una declaración conjunta firmada en Arteixo, Inditex e IndustriALL se comprometen a colaborar en los planes de recuperación del sector textil. En un año lastrado por la pandemia de Covid-19, en el que la prioridad en todo el mundo fue la salud de la plantilla y de los clientes, destacó el avance en la estrategia de transformación digital puesta en marcha en 2012 a través de la plataforma integrada de tiendas y *online*. Las ocho marcas están ya disponibles por Internet en 216 mercados de todo el mundo, 91 de los cuales tienen plataforma integrada de tienda y *online*.

2021   Zara Home presenta su nueva imagen global. Lo hizo en la tienda de la plaza de Lugo en La Coruña, que abrió en marzo con un concepto completamente nuevo, nuevos materiales y diseños, y que servirá de referencia mundial para la marca. El 30 de noviembre Marta Ortega Pérez es nombrada presidenta no ejecutiva del grupo.

2022   El 1 de abril Marta Ortega Pérez asume la presidencia no ejecutiva de Inditex, arropada por un nuevo comité de dirección.

INDITEX SEGÚN INDITEX

¿Dónde está la sede central del Grupo Inditex?
Tiene su sede central en el polígono industrial de Sabón, en Arteixo, La Coruña, en el noroeste de España.

¿Qué empresas forman parte del Grupo Inditex?
El grupo está compuesto por ocho marcas: Zara, Pull&Bear, Massimo Dutti, Bershka, Stradivarius, Oysho, Zara Home y Uterqüe. A ello hay que sumar las empresas de fabricación textil, compras, tratamiento de tejidos, logística y construcción (encargadas de la construcción y reformas de tiendas).

¿Tiene actividades Inditex en otros sectores no relacionados con la moda?
No directamente. Sus accionistas de referencia sí. La actividad directa de las empresas del grupo está centrada en el mundo de la distribución de moda, si bien en los últimos ejercicios se atisba una diversificación del negocio.

¿Cuántas tiendas tiene el grupo actualmente?
En diciembre de 2021 tenía 6.477 tiendas en 96 mercados de todo el mundo; a ello hay sumar la venta *online* en 7.000 tiendas y 202 mercados.

¿Se pueden obtener franquicias de las cadenas del grupo?

Debido a la compleja dimensión comercial de sus cadenas, el Grupo Inditex únicamente elige esta fórmula comercial para la entrada en algunos mercados donde, bien por imperativos del país o bien por características específicas del mismo, se necesita o estima la colaboración con una compañía local. Para optar a este tipo de acuerdo en un país es necesario ser un gran grupo nacional, consolidado en la distribución textil por una dilatada y exitosa experiencia en dicho campo, así como por una amplia disponibilidad de recursos, tanto humanos como económicos, necesarios para el rápido desarrollo de los diferentes conceptos del grupo en el país.

¿Cuántas prendas vende Inditex al cada año?

La totalidad de las marcas vende más de 100 millones de prendas cada año.

¿Diseña y fabrica Inditex todas las prendas que vende en sus tiendas?

El grupo diseña la totalidad de los productos que pone a la venta en sus establecimientos. Respecto a la fabricación, el 54 por ciento de las fábricas están en las proximidades de la sede central en Arteixo, donde producen de forma directa para el grupo. A ello hay que añadir el clúster de proveedores establecidos en distintos países.

¿Cuál es el origen de las prendas que vende Inditex en sus cadenas?

Desde un punto de vista geográfico, el producto vendido procede casi en su totalidad —alrededor de un 80 por ciento— de Europa.

¿Adapta Inditex su oferta a cada mercado en el que está presente?

Las centrales de cada una de las cadenas del grupo realizan la misma oferta a todas sus tiendas en cualquier lugar del mundo. En el hemisferio sur, la oferta se adapta a la estacionalidad inversa a la del hemisferio norte.

¿Inditex distribuye desde Arteixo a cualquier parte del mundo?

Desde el centro logístico de Inditex en Arteixo se distribuye a las tiendas de Zara y Pull&Bear de todo el mundo. Desde 2001, Pull&Bear tiene su propio centro logístico, que se ubica en Narón (La Coruña, España). La distribución de las cadenas de Massimo Dutti, Bershka y Stradivarius se realiza desde sus centros ubicados en Cataluña. Tras la apertura del centro logístico de Zaragoza la distribución tiende a concentrarse en esta unidad de cara al mercado europeo.

¿Cuál es su estrategia de publicidad?

Inditex utiliza como principal instrumento de imagen sus propias tiendas, ubicadas en las principales áreas comerciales de las ciudades. La publicidad convencional que realiza el grupo es de carácter puramente informativo, y se usa como medio para comunicar la apertura de nuevas tiendas y en el inicio de las temporadas y periodos de rebajas.

¿Cuáles son las características de su tarjeta Affinity?

La Affinity Card es una tarjeta de pago gratuita, sin cuotas ni gastos de mantenimiento, que, a diferencia de otras muchas con las que puedes comprar en cualquier establecimiento, tan solo sirve para las tiendas del Grupo Inditex, ya sea para compras físicas o de forma *online*.

¿Existe posibilidad de compra por catálogo o Internet?

Sí. La totalidad de las cadenas permiten la compra por Internet, donde pueden encontrarse todos los catálogos.

¿Cómo se puede solicitar trabajo en Inditex?

Existe, a disposición de los demandantes de empleo, un apartado dentro de la página web correspondiente a cada una de las cadenas del grupo, donde se puede incluir el currículum; al igual que en la general *www.inditex.com*. Esta información es remitida a los correspondientes departamentos de recursos humanos de cada una de las cadenas del grupo.

¿Desde cuándo cotizan en bolsa las acciones de Inditex?

Desde el día 23 de mayo de 2001, las acciones del Grupo Inditex están admitidas a negociación oficial en las cuatro bolsas españolas: Madrid, Barcelona, Valencia y Bilbao, así como en el Sistema de Interconexión Bursátil Español (Mercado Continuo). En el ejercicio de 2001, las acciones de Inditex fueron incluidas en los índices Ibex, Eurostoxx 600 y MSCI.

¿Se pueden comprar acciones de Inditex desde el extranjero?

Las acciones de Inditex se pueden adquirir a través de los mecanismos de compraventa existentes actualmente en el mercado, como son los bancos y sociedades de valores. Los datos identificativos de la acción son los siguientes:

- Compañía: Inditex, S.A.
- Bolsa de cotización: Mercado Continuo de Madrid
- Código de Identificación (ISIN): ES0148396015
- Otros códigos: Bloomberg ITX SM, Reuters ITX.MC

¿Cuál es el capital social de Grupo Inditex?

El capital social de Industria de Diseño Textil, S.A. a 31 de enero de 2022 asciende a 93.499.560.000 euros y está formado por 3.116.652.000 acciones de 0,03 euros de valor nominal cada una, totalmente suscritas y desembolsadas, todas ellas pertenecientes a una única clase y serie, que confieren idénticos derechos políticos y económicos a sus titulares, y representadas por anotaciones en cuenta.

¿Cuál fue el beneficio neto de Inditex en el ejercicio 2021?

El beneficio neto alcanzó la cifra de 3.243 millones de euros frente a los 3.679 millones de 2019.

¿Cuánto vendieron las distintas cadenas en el último ejercicio?

Los resultados del ejercicio 2021 arrojaron unas ventas de 27.716 millones frente a los 28.286 millones de euros registrados en 2019.

¿Cómo se reparten las ventas a nivel mundial?

España representaba en 2021 el 15,7 por ciento de la venta total, mientras que Europa sin España supone el 46 por ciento, Asia y resto del mundo, el 22,5 por ciento, y América, el 15,8 por ciento.

¿Cuánto factura a través de Internet?

Las ventas de la compañía a través de su plataforma *online* global alcanzaron los 6.600 millones de euros en 2021, que suponen el 32 por ciento de las ventas.

¿Cuáles han sido los dividendos de los últimos años?

El consejo de administración de Inditex suele proponer a la junta general de accionistas el pago de un dividendo que supone en torno al 20 por ciento del beneficio atribuido a la sociedad.

¿Cuándo y con qué frecuencia se pagarán los dividendos?

La previsión inicial del grupo es proceder al pago del dividendo de forma anual, en dos pagos, una vez aprobado el reparto del resultado del ejercicio por la junta general de accionistas.

¿Cuál es la estrategia de crecimiento del Grupo Inditex?

La llamada plataforma global es el eje fundamental de la estrategia de crecimiento de Inditex. Este se basa en la combinación del crecimiento *online* con nuevas superficies comerciales en las que impera una tecnología avanzada.

¿Quiénes son los auditores de la compañía?

Inditex cuenta con Deloitte como auditor de referencia. Lo es desde 2013. Hasta ese año era KPMG la auditora del gigante textil.

¿Dónde se puede obtener la memoria anual del grupo?

La memoria anual de los últimos ejercicios está disponible en *www.inditex.com* (link: *Informes Anuales*).

¿Cuál es el ejercicio fiscal de Inditex?

El ejercicio fiscal de Inditex abarca el periodo comprendido entre el 1 de febrero de cada año natural y el 31 de enero del año siguiente.

QUIÉN ES QUIÉN EN LA FAMILIA ORTEGA-MERA-PÉREZ
(a 31 de enero de 2022)

Álvarez Moya, Sergio. Avilés, 1985. Jinete. Primer marido de Marta Ortega. Se conocieron siendo niños. Les unió su pasión por los caballos. Mantuvieron un noviazgo de apenas tres años. Se casaron el 18 de febrero de 2012. La boda se celebró en el pazo que Amancio Ortega posee en Anceis, donde se había casado él mismo con Flora. El 5 de marzo de 2013 nació su hijo Amancio Álvarez Ortega.

Cuando aún no se habían cumplido los dos años del enlace llegó lo que algunos habían pronosticado, una separación que en el entorno familiar se calificó de «amistosa». Esta separación trajo como consecuencia no solo la salida de Sergio del entorno familiar, sino también la de su cuadra de Arteixo.

Sergio nunca llegó a ocupar cargos de responsabilidad en Inditex, lo que sí hizo su suegro fue tutelar la empresa del jinete a través de su hombre de confianza Jaime Carro Merchán, un ejecutivo de Pontegadea, el brazo inversor de Amancio Ortega, quien supervisaba la sociedad Álvarez Moya Horses como apoderado.

Álvarez Ortega, Amancio. La Coruña, 2013. Hijo de Marta Ortega y Sergio Álvarez. Nieto de Amancio Ortega.

Cuesta Llido, Jaime. Contrajo matrimonio con Pilar Ortega Gaona, hermana de Amancio Ortega. Después de trabajar unos años en Inditex, su pista se perdió en Argentina. Tuvo una hija, Pilar Cuesta Ortega.

Cuesta Ortega, Pilar. Hija de Pilar Ortega Gaona y Jaime Cuesta Llido. Celebró su boda en el Pazo de Ancéis por expreso deseo de su tío Amancio Ortega. Vive en La Coruña.

Echevarría, Carmen. Nació en Oviedo. Casada con Roberto Torretta. Es madre de Carlos Torretta Echevarría, casado con Marta Ortega Pérez, y María Torretta Echevarría. Suegra de la hija de Amancio Ortega.

Gaona Hernández, Josefa. Valoria la Buena, Valladolid, 1927 - La Coruña, 2001. Hija de Antonio Gaona Zamora y María del Pilar Hernández Hernández. Contrajo matrimonio con Antonio Ortega Rodríguez. Tuvo cuatro hijos: Antonio, Pilar, Josefa y Amancio Ortega Gaona.

Gaona Zamora, Antonio. Vivió entre 1842 y 1910. Contrajo matrimonio con María del Pilar Hernández. Padre de Josefa Gaona Hernández.

Gómez Avilés, Pablo. Marido de Sandra Ortega Mera. Trabaja de comercial en Inditex. Tiene tres hijos: Martiño, Antía y Uxía. Hijo político de Amancio Ortega.

Gómez Ortega, Antía. Hija de Sandra Ortega Mera y Pablo Gómez Avilés. Nieta de Amancio Ortega.

Gómez Ortega, Martiño. Hijo de Sandra Ortega y Pablo Gómez Avilés. Nieto de Amancio Ortega.

Gómez Ortega, Uxía. Hija de Sandra Ortega y Pablo Gómez Avilés. Nieta de Amancio Ortega.

Hernández, María del Pilar. Vivió entre 1842 y 1910. Contrajo matrimonio con Antonio Gaona Zamora. Madre de Josefa Gaona Hernández, madre de Amancio Ortega Gaona.

Jove González, Miguel. La Coruña, 1931-2011. Casó con Josefa Ortega Gaona, hermana de Amancio Ortega. Trabajó en el departamento laboral de Inditex hasta su jubilación. Tuvo dos hijos, María José y Miguel.

Jove Ortega, María José. La Coruña, 1965. Primogénita del matrimonio Jove Ortega. Casada con José Manuel Romay de la Colina, hijo del exministro Manuel Romay Beccaría. Tiene dos hijos y trabaja como profesora.

Jove Ortega, Miguel. Nacido en La Coruña. Hijo de Miguel Jove y Josefa Ortega. Trabaja de comercial en Inditex, en el departamento de prenda exterior y prenda acabada.

Mato, Carlos. Cuñado de Flora Pérez, está casado con María Luisa Pérez Marcote. Fue durante años director de Zara España; actualmente es director general de Zara.

Mera Goyenechea, Rosalía. La Coruña, 1944-2013. Cofundadora de Inditex. Primera mujer de Amancio Ortega. Con once años dejó el colegio y se puso a coser para las señoritas coruñesas en una tienda llamada La Maja, en La Coruña. Su padre era empleado de Fenosa y su madre regentaba una carnicería. Rosi, como la llamaban, ascendió a dependienta y ahí conoció a Amancio. Saltó la chispa y decidieron unir sus destinos en el amor y en el trabajo. Se casaron en 1966, formaron una familia y juntos pusieron las primeras piedras del imperio Inditex. El matrimonio tuvo dos hijos: Sandra y Marcos, quien nació con una parálisis cerebral profunda. Aquella experiencia le hizo volcarse a lo largo de su vida en distintas iniciativas para la integración social de las personas con discapacidad. En la biografía que escribió sobre ella Xabier R. Blanco, se cuenta que siempre estuvo peleada con su fortuna: «No fardaba de yate porque tampoco lo tenía, ya que le parecía casi una horterada». Su coche era un Golf, eso sí, descapotable. La ostentación no era para ella y nunca olvidó sus orígenes.

La separación de Amancio llegó en 1986, dos años después de que este tuviera una hija (Marta) con Flora Pérez, ascendida del departamento de corte a encargada de la tienda de Vigo. Según publicó *La Otra Crónica*, Rosi se enteró de la relación por el alumbramiento. Con el divorcio se apartó de Inditex (aunque el consejo de administración lo dejó en 2004) y se dedicó a sus propios proyectos. A su muerte —falleció en 2013 a causa de un derrame cerebral—, la fortuna de Rosalía ascendía a unos 4.700 millones de euros. Era la mujer más rica de España.

Rosalía Mera fue enterrada en el cementerio de Santa Eulalia de Liáns, en Oleiros, La Coruña, el 17 de agosto de 2013.

Ortega Gaona, Amancio. Nació en Busdongo (León) el 28 de marzo de 1936. Hijo de Antonio Ortega Rodríguez (nacido en Valladolid) y de Josefina Gaona Hernández (natural de Valoria la Buena, Valladolid). Su padre trabajaba de ferroviario en Busdongo de Arbás (León) pero meses después de nacer Amancio se trasladó a Tolosa (Guipúzcoa) porque había sido designado jefe de la estación. Vivió en la villa guipuzcoana hasta los ocho años. Estudiaba con Antonio, su hermano mayor, en el colegio de «los franceses», el Sagrado Corazón. Y vivieron en la plaza de Justicia, en el corazón de la villa. La familia Ortega dejó Tolosa rumbo a Galicia, nuevo destino del padre, y allí empezaría a tejerse el imperio Inditex. Tuvo dos hijos con su primera esposa Rosalía Mera: Sandra, nacida en 1968, y Marcos, nacido en 1971. Se casó en 2001 con Flora Pérez Marcote, madre de su otra hija, Marta, nacida el 10 de enero de 1984.

Tiene cinco nietos, tres por parte de Sandra: Martiño, Antía y Uxía, y dos de su hija Marta: Amancio (2013), de su matrimonio con Sergio Álvarez Moya, y Matilda (2020), de su segundo matrimonio con Carlos Torretta.

Ortega Gaona, Antonio. Busdongo de Arbás, León, 1928 - La Coruña, 1987. El mayor de los hermanos, que murió a los cincuenta y nueve años, fue pieza fundamental en la creación de lo que sería Inditex. Desde el principio, en el proyecto también estuvo su mujer, Primitiva Renedo, la costurera-modista que empezó a confeccionar junto a Rosalía Mera las batas de boatiné con hombreras que les dieron el primer impulso. Antonio y Primitiva tuvieron una hija, Dolores Ortega Renedo, que hoy sigue siendo accionista de Inditex.

Antonio entró a trabajar en la mercería La Maja con diecinueve años. Se dice de él que era observador y apacible, que supo establecer los contactos oportunos en el mundo empresarial y cultivó las relaciones sociales. Fue quien acompañó a Amancio a pedir el primer préstamo bancario en una sucursal del barrio coruñés de Los Mallos. Con el montante, los hermanos Ortega Gaona fundaron Goa Confecciones, el embrión de Zara y de Inditex.

Antonio falleció dos años después de que se fundara Inditex como sociedad *holding* del grupo, como paraguas de las empresas que habían creado hasta entonces. Los dos hermanos se repartieron las tareas ejecutivas y formaron el primer tándem en la dirección y gestión de la empresa familiar.

Ortega Gaona, Josefa. Busdongo de Arbás, León, 1934. Contrajo matrimonio con el coruñés Miguel Jove González. Tiene dos hijos: María José y Miguel. Estudió en la Escuela de Comercio de La Coruña. Pepita, como se la conoce familiarmente, entró después que sus hermanos Antonio y Amancio en La Maja, aunque nunca trabajó en la tienda, sino en el almacén que acababan de abrir los propietarios del negocio en la plaza de Santa Catalina. Hermana de Amancio Ortega, fue clave en los comienzos de Inditex. Bautizada en honor a su madre, formó junto a sus hermanos Antonio y Amancio el equipo clave del que nacería el gigante textil.

Pepita permaneció unida al negocio familiar y ejerció como consejera de Inditex desde el primer día hasta 2002, año en el que presentó su dimisión al alcanzar la edad máxima que permitía su puesto. Fue miembro de la comisión ejecutiva.

Siguiendo los pasos de su hermano Amancio, sus inversiones se dirigen hacia el ladrillo. Es la gran tapada, en cuanto a negocios, en el universo Inditex. Con la salida a bolsa de la compañía cobró 95 millones de euros, y a fecha de hoy se mantiene en el accionariado de Inditex con un 0,54 por ciento. Ahora son sus hijos, María José y Miguel Jove Ortega, empleados de Amancio Ortega, los que ocupan cargos en las empresas de referencia de Josefa. El principal vehículo inversor es Incio, con sede en La Coruña, y con un patrimonio que supera los 100 millones de euros sin haber experimentado fuertes variaciones en los últimos años. A partir de Incio despliega sus inversiones inmobiliarias y financieras, cuya fortuna se asienta en el despegue de Inditex y en el 0,56 por ciento que tenía de su capital en 2002 valorado entonces en 400 millones de euros.

Incio Inversiones, *holding* con sede en La Coruña, cerró 2021 con unos activos de más de 130 millones de euros y una deuda prácticamente inexistente, otra marca de la casa de los Ortega. Su principal actividad es la gestión de activos inmobiliarios y de sus inversiones. Pero el imperio de Josefa, discreto comparado con el de su hermano, también toca otros palos de negocio. Al margen de otras participaciones en sociedades inmobiliarias, con Incio, la hermana de Amancio Ortega también participa en Kibus Distribución Alimenticia, sociedad constituida en Oleiros en 2018 y de la que a finales de 2020 poseía un 50 por ciento. La empresa se dedica a la gestión *online* de alimentos de mercado y frescos. También Inditex, de hecho, ha apostado desde hace años por favorecer a productores autóctonos y ecológicos a través de su comedor en Arteixo, gestionado por Sodexo y que se ha convertido en un referente en cuanto a innovación y apuesta sostenible empresarial.

Además, entre los activos de Incio figuran parcelas forestales situadas en Boimorto, en las que hay pinos, castaños y robles cuyo objetivo es la obtención de madera. Una apuesta a largo plazo, ya que, según se recoge en su propia memoria de actividades, habrá que esperar entre veinticinco y cuarenta años para que los plantones produzcan la madera deseada.

Ortega Gaona, Pilar. Busdongo de Arbás, León, 1934 - La Coruña, 1996. Casada con Jaime Cuesta Llido. Tuvo una hija, Pilar Cuesta Ortega, que vive en La Coruña. Conocida como la hermana «pobre», pasó la mayor parte de su vida en Sudamérica, ajena al desarrollo de la empresa. Su hija celebró la boda en el Pazo de Ancéis, propiedad de Amancio Ortega.

Ortega Mera, Marcos. La Coruña, 1971. Hijo de Amancio Ortega. El nacimiento de Marcos con una profunda parálisis cerebral sacudió a la familia. El pequeño de los Ortega Mera estuvo siempre al cuidado de su madre, Rosalía. Nunca ha trascendido una foto ni más información sobre el único hijo varón de Amancio Ortega. Pero en la biografía de su mujer escrita por Xabi Blanco, se cuenta que aquello marcó para siempre al empresario, que encontró en el trabajo el lugar donde volcarse.

Ortega Mera, Sandra. La Coruña, 1968. Primogénita de Amancio Ortega. Es, tras la muerte de su madre, la mujer más rica de España. Su fortuna está valorada en más de 6.000 millones de euros.

Sus primeras fotos trascendieron a raíz del entierro de su madre, en 2013. Aunque a los dieciséis años, cuando sus padres se separaron, se puso claramente del lado de su madre, Sandra Ortega Mera ha sacado el carácter discreto y el deseo de privacidad de su padre. Casada con su amor de juventud, Pablo Gómez (directivo en Inditex), tiene tres hijos: Martiño, Antía y Uxía.

Licenciada en Psicología por la Universidad de Santiago de Compostela, posee el 5 por ciento de Inditex, lo que le permite ser la principal accionista tras su padre, y de la farmacéutica PharmaMar. Según informaba *El Mundo* en 2014, Sandra ha invertido en edificios en Los Ángeles, Miami, Nueva York o Londres, la mayoría con uso hotelero.

Es, también, la presidenta de la Fundación Paideia Galiza (donde trabajaba mano a mano con su madre, hasta su fallecimiento) por las oportunidades de integración a personas con discapacidad y está entregada al cuidado de su hermano Marcos.

Sandra Ortega y su hermano Marcos, hijos de Rosalía Mera y Amancio Ortega, ingresaron en las arcas gallegas, a través del impuesto de sucesiones y donaciones, más de 100 millones de euros por la herencia recibida tras el fallecimiento de su madre.

Ortega Pérez, Marta. Vigo, 1984. Presidenta de Inditex desde abril de 2022. Hija de Amancio Ortega y Flora Pérez, estudió en los jesuitas de La Coruña, cursó el bachillerato en Suiza y la carrera de Empresariales en la European Business School de Londres.

Su pasión por los caballos le viene desde niña y, según se cuenta, por ella el propio Amancio ha volado a Reino Unido para conseguirle los mejores ejemplares. También inspirado por Marta, el empresario construyó el Centro Hípico Casas Novas, en la finca de Corzo, una antigua factoría lechera, donde invirtió nueve millones de euros.

Además, Marta es vicepresidenta de Partler, la sociedad a la que el fundador de Zara traspasó el control del 9,28 por ciento de Inditex y Gartler, y también es miembro del patronato de la Fundación Amancio Ortega. Las empresas con las que Amancio Ortega controla Inditex.

Ortega Renedo, Dolores. La Coruña, 1959. Dolores es hija de Antonio Ortega Gaona, hermano de Amancio y cofundador de Inditex, y de Primitiva Renedo Oliveros. Casada con Juan Carlos Rodríguez Cebrián, que fue director general de Inditex entre 1997 y 2005, vive a la sombra de Amancio y es una de las personas más próximas al fundador.

Loli para sus íntimos, es la tercera mayor accionista histórica de Inditex, solo por detrás de su tío Amancio Ortega y de su prima Sandra Ortega Mera. Pero era ella la que, al acabar el horario laboral, se dedicaba a hacer las cuentas de la naciente empresa. Por edad, Dolores Ortega

Renedo no perteneció a aquel núcleo duro, pero sí su padre, Antonio Ortega Gaona, y su madre.

Ortega Rodríguez, Amancio. Valladolid, 1907 - La Coruña, 1997. Contrajo matrimonio con Josefa Gaona Hernández. Padre de Amancio Ortega Gaona. Tuvo cuatro hijos: Antonio, Pilar, Josefa y Amancio Ortega Gaona.

Pérez Maceiras, Manuel. La Coruña, 1923 - 2019. Padre de Flora Pérez Marcote. Manuel Pérez tuvo siete hijos: Flora, María, María Luisa, Óscar, Jorge, David y Rodrigo. Algunos de ellos desarrollaron su carrera profesional dentro de Inditex. Flora Pérez, esposa de Amancio Ortega, es la vicepresidenta de la Fundación Amancio Ortega Gaona. Óscar Pérez Marcote es el máximo directivo de Zara y Jorge es el director de Massimo Dutti. La otra hermana, María Luisa, no está ligada directamente a la empresa textil, pero sí su marido, Carlos Mato, persona de confianza de Amancio Ortega, que sigue vinculado al grupo.

Pérez Marcote, David. Hijo de Manuel Pérez Maceiras. Hermano de Flora Pérez Marcote.

Pérez Marcote, Flora. La Coruña, 1954. Segunda mujer de Amancio Ortega. Flora Pérez tiene un origen humilde. Sus padres fueron conocidos popularmente como «desertores del arado», es decir, descendientes de agricultores que emigraron a la ciudad en busca de un futuro mejor. Dejaron la zona de Arzúa, en la parte suroriental de la provincia de La Coruña, que se autodenomina «tierra del queso», en referencia al queso con denominación de origen Arzúa-Ulloa. Se instalaron en el barrio obrero de Los Castros, en el sureste de la ciudad, donde se encuentran algunos muelles de descarga.

De su madre heredó el buen gusto para la moda. Era ella la que le hacía vestidos de niña para sus muñecas, algo que siguió haciendo para su nieta Marta muchos años después. La hoy segunda mujer de Ortega tiene otros siete hermanos, solo uno más pequeño. Óscar es el máximo directivo de Zara y Jorge dirige desde Barcelona la firma Massimo Dutti. El pequeño, Rodrigo, desempeña también un cargo intermedio en el grupo. Fuera del negocio familiar está su hermana María Luisa, que controla un pazo en el municipio coruñés de Toques. El marido de esta, Carlos Mato, sigue vinculado a la empresa dentro de Zara.

Su vida cambió para siempre cuando conoció a un todavía casado Amancio mientras trabajaba como dependienta en la tienda Zara en la calle coruñesa Juan Flórez. La hermana de Amancio, Josefa, intuyó lo que pasaba y, según se cuenta, en un intento de salvar el matrimonio de Amancio con su primera mujer destinaron a Flora a Vigo, ascendiéndola a encargada de tienda.

Pérez Marcote, Jorge. Hermano de Flora Pérez Marcote. Dirige desde Barcelona la firma Massimo Dutti, al frente de la que lleva ya más de dos décadas.

Pérez Marcote, María Luisa. Hija de Manuel Pérez Maceiras. María Luisa Pérez Marcote, hermana de la mujer de Amancio Ortega, vive del negocio inmobiliario y tiene en el pazo de Toques su bien más preciado.

Es uno de los casos que se podría considerar una excepción. La hermana de Flora Pérez y, por tanto, cuñada de Amancio Ortega, nunca trabajó para el grupo textil, aunque su marido, Carlos Mato, fue director general de Zara España. Sus intereses empresariales se inclinaron más hacia el negocio inmobiliario.

A través de su patrimonial, Cabanelas Inversiones, domiciliada en La Coruña y constituida hace más de doce años, controla un pazo en el municipio coruñés de Toques. Se trata de una edificación del siglo XVIII situada en una finca de 20 hectáreas muy próxima a los ayuntamientos de Arzúa y Melide, de donde son oriundos los Pérez Marcote y Carlos Mato. Esta propiedad, totalmente rehabilitada, tiene la peculiaridad de ser uno de los «refugios» más desconocidos de Amancio Ortega y su familia, en especial de su hija Marta, que aprovechaba las instalaciones para montar a caballo, entre animales —sus tíos crían razas autóctonas de vacas, conejos y gallinas— y árboles centenarios.

María Luisa Pérez Marcote también figuraba hasta no hace mucho como administradora solidaria de la sociedad inmobiliaria Río Furelos, S.L. Esta firma, domiciliada en el municipio coruñés de Culleredo, tiene ahora a Julio Vales Ponte como administrador único, que a su vez está vinculado con el Grupo Caamaño, uno de los grandes proveedores de Inditex, a través de la promotora Valmarcasa.

Pérez Marcote, Óscar. Hermano de Flora Pérez Marcote. Fue director de Bershka hasta el desembarco de Isla en Inditex. Ahora es el máximo directivo de Zara, el buque insignia del grupo.

Pérez Marcote, Rodrigo. Hijo de Manuel Pérez Maceiras. Hermano de Flora Pérez Marcote.

Renedo Oliveros, Primitiva. Nació en Valoria la Buena, Valladolid. Mujer de Antonio Ortega Gaona. Primitiva Renedo, una costurera vallisoletana, fue la primera de los miles de mujeres que, con una modesta máquina de coser, puso en marcha el mayor grupo textil del mundo. Por eso, cuando en 2001 salió a bolsa aquel conjunto de empresas erigido desde mediados de los años sesenta, su hija fue la única que, salvo la pareja fundadora, poseía más del 1 por ciento de las acciones.

Actualmente, junto con su hija Loli, posee en comunidad de bienes el legado empresarial de su marido en Inditex.

Rey, Jaime. Casado con María Torretta Echevarría, hermana de Carlos Torretta Echevarría.

Rodríguez Cebrián, Juan Carlos. Orense, 1954. Fue director general de Inditex entre 1997 y 2005, aunque él ingresó en Zara en 1978. Para la gente de la casa él es el perfecto tiburón de los negocios: frío, calculador y poco dado a sensiblerías. Nieto de un expresidente del Deportivo, había comenzado como propietario de uno de los primeros pubs en la Ciudad Vieja, y en 1978 entró a trabajar en Inditex. Después, como cuenta el periodista Xabier R. Blanco en *Rosalía Mera, el hilo suelto* (2015), se convirtió en el sobrino político de Amancio y en uno de sus dos acompañantes en aquellos eternos viajes para ampliar mercado a bordo de un Citroën CX, «que solo paraba para llenar el depósito, y que en un año llegó a superar los dos millones de kilómetros».

Rodríguez Cebrián fue director general de Inditex y «brazo derecho» del presidente de 2000 a 2005. Desde entonces, pese a que su salida fue un tanto abrupta y no ha vuelto a tener relaciones empresariales con Ortega, su nombre siempre aparece escrito con el latiguillo «el sobrino político». Y, a pesar de que lo dejó «para dedicarse a la gestión del patrimonio personal y familiar y a sus propios proyectos empresariales», según comunicó en su día, el manejo del patrimonio de los Rodríguez-Ortega no ha sido afortunado.

El matrimonio tenía, antes de la salida a bolsa, algo más del 3 por ciento de Inditex, y vendió la mitad. Ella recibió 208 millones y él, 54. Dolores, que poseía un 1,14 por ciento del Inditex cotizado, mantiene un 0,90, con un valor aproximado de unos 700 millones de euros. Ella y su madre, Primitiva Renedo (otro 0,9 por ciento), participan a partes iguales en la sociedad Marlolan, S.L.

Marlolan fue uno de los portaaviones que Rodríguez Cebrián usó cuando hizo la guerra por su cuenta. Dolores Ortega lo utilizó para hacerse con el 9 por ciento de la catalana Habitat, mientras su marido se hacía con un porcentaje similar en Martinsa Fadesa. El estallido de la burbuja los sorprendió con unos 200 millones de euros invertidos en ladrillo, en esas y otras aventuras que se fueron a pique. Incluso operaciones diseñadas en La Coruña bajo el gobierno de Paco Vázquez encontraron obstáculos legales. No es que fuesen la ruina, ni mucho menos, pero en 2015 el matrimonio vendía por siete millones de euros a un empresario chino el megayate Tumberry, mayor que los de Florentino Pérez o Rafael del Pino, y también que el otro que estaba siempre atracado a su lado en el Náutico de Sanxenxo, el *Valoria* de su tío político.

Dicen que a Dolores no le gusta tanto navegar y tampoco mucho la orientación que ahora toman los negocios de su marido: una macrodiscoteca en un complejo de ocio en el terreno portuario, un restaurante… En definitiva, una cierta vuelta a los orígenes hosteleros.

Al abandonar la sede central del gigante textil en Arteixo, a escasos kilómetros de La Coruña, Rodríguez Cebrián emprendió varios negocios. Aparte de inversor, es empresario de la noche. Lleva El Pelícano, una sala muy grande que costó un dineral. El proyecto original fue de Paco Vázquez, el exalcalde de La Coruña. Ahora hay una sala de conciertos y otras actividades culturales, cuenta una persona que ha seguido de cerca la actualidad de la familia. A la inauguración, en marzo de 2016, acudieron Alberto Núñez Feijóo, entonces presidente de la Xunta; Flora Pérez Marcote, actual esposa de Ortega, y el exjugador del Real Madrid Fernando Hierro.

Romay de la Colina, José Manuel. Hijo del exministro José Manuel Romay Beccaría y Pilar de la Colina. Casado con María José Jove Ortega, sobrina de Amancio Ortega. Entre otros cargos en Inditex figura como apoderado de Zara Logística, dedicada al almacenamiento, transporte y distribución de materias primas o elaboradas; productos, bienes y objetos, desde su recepción, descarga, desembalaje, examen, clasificación y codificación, hasta el mantenimiento y gestión de *stocks*, facturación de mercancías, envasado y embalaje. Una empresa clave en el negocio de Inditex.

Torretta, Roberto. Buenos Aires, 1950. Padre de Carlos Torretta. Aunque nació en Buenos Aires, se trasladó a España en 1972 y se instaló en Madrid, donde comenzó a trabajar en el mundo de la moda como miembro del equipo de ventas de la empresa Trip Difusión.

Torretta Echevarría, Carlos. Madrid, 1984. Segundo marido de Marta Ortega. Hijo del diseñador argentino Roberto Torretta, vicepresidente de ACME (Asociación de Creadores de la Moda de España), y Carmen Echevarría. Estudió Bellas Artes y Publicidad en la Universidad de Pace de Nueva York. Tiene una hermana, María. Carlos se instaló en el West Village de Manhattan y comenzó su carrera profesional en el mundo de la publicidad y saltó a la industria de la moda como agente de modelos de la agencia The Society Model Management, donde se convirtió en el representante de grandes *tops* como Adriana Lima y Kendall Jenner.

Trascendieron sus noviazgos con un *ángel* de Victoria's Secret, la canadiense Andie Muse, y Victoria Traina, estilista e hija de la escritora Danielle Steel. Pero fue en 2016 cuando conoció a Marta Ortega y desde entonces no se han separado. Se instalaron en La Coruña y Carlos se integró en el equipo de *e-commerce* de Zara.

Carlos y Marta se casaron en 2018. En marzo de 2020, en pleno confinamiento por la pandemia del coronavirus, llegaba su primera hija, Matilda.

Torretta Echevarría, María. Madrid, 1986. Hermana de Carlos Torretta. Es hija del diseñador Roberto Torretta y Carmen Echevarría. Cuñada de Marta Ortega Pérez. Casada con el empresario Jaime Rey. Tiene dos hijos.

Torretta Ortega, Matilda. La Coruña, 2020. Hija de Marta Ortega y Carlos Torretta. Nieta de Amancio Ortega.

QUIÉN ES QUIÉN EN INDITEX
Los que son y los que fueron
(a 31 de diciembre de 2022)

Desde sus comienzos, el baile de directivos y responsables en Inditex ha sido una constante. Todo con el objetivo de que en cada momento fuesen los mejores en su puesto. Para el grupo estos bailes forman parte de la «renovación natural» del equipo directivo. Con la llegada al grupo de Pablo Isla en 2005, y tras su consolidación como presidente, el quién es quién de Inditex ha sufrido notables alteraciones con relación a etapas anteriores. Amancio siempre mantuvo gran parte del núcleo profesional y naturalmente el familiar, por la rama de su segunda mujer. Y ahí estaba y está Marta, ahora encaramada en lo más alto del escalafón. Estos son, alfabéticamente, los más destacados que fueron y son.

Abril Abadín, Antonio. Secretario general y del consejo hasta enero de 2021. Nació en la localidad lucense de Viveiro en 1957 y allí pasó su juventud. Se marchó a estudiar a la Universidad de Oviedo, en donde cursó la licenciatura en Derecho. En 1984 se incorporó como funcionario por oposición al cuerpo de abogados del Estado, trabajando en Lugo y en La Coruña.

Es presidente del Consejo Social de la Universidad da Coruña, vicepresidente de la Fundación Universidade da Coruña y miembro del

Comité Ejecutivo de la Conferencia de Consejos Sociales de las Universidades Públicas Españolas.

En el año 1989 se incorporó al departamento jurídico del Grupo Inditex, convirtiéndose en secretario general del mismo en el año 2002 y patrono secretario de la Fundación Amancio Ortega Gaona.

Todos saben que Abril llevaba con Ortega toda la vida. Incluso sobrevivió a la marcha del antiguo consejero delegado, José María Castellano, en 2005. El abogado Abril Abadín conoce todos los secretos del grupo y de la familia. Es una especie de albacea de excepción de la intrahistoria de Inditex. Ahora está separado de la empresa.

Agnolin, Marco. Sustituyó a Óscar Pérez al frente de Bershka. Fue delegado de Inditex en Italia, donde luchó en un territorio difícil para la implantación de Inditex y ha visto recompensado su esfuerzo liderando una de las cadenas destacadas del Grupo.

Alba Castro, Lorena. Directora general de logística. Licenciada en Ingeniería Técnica Industrial por la Universidad de Vigo, Lorena Alba ha desarrollado toda su trayectoria profesional en el sector de la logística. Comenzó su carrera colaborando con empresas como Nanos o el Grupo Losán, y desde hace más de quince años forma parte del Grupo Inditex.

Como responsable del área de logística ha conseguido adecuar, con éxito, la capacidad de distribución del grupo a sus necesidades de crecimiento e internacionalización. La creación de nuevos centros de distribución, como Plataforma Europa en Zaragoza, y el desarrollo tecnológico caracterizan el modelo logístico de Inditex, del que es la máxima responsable. Una de las patas del éxito del grupo.

Aldao Canosa, Gervasio. Es consejero de varias fábricas del grupo ubicadas en La Coruña.

Álvarez Sánchez, Antonio. Nació en Fene, La Coruña, en 1960. Ingeniero eléctrico, ejerció como director de sostenibilidad ambiental del Grupo Inditex. Después de veintiséis años, en diciembre de 2019 abandonó la empresa físicamente con gran sorpresa para todos, ya que ocurrió en pleno giro hacia un modelo sostenible por parte de la matriz de Zara. Le sustituyó Luis Coloma.

Antonio Álvarez fue el gran defensor de la necesidad de que Inditex se adhiriese en 2018 a la Carta de la Industria de la Moda para la Acción Climática durante la Conferencia de las Naciones Unidas sobre el Cambio Climático (COP 24) en Katowice (Polonia) y en 2019 al Pacto de la Moda en Biarritz (Francia), que acordó el objetivo de cero emisiones netas de gases de efecto invernadero para 2050.

Álvarez dejó en la compañía el concepto de la tienda ecoeficiente. Un tipo de establecimiento que consume un 20 por ciento menos de electricidad y un 40 por ciento menos de agua, que ya se extiende por toda la red de tiendas de Zara. Otro de los proyectos que creó y lideró el ya exdirector de medio ambiente de Inditex fue el Programa de Colección para Ropa Usada.

Tras su relevo se incorporó a Refix, un proyecto desarrollado por sus hijos. Se trata de una bebida isotónica de recuperación ecológica, elaborada con un 20 por ciento de agua de mar alcalina (pH 8) procedente de la costa gallega del océano Atlántico (Costa de la Muerte). La particularidad de esta bebida es su capacidad de paliar la resaca. Ejerce también como consultor *freelance* en materia de sostenibilidad.

Antimissaris, Kostas. Cesado en 2011 como director de Uterqüe. De origen griego, fue responsable de Inditex Grecia y se incorporó a Uterqüe en 2009. No se fue solo. Con él salió la mayoría de los ejecutivos de la cadena, entre ellos su mujer, Miriam Fernández. Cada uno de los que abandonaron la marca se llevó un millón de euros de indemnización en el bolsillo. En 2016 estuvo a punto de incorporarse a otra empresa gallega del sector de la moda, Adolfo Domínguez. Finalmente, Kostas renunció a la oferta para incorporarse como consejero delegado de la textil gallega.

Arnau Sierra, José. Lugo, 1956. Vicepresidente desde junio de 2012. Consejero externo dominical, en representación del socio fundador, Amancio Ortega Gaona. Licenciado en Derecho por la Universidad de Santiago de Compostela e inspector de Hacienda del Estado, es desde 2001 el primer ejecutivo del Grupo Pontegadea, brazo inversor de Ortega.

Fue director de la asesoría fiscal y miembro del comité de dirección de Inditex desde 1993 hasta 2001 y miembro de su consejo de administración entre 1997 y 2000. Anteriormente ocupó diversos puestos en la Administración Tributaria. Ha sido miembro de diferentes consejos de administración en representación de Pontegadea Inversiones, S.L. y fue profesor asociado de Derecho Tributario en la Universidade da Coruña, entre 1993 y 1996.

Es miembro del patronato de la Fundación Amancio Ortega desde su creación y su vicepresidente ejecutivo desde 2017.

Designado consejero en junio de 2012, ratificado por la junta general de accionistas de 17 de julio de 2012 y reelegido en la de 18 de julio de 2017. Es titular directo de 30.000 acciones.

Badía Rodríguez, Miguel. Es consejero de varias fábricas del grupo en La Coruña.

Bado Rivas, José Pablo del. La Coruña, 1958. Miembro del comité de dirección. Director de Pull&Bear, reside en Oleiros (La Coruña). Es consejero de varias fábricas o administrador mancomunado del grupo.

Comenzó a trabajar con Amancio Ortega y Rodríguez Cebrián a mediados de los años setenta, buscando clientes. Del Bado es conocido en Arteixo como «el hijo que a Amancio Ortega le gustaría tener». Es uno de los hombres fuertes de Inditex y uno de los pocos miembros de la alta dirección que siguen en el mismo puesto desde la etapa de José María Castellano. El ejecutivo lidera la cadena Pull&Bear, una de las mayores del grupo, y con anterioridad fue también responsable de Lefties. La cadena de bajo coste de Inditex que nació como un *outlet* de Zara.

Es hombre de máxima confianza del grupo, supervisó también el relanzamiento de Lefties.

Barberá Traspuesto, Iván. Director internacional de Inditex para Asia.

Bengoechea Echevarri, Íñigo. Directivo fiscal de Pontegadea. Bengoechea tiene un largo recorrido como abogado. Estudió Derecho Económico en la Universidad de Deusto y trabajó ocho meses en la firma Mas Abogados durante el año 2003. Máster en Fiscalidad del IE Business School, se incorporó más adelante como asesor fiscal en KPMG. De 2011 a 2016, Bengoechea fue asociado del departamento fiscal de Baker & McKenzie, según *Expansión*.

En 2017 fue nombrado apoderado de Pontegadea Inversiones y Partler 2006, a través de las que Ortega controla un 59,29 por ciento del accionariado de Inditex. También lo es de siete de las sociedades que cuelgan del *holding* Pontegadea.

Benhamou Zermati, Isidore. Socio capitalista de Amancio Ortega en Confecciones Noite, S.L., sociedad constituida en 1977.

Bernardó, Jordi. Fue el escaparatista con aire ensoñador y pinta de *hippie* que supo entender el negocio que estaba maquinando Amancio. Lo conocía porque habían coincidido en algún arreglo en La Maja y le propuso unirse a la aventura. Significó el despegue definitivo, algo que llega a reconocer el mismo jefe: «El 90 por ciento de la venta es del escaparate», y para eso estaba Jordi.

Cañás Caramelo, Javier. Cofundador de la marca que lleva su segundo apellido y viajante de Zara en los inicios de Inditex. Compañero de viaje imprescindible de Amancio para explorar moda, mercados, proveedores y clientes.

Cañete Díaz, Álvaro. Director internacional de Europa. Pasó a ocupar esta dirección sustituyendo a Agustín García-Poveda, quien dejó ya el grupo. Cañete, licenciado en Económicas y PDD por el IESE, se incorporó a Inditex en septiembre de 2003 como director general de Kiddy's Class y ocupó diversos puestos de responsabilidad internacional en Europa (Reino Unido, Irlanda, Bélgica, Holanda y Luxemburgo) y América del Sur, hasta que en diciembre de 2005 fue designado director internacional para América.

Cárdenas Botas, Eva María. Mucho antes de ser la actual mujer de Alberto Núñez Feijóo, expresidente de la Xunta de Galicia y actual presidente del Partido Popular, Eva María Cárdenas ya era directiva de Inditex, en la cadena Zara Home. Nacida en 1965 y graduada en Económicas y Diseño Industrial por la Universidad de Santiago de Compostela, completó un máster de Administración y Dirección de Empresas que le abrió las puertas de Inditex en 2003. Ahora, aparte de llevar su promotora inmobiliaria, es asesora externa del grupo cerámico gallego Sargadelos.

Carro Merchán, Jaime. Es el responsable de la secretaría del patronato y del área jurídica de la Fundación Amancio Ortega. Es además apoderado de distintas sociedades de Pontegadea.

Castro, Amador de. Nació en 1947 en La Coruña. Este contable en diciembre de 1976 ocupó el puesto de subdirector financiero de Astano. Allí estuvo dos años, hasta que comenzó su aventura con Amancio Ortega para llevar las cuentas. Fue el pionero, el antecesor de Castellano, el que puso en marcha el patrón financiero del grupo. Preside Inversiones Finisterre y Supervisión y Control, que gestiona las ITV de toda Galicia y ahora está en manos de Applus.

Castro Quintás, José Luis. Pasó de ser jefe de Amancio Ortega en La Maja a empleado de Inditex.

Cibeira Moreiras, Roberto. Vicepresidente de Pontegadea. Es, además, consejero de algunas de las sociedades que penden del Grupo Pontegadea. Cibeira es licenciado en Ciencias Empresariales por la Universidad de Santiago y PDD (Programa de Desarrollo Directivo) por el IESE. Inició su carrera profesional en Arthur Andersen y fue director de su oficina en La Coruña y responsable de auditoría y consultoría para el sector financiero y de asesoramiento en instrumentos de deuda en mercados internacionales. Es, además, auditor miembro del ROAC (Registro Oficial de Auditores de Cuentas) desde 2001.

Roberto Cibeira se incorporó en el año 2003 a Pontegadea como responsable de inversiones inmobiliarias internacionales y de carácter financiero. Entre los años 2010 y 2013 fue miembro del consejo de administración de NH Hoteles en representación precisamente de esa sociedad de inversión. Al margen de su vinculación con Ortega, es presidente del Basquet Coruña.

Cierva, Borja de la. Exdirector general financiero de Inditex, se sumó a la plantilla de El Corte Inglés en 2006 para poner orden en las cuentas y el accionariado ante la posibilidad de salida a bolsa, después abortada, de este grupo textil.

Climent, Rafael. Exdirector del departamento de diseño de hombre de Zara, es uno de los que decidieron abandonar la empresa para establecerse por cuenta propia. Climent fue inicialmente el responsable de la distribución en España de marcas internacionales como Superdry, que se ha hecho con el control de su negocio en España. Ahora, el directivo es el responsable de la gestión de la filial de Supergroup (propietario de Superdry) en el mercado español.

Cobián Fernández de la Puente, Juan. Uno de los primeros responsables de la implantación de Internet en Inditex. A su aplicación informática, la PDA del control de prendas y precios, los empleados de las tiendas le llaman *la cobi* por Juan Cobián, padre de la criatura.

Coloma Yepes, Luis. Director de medio ambiente, un escalón por debajo de la dirección de sostenibilidad. Este puesto lo ocupaba hasta ahora Antonio Álvarez, que ha salido de la empresa de mutuo acuerdo tras una trayectoria de veinticinco años en la misma. Con cincuenta y nueve años, Álvarez fue uno de los impulsores principales del concepto de tienda ecoeficiente que la textil está implantando en sus más de 7.000 puntos de venta.

Copado Fernández, Diego. Director corporativo de comunicación, imagen y relaciones institucionales del Grupo Inditex hasta 2005. Convenció a Amancio para que se hiciese la primera foto para un informe anual antes de la salida a bolsa. Tras dejar Inditex se incorporó a El Corte Inglés, donde permaneció hasta 2016.

Crespo González, Carlos. Algeciras, 1971. Director general de operaciones, transformación sostenible y digital. Miembro del comité de dirección. Exconsejero delegado de Inditex. Licenciado en Ciencias Empresariales, especialidad de Gestión Empresarial, por la Facultad de Ciencias Económicas y Empresariales de la Universidade da Coruña. Desde 1996 y hasta su incorporación a Inditex desarrolló su carrera profesional como auditor en Arthur Andersen (actualmente Deloitte).

Se incorporó al Grupo Inditex en 2001, en el área de administración financiera, asumiendo distintas funciones, entre otras la de responsable corporativo de gestión administrativa de existencias.

En septiembre de 2005 pasó a ocupar el cargo de director de auditoría interna del Grupo Inditex.

Crespo, que posee la acreditación de auditor de cuentas, inscrito en el Registro Oficial de Auditores de Cuentas (ROAC), fue miembro del comité directivo del Instituto de Auditores Internos (IAI), desde 2008 hasta 2017, donde, además, desempeñó el cargo de presidente de su comité de nombramientos. En marzo de 2018 fue nombrado director general de operaciones de Inditex.

Designado consejero en la junta general de accionistas de 16 de julio de 2019. Es titular directo de 26.258 acciones de la sociedad. Regresó a su puesto tras anunciarse el relevo de Pablo Isla. En noviembre de 2022 se hizo pública su salida de Inditex.

Chércoles Blázquez, Javier. Cesado en 2010, era el director de responsabilidad social corporativa, un área vital por los riesgos que implica la fabricación de prendas, mediante subcontratas, en países emergentes. Fue una sorpresa para los mercados, pero Inditex nunca quiso revelar las razones por las que prescindió del ejecutivo. Quizá en agradecimiento a los años de servicio en un departamento que exige desplazamientos continuos y pisar el terreno, recibió 1,4 millones de euros.

Desde entonces ha puesto en marcha la consultoría Chércoles & Partnership, cuyo objetivo es asesorar a las empresas para solucionar los conflictos laborales que surjan en sus fábricas ubicadas en mercados emergentes o del Tercer Mundo.

Dexeus, Carlos. Fue una apuesta fallida. Formado en los despachos de JP Morgan en Nueva York, desembarcó en Inditex para ocupar el cargo de consejero director general de Inditex, con el objetivo de diseñar la operación de salida a bolsa del grupo. Para sorpresa del mundo económico y empresarial, Dexeus renunciaba al cargo antes de cumplirse los seis meses de su nombramiento.

Díaz Miranda, Miguel. Miembro del comité de dirección. Se incorporó a Zara en 1990, desempeñando diversas responsabilidades en el área de control de gestión, en la dirección internacional y otros ámbitos del negocio. En la actualidad se ocupa de la gestión económico-financiera, de operaciones y de sostenibilidad en Zara.

Durán Schulz, José Luis. Madrid, 1964. Consejero independiente desde julio de 2015. Licenciado en Economía y Dirección de Empresas por el

Instituto Católico de Administración y Dirección de Empresas (Icade). Desde 1987 a 1990 fue auditor en Arthur Andersen. En 1991 se incorporó al Grupo Carrefour, donde desempeñó diversos puestos. En julio de 2009 se incorporó al Grupo Maus Frères (Suiza), donde, hasta enero de 2015, fue director general de Lacoste, presidente ejecutivo de Gant y miembro del consejo de administración de Aigle. Hasta el 4 de octubre de 2015 fue miembro del comité de buen gobierno, remuneraciones y nominaciones de Unibail-Rodamco y miembro de su consejo de administración. Hasta el 30 de junio de 2017, consejero independiente y miembro del comité de auditoría de Orange. Actualmente es director general (CEO) de Value Retail Management.

Designado consejero en la junta general de 14 de julio de 2015, y reelegido en la junta general de accionistas de 16 de julio de 2019, es titular directo de 3.106 acciones.

Echenique Gordillo, Rodrigo. Madrid, 1946. Consejero independiente desde julio de 2014. Licenciado en Derecho por la Universidad Complutense de Madrid y abogado del Estado.

Miembro del consejo de administración de Banco Santander, S.A. desde 1987. En la actualidad es presidente de Santander España, presidente de la Fundación Banco Santander y miembro del Consejo BSI (Banco Santander International) y del Directorio Santander Chile.

Designado consejero en la junta general de 15 de julio de 2014, y reelegido en la junta general de accionistas de 17 de julio de 2018.

Echevarría Hernández, Jesús. Barcelona, 1962. Director general de comunicación y relaciones institucionales de Inditex. Es licenciado en Ciencias de la Información por la Universidad Complutense de Madrid y licenciado en Filosofía y Letras y máster en Periodismo por la Universidad Autónoma de Madrid.

Desde 2005 estuvo al frente de la dirección general de comunicaciones y relaciones institucionales de Inditex, a la que llegó junto a Pablo Isla, pues ya ejercía idénticas funciones en la tabacalera Altadis.

Con anterioridad había ejercido distintos cargos directivos en dos grupos editoriales, Taller de Editores y Hachette-Filipachi. Trabajó en *El País*, *ABC* y la Cadena Ser. Gestionó la presencia mediática del grupo en todo el mundo.

Aunque sigue en el grupo, tras el ascenso de Marta a la presidencia su puesto fue asumido por Raúl Estradera.

Estradera Vázquez, Raúl. Director de comunicación de Pontegadea, la sociedad patrimonial de Amancio Ortega, que incluye entre otras sociedades a la Fundación Amancio Ortega, de la que también es director de comunicación en el organigrama de su patronato. Lleva ligado a Inditex desde 1991. Desde la llegada a la presidencia de Marta asumió la dirección de comunicación del grupo.

Fanjul, María. Dejó Inditex en 2020 por motivos familiares, tras seis años al frente de la coordinación del negocio *online* del grupo, donde aterrizó en 2014.

Fanjul, que con anterioridad a su fichaje por Inditex era consejera delegada del portal *Entradas.com*, desembarcó en el grupo gallego para coordinar el negocio de ventas *online* de todas las marcas, a excepción de Zara, que en 2014 ya había desarrollado su modelo integrado.

Fanjul ocupó en octubre de 2014 un cargo de nueva creación en la firma fundada por Amancio Ortega, reportando directamente al presidente ejecutivo de Inditex, Pablo Isla. Tras la salida de Fanjul, la compañía no nombró sustituto al considerar que las cadenas cuentan con equipos «muy robustos» para seguir con su crecimiento, por lo que Inditex amortizó dicho puesto.

Fernández Fernández, Ignacio. Navia de Suarna, Lugo, 1963. Miembro del comité de dirección. Director general de finanzas. Licenciado en Ciencias Económicas y Empresariales por la Universidad de Santiago de Compostela, es miembro del Cuerpo Superior de Inspectores de

Hacienda y profesor de Hacienda pública y sistemas fiscales en la Universidade da Coruña. En la actualidad es el director general de finanzas del grupo textil Inditex.

Desde junio de 1995 hasta 2001 desempeñó el puesto de inspector jefe regional en la Delegación Especial de la Agencia Estatal de Administración Tributaria en Galicia.

Posteriormente ocupó el puesto de director del departamento de asesoría fiscal de Inditex. En mayo de 2009 fue nombrado director general de finanzas. Es consejero de varias empresas de fabricación del grupo.

Flórez de la Fuente, Antonio. Sustituyó en el cargo de director de Bershka a Marco Angolino en 2017. Flórez de la Fuente es un directivo histórico de la cadena presidida por Pablo Isla, donde ha ocupado diferentes cargos como el de responsable comercial de Zara en Europa.

Se trata de una persona de la casa, con un perfil muy comercial y profundo conocedor del área de gestión, que asumió la dirección de la segunda empresa del grupo en volumen de ventas. Flórez de la Fuente tiene su centro de operaciones en Tordera (Cataluña).

Fresnedo Amado, José Antonio. Apoderado de la sociedad cabecera del grupo Rosp Corunna, que preside la primogénita de Amancio Ortega, Sandra Ortega. Es un hombre de la casa, que ya ejercía en distintas sociedades de inversión del *holding*. Formó tándem durante casi una década con Leyte, al que ha sustituido, tras su cese, en enero de 2021.

García, Chisco. Es otro de los productos de la factoría Inditex que ha aprovechado su paso por el grupo para ir a otras compañías. García se formó en Massimo Dutti, y ha trabajado en empresas como la catalana Basi, en la que se encargó de relanzar Armand Basi; Caramelo, donde ocupó la dirección de producto, o Desigual. Ahora tiene activa la plataforma 3S Institute.

García Amil, Enrique. Socio capitalista de Amancio Ortega en Confecciones Fios, S.A. Encarrilado el proyecto, cedió su parte a Ortega.

García Maceiras, Óscar. Consejero delegado. Exsecretario general y del consejo de Inditex. Nació en La Coruña en 1975. Abogado del Estado en excedencia. Ocupa también el cargo de secretario del consejo de administración, en sustitución de Antonio Abril.

García Maceiras era hasta la fecha de su desembarco en Inditex director de la asesoría jurídica y vicesecretario del consejo de administración del Banco Santander. Previamente, desempeñó diversas responsabilidades en el Banco Pastor, el Banco Popular y en la Sociedad de Gestión de Activos Procedentes de la Reestructuración Bancaria (Sareb).

Con su nombramiento como secretario del consejo de administración de Inditex, Óscar García Maceiras se convirtió en el abogado estrella de comienzos del año 2021.

Este brillante abogado del Estado tuvo la oportunidad de irse a El Corte Inglés. Su valedor era el consejero Manuel Pizarro, uno de los pilares que dejó Isidoro Álvarez para gestionar la gobernanza de la compañía.

Por diferentes motivos, Maceiras prefirió seguir en el Santander, a donde había llegado en 2016 de la mano de Belén Romana, consejera del banco y antigua jefa en Sareb, donde ella fue presienta y encargada de montar el banco malo. Allí puso en valor su paso por el Banco Pastor, la histórica entidad financiera gallega donde hizo carrera durante más de una década.

Tras dejar pasar a El Corte Inglés, la llamada de Inditex tenía demasiados incentivos, desde familiares a profesionales, por lo que tiene de reto relevar en el cargo al todopoderoso Antonio Abril. Ahora volverá a ser primer espada, después de estos años como mano derecha de Jaime Pérez Renovales gestionando toda la arquitectura jurídica internacional del Banco Santander.

Nombrado por cooptación como consejero ejecutivo el 29 de noviembre de 2021. Es titular directo de 3.645 acciones de la sociedad.

García-Poveda, Agustín. Hasta mayo de 2008 estuvo al frente de la dirección internacional de Europa de Inditex. A finales de 2009 se incorporó a la plantilla de El Corte Inglés para liderar Sfera.

García Torralbo, Javier. Miembro del comité de dirección. Director general de *e-commerce* de Zara.

Se incorporó a Zara en 1994. Tras una extensa experiencia en la gestión de tiendas, es nombrado director de distribución de Zara, cargo que desempeña hasta su designación como director general de *Zara.com* en 2010.

García Torres, Vicente. A través del grupo alicantino Azarbe controla el 50 por ciento de la que se considera la zapatería de Inditex: Tempe. En 1989 Tempe se constituyó como empresa líder en el sector del calzado de la mano del Inditex.

García Vigo, Rogelio. Socio capitalista de Amancio Ortega en Confecciones Fios, S.A. Encarrilado el proyecto, cedió su parte a Ortega.

Gartler, S.L. La sociedad Gartler, S.L. estuvo representada en el consejo de administración de Inditex por Flora Pérez Marcote y es titular, de forma directa, de 1.558.637.990 acciones representativas del 50,01 por ciento del capital social del grupo.

Esta entidad fue designada consejero en diciembre de 2006, ratificada por la junta general de 17 de julio de 2007 y reelegida en la junta general de accionistas de 17 de julio de 2012.

A finales de 2015 el fundador de Inditex, Amancio Ortega, reorganiza sus sociedades con la absorción por parte de su firma Pontegadea Inversiones de Gartler, que controla un 50,01 por ciento del gigante textil Inditex.

Con esta operación, Gartler transmitió su patrimonio íntegro a Pontegadea Inversiones, con su posterior disolución sin liquidación. Esta operación no afectó a Partler, la otra sociedad con la que Amancio Ortega controla el 9,28 por ciento de Inditex.

Gutiérrez, Íñigo. Fue responsable de expansión de Inditex entre 1995 y 2006, año en el que puso en marcha la consultora Nergosa.

Imaz Villar, Julián. Su empresa, Comdipunt, era proveedora de Inditex hasta que Amancio Ortega acabó comprándosela y a él lo fichó para llevar Bershka. Tras su paso por la cadena retomó su trabajo como proveedor y, más tarde, fundó Friday's Project. Ahora, Imaz está centrado en Shana, su cadena de bajo coste, y en Double Agent, una antigua enseña que quiso relanzar.

Isla Álvarez de Tejera, Pablo. Madrid, 1964. Presidente de Inditex desde 2011 hasta el 1 de abril de 2022. Previamente, desde 2005, ya venía desempeñando el cargo de vicepresidente y consejero delegado del grupo.

Licenciado en Derecho por la Universidad Complutense de Madrid (1987) y abogado del Estado, con el número uno de su promoción (1988). Entre 1992 y 1996 fue director de los servicios jurídicos del Banco Popular. Posteriormente fue nombrado director general del Patrimonio del Estado en el Ministerio de Economía y Hacienda. Desde julio de 2000 hasta 2005 fue presidente del grupo Altadis. Actualmente es consejero independiente de Nestlé.

Fue reelegido miembro del consejo de administración en las juntas generales de accionistas de 13 de julio de 2010, 14 de julio de 2015 y 16 de julio de 2019. Es titular directo de 1.972.156 acciones de la sociedad. Tras dejar de ser presidente de Inditex se incorporó al patronato de la Fundación Amancio Ortega.

Kingsmill, Patricia Denise. Nueva Zelanda, 1947. Consejera independiente desde julio de 2016. En el año 2000, la baronesa Kingsmill fue distinguida con la condecoración británica «CBE» por sus servicios en el campo del derecho laboral y de la competencia. En junio de 2006 entró en la Cámara de los Lores por el Partido Laborista. Es miembro del Comité Selecto de Asuntos Económicos de dicha cámara.

Tras veinte años de dedicación a la profesión legal, fue nombrada presidenta adjunta de la extinta Comisión de la Competencia británica entre 1996 y 2004. Ha sido distinguida con cinco doctorados *honoris causa* por diversas universidades del Reino Unido.

La Baronesa Kingsmill ha sido miembro y presidenta de la comisión de remuneraciones en un gran número de compañías internacionales.

Actualmente, es miembro del consejo asesor del Foro de Sostenibilidad Global, miembro del consejo consultivo internacional de IESE Business School.

La baronesa Kingsmill ha sido asesora de distintas empresas internacionales, y consejera no ejecutiva en varios consejos de administración en el Reino Unido, en Europa y en Estados Unidos, incluido International Consolidated Airlines Group, S.A. y Telecom Italia.

Su variada trayectoria profesional, que abarca la moda y el diseño, el derecho y la normativa, así como la política y los recursos humanos, hacen que la baronesa Kingsmill aporte una perspectiva única a los consejos a los que pertenece. Designada consejera en la junta general de 19 de julio de 2016.

Lange, Anne. Niza, Francia, 1969. Consejera independiente desde diciembre de 2019. Anne Lange, de nacionalidad francesa, es empresaria y una reputada asesora de altos directivos, con más de veinticinco años de experiencia en innovación tecnológica tanto en el sector privado como en el público. Es graduada por l'Institut d'Études Politiques de París y l'École Nationale d'Administration (ENA), dos de los centros de la red de Grandes Écoles en Francia.

Lange comenzó su carrera profesional en la oficina del primer ministro francés, como directora del departamento responsable de las empresas de radiodifusión pública, hasta su incorporación a Thomson, empresa líder del sector de alta tecnología, donde creó una nueva generación de dispositivos de acceso para usuarios de Internet. Desde el año 2004, desempeñó distintas funciones ejecutivas a nivel mundial en Cisco, fuera de Francia y en Silicon Valley. Como alta directiva, está muy comprometida con la adopción e innovación de procesos tecnológicos, organizativos y empresariales, para liderar la transformación de los negocios.

Lema, Lorena. Ascendió a directora del departamento de control de gestión, desde su anterior cargo de directora de control de existencias.

López Álvarez, Pilar. León, 1970. Consejera independiente desde julio de 2018. Licenciada en Dirección y Administración de Empresas, con especialización en Finanzas (Icade).

Trabajó en JP Morgan en varios puestos directivos en Madrid, Londres y Nueva York (1993-1999). En 1999 se incorporó a Telefónica, donde desempeñó diferentes puestos. Es miembro del patronato de la Fundación ONCE y de la Fundación Junior Achievement, así como consejera de la Asociación para el Progreso de la Dirección (APD).

Actualmente es presidenta de Microsoft Ibérica S.R.L. Designada consejera en la junta general de 17 de julio de 2018. Es titular directa de 4.000 acciones de la sociedad.

López-Cano Ibarreche, Begoña. Vitoria, 1966. Miembro del comité de dirección. Directora de recursos humanos. Gestiona cada día desde Arteixo la labor de más de 150.000 personas en todo el mundo.

Su origen profesional se remonta a Salamanca, en cuya Universidad estudió Psicología, y Madrid, donde encaminó definitivamente su carrera profesional hacia los recursos humanos con un máster especializado en Icade. Desde entonces ha ido forjando su trayectoria por todo el país.

Comenzó como jefa de personal de los centros comerciales Continente en Palma de Mallorca, Sevilla, Jerez y Madrid. Esa etapa duró cinco años. La siguiente le llevó de regreso al País Vasco para incorporarse al

Grupo Mondragón. Primero en Fagor Ederlan, en el área de personal de la planta de mecanizados, y después en Eroski, en su central de Elorrio, donde permaneció otros cinco años.

El siguiente, y de momento último salto, le llevó hasta el Grupo Inditex, en Arteixo, donde ha ocupado desde 2004 diversos cargos de responsabilidad. Fue responsable primero de Zara Logística durante dos años, y poco después se hizo cargo del entramado de almacenes del resto de marcas del grupo. Desde 2007 es directora general de recursos humanos de todo el grupo.

López Cernada, Abel. Director de importación, exportación y transporte. Es el hombre de Inditex para la distribución de la mercancía, una de las áreas clave de la empresa española de distribución de moda. Formado en Dirección de Empresas por la Universidad de Santiago de Compostela, comenzó su carrera en Inditex en 1987.

Como también hay vida más allá del universo Inditex, compatibiliza este cargo con el de administrador y socio único de una nueva sociedad constituida en La Coruña, Mar de Ardora 2.0.

López García, Marcos. Director de mercado de capitales. Es uno de los supervivientes y está considerado como uno de los intocables de Amancio Ortega. Formó parte del grupo de directivos españoles que acompañó a Mariano Rajoy a reunirse con Barack Obama en 2014.

López Neira, Jorge. De la orden de los pasionistas, llegó a La Coruña como párroco de Santa Gema, un barrio obrero a las afueras de la ciudad. Él es padre, no espiritual, sino en el negocio, de muchas cooperativistas y cooperativas gallegas que hicieron posible el éxito de Inditex. Tras dejar Galicia se ha instalado en Sudamérica.

López Romero, Juan José. Director de servicios generales e infraestructuras. Hasta 2017, figuraba como responsable de compras y contratación. López forma parte del equipo que se incorporó a Inditex con la llegada de Pablo Isla en 2005. Antes de llegar a este cargo ocupó distintas responsabilidades dentro del grupo.

Losada Montero, Javier. Director del área de sostenibilidad desde diciembre de 2019, fecha hasta la que estuvo al frente del área de control de gestión del grupo. Es el responsable del seguimiento de la estrategia y de las políticas de sostenibilidad.

Se encarga además de supervisar la monitorización de toda la cadena de suministro y la relación tanto con los diferentes grupos de interés en materia de sostenibilidad como con el consejo social. Desde noviembre de 2022 es miembro del comité de dirección.

Martínez Gutiérrez, José Manuel. Empezó a trabajar en Inditex en 2003, como director de la filial de Zara en Escandinavia, para hacerse cargo más tarde de las áreas de distribución y operaciones. Desde agosto de 2012 es consejero delegado y director ejecutivo de la cadena de moda Esprit, que cotiza en la bolsa de Hong Kong. No se fue solo, se llevó a Juan Chaparro, Elena Lazcanotegui y José Antonio Ramos.

Maseres, Luis. Uno de los pilares de Massimo Dutti, fue el encargado de liderar Uterqüe. Solo estuvo dos años en Uterqüe, donde fue relevado por José Luis Rodríguez Moreno. En 2013 se incorporó a Mango.

Maudo Arranz, Fernando. Formó parte de la plantilla de Inditex durante poco más de un año, en el departamento de servicios generales, para luego continuar formándose en empresas como Induyco, propiedad de El Corte Inglés. Desde aquí decidió cambiar el *offline* por el *online* y asumió la responsabilidad de pilotar el negocio de la plataforma francesa de venta *online* Vente Privee.

Moneo Marina, Gabriel. Madrid, 1950. Director general de sistemas de Inditex y responsable de la implementación de su estructura tecnológica. Es el cerebro de todo el grupo, por su responsabilidad en la implementación de las nuevas tecnologías. Recaló en la multinacional, tras su paso como responsable de las comunicaciones del Banco Popular, de la mano del director general y del que a la postre sería presidente de Inditex, Pablo Isla, en 2005.

Monteoliva Díaz, Javier. Director de jurídico. Es uno de los históricos directivos de Amancio Ortega. El grupo textil mantiene a Monteoliva como director de su departamento jurídico, pero le ha reforzado a costa de la compañía aérea Iberia, de la que procede el fichaje de Santiago Martínez Lage en 2012. Ocupaba ya la dirección del área jurídica antes de la llegada de Isla y, hasta septiembre de 2012, fue también vicesecretario del consejo de administración de Inditex.

Mosquera Martín, María Lorena. Es directora de Zara Home desde octubre de 2018, fecha en la que sustituyó a Eva Cárdenas. Cuenta con una larga trayectoria dentro del Grupo Inditex. Mosquera se incorporó en 2002 al gigante gallego; desde entonces ha ocupado varios puestos de responsabilidad, liderando la sección de complementos de Zara y desde 2014 como responsable de punto de Zara Woman. Mosquera se licenció en Derecho por la Universidade da Coruña y llegó a Inditex en 2002, un año antes de que Cárdenas tomara las riendas de Zara Home.

Mouzo, Paula. Esta ejecutiva asumió la dirección de auditoría interna tras el ascenso de Crespo en 2018. Hasta entonces, era directora adjunta de ese mismo departamento.

Ocampo Tizón, Belén. Directora de planificación y proyecto de la Fundación Amancio Ortega. Es licenciada en Derecho. Especialista en derecho europeo y gestión de proyectos sociales.

Oroza Rodríguez, Eliseo Jesús. Es consejero en varias fábricas del grupo en La Coruña.

Ortega Chávez, Óscar. Director general de la Fundación Amancio Ortega.

Padín Santos, Beatriz. Miembro del comité de dirección. Directora de Zara Mujer, Beatriz Padín es uno de los principales pilares de Zara, la mayor cadena del grupo. Se incorporó en 1985 a Zara, donde siempre ha estado vinculada a posiciones ejecutivas en el área de producto, con responsabilidad sobre diseño, compras, producción, distribución y *merchandising*. Desde 2001 es directora comercial de Zara Mujer.

Pavía Cervera, José Luis. Fue el máximo responsable de Lefties (la cadena de bajo coste de Inditex), así como director de la división de moda infantil de Zara y miembro del equipo directivo de Pull&Bear. En 2012 fichó por la compañía holandesa C&A para hacerse cargo de su división Clockhouse.

Pontegadea Inversiones. La sociedad Pontegadea Inversiones, S.L. está representada en el consejo de administración de Inditex por Flora Pérez Marcote y es titular de 1.558.637.990 acciones representativas del 50,01 por ciento del capital social.

Poza Peña, Félix. Anterior responsable de sostenibilidad, pasó a ser director de diversidad, inclusión y política de igualdad, un departamento integrado dentro de recursos humanos.

Félix Poza está al frente de una de las áreas estratégicas para el grupo gallego: la sostenibilidad. Formado en Ingeniería por la Escuela Técnica Superior de Ingenieros Industriales de Madrid, figuraba hasta 2016 como director de responsabilidad social corporativa del grupo. Actualmente, su cargo es el de director de sostenibilidad, un término que engloba todas las medidas del grupo en este sentido, desde la relación con proveedores hasta la inversión en programas sociales.

Queijeiro Mosquera, Manuel. En febrero de 2021 se comunicó su relevo como presidente, al frente de Goa Invest, ocupando el cargo su hijo José Manuel Queijeiro Pérez. Manuel Queijeiro siempre ha sido considerado como un hombre de la casa en Inditex. Y siempre vinculado a la misma compañía, sin que consten cargos en otras filiales del grupo, cuando suele ser habitual el baile de ejecutivos entre firmas subsidiarias de Inditex. Queijeiro, no: siempre en Goa Invest. Y siempre con las obras de las subcontratas, al estar dedicada la filial, casi en exclusiva, a la construcción y mantenimiento de tiendas y oficinas para Inditex.

Queijeiro Pérez, José. Presidente de Goa Invest desde enero de 2021 en sustitución de su padre.

Reñón Túñez, Ramón. Director general adjunto al presidente y consejero delegado, era hasta este nombramiento director general de expansión en Inditex. Ingresó en la compañía en 1992 y desde entonces ha dirigido también el área inmobiliaria del grupo. Es presidente de varias fábricas propiedad de Inditex.

Rodríguez Moreno, Luis. Director de Uterqüe, la cadena más joven de Inditex. Tomó las riendas procedente de Massimo Dutti en 2013, cuando contaba con una trayectoria de más de dos décadas en el grupo gallego.

Romero, Javier. Director de Zara Hombre. Tomó las riendas tras la salida de Jordi Blasi. Romero es un ejecutivo de larga trayectoria en el seno de Inditex y hasta ahora ocupaba el cargo de director comercial para Europa de Zara. El nuevo responsable de Zara Caballero tiene su base en la central del grupo en Arteixo.

Samaniego, José. De escaparatista de La Maja pasó a ser socio capitalista de Amancio Ortega a través de Samlor, desde su constitución en 1974 hasta que ya no fue precisa su presencia.

Saracho Rodríguez de Torres, Emilio. Madrid, 1955. Consejero independiente desde junio de 2010. Licenciado en Ciencias Económicas por la Universidad Complutense de Madrid. Obtuvo un MBA por la Universidad de California en Los Ángeles en 1980. Fue becario Fulbright. Empezó su trayectoria profesional en 1980 en el Chase Manhattan Bank, donde fue el responsable de las actividades en sectores como gas y petróleo, telecomunicaciones y *capital goods*. En 1985 participó en la creación y desarrollo del Banco Santander de Negocios, donde lideró la división de Investment Banking. En 1989 fue nombrado responsable de la división de grandes empresas del Grupo Santander y nombrado director general adjunto.

Trabajó para Goldman Sachs en Londres, como corresponsable de las operaciones españolas y portuguesas. En 1995, volvió a Santander Investment como director general responsable del área de Investment Banking a nivel global. De 1996 a 1998, sus responsabilidades incluyen las operaciones del Banco en Asia. Se incorporó a JP Morgan en 1998.

Designado consejero en la junta general de 13 de julio de 2010, y reelegido en las juntas generales de accionistas de 14 de julio de 2015 y 19 de julio de 2019.

Sevillano Chaves, Carmen. Directora de Oysho. Es de la casa. Asumió la dirección en 2002, cuando relevó a Sergio Bucher. Responsable hasta entonces de la lencería de la cadena Zara, por decisión personal del presidente de la compañía, Amancio Ortega, asumió la dirección de la cadena.

Triquell Valls, Jordi. Director de Stradivarius. Conocido como «el catalán» en el imperio Inditex, Jordi Triquell no es solo el director general de Stradivarius, es, además, uno de los pocos que ha sido socio durante siete años de Amancio Ortega.

Ortega ha otorgado a la familia Triquell privilegios que ha concedido a muy pocos, como mantener a sus miembros como sus accionistas minoritarios. También los ha convertido en millonarios y les ha dado una independencia de gestión de la que pocos gozan. Triquell se lo ha ganado haciendo gala de la máxima discreción y ha sobrevivido en el grupo gallego sin pertenecer al núcleo duro del hombre más rico de España.

Hasta 2005, la familia Triquell poseía el 9,95 por ciento de Stradivarius, mientras que el resto del capital de la firma estaba en manos de Inditex. En ese año, Inditex pagó 15 millones de euros y acabó con lo que había sido una de sus escasas excepciones: mantener un socio minoritario en una de sus cadenas. Sin embargo, Jordi Triquell se mantuvo como director general de Stradivarius.

A pesar de esto, Triquell afirma su independencia sin ser estridente. Es muy discreto. Apenas hay fotos de él. No pertenece al núcleo duro de los fieles de Amancio Ortega. Pero la llegada a la presidencia de Pablo Isla le reforzó. A Isla le importaban los números y los números le respaldaban.

Vázquez Liñeiro, Antonio. Arquitecto favorito de Amancio Ortega. Los servicios centrales de Inditex y los departamentos de diseño de Zara (mujer, hombre y niño) se asientan en un edificio inteligente proyectado por Antonio Vázquez Liñeiro, que fue director del grupo de arquitectura e ingeniería TAU. También fue el autor del diseño del Parque Tecnológico de Galicia en Orense y del centro comercial As Cancelas, en Santiago.

Vázquez Sánchez, José Antonio. Socio capitalista de Amancio Ortega en Confecciones Fios, S.A. Encarrilado el proyecto, cedió su parte a Ortega.

COMPOSICIÓN DEL GRUPO INDITEX

Sociedad	Participación efectiva	Domicilio	Método de consolidación	Fecha cierre	Cadena	Actividad
Industria de Diseño Textil, S.A.	Matriz	La Coruña - España	I. Global	31-ene	-	Matriz
Comditel, S.A.	100,00 %	Barcelona - España	I. Global	31-ene	Zara	Compras
Zara Asia, Ltd.	100,00 %	Hong Kong - China	I. Global	31-ene	Zara	Venta al público
Choolet, S.A.	100,00 %	La Coruña - España	I. Global	31-ene	Zara	Fabricación textil
Confecciones Fíos, S.A.	100,00 %	La Coruña - España	I. Global	31-ene	Zara	Fabricación textil
Confecciones Goa, S.A.	100,00 %	La Coruña - España	I. Global	31-ene	Zara	Fabricación textil
Denllo, S.A.	100,00 %	La Coruña - España	I. Global	31-ene	Zara	Fabricación textil
Hampton, S.A.	100,00 %	La Coruña - España	I. Global	31-ene	Zara	Fabricación textil
Nikole, S.A.	100,00 %	La Coruña - España	I. Global	31-ene	Zara	Compras
Samlor, S.A.	100,00 %	La Coruña - España	I. Global	31-ene	Zara	Fabricación textil
Stear, S.A.	100,00 %	La Coruña - España	I. Global	31-ene	Zara	Fabricación textil
Trisko, S.A.	100,00 %	La Coruña - España	I. Global	31-ene	Zara	Fabricación textil
Zintura, S.A.	100,00 %	La Coruña - España	I. Global	31-ene	Zara	Fabricación textil
Glencare, S.A.	100,00 %	La Coruña - España	I. Global	31-ene	Zara	Fabricación textil
Indipunt, S.L.	51,00 %	La Coruña - España	I. Global	31-ene	Multicadena	Fabricación textil
Indipunt Diseño, S.L.	51,00 %	La Coruña - España	I. Global	31-ene	Multicadena	Diseño
Zara España, S.A.	100,00 %	La Coruña - España	I. Global	31-ene	Zara	Venta al público
Zara Argentina, S.A.	100,00 %	Buenos Aires - Argentina	I. Global	31-ene	Zara	Venta al público
Zara Belgique, S.A.	100,00 %	Bruselas - Bélgica	I. Global	31-ene	Zara	Venta al público
Zara Chile, S.A.	100,00 %	Santiago de Chile - Chile	I. Global	31-dic	Zara	Venta al público
Zara USA, Inc.	100,00 %	Nueva York - EE. UU.	I. Global	31-ene	Zara	Venta al público

Sociedad	Participación efectiva	Domicilio	Método de consolidación	Fecha cierre	Cadena	Actividad
Zara France, S.A.R.L.	100,00 %	París - Francia	I. Global	31 - ene	Zara	Venta al público
Zara UK, Ltd.	100,00 %	Londres - Gran Bretaña	I. Global	31 - ene	Zara	Venta al público
Zara México, B.V.	100,00 %	Ámsterdam - Países Bajos	I. Global	31 - ene	Zara	Cartera
Zara Hellas, S.A.	100,00 %	Atenas - Grecia	I. Global	31 - ene	Zara	Venta al público
Zara México, S.A. de C.V.	95,00 %	Ciudad de México - México	I. Global	31 - dic	Zara	Venta al público
Zara Portugal Confecçoes Lda.	100,00 %	Lisboa - Portugal	I. Global	31 - ene	Zara	Venta al público
G.Zara Uruguay, S.A.	100,00 %	Montevideo - Uruguay	I. Global	31 - ene	Zara	Venta al público
Zara Financiën B.V. Ireland	100,00 %	Dublín - Irlanda	I. Global	31 - ene	Multicadena	Financiera
Zara Brasil, Lda.	100,00 %	Sao Paulo - Brasil	I. Global	31 - dic	Zara	Venta al público
Zara Nederland, B.V.	100,00 %	Ámsterdam - Países Bajos	I. Global	31 - ene	Zara	Venta al público
Zara Österreich Clothing, GmbH	100,00 %	Viena - Austria	I. Global	31 - ene	Zara	Venta al público
Zara Denmark A/S	100,00 %	Copenhague - Dinamarca	I. Global	31 - ene	Zara	Venta al público
Zara Sverige, AB	100,00 %	Estocolmo - Suecia	I. Global	31 - ene	Zara	Venta al público
Zara Norge, AS	100,00 %	Oslo - Noruega	I. Global	31 - ene	Zara	Venta al público
Zara Canada, Inc.	100,00 %	Montreal - Canada	I. Global	31 - ene	Zara	Venta al público
Zara Suisse S.A.R.L.	100,00 %	Friburgo - Suiza	I. Global	31 - ene	Zara	Venta al público
Zara Luxembourg, S.A.	100,00 %	Luxemburgo - Luxemburgo	I. Global	31 - ene	Zara	Venta al público
Za Giyim Ithalat Ihracat Ve Ticaret Ltd.	100,00 %	Estambul - Turquía	I. Global	31 - ene	Zara	Venta al público
Zara Italia, S.R.L.	100,00 %	Milán - Italia	I. Global	31 - ene	Zara	Venta al público
Zara Japan Corp.	100,00 %	Tokio - Japón	I. Global	31 - ene	Zara	Venta al público
Zara Ceská Republika, S.R.O.	100,00 %	Praga - Chequia	I. Global	31 - ene	Zara	Venta al público
Zara Puerto Rico, Inc.	100,00 %	San Juan - Puerto Rico	I. Global	31 - ene	Zara	Venta al público
Za Clothing Ireland, Ltd.	100,00 %	Dublín - Irlanda	I. Global	31 - ene	Zara	Venta al público
Zara Magyarorszag, KFT.	100,00 %	Budapest - Hungría	I. Global	31 - ene	Zara	Venta al público
Zara Holding, B.V.	100,00 %	Ámsterdam - Países Bajos	I. Global	31 - ene	Multicadena	Cartera
Zara Monaco, SAM	100,00 %	Montecarlo - Mónaco	I. Global	31 - ene	Zara	Venta al público
Zara Commercial (Shanghai), Co Ltd.	100,00 %	Shanghai - China	I. Global	31 - dic	Zara	Venta al público
Zara Commercial (Beijing), Co Ltd.	100,00 %	Beijing - China	I. Global	31 - dic	Zara	Venta al público
Zara Macau, Ltd.	100,00 %	Macao - China	I. Global	31 - dic	Zara	Venta al público
Zara Polska, Sp. Zo.o.	100,00 %	Varsovia - Polonia	I. Global	31 - ene	Zara	Venta al público
ZAO Zara CIS, Ltd.	100,00 %	Moscú - Rusia	I. Global	31 - dic	Zara	Venta al público
Zara Deutschland, GmbH	100,00 %	Hamburgo - Alemania	I. Global	31 - ene	Zara	Cartera
Zara Bucuresti, Srl	100,00 %	Bucarest - Rumanía	I. Global	31 - dic	Zara	Venta al público
Zara Ukraine LLC	100,00 %	Kiev - Ucrania	I. Global	31 - dic	Zara	Venta al público
Zara Slovakia, S.R.O.	100,00 %	Bratislava - Eslovaquia	I. Global	31 - ene	Zara	Venta al público
Zara Taiwan, B.V. TW Branch	100,00 %	Taipéi - Taiwán	I. Global	31 - ene	Zara	Venta al público
Zara Croatia, Ltd.	100,00 %	Zagreb - Croacia	I. Global	31 - ene	Zara	Venta al público

Sociedad	Participación efectiva	Domicilio	Método de consolidación	Fecha cierre	Cadena	Actividad
Zara Retail Korea, Ltd.	80,00 %	Corea	I. Global	31 - ene	Zara	Venta al público
Zara Bulgaria Ltd	100,00 %	Sofia - Bulgaria	I. Global	31 - dic	Zara	Venta al público
Zara Immobiliare Italia SRL	100,00 %	Milán - Italia	I. Global	31 - ene	Zara	Inmobiliaria
Zara Diseño, S.L.	100,00 %	La Coruña - España	I. Global	31 - ene	Zara	Diseño
Zara Management, B.V.	100,00 %	Ámsterdam - Países Bajos	I. Global	31 - ene	Zara	Cartera
Zara Retail NZ Limited	100,00 %	Auckland - Nueva Zelanda	I. Global	31 - ene	Zara	Venta al público
Kommanditgesellschaft ZARA Deutschland B.V. & Co.	100,00 %	Hamburgo - Alemania	I. Global	31 - ene	Zara	Venta al público
Zara Retail South Africa (Propietary), LTD.	90,00 %	Sudáfrica	I. Global	31 - ene	Zara	Venta al público
Group Zara Australia Pty. Ltd.	80,00 %	Sidney - Australia	I. Global	31 - ene	Zara	Venta al público
ITX Financien, B.V.	100,00 %	Ámsterdam - Países Bajos	I. Global	31 - ene	Multicadena	Financiera
Zara Taiwan, B.V.	100,00 %	Ámsterdam - Países Bajos	I. Global	31 - ene	Zara	Cartera
Zara Vittorio 11 Italia S.R.L.	100,00 %	Milán - Italia	I. Global	31 - ene	Zara	Inmobiliaria
Zara BH, D.O.O.	100,00 %	Sarajevo - Bosnia Herzegovina	I. Global	31 - dic	Zara	Venta al público
Zara Serbia, D.O.O. Belgrade	100,00 %	Belgrado - Serbia	I. Global	31 - ene	Zara	Venta al público
Nikole Diseño, S.L.	100,00 %	La Coruña - España	I. Global	31 - ene	Zara	Diseño
Inditex Montenegro, D.O.O. Podgorica	100,00 %	Montenegro	I. Global	31 - dic	Multicadena	Venta al público
Inditex Vastgoed Korea, Ltd.	100,00 %	Corea	I. Global	31 - ene	Zara	Inmobiliaria
Inditex Trent Retail India Private Ltd	51,00 %	Gurgaon - India	I. Global	31 - mar	Zara	Venta al público
Kiddy's Class España, S.A.	100,00 %	La Coruña - España	I. Global	31 - ene	Zara	Venta al público
Fibracolor, S.A.	100,00 %	Barcelona - España	I. Global	31 - ene	Zara	Sin actividad
ITX Holding, S.A.	100,00 %	Friburgo - Suiza	I. Global	31 - ene	Multicadena	Cartera
Zara Finland, OY	100,00 %	Helsinki - Finlandia	I. Global	31 - ene	Zara	Venta al público
Retail Group Kazakhstan, LLP	100,00 %	Almaty - Kazajistán	I. Global	31 - dic	Zara	Venta al público
ITX Financien III, B.V.	100,00 %	Ámsterdam - Países Bajos	I. Global	31 - ene	Multicadena	Financiera
ITX Albania SHPK	100,00 %	Tirana - Albania	I. Global	31 - dic	Multicadena	Venta al público
Zara Fashion (Shanghai) CO., Ltd.	100,00 %	Shanghai - China	I. Global	31 - dic	Zara	Venta al público
Oysho España, S.A.	100,00 %	Barcelona - España	I. Global	31 - ene	Oysho	Venta al público
Oysho Portugal, Conf. Lda.	100,00 %	Lisboa - Portugal	I. Global	31 - ene	Oysho	Venta al público
Oysho México, S.A. de C.V.	100,00 %	Ciudad de México - México	I. Global	31 - dic	Oysho	Venta al público
Oysho Italia, S.R.L.	100,00 %	Milán - Italia	I. Global	31 - ene	Oysho	Venta al público
Oysho Hellas, S.A.	100,00 %	Atenas - Grecia	I. Global	31 - ene	Oysho	Venta al público
Oysho Giyim Ithalat Ihracat Ve Ticaret Ltd.	100,00 %	Estambul - Turquía	I. Global	31 - ene	Oysho	Venta al público
Oysho Polska, Sp zo.o	100,00 %	Varsovia - Polonia	I. Global	31 - ene	Oysho	Venta al público
Oysho CIS, Ltd.	100,00 %	Moscú - Rusia	I. Global	31 - dic	Oysho	Venta al público
Oysho France, S.A.R.L.	100,00 %	París - Francia	I. Global	31 - ene	Oysho	Venta al público
Oysho MAGYARORSZAG, KFT	100,00 %	Budapest - Hungría	I. Global	31 - ene	Oysho	Venta al público

Sociedad	Participación efectiva	Domicilio	Método de consolidación	Fecha cierre	Cadena	Actividad
Oysho Ro, SRL	100,00 %	Bucarest - Rumanía	I. Global	31 - dic	Oysho	Venta al público
Oysho Ukraine, Llc	100,00 %	Kiev - Ucrania	I. Global	31 - dic	Oysho	Venta al público
Oysho Diseño, S.L.	100,00 %	Barcelona - España	I. Global	31 - ene	Oysho	Diseño
Oysho Bulgaria, Ltd	100,00 %	Sofía - Bulgaria	I. Global	31 - dic	Oysho	Venta al público
Oysho Commercial & Trading (Shangai) Co., Ltd.	100,00 %	Shanghái - China	I. Global	31 - dic	Oysho	Venta al público
Oysho Korea, Ltd	100,00 %	Corea	I. Global	31 - ene	Oysho	Venta al público
Oysho Croacia, Ltd	100,00 %	Zagreb - Croacia	I. Global	31 - ene	Oysho	Venta al público
Oysho Serbia, D.O.O. Belgrade	100,00 %	Belgrado - Serbia	I. Global	31 - ene	Oysho	Venta al público
Oysho Macau, Ltd	100,00 %	Macao - China	I. Global	31 - dic	Oysho	Venta al público
Oysho Kazakhstan, LLP	100,00 %	Almaty - Kazajistán	I. Global	31 - dic	Oysho	Venta al público
Oysho Hong Kong Ltd	100,00 %	Hong Kong - China	I. Global	31 - ene	Oysho	Venta al público
Oysho Belgique, S.A.	100,00 %	Bruselas - Bélgica	I. Global	31 - ene	Oysho	Venta al público
Grupo Massimo Dutti, S.A.	100,00 %	Barcelona - España	I. Global	31 - ene	Massimo Dutti	Venta al público
Massimo Dutti Hellas, S.A.	100,00 %	Atenas - Grecia	I. Global	31 - ene	Massimo Dutti	Venta al público
Massimo Dutti Giyim Ithalat Ih.Ve Tic. Ltd.	100,00 %	Estambul - Turquía	I. Global	31 - ene	Massimo Dutti	Venta al público
Massimo Dutti France, S.A.R.L.	100,00 %	París - Francia	I. Global	31 - ene	Massimo Dutti	Venta al público
Massimo Dutti UK, Ltd.	100,00 %	Londres - Gran Bretaña	I. Global	31 - ene	Massimo Dutti	Venta al público
Massimo Dutti Suisse, S.A.R.L.	100,00 %	Friburgo - Suiza	I. Global	31 - ene	Massimo Dutti	Venta al público
Massimo Dutti Sverige, AB	100,00 %	Estocolmo - Suecia	I. Global	31 - ene	Massimo Dutti	Venta al público
Massimo Dutti Norge, AS.	100,00 %	Oslo - Noruega	I. Global	31 - ene	Massimo Dutti	Venta al público
Massimo Dutti Italia, S.R.L.	100,00 %	Milán - Italia	I. Global	31 - ene	Massimo Dutti	Venta al público
Massimo Dutti Ireland., Ltd	100,00 %	Dublín - Irlanda	I. Global	31 - ene	Massimo Dutti	Venta al público
Massimo Dutti USA, INC.	100,00 %	Nueva York - EE. UU.	I. Global	31 - ene	Massimo Dutti	Venta al público
Massimo Dutti Danmark A/S	100,00 %	Copenhague - Dinamarca	I. Global	31 - ene	Massimo Dutti	Sin actividad
Massimo Dutti CIS, Ltd.	100,00 %	Moscú - Rusia	I. Global	31 - dic	Massimo Dutti	Venta al público
Massimo Dutti Deutschland, GmbH	100,00 %	Hamburgo - Alemania	I. Global	31 - ene	Massimo Dutti	Cartera
Massimo Dutti México, S.A. de C.V.	100,00 %	Ciudad de México - México	I. Global	31 - dic	Massimo Dutti	Venta al público
BCN Diseños, S.A. de C.V.	100,00 %	Ciudad de México - México	I. Global	31 - dic	Massimo Dutti	Inmobiliaria
Liprasa Cartera, S.L.	100,00 %	Madrid - España	I. Global	31 - ene	Massimo Dutti	Cartera
Massimo Dutti, S.A.	100,00 %	La Coruña - España	I. Global	31 - ene	Massimo Dutti	Sin actividad
Massimo Dutti Hong Kong, Ltd.	100,00 %	Hong Kong - China	I. Global	31 - ene	Massimo Dutti	Venta al público
Massimo Dutti Polska, Sp z.o.o.	100,00 %	Varsovia - Polonia	I. Global	31 - ene	Massimo Dutti	Venta al público
Massimo Dutti Ro, Srl	100,00 %	Bucarest - Rumanía	I. Global	31 - dic	Massimo Dutti	Venta al público
Massimo Dutti Macau Ltd.	100,00 %	Macao - China	I. Global	31 - dic	Massimo Dutti	Venta al público
Massimo Dutti Ukraine, Llc	100,00 %	Kiev - Ucrania	I. Global	31 - dic	Massimo Dutti	Venta al público
Massimo Dutti Ceská Republika, s.r.o	100,00 %	Praga - Chequia	I. Global	31 - ene	Massimo Dutti	Venta al público

Sociedad	Participación efectiva	Domicilio	Método de consolidación	Fecha cierre	Cadena	Actividad
Massimo Dutti Commercial Beijing Co, Ltd.	100,00 %	Beijing - China	I. Global	31 - dic	Massimo Dutti	Venta al público
Massimo Dutti Bulgaria, Ltd	100,00 %	Sofía - Bulgaria	I. Global	31 - dic	Massimo Dutti	Venta al público
Massimo Dutti Croatia, Ltd	100,00 %	Zagreb - Croacia	I. Global	31 - ene	Massimo Dutti	Venta al público
Massimo Dutti Korea, Ltd	100,00 %	Corea	I. Global	31 - ene	Massimo Dutti	Venta al público
Massimo Dutti Diseño, S.L.	100,00 %	Barcelona - España	I. Global	31 - ene	Massimo Dutti	Diseño
Massimo Dutti Commercial Shangai CO, Ltd	100,00 %	Shanghái - China	I. Global	31 - dic	Massimo Dutti	Venta al público
Massimo Dutti Österreich, GMBH	100,00 %	Viena - Austria	I. Global	31 - ene	Massimo Dutti	Venta al público
Massimo Dutti Nederland, B.V.	100,00 %	Ámsterdam - Países Bajos	I. Global	31 - ene	Massimo Dutti	Venta al público
Massimo Dutti Canada, INC.	100,00 %	Montreal - Canadá	I. Global	31 - ene	Massimo Dutti	Venta al público
Massimo Dutti Taiwan, B.V. Taiwan Branch	100,00 %	Taipéi - Taiwán	I. Global	31 - ene	Massimo Dutti	Venta al público
Massimo Dutti Finland OY	100,00 %	Helsinki - Finlandia	I. Global	31 - ene	Massimo Dutti	Venta al público
MD Benelux, N.V.	100,00 %	Brujas - Bélgica	I. Global	31 - ene	Massimo Dutti	Venta al público
Italco Moda Italiana, LDA.	100,00 %	Lisboa - Portugal	I. Global	31 - ene	Massimo Dutti	Venta al público
Massimo Dutti Japan, Co.	100,00 %	Tokio - Japón	I. Global	31 - ene	Massimo Dutti	Venta al público
KG Massimo Dutti Deutschland, B.V. & CO.	100,00 %	Hamburgo - Alemania	I. Global	31 - ene	Massimo Dutti	Venta al público
Massimo Dutti Serbia, D.O.O. Belgrade	100,00 %	Belgrado - Serbia	I. Global	31 - ene	Massimo Dutti	Venta al público
Massimo Dutti Magyarorxzág KFT	100,00 %	Budapest - Hungría	I. Global	31 - ene	Massimo Dutti	Venta al público
Massimo Dutti Taiwan, B.V	100,00 %	Ámsterdam - Países Bajos	I. Global	31 - ene	Massimo Dutti	Cartera
Master Retail Kazakhstan, LLP	100,00 %	Almaty - Kazajistán	I. Global	31 - dic	Massimo Dutti	Venta al público
Massimo Dutti BH, D.O.O	100,00 %	Sarajevo - Bosnia Herzegovina	I. Global	31 - dic	Massimo Dutti	Venta al público
Massimo Duttil India Private Ltd	51,00 %	Gurgaon - India	I. Global	31 - mar	Massimo Dutti	Venta al público
ITX Merken, B.V.	100,00 %	Ámsterdam - Países Bajos	I. Global	31 - ene	Multicadena	Prestación de servicios
Pull&Bear España, S.A.	100,00 %	La Coruña - España	I. Global	31 - ene	Pull&Bear	Venta al público
Pull&Bear Hellas, S.A.	100,00 %	Atenas - Grecia	I. Global	31 - ene	Pull&Bear	Venta al público
Pull&Bear Portugal Conf. Lda.	100,00 %	Lisboa - Portugal	I. Global	31 - ene	Pull&Bear	Venta al público
Pull&Bear Giyim Ith. Ihrac.Ve Tic. Ltd.	100,00 %	Estambul - Turquía	I. Global	31 - ene	Pull&Bear	Venta al público
Pull&Bear México, S.A. de C.V.	100,00 %	Ciudad de México - México	I. Global	31 - dic	Pull&Bear	Venta al público
Pull&Bear Belgique, S.A.	100,00 %	Bruselas - Bélgica	I. Global	31 - ene	Pull&Bear	Venta al público
Pull&Bear France, S.A.R.L.	100,00 %	París - Francia	I. Global	31 - ene	Pull&Bear	Venta al público
Pull&Bear Italia, S.R.L	100,00 %	Milán - Italia	I. Global	31 - ene	Pull&Bear	Venta al público
Pull&Bear Ceska Republika, S.R.O.	100,00 %	Praga - Chequia	I. Global	31 - ene	Pull&Bear	Venta al público
Pull&Bear Ireland, Ltd.	100,00 %	Dublín - Irlanda	I. Global	31 - ene	Pull&Bear	Venta al público
Pull&Bear Magyarország Kft.	100,00 %	Budapest - Hungría	I. Global	31 - ene	Pull&Bear	Venta al público
Pull&Bear Polska, Sp zo.o	100,00 %	Varsovia - Polonia	I. Global	31 - ene	Pull&Bear	Venta al público
Pull&Bear CIS, Ltd.	100,00 %	Moscú - Rusia	I. Global	31 - dic	Pull&Bear	Venta al público

Sociedad	Participación efectiva	Domicilio	Método de consolidación	Fecha cierre	Cadena	Actividad
Pull&Bear Uk Limited	100,00 %	Londres - Gran Bretaña	I. Global	31 - ene	Pull&Bear	Venta al público
Pull&Bear Ro, Srl	100,00 %	Bucarest - Rumanía	I. Global	31 - dic	Pull&Bear	Venta al público
Pull&Bear Ukraine, Llc	100,00 %	Kiev - Ucrania	I. Global	31 - dic	Pull&Bear	Venta al público
Pull&Bear Slovakia, S.R.O.	100,00 %	Bratislava - Eslovaquia	I. Global	31 - ene	Pull&Bear	Venta al público
Pull&Bear Croatia, Ltd	100,00 %	Zagreb - Croacia	I. Global	31 - ene	Pull&Bear	Venta al público
Pull&Bear Commercial Beijing Co, Ltd.	100,00 %	Beijing - China	I. Global	31 - dic	Pull&Bear	Venta al público
Pull&Bear Bulgaria, Ltd	100,00 %	Sofía - Bulgaria	I. Global	31 - dic	Pull&Bear	Venta al público
Pull&Bear Hong Kong Ltd	100,00 %	Hong Kong - China	I. Global	31 - ene	Pull&Bear	Venta al público
Pull&Bear Diseño, S.L.	100,00 %	La Coruña - España	I. Global	31 - ene	Pull&Bear	Diseño
Pull&Bear Macau, Ltd	100,00 %	Macao - China	I. Global	31 - dic	Pull&Bear	Venta al público
Pull&Bear Nederland, B.V.	100,00 %	Ámsterdam - Países Bajos	I. Global	31 - ene	Pull&Bear	Venta al público
Pull&Bear Österreich Clothing, Gmbh	100,00 %	Viena - Austria	I. Global	31 - ene	Pull&Bear	Venta al público
Pul & Bear Taiwan, B.V. Taiwan Branch	100,00 %	Taipéi - Taiwán	I. Global	31 - ene	Pull&Bear	Venta al público
Pull&Bear Korea, Ltd	100,00 %	Corea	I. Global	31 - ene	Pull&Bear	Venta al público
Pull&Bear Serbia, D.O.O. Belgrade	100,00 %	Belgrado - Serbia	I. Global	31 - ene	Pull&Bear	Venta al público
Pull&Bear BH, D.O.O.	100,00 %	Sarajevo - Bosnia Herzegovina	I. Global	31 - dic	Pull&Bear	Venta al público
Plataforma Cabanillas, S.A.	100,00 %	La Coruña - España	I. Global	31 - ene	Pull&Bear	Logística
Pull&Bear Taiwan, B.V.	100,00 %	Ámsterdam - Países Bajos	I. Global	31 - ene	Pull&Bear	Cartera
P&B Gmbh	100,00 %	Hamburgo - Alemania	I. Global	31 - ene	Pull&Bear	Cartera
Pull&Bear Deutschland BV& CO	100,00 %	Hamburgo - Alemania	I. Global	31 - ene	Pull&Bear	Venta al público
Pro Retail Kazakhstan, LLP	100,00 %	Almaty - Kazajistán	I. Global	31 - dic	Pull&Bear	Venta al público
Pull&Bear Sverige, AB	100,00 %	Estocolmo - Suecia	I. Global	31 - ene	Pull&Bear	Venta al público
Pull&Bear Suisse, SÁRL	100,00 %	Friburgo - Suiza	I. Global	31 - ene	Pull&Bear	Venta al público
Uterqüe, S.A.	100,00 %	La Coruña - España	I. Global	31 - ene	Uterqüe	Compras
Uterqüe España, S.A.	100,00 %	La Coruña - España	I. Global	31 - ene	Uterqüe	Venta al público
Uterqüe Hellas	100,00 %	Atenas - Grecia	I. Global	31 - ene	Uterqüe	Venta al público
Gruputerqüe Portugal Conf. Lda	100,00 %	Lisboa - Portugal	I. Global	31 - ene	Uterqüe	Venta al público
Uterqüe Cis, Ltd	100,00 %	Moscú - Rusia	I. Global	31 - dic	Uterqüe	Venta al público
Uterqüe Giyim Limited	100,00 %	Estambul - Turquía	I. Global	31 - ene	Uterqüe	Venta al público
Uterqüe México S.A. de C.V.	100,00 %	Ciudad de México - México	I. Global	31 - dic	Uterqüe	Venta al público
Uterqüe Diseño, S.L.	100,00 %	La Coruña - España	I. Global	31 - ene	Uterqüe	Diseño
Uterqüe Italia, Srl.	100,00 %	Milán - Italia	I. Global	31 - ene	Uterqüe	Venta al público
ITX Finance Asia, LTD	100,00 %	Hong Kong - China	I. Global	31 - ene	Zara	Financiera
Uterqüe Commercial & Trading (Shangai) Co., Ltd.	100,00 %	Shanghái - China	I. Global	31 - dic	Uterqüe	Venta al público
Uterqüe Polska SP. Z O.O.	100,00 %	Varsovia - Polonia	I. Global	31 - ene	Uterqüe	Venta al público
Uterqüe Kazakhstan LLP	100,00 %	Almaty - Kazajistán	I. Global	31 - dic	Uterqüe	Venta al público

Sociedad	Participación efectiva	Domicilio	Método de consolidación	Fecha cierre	Cadena	Actividad
Uterqüe Ukraine, LLC	100,00 %	Kiev - Ucrania	I. Global	31 - ene	Uterqüe	Venta al público
Bershka BSK España, S.A.	100,00 %	Barcelona - España	I. Global	31 - ene	Bershka	Venta al público
Bershka Portugal Conf. Soc. Unip. Lda.	100,00 %	Lisboa - Portugal	I. Global	31 - ene	Bershka	Venta al público
Bershka Hellas, S.A.	100,00 %	Atenas - Grecia	I. Global	31 - ene	Bershka	Venta al público
Bershka México, S.A. de CV	100,00 %	Ciudad de México - México	I. Global	31 - dic	Bershka	Venta al público
Bershka Giyim Ithalat Ihracat Ve Tic.Ltd.	100,00 %	Estambul - Turquía	I. Global	31 - ene	Bershka	Venta al público
Bershka Belgique, S.A.	100,00 %	Bruselas - Bélgica	I. Global	31 - ene	Bershka	Venta al público
Bershka France, S.A.R.L.	100,00 %	París - Francia	I. Global	31 - ene	Bershka	Venta al público
Bershka Suisse, S.A.R.L.	100,00 %	Friburgo - Suiza	I. Global	31 - ene	Bershka	Venta al público
Bershka Nederland, B.V.	100,00 %	Ámsterdam - Países Bajos	I. Global	31 - ene	Bershka	Venta al público
Bershka Italia, S.R.L.	100,00 %	Milán - Italia	I. Global	31 - ene	Bershka	Venta al público
Bershka U.K., Ltd.	100,00 %	Londres - Gran Bretaña	I. Global	31 - ene	Bershka	Venta al público
Bershka Ireland, Ltd.	100,00 %	Dublín - Irlanda	I. Global	31 - ene	Bershka	Venta al público
Bershka Ceska Republica, S.R.O.	100,00 %	Praga - Chequia	I. Global	31 - ene	Bershka	Venta al público
Bershka Croatia, Ltd.	100,00 %	Zagreb - Croacia	I. Global	31 - ene	Bershka	Venta al público
Bershka Polska Sp Z O.O.	100,00 %	Varsovia - Polonia	I. Global	31 - ene	Bershka	Venta al público
Bershka Slovakia, S.R.O.	100,00 %	Bratislava - Eslovaquia	I. Global	31 - ene	Bershka	Venta al público
Bershka Carpati, Srl	100,00 %	Bucarest - Rumania	I. Global	31 - dic	Bershka	Venta al público
Bershka Ukraine, Llc	100,00 %	Kiev - Ucrania	I. Global	31 - dic	Bershka	Venta al público
Bershka Magyaroszag Kft.	100,00 %	Budapest - Hungría	I. Global	31 - ene	Bershka	Venta al público
Bershka Cis, Ltd.	100,00 %	Moscú - Rusia	I. Global	31 - dic	Bershka	Venta al público
Bershka Osterreich Clothing GmbH	100,00 %	Viena - Austria	I. Global	31 - ene	Bershka	Venta al público
Bershka Hong Kong Limited	100,00 %	Hong Kong - China	I. Global	31 - ene	Bershka	Venta al público
Bershka Commercial Beijing Co, Ltd.	100,00 %	Beijing - China	I. Global	31 - dic	Bershka	Venta al público
Bershka Bulgaria, Ltd.	100,00 %	Sofía - Bulgaria	I. Global	31 - dic	Bershka	Venta al público
Bershka Korea, Ltd.	100,00 %	Corea	I. Global	31 - ene	Bershka	Venta al público
Bershka Taiwan, B.V. Taiwan Branch	100,00 %	Taipéi - Taiwán	I. Global	31 - ene	Bershka	Venta al público
Bershka Diseño, S.L.	100,00 %	Barcelona - España	I. Global	31 - ene	Bershka	Diseño
Bershka Macau, Ltd.	100,00 %	Macao - China	I. Global	31 - dic	Bershka	Venta al público
Bershka Japan, Ltd.	100,00 %	Tokio - Japón	I. Global	31 - ene	Bershka	Venta al público
BSKE, GMBH	100,00 %	Hamburgo - Alemania	I. Global	31 - ene	Bershka	Cartera
Bershka BH, D.O.O.	100,00 %	Sarajevo - Bosnia Herzegovina	I. Global	31 - dic	Bershka	Venta al público
Bershka Deutschland B.V. & CO. KG	100,00 %	Hamburgo - Alemania	I. Global	31 - ene	Bershka	Venta al público
Bershka Serbia, D.O.O. Belgrade	100,00 %	Belgrado - Serbia	I. Global	31 - ene	Bershka	Venta al público
Bershka Taiwan, B.V.	100,00 %	Ámsterdam - Países Bajos	I. Global	31 - ene	Bershka	Cartera
Best Retail Kazakhstan, LLP	100,00 %	Almaty - Kazajistán	I. Global	31 - dic	Bershka	Venta al público
Bershka Commercial (Shanghai) Co, Ltd.	100,00 %	Shanghái - China	I. Global	31 - dic	Bershka	Venta al público

Sociedad	Participación efectiva	Domicilio	Método de consolidación	Fecha cierre	Cadena	Actividad
Bershka USA Inc	100,00 %	Nueva York - EE. UU.	I. Global	31 - ene	Bershka	Venta al público
Stradivarius España, S.A.	100,00 %	Barcelona - España	I. Global	31 - ene	Stradivarius	Venta al público
Stradivarius Hellas, S.A.	100,00 %	Atenas - Grecia	I. Global	31 - ene	Stradivarius	Venta al público
ITX RE	100,00 %	Dublín - Irlanda	I. Global	31 - ene	Multicadena	Actividad aseguradora
Stradivarius Portugal, Conf. Unip. Lda.	100,00 %	Lisboa - Portugal	I. Global	31 - ene	Stradivarius	Venta al público
Stradivarius Giyim Ithalat Ih. Ve Tic. Ltd.	100,00 %	Estambul - Turquía	I. Global	31 - ene	Stradivarius	Venta al público
Stradivarius Polska, Sp zo.o	100,00 %	Varsovia - Polonia	I. Global	31 - ene	Stradivarius	Venta al público
Stradivarius Ireland Limited	100,00 %	Dublín - Irlanda	I. Global	31 - ene	Stradivarius	Venta al público
Stradivarius Italia S.R.L.	100,00 %	Milán - Italia	I. Global	31 - ene	Stradivarius	Venta al público
Stradivarius CIS, Ltd.	100,00 %	Moscú - Rusia	I. Global	31 - dic	Stradivarius	Venta al público
Stradivarius France, S.A.R.L.	100,00 %	París - Francia	I. Global	31 - ene	Stradivarius	Venta al público
Stradivarius Magyaroszag Kft.	100,00 %	Budapest - Hungría	I. Global	31 - ene	Stradivarius	Venta al público
Stradivarius Croatia, Ltd.	100,00 %	Zagreb - Croacia	I. Global	31 - ene	Stradivarius	Venta al público
Stradivarius Slovakia, S.R.O.	100,00 %	Bratislava - Eslovaquia	I. Global	31 - ene	Stradivarius	Venta al público
Stradivarius Ro, S.R.L.	100,00 %	Bucarest - Rumanía	I. Global	31 - dic	Stradivarius	Venta al público
Stradivarius Ukraine, Llc	100,00 %	Kiev - Ucrania	I. Global	31 - dic	Stradivarius	Venta al público
Stradivarius Ceská Republika, S.R.O.	100,00 %	Praga - Chequia	I. Global	31 - ene	Stradivarius	Venta al público
Stradivarius Commercial Shangai CO, Ltd.	100,00 %	Shanghái - China	I. Global	31 - dic	Stradivarius	Venta al público
Stradivarius Bulgaria, Ltd.	100,00 %	Sofía - Bulgaria	I. Global	31 - dic	Stradivarius	Venta al público
Stradivarius Diseño, S.L.	100,00 %	Barcelona - España	I. Global	31 - ene	Stradivarius	Diseño
Stradivarius Macau, Ltd.	100,00 %	Macao - China	I. Global	31 - dic	Stradivarius	Venta al público
Stradivarius Korea, Ltd.	100,00 %	Corea	I. Global	31 - ene	Stradivarius	Venta al público
Stradivarius Hong Kong, Ltd.	100,00 %	Hong Kong - China	I. Global	31 - ene	Stradivarius	Venta al público
Stradivarius México, S.A. de C.V.	100,00 %	Ciudad de México - México	I. Global	31 - dic	Stradivarius	Venta al público
Stradivarius BH, D.O.O.	100,00 %	Sarajevo - Bosnia Herzegovina	I. Global	31 - dic	Stradivarius	Venta al público
Stradivarius Serbia, D.O.O. Belgrade	100,00 %	Belgrado - Serbia	I. Global	31 - ene	Stradivarius	Venta al público
Stradivarius UK LIMITED	100,00 %	Londres - Gran Bretaña	I. Global	31 - ene	Stradivarius	Venta al público
Stradivarius Nederland, B.V.	100,00 %	Ámsterdam - Países Bajos	I. Global	31 - ene	Stradivarius	Venta al público
Spanish Retail Kazakhstan, LLP	100,00 %	Almaty - Kazajistán	I. Global	31 - dic	Stradivarius	Venta al público
Stradivarius Japan Corporation	100,00 %	Tokio - Japón	I. Global	31 - ene	Stradivarius	Venta al público
ITX Trading, S.A.	100,00 %	Friburgo - Suiza	I. Global	31 - ene	Multicadena	Compras
Zara Home España, S.A.	100,00 %	La Coruña - España	I. Global	31 - ene	Zara Home	Venta al público
Zara Home Portugal, Conf. Soc. Unip. Lda.	100,00 %	Lisboa - Portugal	I. Global	31 - ene	Zara Home	Venta al público
Zara Home U.K., Ltd.	100,00 %	Londres - Gran Bretaña	I. Global	31 - ene	Zara Home	Venta al público
Zara Home Hellas, S.A.	100,00 %	Atenas - Grecia	I. Global	31 - ene	Zara Home	Venta al público
Zara Home Nederland, B.V.	100,00 %	Ámsterdam - Países Bajos	I. Global	31 - ene	Zara Home	Venta al público

Sociedad	Participación efectiva	Domicilio	Método de consolidación	Fecha cierre	Cadena	Actividad
Zara Home México, S.A. de C.V.	100,00 %	Ciudad de México - México	I. Global	31 - dic	Zara Home	Venta al público
Zara Home Italia, S.R.L.	100,00 %	Milán - Italia	I. Global	31 - ene	Zara Home	Venta al público
Zara Home Giyim Ithalat Ihracat Ve Ticaret Ltd.	100,00 %	Estambul - Turquía	I. Global	31 - ene	Zara Home	Venta al público
Zara Home Francia, S.A.R.L.	100,00 %	París - Francia	I. Global	31 - ene	Zara Home	Venta al público
Zara Home Ro, Srl	100,00 %	Bucarest - Rumanía	I. Global	31 - dic	Zara Home	Venta al público
Zara Home CIS, Ltd.	100,00 %	Moscú - Rusia	I. Global	31 - dic	Zara Home	Venta al público
Zara Home Ukraine, Llc	100,00 %	Kiev - Ucrania	I. Global	31 - dic	Zara Home	Venta al público
Zara Home Polska, Sp zo.o	100,00 %	Varsovia - Polonia	I. Global	31 - ene	Zara Home	Venta al público
Zara Home Diseño, S.L.	100,00 %	La Coruña - España	I. Global	31 - ene	Zara Home	Diseño
Zara Home Deutschland B.V. & Co. KG	100,00 %	Hamburgo - Alemania	I. Global	31 - ene	Zara Home	Venta al público
Zara Home Taiwan, B.V. TW Branch	100,00 %	Taipéi - Taiwán	I. Global	31 - ene	Zara Home	Venta al público
ZHE, Gmbh	100,00 %	Hamburgo - Alemania	I. Global	31 - ene	Zara Home	Cartera
Zara Home Brasil Produtos para o Lar, Ltda.	100,00 %	Sao Paulo - Brasil	I. Global	31 - dic	Zara Home	Venta al público
Zara Home Croatia, Ltd.	100,00 %	Zagreb - Croacia	I. Global	31 - ene	Zara Home	Venta al público
Zara Home Belgique, S.A.	100,00 %	Bruselas - Bélgica	I. Global	31 - ene	Zara Home	Venta al público
Zara Home Commercial & Trading (Shangai) Co., Ltd.	100,00 %	Shanghái - China	I. Global	31 - dic	Zara Home	Venta al público
Zara Home Japan Corp.	100,00 %	Tokio - Japón	I. Global	31 - ene	Zara Home	Venta al público
Zara Home Canada, Inc	100,00 %	Montreal - Canadá	I. Global	31 - ene	Zara Home	Venta al público
Zara Home Taiwan, B.V.	100,00 %	Ámsterdam - Países Bajos	I. Global	31 - ene	Zara Home	Cartera
Zara Home Macao Ltd.	100,00 %	Macao - China	I. Global	31 - dic	Zara Home	Venta al público
Zara Home Sverige AB	100,00 %	Estocolmo - Suecia	I. Global	31 - ene	Zara Home	Venta al público
Zara Home Kazakhstan, LLP	100,00 %	Almaty - Kazajistán	I. Global	31 - dic	Zara Home	Venta al público
Zara Home Hong Kong Ltd	100,00 %	Hong Kong - China	I. Global	31 - ene	Zara Home	Venta al público
G. Zara Home Uruguay, S.A.	100,00 %	Montevideo - Uruguay	I. Global	31 - ene	Zara Home	Venta al público
Zara Home Suisse SÀRL	100,00 %	Friburgo - Suiza	I. Global	31 - ene	Zara Home	Venta al público
Zara Home Chile SPA	100,00 %	Santiago de Chile - Chile	I. Global	31 - dic	Zara Home	Venta al público
Zara Home Australia Pty Ltd.	100,00 %	Sidney - Australia	I. Global	31 - ene	Zara Home	Venta al público
Zara Home Magyarorszag KFT.	100,00 %	Budapest - Hungría	I. Global	31 - ene	Zara Home	Venta al público
Zara Home Korea LIMITED	100,00 %	Corea	I. Global	31 - ene	Zara Home	Venta al público
Zara Home Danmark A/S	100,00 %	Copenhague - Dinamarca	I. Global	31 - ene	Zara Home	Venta al público
Zara Home SRB DOO Beograd	100,00 %	Belgrado - Serbia	I. Global	31 - dic	Zara Home	Venta al público
Zara Logística, S.A.	100,00 %	La Coruña - España	I. Global	31 - ene	Zara	Logística
Plataforma Europa, S.A.	100,00 %	Zaragoza - España	I. Global	31 - ene	Zara	Logística
Plataforma Logística León, S.A.	100,00 %	León - España	I. Global	31 - ene	Zara	Logística
Plataforma Logística Meco, S.A.	100,00 %	Madrid - España	I. Global	31 - ene	Multicadena	Logística

Sociedad	Participación efectiva	Domicilio	Método de consolidación	Fecha cierre	Cadena	Actividad
Pull&Bear Logística, S.A.	100,00 %	La Coruña - España	I. Global	31 - ene	Pull&Bear	Logística
Massimo Dutti Logística, S.A.	100,00 %	Barcelona - España	I. Global	31 - ene	Massimo Dutti	Logística
Bershka Logística, S.A.	100,00 %	Barcelona - España	I. Global	31 - ene	Bershka	Logística
Oysho Logística, S.A.	100,00 %	Barcelona - España	I. Global	31 - ene	Oysho	Logística
Stradivarius Logística, S.A.	100,00 %	Barcelona - España	I. Global	31 - ene	Stradivarius	Logística
Zara Home Logística, S.A.	100,00 %	La Coruña - España	I. Global	31 - ene	Zara Home	Logística
Uterqüe Logística, S.A.	100,00 %	La Coruña - España	I. Global	31 - ene	Uterqüe	Logística
Lefties Logística, S.A.	100,00 %	La Coruña - España	I. Global	31 - ene	Zara	Logística
Inditex Logística, S.A.	100,00 %	La Coruña - España	I. Global	31 - ene	Zara	Logística
Tordera Logística, S.L.	100,00 %	La Coruña - España	I. Global	31 - ene	Multicadena	Logística
Nueva comercializadora global XXI, S.A. de C.V.	100,00 %	Ciudad de México - México	I. Global	31 - dic	Multicadena	Logística
Corporación de Servicios XX1, S.A. de C.V.	100,00 %	Ciudad de México - México	I. Global	31 - dic	Multicadena	Prestación de servicios
ITX Fashion Ltd.	100,00 %	Dublín - Irlanda	I. Global	31 - ene	Multicadena	Venta al público
Goa - Invest, S.A.	100,00 %	La Coruña - España	I. Global	31 - ene	Multicadena	Construcción
Goa - Invest Deutschland GMBH	100,00 %	Hamburgo - Alemania	I. Global	31 - ene	Multicadena	Construcción
Zara Vastgoed, B.V.	100,00 %	Ámsterdam - Países Bajos	I. Global	31 - ene	Zara	Inmobiliaria
ITX Global Solutions LIMITED	100,00 %	Hong Kong - China	I. Global	31 - ene	Multicadena	Servicios
SNC Zara France Immobiliere	100,00 %	París - Francia	I. Global	31 - dic	Zara	Inmobiliaria
SCI Vastgoed Ferreol P03302	100,00 %	París - Francia	I. Global	31 - dic	Zara	Inmobiliaria
SCI Vastgoed France P03301	100,00 %	París - Francia	I. Global	31 - dic	Zara	Inmobiliaria
SCI Vastgoed General Leclerc P03303	100,00 %	París - Francia	I. Global	31 - dic	Zara	Inmobiliaria
SCI Vastgoed Nancy P03304	100,00 %	París - Francia	I. Global	31 - dic	Zara	Inmobiliaria
Invercarpro, S.A.	100,00 %	Madrid - España	I. Global	31 - ene	Zara	Inmobiliaria
Robustae S.G.P.S. Uníp. Lda.	100,00 %	Lisboa - Portugal	I. Global	31 - ene	Zara	Venta al público
Lefties España, S,A,	100,00 %	La Coruña - España	I. Global	31 - ene	Zara	Inmobiliaria
Born, S.A.	100,00 %	Palma de Mallorca - España	I. Global	31 - ene	Zara	Inmobiliaria
LFT RUS Ltd.	100,00 %	Moscú - Rusia	I. Global	31 - dic	Zara	Venta al público
Robustae México, S.A de C.V.	100,00 %	Ciudad de México - México	I. Global	31 - dic	Zara	Venta al público
Inditex Cogeneración, A.I.E.	100,00 %	La Coruña - España	I. Global	31 - ene	Multicadena	Planta cogeneración
Inditex, S.A.	100,00 %	La Coruña - España	I. Global	31 - ene	Zara	Sin actividad
Zara Holding II, B.V	100,00 %	Ámsterdam - Países Bajos	I. Global	31 - ene	Multicadena	Cartera
Zara, S.A.	100,00 %	La Coruña - España	I. Global	31 - ene	Zara	Sin actividad
Zara, S.A.	100,00 %	Buenos Aires - Argentina	I. Global	31 - ene	Zara	Sin actividad
Fashion Logistic Forwarders, S.A.	100,00 %	La Coruña - España	I. Global	31 - ene	Multicadena	Logística
ITX Asia Pacific Enterprise Management, Co., Ltd.	100,00 %	Shanghái - China	I. Global	31 - dic	Multicadena	Compras

Sociedad	Participación efectiva	Domicilio	Método de consolidación	Fecha cierre	Cadena	Actividad
FSF New York, LLC	100,00 %	Nueva York - EE. UU.	I. Global	31 - ene	Zara	Inmobiliaria
FSF Soho, LLC	100,00 %	Nueva York - EE. UU.	I. Global	31 - ene	Zara	Inmobiliaria
ITX USA, LLC	100,00 %	Nueva York - EE. UU.	I. Global	31 - ene	Multicadena	Venta al público
Fashion Retail España, S.A.	100,00 %	La Coruña - España	I. Global	31 - ene	Multicadena	Venta al público
ITXR Macedonaia Dooel Skopje	100,00 %	Skopje - Macedonia	I. Global	31 - dic	Multicadena	Venta al público
ITX E - commerce (Shanghai) Co. Ltd.	100,00 %	Shanghái - China	I. Global	31 - dic	Multicadena	Venta al público
ITX Financien II, B.V.	100,00 %	Ámsterdam - Países Bajos	I. Global	31 - ene	Multicadena	Financiera
ITX Canada, Inc.	100,00 %	Montreal - Canadá	I. Global	31 - ene	Multicadena	Venta al público
ITX México XXI, S.A. de C.V.	100,00 %	Ciudad de México - México	I. Global	31 - dic	Multicadena	Venta al público
ITX Korea LIMITED	100,00 %	Corea	I. Global	31 - ene	Multicadena	Venta al público
ITX Services India Private Ltd.	100,00 %	Gurgaon - India	I. Global	31 - mar	Multicadena	Compras
ITX Turkey Perakende Magazacilik Ve Ticaret LIMITED SIRKETI	100,00 %	Estambul - Turquía	I. Global	31 - ene	Multicadena	Venta al público
Inditex France, S.A.R.L.	100,00 %	París - Francia	I. Global	31 - ene	Multicadena	Sin actividad
ITX Merken, B.V.	100,00 %	Ámsterdam - Países Bajos	I. Global	31 - ene	Multicadena	Prestación de servicios
Zara Home Österreich Clothing GMBH	100,00 %	Viena - Austria	I. Global	31 - ene	Zara Home	Venta al público
Massimo Dutti Slovakia, S.R.O.	100,00 %	Bratislava - Eslovaquia	I. Global	31 - ene	Massimo Dutti	Venta al público
Pull&Bear, Luxembourg S.A.	100,00 %	Luxemburgo - Luxemburgo	I. Global	31 - ene	Pull&Bear	Venta al público
Zara Vittorio 13 Italia, S.R.L.	100,00 %	Milán - Italia	I. Global	31 - ene	Zara	Inmobiliaria
CDC Trading (Shangai) Co. Ltd.	100,00 %	Shanghái - China	I. Global	31 - dic	Multicadena	Compras
Oysho Sverige, AB	100,00 %	Estocolmo - Suecia	I. Global	31 - ene	Oysho	Venta al público
Oysho Slovakia S.R.O	100,00 %	Bratislava - Eslovaquia	I. Global	31 - ene	Oysho	Venta al público
Zara Home Retail South Africa (PTY) Ltd.	100,00 %	Sudáfrica	I. Global	31 - ene	Zara	Venta al público
FGI Gestión Mex, S.A. de C.V.	100,00 %	Ciudad de México - México	I. Global	31 - dic	Multicadena	Construcción

DISTRIBUCIÓN MUNDIAL DE LAS CADENAS DE INDITEX POR PAÍSES
(a 31 de enero de 2022)

Mercado	Zara	Zara Kids	Pull& Bear	Massimo Dutti	Bershka	Stradivarius	Oysho	Zara Home	Inditex
ALBANIA	1	-	1	1	2	2	-	1	8
ALEMANIA	70	-	11	11	14	-	-	8	114
ANDORRA	1	-	1	1	1	1	1	1	7
ARABIA SAUDITA	45	-	20	13	30	42	14	6	170
ARGELIA	3	-	3	1	4	4	2	3	20
ARGENTINA	11	-	-	-	-	-	-	-	11
ARMENIA	2	-	2	2	3	2	1	1	13
ARUBA	1	-	-	-	-	-	-	-	1
AUSTRALIA	18	-	-	-	-	-	-	-	18
AUSTRIA	12	-	4	1	7	-	-	2	26
AZERBAIYÁN	3	-	2	3	3	2	1	-	14
BAHRÉIN	2	-	1	2	1	1	1	1	9
BÉLGICA	27	-	7	17	14	2	3	6	76
BIELORRUSIA	2	-	2	1	3	3	1	1	13
BOSNIA - HERZ.	3	-	4	1	4	4	-	-	16
BRASIL	43	-	-	-	-	-	-	8	51
BULGARIA	6	-	4	6	8	4	5	1	34
CANADÁ	32	-	-	6	-	-	-	-	38
CHILE	9	-	-	-	-	-	-	4	13

Mercado	Zara	Zara Kids	Pull& Bear	Massimo Dutti	Bershka	Stradivarius	Oysho	Zara Home	Inditex
CHINA	133	-	-	70	-	-	61	39	303
HONG KONG	12	-	2	1	3	-	-	2	20
MACAO SAR	2	-	-	1	-	-	1	1	5
TAIWÁN	9	-	3	4	3	-	-	2	21
CHIPRE	7	-	6	6	6	7	5	6	43
COLOMBIA	12	-	9	5	12	12	5	5	60
COREA DEL SUR	37	-	-	8	-	-	4	5	54
COSTA RICA	2	-	2	1	2	2	1	1	11
CROACIA	10	-	7	3	8	7	3	2	40
DINAMARCA	4	-	-	-	-	-	-	-	4
ECUADOR	2	-	3	1	3	3	1	-	13
EGIPTO	9	-	6	6	6	5	4	4	40
EL SALVADOR	1	-	2	-	2	2	1	-	8
EMIRATOS	15	-	10	9	11	7	9	6	67
ESLOVAQUIA	4	-	4	2	7	5	1	1	24
ESLOVENIA	4	-	2	1	3	4	-	-	14
ESPAÑA	256	55	175	145	168	242	130	96	1.267
EE.UU.	99	-	-	-	-	-	-	-	99
ESTONIA	2	-	1	2	1	1	-	1	8
FILIPINAS	9	-	3	2	5	4	-	-	23
FINLANDIA	6	-	-	1	-	-	-	-	7
FRANCIA	116	-	39	7	51	32	5	16	266
GEORGIA	4	-	2	4	3	3	2	1	19
GRECIA	39	4	22	12	27	23	18	9	154
GUATEMALA	3	-	3	1	3	3	1	1	15
PAÍSES BAJOS	28	-	12	4	17	8	-	6	75
HONDURAS	2	-	2	1	2	2	1	1	11
HUNGRÍA	9	-	10	4	10	9	3	3	48
INDIA	21	-	-	3	-	-	-	-	24
INDONESIA	16	-	14	5	8	13	4	3	63
IRLANDA	10	-	3	2	5	3	-	-	23
ISLANDIA	1	-	-	-	-	-	-	-	1
ISRAEL	25	-	24	3	17	10	-	2	81

Mercado	Zara	Zara Kids	Pull& Bear	Massimo Dutti	Bershka	Stradivarius	Oysho	Zara Home	Inditex
ITALIA	92	-	53	3	68	78	24	23	341
JAPÓN	75	-	-	-	2	-	-	9	86
JORDANIA	3	-	2	3	2	5	2	2	19
KAZAJISTÁN	5	-	5	4	6	5	5	4	34
KUWAIT	7	-	4	4	5	5	4	5	34
LETONIA	3	-	2	4	2	2	2	1	16
LÍBANO	3	-	2	3	5	4	3	3	23
LITUANIA	5	-	3	5	4	4	1	2	24
LUXEMBURGO	3	-	1	2	1	1	1	1	10
MACED. DEL N.	2	-	2	2	2	2	1	1	12
MALASIA	8	-	4	5	2	-	-	-	19
MALTA	1	-	3	1	1	1	1	3	11
MARRUECOS	13	-	3	4	4	7	3	4	38
MÉXICO	80	-	69	38	73	53	45	24	382
MÓNACO	1	-	-	-	-	-	-	-	1
MONTENEGRO	1	-	1	-	1	1	-	-	4
NICARAGUA	1	-	1	-	1	1	-	-	4
NORUEGA	5	-	-	-	-	-	-	-	5
NUEVA ZEL.	1	-	-	-	-	-	-	-	1
OMÁN	1	-	-	-	1	1	1	1	5
PANAMÁ	2	-	2	1	2	2	1	1	11
PARAGUAY	1	-	-	-	-	-	-	1	2
PERÚ	4	-	-	-	-	-	-	3	7
POLONIA	42	-	34	27	45	49	19	14	230
PORTUGAL	72	9	46	42	42	43	25	23	302
PUERTO RICO	3	-	-	-	-	-	-	-	3
QATAR	6	-	5	6	5	4	4	5	35
REINO UNIDO	59	-	9	12	8	7	-	7	102
REP. CHECA	5	-	3	2	5	4	1	1	21
REP. DOMINIC.	3	-	1	2	1	2	2	2	13
RUMANÍA	25	-	26	13	29	26	13	10	142
RUSIA	86	-	86	60	106	74	62	41	515
SERBIA	7	-	7	5	8	8	4	4	43

Mercado	Zara	Zara Kids	Pull& Bear	Massimo Dutti	Bershka	Stradivarius	Oysho	Zara Home	Inditex
SINGAPUR	8	–	3	4	3	–	–	–	18
SUDÁFRICA	6	–	–	–	–	–	–	1	7
SUECIA	8	–	1	3	–	–	–	1	13
SUIZA	20	–	4	4	6	–	1	2	37
TAILANDIA	12	–	2	4	1	–	1	2	22
TÚNEZ	5	–	3	2	4	4	3	2	23
TURQUÍA	39	–	31	26	32	32	28	17	205
UCRANIA	12	–	17	10	17	15	10	4	85
URUGUAY	2	–	–	–	–	–	–	2	4
VIETNAM	2	–	1	1	–	1	–	–	5
TOTAL INDITEX	1.939	68	864	682	971	915	556	482	6.477

Bibliografía y fuentes consultadas

MARTÍNEZ, David, *Zara: visión y estrategia de Amancio Ortega*, Conecta, Barcelona, 2016.

O'SHEA, Covadonga, *Así es Amancio Ortega, el hombre que creó Zara: lo que me contó de su vida y de su empresa*, La Esfera de los Libros, Madrid, 2008.

R. BLANCO, Xabier, *Rosalía Mera, el hilo suelto*, La Esfera de los Libros, Madrid, 2015.

SALGADO, Jesús, *Hasta que la herencia nos separe*, La Esfera de los Libros, Madrid, 2012.

SALGADO, Jesús y R. BLANCO, Xabier, *Amancio Ortega, de cero a Zara*, La Esfera de los Libros, Madrid, 2005.

—, *Pablo isla, en el corazón de Zara*, La Esfera de los Libros, Madrid, 2017.

Prensa escrita

El Mundo	www.elmundo.es
Expansión	www.expansion.com
La Voz de Galicia	www.lavozdegalicia.es
El Ideal Gallego	www.elidealgallego.com
La Opinión (La Coruña)	www.laopinioncoruna.es

El Correo Gallego	www.elcorreogallego.es
Diario de Ferrol	www.diariodeferrol.com
Faro de Vigo	www.farodevigo.es
El Progreso (Lugo)	www.elprogreso.es
La Región (Orense)	www.laregion.es
El País	www.elpais.com
ABC	www.abc.es
La Razón	www.larazon.es
Cinco Días	www.cincodias.com
El Economista	www.eleconomista.es
La Vanguardia	www.lavanguardia.com
El Periódico de Cataluña	www.elperiodico.com
Diario de León	www.diariodeleon.es
Diario Vasco	www.diariovasco.com

Medios digitales

Diario Crítico	www.diariocritico.com
Economía Digital	www.ecomomiadigital.es
El Confidencial Digital	www.elconfidencialdigital.com
El Confidencial	www.elconfidencial.com
Estrella Digital	www.estrelladigital.es
Family History at Geni	www.geni.com
Hispanidad	www.hispanidad.com
Infolibre	www.infolibre.es
Libertad Digital	www.libertaddigital.com
Libre Mercado	www.libremercado.com
Modaes	www.modaes.es
Mundiario (La Coruña)	www.mundiario.com
Ok Diario	www.okdiario.com
Periodista Digital	www.periodistadigital.com
Vozpópuli	www.vozpopuli.com

Publicaciones no diarias

Actualidad Económica
Capital
Cosmopolitan
Diez Minutos
Elle
Fortuna
Gam
¡Hola!
Interviú
Lecturas
Pronto
Semana
Telva
Tiempo
Vanitatis
Vogue

Organismos y entidades públicas y privadas

Renfe	
CNMV	*www.cnmv.es*
Inditex	*www.inditex.es*
Esade	*www.esade.edu*
Icade	*www.icade.comillas.edu*
Hemeroteca Digital	*www.hemerotecadigital.bne.es*
Galiciana Digital	*www.biblioteca.galiciana.ga*
Geneanet	*https://es.geneanet.org*